Neuer Stuttgarter Kommentar
– Altes Testament 12 –

Neuer Stuttgarter Kommentar
– Altes Testament 12 –

Herausgegeben von
Christoph Dohmen

Felix Gradl

Das Buch Ijob

Verlag Katholisches Bibelwerk GmbH, Stuttgart

Die Deutsche Bibliothek – CIP-Einheitsaufnahme

Gradl, Felix:
Das Buch Ijob / Felix Gradl. –
Stuttgart : Verl. Kath. Bibelwerk, 2001
(Neuer Stuttgarter Kommentar : Altes Testament ; 12)
ISBN 3-460-07121-4

ISBN 3-460-07121-4

Druck: Druckerei Neubert, Bayreuth

Inhaltsverzeichnis

VERZEICHNIS DER EXKURSE:

Vorwort

»Ijob« oder »Job« / »Hiob«, wie man damals sagte, als ich diesen Namen zum ersten Mal hörte, dieser Ijob also übte immer schon einen eigenen Reiz auf mich aus. Vom »Dulder Job« hatte meine Mutter gesprochen und der Pfarrer auf der Kanzel gepredigt. Das Wort »Dulder« bedeutete mir nichts, zudem ich immer »Dudler Job« sagte, wie man mir später erzählte, ohne dass mir der Unterschied besonders aufgefallen wäre. Ich habe auch nicht danach gefragt und so hatte es sein Bewenden. Ein wenig Ekel stieg freilich auf beim Erwähnen dieses Namens, war er, der Ijob, doch gar so grauslich beisammen auf seinem Misthaufen; die übelsten Bilder halb verfaulter Menschenleiber, wie man sie ab und zu in irgendeiner Missionszeitschrift zu sehen bekam, stiegen auf. Und trotzdem hatte er etwas Faszinierendes, irgendwie zog er in Bann.

Mit den Jahren änderte sich das Bild. Zwar saß Ijob immer noch auf dem Misthaufen und verbreitete einen fürchterlichen Gestank – aber da war plötzlich davon die Rede, dass dieser Mann seine Lage ganz und gar nicht ergeben hinnahm, dass er aufbegehrte und – »fluchte«. Das war »voll cool«, würden man heute sagen. Dass in der Bibel jemand »fluchte«, wo uns das Fluchen doch so streng verboten war; dass da einer rebellierte gegen Gott, wo wir doch kein schiefes Wort gegen Gott hätten denken, geschweige sagen dürfen, ohne uns der Sünde fürchten zu müssen, das war ein starkes Stück und verfehlte seine Wirkung nicht.

In der Zwischenzeit hatte man uns in anderen Zusammenhängen gesagt, dass der Ijob zu den ganz großen Produkten der Weltliteratur gehöre, ein Meisterwerk sei an Sprache und Inhalt. Viel später habe ich solche Urteile noch in Menge gefunden: Er müsste eingereiht werden neben Aischylos' Prometheus, Dantes Divina Comedia und Goethes Faust. Er wirke nach bis in die Moderne und hätte Einfluss ausgeübt auf F. Kafka, C.G. Jung, G. Hauptmann, P. Claudel, F. Werfel, E. Bloch – abgesehen von der spezifischen Rezeption im Judentum nach der Schoah.

Und dann …

als ich endlich im Besitz einer ganzen Bibel war, ging ich dran, dieses Buch zu suchen, es aufzuschlagen und zu lesen – voll Neugier und Erwartung.

Die ersten zwei Kapitel – inhaltlich einigermaßen vertraut, nur der »Teufel«, der da so ungeniert mit Gott plaudert, erregte noch besonderes Interesse – waren schnell gelesen. Dann kam das dritte: Ijob erhob sich und verfluchte den Tag seiner Geburt, alle Welt war nur noch schwarz und finster, er wünschte sich den Tod herbei. Solche Töne und eine solche Sprache, trotz der Unverständlichkeit mancher Formulierungen, waren ungewohnt, aber sie beeindruckten ungemein. Das regte die Spannung an, aber die hielt sich nicht allzu lange. Denn allmählich wurde es mühsam. Irgendwo verlor ich den Faden. Wer argumentierte nun wirklich gegen wen? Wohin mit der Flut der Bilder, die hin und wieder so fremd wirkten und einen geradezu grotesken Eindruck hinterließen? Wo und wie ist ein vernünftiges Ende abzusehen?

So »postmodern« Ijob in vieler Hinsicht auch wirkt, so liegt er in einem Punkt konträr zum Zeitgeist: Mit geistigem »fast food« oder mit »quick infos« ist da nichts zu wollen. Ijob provoziert die Langsamkeit, er zwingt dazu, sich einzulassen, oder er weist zurück. Was uns als sattsame, ewig kreisende Wiederholung vorkommt, ist für ihn Methode. Nur wer über ihn »brütet« – und das immer wieder – so wie der Beter des Psalms 1 über seiner Tora –, nur wer sich ihn allmählich vertraut macht, wird ihn mehr und mehr kennen lernen und mit ihm ins Gespräch kommen. Es wird ein längeres Gespräch werden. Aber dieses Gespräch mit Ijob lohnt allemal, weil wir jedes Mal Neues an ihm und uns selber entdecken. Aber ich sage es noch einmal: Der Weg kann sehr mühsam sein …

Vielleicht hilft es Ihnen, wenn ich mit-teile, wie es mir selber ergangen ist:

Sollte Ihnen einmal der Ärger hochkommen und die Wut in ihnen aufsteigen, weil nichts mehr weitergeht, weil die Sätze ausufern oder ganz unverständlich werden, weil sich alles im Kreis dreht und der eine Gescheite zum fünften Mal wiederholt, was der andere auch schon zweimal gesagt hat, dann werfen sie das Buch in die Ecke oder – je nach Temperament – stellen Sie es sorgsam ins Regal –, um es nach einem tiefen Atemholen (nach Tagen, Wochen oder Monaten) wieder hervorzuholen und wieder zu beginnen ...

Wahrscheinlich muss man Ijob siebenmal sieben in die Ecke werfen, um ihn siebenmal sieben mal sieben wieder hervorzuholen. »Sie haben Hiob doch gelesen? Lesen Sie ihn, lesen Sie ihn, wieder und immer wieder« (*S. Kierkegaard*).

Ich wünsche Ihnen Gesprächsbereitschaft, Ausdauer, aber vor allem Begegnung!

Natürlich würde ich mich sehr freuen, wenn Sie auch mit mir ein wenig ins Gespräch kämen. Teilen Sie mir doch ganz unverfroren mit, wie es Ihnen so geht mit Ijob, aber auch mit diesem Kommentar!

Noch ein paar Anmerkungen:

- Ich habe versucht den Text möglichst deutlich und übersichtlich zu strukturieren. Den einzelnen Kapiteln des Redeteils sind (fett gedruckt) einige Sätze (teils wörtliche Zitate) als Überschrift vorangestellt, die im Sinne von »Kernsätzen« das Folgende zusammenfassen bzw. wesentliche Aspekte hervorheben sollen, um Ihnen die Lektüre zu erleichtern.
- Der Textbestand des Ijob gehört zu den schwierigsten des ganzen Ersten Testaments, was sich logischerweise in den Übersetzungen niederschlägt. Es gibt eine Reihe von ungewohnten Satz- und Wortformen und vor allem eine Reihe von »hapax legómena«, das sind Wörter, die nur hier (nur einmal) vorkommen und die lediglich aus dem Kontext bzw. aus sprachlichen Vergleichen erschlossen werden können. Das ist der Grund, warum ich an relativ vielen Stellen auf verschiedene Übersetzungen bzw. Übersetzungsmöglichkeiten hinweise. Das soll nicht eine Verliebtheit am Detail signalisieren, sondern hat Methode. Denn es geht mir nicht nur um die textliche Auseinandersetzung, sondern diese Hinweise sollen zugleich symbolisch zum Ausdruck bringen, dass Text und Inhalt sich gegen einfache und eindeutige Lösungen sperren.

- Die hier und da – wenn auch in begrenztem Ausmaß – angeführten hebräischen Wörter bzw. Wortwurzeln sollen unterstreichen, dass wir es in jedem Fall mit einer Übersetzung zu tun haben, die sich – abgesehen von der Übersetzungsproblematik im Allgemeinen – in vielen Fällen an das Original nur herantasten kann. Eine ganze Reihe von Begriffen wiederholen sich ständig. Vielleicht finden sie Gefallen daran, sich mit dem einen oder anderen anzufreunden.
- Das Thema der Begrenztheit allen menschlichen Tuns, das in Ijob eine bedeutende Rolle spielt, bekommt die Auslegerin und der Ausleger allzu deutlich zu spüren. In der Flut der Literatur möchte ich zwei Kommentare hervorheben, die ich besonders liebgewonnen habe: J. Ebachs »Streiten mit Gott« und den Kommentar der »New Interpreters Bible«. Die Autoren mögen es mir nicht als Unredlichkeit anlasten, wenn ich sie nicht immer ausdrücklich zitiert habe. Deswegen möchte ich mich bei Frau C. A. Newsom und Herrn J. Ebach expressis verbis bedanken.

Sollten Sie einmal bei einer Stelle gar nicht weiterkommen, so halten Sie es doch mit M. Luther, der gesagt haben soll: Jedes Mal, wenn er in der Bibel auf eine unverständliche Stelle stieß, zog er den Hut, grüßte freundlich und ging weiter.

Und nun, damit Sie auch ins Gespräch kommen können, gebe ich Ihnen meine e-mail-Adresse und meine Anschrift.

Innsbruck-Stams, im Februar 2001 *P. Felix Gradl*

e-mail-adresse: gradl@rpa.at
oder: Angerzellgasse 5, A-6020 Innsbruck

ERSTER TEIL

Einleitung

1. Name und Inhalt

Das 42 Kapitel umfassende Buch hat seinen Namen von seiner Hauptfigur, Ijob. Dieser ist ein reicher und gottesfürchtiger Mann. Gott aber lässt durch den Satan die Ernsthaftigkeit seines Glaubens prüfen. Mit einem Schlag verliert er alles, was er hat, auch seine Kinder. Schließlich wird er auch noch mit einer bösen Krankheit geschlagen. Aber Ijob bleibt trotzdem gottesfürchtig und fromm (Ijob 1 – 2).

Auf die Nachricht von Ijobs Unglück kommen drei Freunde herbei, um ihn zu trösten: Elifas aus Teman, Bildad von Schuach und Zofar von Naama. Sieben Tage harren sie schweigend bei ihm aus (2,11-13). Dann aber bricht Ijob das Schweigen, in einer tiefen Klage verflucht er den Tag seiner Geburt. Es entspinnt sich ein lang angelegter Disput zwischen Ijob und den Freunden. Sie gehen in ihren Reden davon aus, dass Unglück eine Folge von Sünde sein muss. Deshalb versuchen sie, Ijob das Geständnis einer Verfehlung abzuringen. Ijob hingegen weiß sich unschuldig. Für ihn und seine Situation geht die Rechnung der Freunde einfach nicht auf. Im Hin und Her, bei dem jeweils ein Freund auf eine Rede Ijobs antwortet, ergibt sich keine Lösung. Es entspricht der Anlage des Buches und nicht zuletzt orientalischer Mentalität, dass ein Problem nicht Punkt für Punkt abgehandelt wird. Vielmehr wird Argument gegen Argument und Behauptung gegen Behauptung erhoben, ohne dass auf logische Stringenz oder exakte Systematik Wert gelegt würde. Mit Kap. 27 endet der Disput unentschieden und offen. Des Rätsels Lösung kann also weder bei den Freunden noch bei Ijob, sondern wohl nur bei Gott gefunden werden. In Kap. 28 folgt ein großes

Gedicht über die Weisheit Gottes, womit die Wegmarkierung insgesamt angedeutet wird. Noch einmal ergreift Ijob das Wort. Er beteuert erneut seine Unschuld und fordert eine Antwort Gottes (Kap. 29 – 31). Da tritt ganz unerwartet ein vierter Freund auf, noch jung an Jahren, mit Namen Elihu. Erst nachdem er seine Argumente ausgeführt hat, meldet sich endlich Gott selbst zu Wort. In zwei langen Reden (Kap. 38 – 41) spricht er zu Ijob. Von diesen Reden betroffen, lässt Ijob davon ab, noch weiter in Gott zu dringen, und gibt sich »zufrieden«.

Jetzt wendet sich das Schicksal Ijobs. Die Freunde müssen einsehen, dass sie nicht »recht« geredet haben. Ijob ist geheilt und erhält seinen Besitz doppelt zurück, er erhält seine Kinder wieder, erlebt ein hohes Alter und stirbt »satt an Lebenstagen« (42,17).

2. Aufbau und Komposition

Das Buch zeigt einen klar strukturierten Aufbau und Formwillen. Trotz mancher Überlagerungen, Einschübe und Zusätze erweist sich auch die Endgestalt als eine Komposition von höchster Qualität.

Es besteht eine deutliche Entsprechung zwischen Rahmen I und Rahmen II. Im Redeteil entspricht dem Dialog Ijob – Freunde auf der anderen Seite der Dialog Jhwh – Ijob. Den ersten Dialog beginnt Ijob und die Freunde antworten, den zweiten Dialog beginnt Jhwh und Ijob antwortet. Die Schlussreden Ijobs stehen genau dazwischen. Sie bilden zurückschauend auf die Freunde eine Antwort und voraus schauend auf Jhwh eine Aufforderung zum Dialog. Insgesamt dienen sowohl das Gedicht über die Weisheit als auch die Reden des Elihu als retardierendes Moment. Beide intendieren sie eine Vorbereitung auf den Dialog Jhwhs.

Eine schematische Übersicht soll das verdeutlichen:

RAHMEN I (Prolog)	Ijobs Glück und Unglück (1,1 – 2,10) Ijobs Freunde (2,11-13)	
REDETEIL	Dialog: Ijob – Freunde	1. Redegang (3 – 11) 2. Redegang (12 – 20) 3. Redegang (21 – 27)
	Gedicht über die Weisheit (28)	
	Schlussreden Ijobs (29 – 31)	
	Reden des Elihu (32 – 37)	
	Dialog: Jhwh – Ijob (38 – 42,6)	
RAHMEN II (Epilog)	Ijobs Freunde (42,7-10) Ijobs Glück (42,10-17)	

3. Entstehungsgeschichte

So problemlos sich der grobe Aufbau darstellen lässt, so schwierig sind die Fragen, wenn es um die Entstehungsgeschichte geht. Im Großen und Ganzen wird in etwa mit drei verschiedenen Stufen zu rechnen sein:

1. Stufe:
Den ältesten Kern des Buches bildet wohl der in Prosa gehaltene Rahmen (I und II), der die Geschichte eines frommen Mannes erzählte, der plötzlich in Unglück geriet und in seinem Unglück nicht von seiner Frömmigkeit ließ und den die Gottheit (dafür) reich belohnte. Der Ursprung dieser Geschichte lässt sich nicht ausmachen. Es gab möglicherweise bereits eine ähnliche Geschichte, die man sich von dem in Ez 14,12.20 genannten Ijob erzählte, der dort zusammen mit Noach und Daniel (nicht der biblische Daniel) ob seiner »Gerechtigkeit«, d.h. seines richtigen Verhaltens, gerühmt wird. Eine solche Geschichte mag dem Dichter / den Dichtern des

Ijob als Vorlage gedient haben (1. Phase). Es ist auch wahrscheinlich, dass dieser / diese Dichter ihre Vorlage durch die Ausgestaltung der Himmelsszenen zu einer Problemgeschichte gemacht haben, insofern sie die allmählich auftauchende Frage, warum denn Gott Ijob dieses Unglück schickt, auf seine / ihre Weise beantworten: Auch wenn Ijob es nicht weiß, Gott weiß darum. Es sollte nur die Echtheit von Ijobs Frömmigkeit an den Tag gelegt worden (2. Phase, s. z. St.). Der schlichte Stil sollte nicht dazu verführen, den Rahmen als einfaches »Volksbuch« abzutun. Es handelt sich um eine mit einfachen Stilmitteln äußerst kunstvoll aufgebaute Geschichte mit einem raffinierten innertextlichen Bezugssystem.

Das Motiv vom Besuch der Freunde passt ohnedies gut in die Situation der Trauer. Um eine Stimmigkeit mit ihrer Erwähnung am Ende der Erzählung herstellen zu können, ist entweder anzunehmen, dass sie Ijob von seiner ergebenen Haltung abbringen wollten, so dass das »nicht recht geredet« begründet wäre. Oder es ist anzunehmen, dass der Schlussteil über die Freunde bewusst auf den Redeteil abgestimmt wurde.

Wenngleich die Abhängigkeitsverhältnisse zwischen der Rahmenerzählung und dem Redeteil nicht mit Sicherheit geklärt werden können, so spricht doch Einiges dafür, dass die Rahmenerzählung in irgendeiner Form für sich bestanden hat. Das archaische Flair der Geschichte ist kein Argument für eine frühe Verfasserschaft, das ist eher ein stilistischer Kunstgriff. Nicht uninteressant ist eine Auskunft des kleinasiatischen Bischofs Theodor von Mopsuestia (gest. 428), der eine mündliche Version der Geschichte vom frommen Ijob kannte, die noch keine kritischen Dialoge enthielt und die bei Juden und Christen sehr populär war. Es ist sehr wohl möglich, dass Jak 5,11 eine solche Version vor sich hatte. Diese weit verbreitete Tradition würde auch ein klärendes Licht auf die muslimische Rezeption des Buches Ijob werfen (s. Wirkungsgeschichte).

2. Stufe:

In einer zweiten Stufe erfolgte die Einfügung des Dialogteiles. Spannungen zwischen dem Rahmen und dem Dialogteil sind unverkennbar: Literarische Prosa wechselt in höchst kunstvolle Poesie. Hier tritt ein duldender Ijob auf, dort ein streitbarer. Hier begegnet der Idealtyp eines Patriarchen, dort der angesehene und einflussreiche Städter. Zudem wird nur in der Rahmenerzählung der Gottesname »Jhwh« gebraucht, nicht aber im Redeteil mit Ausnahme in der Einleitung der Gottesreden bzw. der Antworten Ijobs. Ijob 12,9 (»die Hand Jhwhs«) ist eine gängige Wendung.

Der vorliegende Rahmen könnte als Vorgabe gedient haben, das dort angesprochene Thema auszubauen und zu erweitern. Weisheitslehrer nahmen sich dieses Anliegens an und schufen den Dialog zwischen Ijob und seinen Freunden (3,1 – 37,24), dem sie als Höhepunkt und Abschluss den Dialog zwischen Jhwh und Ijob anschlossen (38,1 – 42,6). Auch das Kap. 28 könnte ein Produkt dieser Autoren sein. Wiewohl formal als Rede Ijobs gekennzeichnet, fällt es aus diesen stilistisch wie inhaltlich heraus. Nach dem Dialog mit den Freunden, der längst zu einem Monolog Ijobs geworden ist, bedarf es einer meditativen Phase. Kap. 28 hebt sich ab vom rhetorischen Hickhack. Es lädt ein, in Ruhe nachzusinnen, um ohne Polemik auf eine andere Ebene zu führen, die der göttlichen Weisheit. Diese wiederum bereitet die Pfade hin zu den Gottesreden.

Warum es zu dieser Neudichtung kam und die Frage, ob gesellschaftliche Veränderungen die Argumente des Dialoges bedingt haben, ist mit Sicherheit nicht zu entscheiden, wenngleich Einiges dafür spricht.

3. Stufe:
In einer dritten Phase dürften die Reden des Elihu dazugekommen sein. Es ist auffallend, dass er nirgendwo sonst erwähnt wird, weder im Dialog noch im Rahmen. Ferner ist er der Einzige, der einen ausgesprochen hebräischen Namen hat. Der Grund dieser Erweiterung ist nicht eindeutig. Es ist daran zu denken, dass die vorliegende Fassung in bestimmten Kreisen nicht restlos Gefallen gefunden und das Bedürfnis bestanden hat, noch Argumente genereller Art hinzuzufügen. Da gibt es noch manches zu sagen oder klarer zu formulieren, was bisher weder von Ijob noch von den Freunden noch in den Gottesreden gesagt wurde. Um diesem Bedürfnis nachzukommen, wird Elihu eingeführt.

Trotz der Tatsache, dass diese nachgezeichnete Entstehungsgeschichte durchaus plausibel erscheint, gibt es eine Reihe verschiedener Sichtweisen und Argumente, die ein anderes Modell als wahrscheinlich erscheinen lassen. Auch die methodische Frage, ob in der

Entstehung des Ijob ein strenges Redaktionsmuster anzulegen oder ob der Prozess im Sinne einer Fortschreibung zu sehen sei oder ob das Buch in gewisser Weise als Ergebnis einer Art »rabbinischer« Gelehrtendebatte aufgefasst werden kann oder ob von allem etwas zutreffe, ist nicht geklärt.

Besondere Probleme stellen der dritte Redegang und die Gottesreden (Dialog: Jhwh – Ijob) dar.

(a) Der dritte Redegang:
Es ist schon immer aufgefallen, dass der dritte Redegang (21 – 27) im Vergleich zu den beiden anderen abfällt. Passt die Antwort des Elifas in Kap. 22 noch in das strukturelle Schema, so fällt die Antwort Bildads infolge ihrer Kürze (nur fünf Verse 25,1.2-6) völlig aus dem Rahmen. Am meisten verwundert, dass die zu erwartende Antwort des Zofar nach Ijob 26,14 überhaupt ausfällt, so dass die darauf folgende Rede Ijobs mit »da setzte Ijob seine Rede fort« (27,1) eingeleitet wird, obwohl er selber am Reden ist. Man kann den vorliegenden Textbestand vom Duktus des Dialoges her als bewusstes Signal dafür erklären, dass den Freunden die Argumente ausgegangen sind, dass ihre Reden allmählich zum Versanden verurteilt sind. Ob das die Absicht des ursprünglichen Verfassers war, wird bezweifelt. Deswegen werden verschiedene Möglichkeiten erwogen, aus bestehenden Textteilen der Ijobrede eine längere Antwort des Bildad und eine Antwort Zofars zu rekonstruieren.

Als Beispiel sei der Versuch einer solchen Rekonstruktion angeführt, wie ihn die sogenannte »Jerusalemer Bibel« vorschlägt:

Überlieferter Text	Rekonstruktion (JB)
1. Rede Ijobs (21,1-34)	1. Rede Ijobs (21,1-34)
Antwort des Elifas (22,1-30)	Antwort des Elifas (22,1-30)
2. Rede Ijobs (23,1 – 24,25)	2. Rede Ijobs (23,1 – 24,17.25)
Antwort des Bildad (25,1-6)	Antwort des Bildad (25,1-6; 26,5-14)
3. Rede Ijobs (26,1-14)	3. Rede Ijobs (26,1-4; 27,1.2-12)
Rede Ijobs (Forts.) (27,1-23)	Antwort des Zofar (27,13-23)

Damit ist ein »sinnvoller« dritter Redegang geschaffen. Die Frage, warum der überlieferte Text die vorliegende »zerrüttete« Textform hat, ist damit noch nicht beantwortet.

(b) Die Gottesreden:
Die Gottesreden mit den Antworten Ijobs am Schluss des Buches (38,1 – 42,6) bilden eine Herausforderung besonderer Art.

Eine Ebene bezieht sich auf die literarische Form.

Es handelt sich konkret um die Fragen: Gab es ursprünglich zwei Gottesreden mit zwei Antworten oder nur eine mit einer Antwort? Sind die Gottesreden in sich einheitlich? Waren einzelne Teile ursprünglich selbständig und sind dann in diesen Kontext eingefügt worden? Wie steht es etwa mit dem Gedicht über die Straußenhenne (39,13-18) oder mit den beiden Gedichten über das Nilpferd (40,15-24) und das Krokodil (40,25 – 41,26)?

Eine zweite Ebene betrifft die theologische Wertung, wobei literarische und andere Kriterien mit einbezogen werden.

Es handelt sich insbesonders um die Fragen des Verhältnisses der Gottesreden zum übrigen Redeteil (Dialogteil) insgesamt. Haben sie ursprünglich zusammengehört oder handelt es sich um eine nachträgliche »Ergänzung«. Wie sind sie theologisch einzustufen? Kommt in ihnen ein Gottesbild zum Vorschein, das durch seine Überdimensionalität den Menschen in ironischer und zynischer Weise brüskiert und ihn auf diese Weise ohnmächtig in die Knie zwingt? Oder gibt sich in ihnen ein Gott zu erkennen, der als Herr des Kosmos dem Menschen in Obsorge und Güte begegnen will? Oder handelt es sich um einen Gott, der fernab ein Reich für sich beansprucht, dem aber am Menschen und seiner kleinen Welt nichts liegt?

Die Beantwortung dieser Fragen fällt naturgemäß bei den einzelnen Autorinnen und Autoren verschieden aus.

Literatur: *J. van Oorschot*, Gott als Grenze. Eine literar- und redaktionsgeschichtliche Studie zu den Gottesreden des Hiobbuches (BZAW 170), Berlin – New York 1987.

Selbst bei sorgfältiger Sichtung aller Kriterien hängt die Beantwortung einer Frage im Letzten an der hermeneutischen Entscheidung jeder und jedes Einzelnen. Dieses Resultat ist nicht einfach ein opportunistisches Zugeständnis an die »Postmoderne«, vielmehr ist es ein Ergebnis der Lektüre des Buches selbst. Worauf es ankommt, wird nicht die Verteidigung und Zementierung der einzelnen Positionen sein, sondern dass die einzelnen Positionen miteinander im Gespräch bleiben.

4. Motive und Traditionen

Motive und Traditionen des Ijob reichen weit in vor- und außerbiblische Räume hinein. Wenngleich bislang kein unmittelbarer »Vorgänger« des Buches gefunden wurde, so begegnet im Raume des Alten Orient das »Ijobproblem« in einer Reihe von Texten aus der Zeit vom 3. Jt. bis zum 5. Jh. v.Chr. in einer großen Bandbreite. Der Hinweis auf die nicht-israelitische Herkunft Ijobs und seiner drei Freunde könnte ein indirekter Niederschlag auf solche Gegebenheiten sein.

Von den bekannten außerbiblischen Texten soll auf folgende hingewiesen werden:

(1) »Der Mensch und sein Gott« oder der »Sumerische Hiob« (ca. 2000 v.Chr.). In dieser Dichtung klagt ein nicht genannter Mann sein Leid, seine Bitten werden erhört. Er preist seinen Gott für die Rettung.

(2) »Ich will preisen den Herrn der Weisheit« oder »Babylonischer Ijob« (ca. 12. Jh. v.Chr.). Der Dichter klagt Marduk, dem Herrn der Weisheit, sein Leid und seine Verlassenheit. Schließlich aber hilft ihm Marduk in seiner Not.

Beide Texte haben eine bestimmte Ähnlichkeit mit Ijob in der Beschreibung des Leides, gehören aber eher in den liturgischen Bereich.

(3) Bedeutsamer ist ein Text aus der Zeit um oder nach 1000 v.Chr., der unter dem Titel »Gespräch eines Leidenden mit seinem Freund« oder als »Babylonische Theodizee« bekannt ist und der aufgrund eines Kommentars in hellenistischer Zeit noch im Umlauf war.

Dieses Gespräch ist in 27 Strophen gegliedert, wobei der Leidende das Gespräch eröffnet (vgl. Ijob 3) und der Freund antwortet und mit jeder Strophe die Gesprächspartner abwechseln. Wie ähnlich zum Teil Ideen und Anliegen sind, mögen folgende Beispiele veranschaulichen.

(a) Der Leidende fühlt sich nicht verstanden und fordert auf, ihm zuzuhören

Leidender:	Ijob:
Mein Freund, dein Sinn ist eine Quelle, deren Tiefe nie gefunden, ist eine Meereswoge, die nicht sinkt. Ich will dir eine Frage stellen. Hör mir zu, was ich dir sage! Für einen Augenblick merk auf und höre meine Worte!	Wahrhaftig, ihr seid besondere Leute und mit euch stirbt die Weisheit aus. (12,1) Hört nun genau auf meine Rede, was ich erkläre vor euren Ohren! (13,17) Hört, hört doch auf mein Wort, das wäre mir schon Trost von euch! (21,2)

(b) Der Leidende beklagt sein persönliches Unglück

Leidender:	Ijob:
Mein Leib ist matt und ausgedörrt mein Leben. Mein Erfolg ist fort; und, was mir Festigkeit verlieh, entschwand. Meine Kraft ist schwach und all mein Glück dahin. Gram und Kummer haben verdunkelt meine Züge.	Die Haut an mir ist schwarz, von Fieberglut brennen meine Knochen. Zur Trauer wurde mein Harfenspiel, mein Flötenspiel zum Klagelied (30,30f)

(c) Der Leidende klagt über das Glück der Frevler

Leidender:	Ijob:
Der Reiche, der vervielfacht hat seinen Besitz, wiegt er kostbares Gold auf zu Ehren unsrer Göttin Mami? Die, die Gott nicht suchen, gedeihen wohl, während die, die beten zu der Göttin, in Kummer fallen und verarmen.	Warum bleiben Frevler am Leben, werden alt und stark an Kraft? (21,7) Und doch sagten sie zu Gott: Weiche von uns! Deine Wege wollen wir nicht kennen. (21,14)

(d) Der Freund des Leidenden argumentiert wie die Freunde Ijobs: Dem Frevler wird es schlecht gehen, der leidende Fromme wird ein glückliches Leben führen

Freund:	Elifas:
Des Gottlosen Wohlergehen schwindet schnell dahin. Der Schurke, der zusammenraffte Reichtum, wird verfolgt von seiner Mörder Waffen. Wenn du nicht der Götter Willen suchst, welches Glück sollte dein Anteil sein? Dem, der trägt seines Gottes Joch, fehlt es nicht an Speise, wenn auch karg. Suche Gottes gnadenvollen Hauch: Was du verloren hast in einem Jahr, im Nu gewinnst du alles wieder.	Bedenk doch! Wer geht ohne Schuld zugrunde? Wo werden Redliche im Stich gelassen? Wohin ich schaue: Wer Unrecht pflügt, wer Unheil sät, der erntet es auch. (4,7f; vgl. 5,17-26)

Bei aller Ähnlichkeit gibt es doch beträchtliche Unterschiede. Wenn der »Leidende« beklagt, dass der Bösewicht von den Menschen gepriesen und geehrt wird, stimmt »der Freund« ihm zu und bestärkt sein Urteil, denn die Götter hätten dem Menschen »ihre listige Sprache« gegeben und sie mit »Lügen« ausgestattet. Das Gespräch endet mit der Bitte des »Leidenden«: »Möge die Göttin, die mich verlassen, mir ihre Gnade zeigen!« Eine Auseinandersetzung, die Herausforderung Gottes und dessen Antwort finden sich in der »Babylonischen Theodizee« nicht.

(4) Aus der ägyptischen Literatur verweist man gerne auf literarische Produkte nach dem Zusammenbruch des Alten Reiches am Ende des 3. Jt., z. B. auf »Die Klage des Bauern« oder auf »Das Gespräch eines Lebensmüden mit seinem Ba«. Es geht in diesen Texten weniger um das ungerechte Geschick Einzelner oder einer bestimmten Gruppe als vielmehr um die unbegreiflichen Zustände der Welt und um Fragen, wie es mit dem menschlichen Schicksal nach dem Tod im Jenseits steht.

Bei allen Gemeinsamkeiten und Beziehungen zu Texten der Umwelt kann ein direkter Einfluss auf das Buch und dessen spezifische Gestaltung nicht ausgemacht werden.

5. Der geschichtliche Kontext und die Zeit der Abfassung

Der Text des Buches gibt weder in der Rahmenerzählung noch in der Dichtung irgendwelche konkrete Hinweise auf seine geschichtliche Umgebung oder seine Abfassungszeit. Die Rahmenerzählung gibt sich altertümlich, was allerdings keinen sicheren Hinweis auf Umstände oder Entstehung bietet. Zu Recht hat man zur Erhellung des Hintergrundes auf Stellen verwiesen, in denen von bestimmten gesellschaftlichen Ereignissen her formuliert zu sein scheint. Lässt der verzweifelte Schrei Ijobs, dass die »Erde in Frevlerhand gegeben ist« (9,24), auf rücksichtslose und chaotische gesellschaftliche oder / und religiöse Verhältnisse schließen? Kann hinter den Versen

> »Er lässt Ratsherren barfuß gehen, Richter macht er zu Toren.
> Fesseln von Königen löst er auf und bindet einen Gurt um ihre Hüften.
> Er lässt Priester barfuß gehen, alte Geschlechter bringt er zu Fall.
> Das Wort entzieht er den Bewährten, den Ältesten nimmt er die Urteilskraft.
> Verachtung gießt er auf die Edlen, den Starken lockert er den Gurt« (12,17-21)

auf politische und soziale Revolutionen oder auch auf sich allmählich vollziehende totale Umkehrungen in der Gesellschaft geschlossen werden? Lässt Ijobs Klage über das ruchlose und ausbeuterische Treiben der »Frevler«, die in Glück und Wohlstand leben, ohne sich um Gott zu kümmern (vgl. 21,7-15), einen Schluss auf bestimmte Gruppen von Leuten zu, die die Traditionen ihres Glaubens über Bord geworfen haben und sich vielleicht sogar noch rühmen, dass es sich in der »Gesetzlosigkeit« recht gut leben lässt? Sie wären den Frevlern in Weish 2 nicht unähnlich. Gerade sie stellen für die Gerechten, noch dazu für den Not Leidenden, die radikalste Provokation dar.

Es mag sein, dass solche Texte nähere Auskünfte liefern, aber Konkretionen lassen sie kaum zu. Dafür ist ihr Vokabular zu abgegriffen und die Bilder zu typisch.

Die Frage um die Ordnung der Welt und um den leidenden Gerechten gehört zu den zentralen Problemen des Menschen. Im Alten Orient begegnet sie in sehr frühen literarischen Texten (s. oben Motive). Dazu gehört die Klage, dass es auf der Welt keine Gerechtigkeit mehr gibt, dass es drunter und drüber geht, und die ewige Provokation, dass es dem Bösewicht gut und dem Guten schlecht geht. Dasselbe Phänomen begegnet in den Texten der Bibel. Wo aber sind Lösungen, wie könnten sie aussehen? Im Grunde bieten sich zwei Linien an: Die eine versucht eine »Lösung« mit dem Modell vom »Tun-Ergehen-Zusammenhang« (s. Exkurs). Auf dieser Ebene kann es keinen leidenden Gerechten geben, da »Leiden« und »rechtes Verhalten« einen Widerspruch in sich darstellen. Generationen von Glaubenden, Propheten, Priestern und Gelehrten haben ihr Leben und die Geschichte ihres Volkes und der Welt unter diesen Vorzeichen gedeutet. Die andere Linie kann diese »Lösung« aufgrund der Erfahrung, die gerade das Gegenteil lehrt, nicht akzeptieren. Sie muss allerdings das Manko in Kauf nehmen, nichts »Positives« entgegenhalten zu können. Ijob kann eine rettende Gerechtigkeit von Seiten Gottes nicht einmal für die Zukunft in Anspruch nehmen: »Geh' ich nach Osten, so ist er nicht da, nach Westen, so merke ich ihn nicht, nach Norden, sein Tun erblicke ich nicht; bieg' ich nach Süden, sehe ich ihn nicht« (23,8f). Im »Ijob-Buch wird die Kongruenz von Wort und Welt zum Problem« (*A. Knauf*).

Die pragmatischen Konsequenzen eines solchen Denkens vermag erst später Kohelet zu ziehen:

»Es gibt gesetzestreue Menschen, denen es so ergeht, als hätten sie wie Gesetzesbrecher gehandelt; und es gibt Gesetzesbrecher, denen es so ergeht, als hätten sie wie Gesetzestreue gehandelt. Ich schloss daraus, dass auch dies Windhauch ist.

Da pries ich die Freude; denn es gibt für den Menschen kein Glück unter der Sonne, es sei denn, er isst und trinkt und freut sich. Das soll ihn begleiten bei seiner Arbeit während der Lebenstage, die Gott ihm unter der Sonne geschenkt hat.« (Koh 8,14f)

Man spricht in der Forschung gerne von der »Krise der Weisheit« und meint damit jenen Umschwung des Denkens, das sich mit den gängigen, bislang plausiblen Erklärungsmodellen nicht mehr zufrieden geben konnte und welches ein zentrales Thema des Buches Ijob darstellt.

Dieses Phänomen löst in der weiteren Folge die Frage nach seinen Ursachen aus. Welche Erfahrungen stehen dahinter? Wie sind die Auslöser der Krise beschaffen? Sind sie politischer, religiöser, sozialer, ökonomischer Natur? Welche Schicht von Leuten steht hinter der Ijobdichtung und welche Probleme will sie beantwortet haben? In der sozialgeschichtlich orientierten Forschung (*F. Crüsemann, R. Albertz*) denkt man zum einen an die Zeit nach dem Exil, die gekennzeichnet war vom Zusammenbruch alter Ordnungen, von Fremdherrschaft und Steuerpflicht, vom wirtschaftlichen Niedergang angesehener Schichten und religiösen Fremdeinflüssen. Zum anderen denkt man an folgenschwere Konflikte innerhalb der jüdischen Aristokratie selbst. Demnach rekurrieren sich zwei gegensätzliche Gruppen: die einen, die nach dem Gesetz handeln und Solidarität mit den sozial Schwachen an den Tag legen; die anderen, die ohne Rücksicht auf Verluste die Lage ausnützten und sich auf Kosten der Armen bereicherten. Die persische Steuerpolitik brachte einfache Handwerker und kleine Familienbetriebe an den Rand ihrer Existenz (vgl. Neh 5,1-5). Sie brauchten Geldgeber und Pfandnehmer, um überleben zu können. Jüdische Aristokraten boten sich für diese Dienste an und schlugen erbarmungslos Profit daraus. Solche Leute könnte das Buch Ijob im Auge haben, wenn es von den »Frevlern« spricht. Der Verfasser des Ijob steht auf der anderen Seite. Er leidet schwer unter dieser Situation. Steht er auf verlorenem Posten? Kann er auf eine bessere Zukunft hoffen?

Wie stringent sich solche Überlegungen argumentieren lassen, braucht hier nicht erörtert zu werden. Jedenfalls zeigen sie die enge Verflechtung und wechselseitige Beziehung von religiösen, politischen und sozialen Komponenten. Theologische Entwürfe und religiöse Problemstellungen und Antworten sind immer auch Reflex ihrer Zeit.

So stellt sich das Buch Ijob als ein Produkt eines oder mehrerer Weisheitslehrer dar, der oder die in einem tatsächlichen und/oder fiktiven Disput auf dem Hintergrund der eben dargestellten gesellschaftlichen Situation existentielle Fragen zur Sprache bringen und um Lösungen ringen (das »Problem Ijob«). Die existentielle Basis dieser Auseinandersetzung wird durch den »Fall Ijob« verschärft und zugleich garantiert. Die Spannung zwischen dem Zugleich und dem Nebeneinander beider Pole gilt es zu beachten und auszuhalten.

Was die Abfassungszeit des Buches betrifft, kommt am ehesten der Zeitraum vom 5. Jh. bis spätestens 2. Jh. in Betracht. Als Ort der Abfassung kommt praktisch nur Palästina in Frage.

Literatur: *L. Schwienhorst-Schönberger*, Das Buch Ijob, in: E. Zenger u.a. (Hg.), Einleitung in das Alte Testament (Kohlhammer Studienbücher Theologie 1,1), Stuttgart – Berlin – Köln [3]1998, 297-308; *S. Schroer*, Entstehungsgeschichte und gegenwärtige Situierung des Hiob-Buches, in: Hiob (Bibelarbeit in der Gemeinde 7), Basel – Zürich 1989, 35-62; *E.A. Knauf*, Die Umwelt des Alten Testaments (NSK-AT 29) Stuttgart 1994.

6. Zur literarischen Gattung und sprachlichen Form

Die in Prosa gehaltene Rahmenerzählung fällt durch ihre stilistische Schlichtheit auf. Durch ihre innertextlichen Bezüge und Wortverbindungen erweist sie sich als durch und durch kunstvolles Gebilde. Der literarischen Gattung nach ist sie am Besten als Legende im Sinne unserer »Heiligenlegenden« zu betrachten. Ijob muss Unsägliches auf sich nehmen, erträgt alles in Geduld und ergibt sich voll und ganz in den Willen Gottes. Am Ende siegt das Gute. Er wird reichlich belohnt. Für Leserin und Leser soll er ein Vorbild sein und zugleich ein Appell, in analogen Situationen es ihm gleich zu tun.

In den Reden Ijobs begegnen Sprachmuster, die im Wesentlichen aus drei Bereichen entnommen sind: aus der Gebets-, Weisheits-, und Rechtssprache. Jedes dieser Sprachmuster hat seinen Ort (sog. »Sitz im Leben«) in einem bestimmten Milieu. Das Gebet gehört in den Bereich des Kultes bzw. der persönlichen Frömmigkeit, die Weisheit gehört in den Bereich von »Lehre und Forschung« der israelitischen Lehrhäuser, die Rechtssprache in den Bereich des Gerichts. Dieser Befund ist gewiss nützlich und gut, doch darf er nicht überstrapaziert und einseitig verwendet werden. Denn in Ijob haben diese literarischen Formen ihre spezifische Funktion weitgehend verloren. Sie dienen lediglich als Stilmittel. Sie beziehen ihre Aussageabsicht nicht mehr von ihrem ursprünglichen »Sitz im Leben«, sondern einzig aus ihrem näheren und weiteren Kontext.

Hinter den Aussagen über Jhwhs Größe und Macht stehen häufig Elemente, die der Gattung des »Hymnus« entnommen sind.

Unter Beibehaltung bestimmter formaler Kriterien werden Jhwhs Taten in der Schöpfung und in der Geschichte als ständig neu sich ereignendes Handeln beschrieben. Dabei ist es eine Eigentümlichkeit der Weisheitsliteratur, die spezifisch israel-geschichtlichen Aspekte außer Acht zu lassen.

Was die Sprachgestalt des Ijob angeht, werden das Buch als ganzes und die einzelnen Teile »als dichterische Meisterwerke von vollendeter künstlerischer Gestaltung« (*G. Fohrer*) gerühmt. Der reiche Wortschatz und die Fülle der Bilder und Vergleiche sind es, die den Dichter befähigen, Wahrnehmungen, Empfindungen und Stimmungen in großer Mannigfaltigkeit auszudrücken. Das bezeugt zugleich die hohe Bildung und sprachliche Gewandtheit der Verfasser.

In diese Kerbe schlägt auch das häufige Vorkommen von ausgefallenen Wortformen bzw. -verbindungen, die Verwendung von selten gebrauchten Wörtern oder solchen, die nur hier vorkommen (sogenannte »hapax legómena«).

Der Redeteil des ganzen Buches ist in Versform gehalten. Das kennzeichnende Merkmal der hebräischen Poesie, der sogenannte »parallelismus membrorum«, d.h. die parallel gestaltete Anlage der Versglieder, spielt neben anderen Stilfiguren (Merismus, Ellipse, Chiasmus ...) eine entsprechend große Rolle.

Ungeklärt wie das hebräische Metrum ist auch das Problem der strophischen Gliederung. Strophen nach unserem Verständnis sind kaum zu beobachten, doch sind Abschnitte häufig durch sprachlich-stilistische Mittel als solche zu erkennen.

7. Theologische Grundlinien

Da die einzelnen theologischen Fragen und Themen im Laufe der Lektüre »aufgehen« sollen, seien hier zur ersten Orientierung nur einige grobe Linien genannt, ohne die Leserin und den Leser in irgendeiner Richtung bevormunden zu wollen.

1. Die Rahmenerzählung bietet das Bild eines frommen und gerechten Mannes, den unverhofftes und unverschuldetes Leid trifft, der dies aber gottergeben hinnimmt und am Ende reichlich belohnt wird. Der Mann ist ein Vorbild und dient als Aufmunterung für alle jene, die im Augenblick Leid zu ertragen haben.

Ein anderes Motiv wird durch die Himmelsszenen eingeführt: Ijobs Leid wird dort als Erprobung interpretiert. Wenn Ijob auch im Leid zu Gott hält, hat er diese Probe bestanden und erwiesen, dass seine Frömmigkeit echt ist. Die Frage, wofür das gut sein soll (cui bono?), ist berechtigt. Vielleicht soll am Beispiel Ijobs bestimmten Kreisen gegenüber klar gestellt werden, dass es trotz aller Einwände und aller Skepsis echte Frömmigkeit gibt.

2. Ausgangspunkt des Redeteils (Dialogteils) ist die Behauptung (Klage) Ijobs, dass er unschuldig leide bzw. dass sein Leiden in keiner Weise eine Folge seines Fehlverhaltens sei. Vielmehr hat Gott ihn in seiner Macht und letztlich in seiner Willkür mit Leiden überhäuft. Demgegenüber stehen die Freunde mit ihrer Behauptung, dass das Leid eine Folge der Sünde sei, es folglich auch für Ijob zutreffe, dass er gesündigt habe.

Die Freunde suchen den Zweck des Leidens auf verschiedene Weise zu erklären:
- Leid ist eine Folge der Sünde (vgl. Exkurs »Der Tun-Ergehen-Zusammenhang«).
- Leid ist eine Folge der menschlichen Schwäche. Diese Form ist eine Variante zur ersten Erklärung. Ausgehend von der Überzeugung, dass kein Mensch vor Gott rein bzw. gerecht sein kann, ergibt sich nach diesem Verständnis als logische Konsequenz, dass eine bestimmte Form von Leiden zum Leben gehöre.
- Leiden ist ein Mittel göttlicher Pädagogik. So wie eine Mutter oder ein Vater ein Kind aus Liebe zurechtweist, vielleicht sogar »straft«, um ihm den richtigen Weg zu zeigen, so schickt Gott dem Menschen Leiden, um sie zur Umkehr zu bewegen und auf den rechten Weg zu führen. Dieses Argument findet bei Elihu besonders starke Verwendung.

Die Argumente der Freunde folgen bestimmten Lehr- und Glaubenstraditionen, haben z. T. gewisse Erfahrungswerte, treffen aber in keiner Weise auf den »Fall Ijob« zu. Das ist die unüberbrückbare Differenz: Ijob argumentiert von der Existenz her, die Freunde von der Theorie.

3. Die Gottesreden (Dialog: Jhwh – Ijob) verweisen in die Welt der Schöpfung und des Kosmos. Kosmos und Schöpfung sind in ihrer Abgründigkeit dem Menschen unzugänglich. Sie sind aber trotz ihrer chaotischen Momente, die den Mensch arg bedrängen und ver-

unsichern (Unrecht, Leid ...), fest in der Hand Gottes und werden von ihm mit Sorgfalt und Umsicht gelenkt. Der Mensch hat sehr wohl seine Aufgabe und seine Funktion in der Schöpfung, er muss aber seinen Platz als Mensch in seiner Begrenztheit akzeptieren.

Diese Zusammenhänge wahrzunehmen und zu »begreifen«, kann die weisheitliche Diskussion nicht leisten. Das vermag allein die Beziehung zu und die persönliche Begegnung mit Gott.

8. Methodische Überlegungen zum Nachdenken

Ohne auf den vielschichtigen Bereich der Hermeneutik und der Methodik eingehen zu können, sei lediglich auf einige Punkte verwiesen, die zum persönlichen Bedenken und Überlegen anregen sollen.

- Bei jeder Lektüre begegnen wir einem Text und seiner Welt. In unserem Falle handelt es sich um einen Text, von dessen Abfassung uns mehr als 2000 Jahren trennen, der ursprünglich in einer uns ganz fremden Sprache geschrieben wurde und der unter völlig anderen religiösen, sozialen, kulturellen Verhältnissen entstanden ist.
  Innerhalb dieses Milieus hat der Text wiederum seine eigene Geschichte. Autoren (in unserem Fall kaum Autorinnen) unbekannter Herkunft haben ihn verfasst, haben ihre eigenen Probleme mit hinein verpackt in der Absicht, ihre AdressatInnen in eine bestimmte Richtung zu lenken.
- Bei jeder Lektüre begegnet ein Text uns und unserer Welt, genauer mir und meiner Welt. Und je nach Offenheit, nach Bildung, sozialem Status und gesellschaftlichem Umfeld wird der Text auf offene Ohren, auf Akzeptanz oder Ablehnung stoßen. Dass ein Text bei jemandem, der mit einem angemessenen Konto als Polster im guten Stübchen sitzt, anders ankommt als bei jemandem, der gerade das Nötigste zum Leben hat, bei einem Gesunden anders als bei einem Leidenden, bei einem Mann anders als bei einer Frau, bei einem Juden anders als bei einem Christen ..., ist zwar eine Binsenwahrheit, aber bedenkenswert – nicht zuletzt bei einem Buch wie Ijob.
- Bei aller sich daraus ergebenden Bedingtheit soll es gewagt werden, sich auf den Text einzulassen. »Ich will dich fragen, du

belehre mich« (vgl. Ijob 38,3). Wir fragen in Bescheidenheit, trotzdem aber richten wir die Fragen so ein, dass wir die Antworten erhalten, die wir hören möchten. Mag sein. Dennoch sind wir überzeugt, dass die »Antworten« von sich aus mehr bieten und dass es dadurch zu einem fruchtbaren Gespräch kommt, das allemal mehr ist als ein Frage- und Antwortspiel.

- Bei unserem Fragen richten wir uns im Sinne der sog. »kanonischen Schriftauslegung« auf den Text, wie er sich darstellt, ohne dahinterliegende Prozesse außer Acht zu lassen. Denn so hat ihn die Glaubensgemeinschaft unserer »älteren Schwestern und Brüder« geformt und getragen und wurde / wird selber durch die Jahrhunderte von ihm geformt und getragen. So hat ihn die christliche Gemeinschaft erhalten und hat ihn ihrerseits geformt und getragen und wurde / wird von ihm geformt und getragen.

ZWEITER TEIL

Kommentar

HÄNGEND AM STRAUCH der Verzweiflung
und doch auswartend bis die Sage des Blühens
in ihre Wahrsagung tritt –
(N. Sachs)

Die Rahmenerzählung (Rahmen I – Prolog)

Der große Redeteil des Buches Ijob wird von einer in dichterischer Prosa gehaltenen Erzählung gerahmt (1 – 2; 42,7-17). Unabhängig von ihrer möglichen Vorgeschichte bildet sie in ihrer Endgestalt ein geschlossenes Ganzes. Der szenisch gestaltete Aufbau und die bewusst angelegten innertextlichen Bezüge lassen deutlich erkennen, dass auch dieser Teil des Ijob im besten Sinn des Wortes Poesie genannt werden kann, also etwas künstlich und zugleich kunstvoll Geschaffenes darstellt.

Die Rahmenerzählung gliedert sich in folgende Szenen:

Rahmen I (Prolog)

Szene A	1,1-5	Exposition – Ijobs Glück
Szene B	1,6-12	Erstes Gespräch im Himmel – Ijobs Probe
Szene C	1,13-19	Ijobs Unglück – sein Besitz
Szene D	1,20ff	Ijobs Reaktion

Szene B'	*2,1-7a*	*Zweites Gespräch im Himmel – Ijobs Probe*
Szene C'	*2,7b*	*Ijobs Unglück – seine Gesundheit*
Szene D'	*2,8-10*	*Ijobs Reaktion*
Szene E	2,11-13	Besuch der drei Freunde

REDETEIL

Rahmen II (Epilog)

Szene F	42,7-10	Jhwh – die drei Freunde (Ijob)
Szene G	42,11.12-17	Ijobs neues Glück – Ende

Szene A: Exposition – Ijobs Glück (1,1-5)

V.1 – Ijobs Person

Die Exposition dient dazu, die zentrale Figur des Buches einzuführen und vorzustellen. Der Beginn charakterisiert vom Stil her die Erzählung als eine (erfundene) Geschichte. Stilistisch genau so beginnt Natans Parabel, die er David nach dem Ehebruch mit Batseba erzählt (2 Sam 12,1; vgl. Est 2,5). Die Voranstellung im hebräischen Text »Ein Mann (Mensch) …« soll die Aufmerksamkeit erregen und die Konzentration auf diesen Mann (Menschen) lenken. Der Name »Uz« ist sowohl als Personenname (Gen 10,23) wie auch als geographische Bezeichnung (Jer 25,20) bekannt. Eine eindeutige lokale Zuordnung lässt sich nicht ermitteln. Sicher ist, dass mit diesem Namen in eine außerisraelische bzw. außerpalästinische Gegend verwiesen werden soll. Gewisse Indizien sprechen für das Gebiet des ehemaligen Edom oder allgemein des nw Arabien. Die genannte (fiktive) Person erhält durch ihren Namen (Name ist Wesen) ein deutliches Profil. Im Hebräischen heißt der Name »*`ijjob*«, die lateinische Übersetzung übernimmt diesen Namen in Form von »Job« und Luther als »Hiob«. Die EÜ sollte wieder den hebräischen Charakter etwas stärker zur Geltung bringen und schreibt »Ijob«. Der Name ist in verschiedenen Formen außerbiblisch belegt (Mari, Ugarit). Er kann als hebräische Kontraktion der akkadischen Form »ajja-`abu« verstanden und von daher im Sinne von »Wo ist der (mein) Vater?« interpretiert werden. Im Ersten Testament wird der Name in Ez 14,14.20 erwähnt: Dort werden drei gerechte Nichtisraeliten genannt (Noach, Daniel, Ijob), die dem Gericht entgehen werden. In unserem Text geht es nicht um den Namen einer konkret fassbaren Person, vielmehr ist er zu einer Chiffre geworden. Die vom Hebräischen herkommende beliebte Deutung als »Anfeinder« bzw. »Angefeindeter« mag zwar philologisch umstritten sein, doch trifft sie auf volksetymologischer Basis der Sache nach zu. Sir 49,9 erinnert im »Lob der Väter« an Ijob, »der die Wege der Gerechtigkeit einhielt« und ntl. stellt ihn Jak 5,11 als einen Mann der Ausdauer und Geduld den Christen als Vorbild hin. Sowohl in Sir wie in Jak ist er bereits als konkrete, historische Person gedacht.

Ijobs Heimat wird mit dem »Land Uz« angegeben. Die Lokalisierung ist ungewiss. Es wird auf ein Gebiet östlich von Damaskus, auf das von Edom oder des Hedschas verwiesen. Dass Ijobs Heimat in ein Gebiet außerhalb Palästinas verlegt wird, hat zu mancher Spekulation Anlass gegeben. Soll damit zum Ausdruck gebracht werden, dass »Weisheit« als Thema und literarische Gattung nicht genuin israelitisch ist? Die Weisheit der »Söhne des Ostens« und die Weisheit »Ägyptens« waren bekannt (1 Kön 5,10). Obd 8 spricht gar von »den Weisen in Edom und den Klugen im Bergland von Esau«. Soll signalisiert werden, dass »Weisheit« nicht allein auf Israel bezogen werden kann, ja dass sie in ihrem Anspruch den Rahmen »Israel« sprengt? Oder verbirgt sich dahinter eine Polemik gegen Engstirnigkeit in Glaubensfragen und ein falsches Auserwählungsverständnis: Beispiele echter Frömmigkeit findet man nicht in Israel, sondern nur im »Ausland«?

Dieser Ijob wird nun als der Fromme katexochen charakterisiert, er ist ***das Ideal*** eines frommen Menschen. Vier Begriffe (Vollständigkeit!) fassen sein Wesen zusammen:

»untadelig« (*tam*): Die hebräische Wortbedeutung dieser Wurzel zielt auf »vollständig«, »ganz« ab. Es meint ein integeres Verhalten den Menschen und Gott gegenüber, aus welchem ein ungetrübtes Verhältnis resultiert.

»rechtschaffen« (*jaschár*): Das Wort meint »gerade sein« (im Gegensatz zu »krumm«) und wird überwiegend in der übertragenen Bedeutung »recht«, »aufrecht«, »richtig« verwendet. Das »rechte Tun« ist eine häufige Formulierung in der deuteronomistischen Literatur. Der Begriff bezieht den Aspekt der Kommunikation und sozialen Beziehung wesentlich mit ein.

»er fürchtet Gott«: An einigen Textstellen hat diese Formulierung numinosen Charakter, insbesondere wenn sie im Zusammenhang mit Gotteserscheinungen, Visionen oder Träumen begegnet. An der Mehrzahl der Stellen handelt es sich um eine geprägte Wendung, die semantisch mit »Furcht« oder »Angst« nichts zu tun hat. »Gottesfurcht« meint die Grundeinstellung des Menschen Gott als seinem je Größeren gegenüber. Sie kann mit Ehrfurcht und Achtung, aber ebenso mit Hingabe und Liebe beschrieben werden. »Du sollst den Herrn, deinen Gott, fürchten«, d.i. auf seine Weisung achten, »damit es dir gut geht im Land, das der Herr, dein Gott, dir gibt«, ist eine beliebte Wendung im Dtn (z.B. 4,10; 5,29; 6,13.24; 8,6) und ist gleichbedeutend mit »Du sollst den Herrn, deinen Gott, lieben«. Und Spr 1,7 postuliert: »Gottesfurcht ist Anfang der Erkenntnis ...«

»er meidet das Böse«: Damit ist die Kehrseite des vorher Genannten angesprochen und vervollständigt durch die Negation das um und um positive Verhalten Ijobs. Da das Böse gerne mit einer Art materieller Sphäre behaftet gedacht ist, kann man ihm auch ausweichen bzw. es meiden (vgl. andere Wendungen wie »das Böse fortschaffen«, »das Böse abwaschen« u.ä.).

V.2f – Ijobs Reichtum

Nach dieser einmaligen Wesensbeschreibung (»frömmer kann niemand mehr gedacht werden«) wendet sich der Blick Ijobs Umfeld zu. Die Beschreibung erfolgt vom Zentrum aus an die Peripherie. Was ihm am Nächsten steht, sind seine Kinder, die nach orientalischem Denken nicht nur einen Reichtum darstellen, sondern in denen die Zukunft (das »Gedächtnis«, der »Name«) gesichert ist (vgl. Gen 12,2; 2 Sam 18,18). Die Zahlen sprechen für sich: »Sieben« (aus drei plus vier) symbolisiert Fülle und Vollkommenheit (vgl. 1 Sam 1,8, wo die Rede ist von »zehn Söhnen«). Dasselbe gilt für die »Drei«. Die »Drei« begegnet häufig in der Form der »drei Wünsche«, der »drei Grazien« und trägt märchenhafte Züge. Ob hier ein

Gefälle von den Söhnen zu den Töchtern beabsichtigt ist, ist schwer zu sagen, zumal am Ende der Geschichte gerade die Töchter noch einmal eine besondere Rolle spielen werden (42,14). Jedenfalls erfüllen die Kinder zusammen die Zahl »zehn« (Abgeschlossenheit).

Der nächste Kreis ist Ijobs Besitz. Vier (!) Arten von Tieren werden genannt: Kleinvieh, d.i. Schafe und Ziegen, Kamele, Rinder und Esel. Die Zahlen sprechen wieder für sich. Die »Sieben« und die »Drei« sind jetzt ins Unendliche gesteigert (mal 1000). Bei »Kamele« ist an das gegen Ende des 2. Jt. domestizierte (einhöckrige) Dromedar zu denken, das als Last- und Reittier Verwendung fand (Gen 37,25; Ri 6,5; Jes 66,20). Der Ausdruck »Rinder« ist sehr allgemein. Sie werden hier als Gespanne (je zwei) gezählt, was auf ihre Funktion als Pflugtiere hinweist (vgl. 1,14). Die große Menge soll gleichzeitig die Größe des zu pflügenden Ackerlandes vor Augen stellen. Der »Esel« mit seiner vielfachen Verwendbarkeit (Reit- und Lasttier, Feldarbeit, Dreschen) gehört schließlich zum selbstverständlichen Bestand eines bäuerlichen Anwesens. Jeder Pflüger, der mit einem Gespann aufs Feld geht, hat seinen Esel als Begleittier. Das könnte die Zahl »fünfhundert« erklären. Genau genommen handelt es sich um »Eselinnen«, die als »zahmer und teurer« (Fohrer 76) gelten als die männlichen Tiere.

Zuletzt findet die Dienerschaft Erwähnung, die sehr allgemein als »zahlreich« beschrieben wird und die orientalischem Denken zufolge ganz selbstverständlich zum Besitzstand zählt.

Abschließend wird resümiert: »Dieser Mann war größer als alle Söhne des Ostens« (so der hebräische Text). Dieser Mann übertraf alle seine Landsleute in jeder Hinsicht: an Besitz (d.i. Ansehen) und an Frömmigkeit.

Die Beschreibung stellt im Grunde nur fest: Ijob ist (unendlich) fromm und (unendlich) reich. Dass zwischen diesen beiden Momenten ein Zusammenhang besteht, wird ausdrücklich nicht formuliert.

V.4f – Ijobs (seiner Kinder) Glück

Ijob ist nicht nur stolzer Vater von zehn Kindern. Das bedeutet zwar viel, aber nicht alles. Die Weisheitslehrer wissen genug von missratenen Söhnen, die den Vätern / Müttern das Leben schwer machen (vgl. Spr 10,1; 17,25; 19,13.26). Ijobs Kinder leben im Glück. Sie können es sich leisten, reihum, jeder in seinem eigenen Haus, Gastmähler zu veranstalten. Gastmähler sind Ausdruck der Freude und des Glücks. Nicht umsonst erscheint die endgültige Heilszeit im Bild eines opulenten Festmahls mit feinsten Speisen und erlesensten Weinen (vgl. Jes 25,6; allg. die atl. und ntl. Bilder vom Hochzeitsmahl). Dass auch die Töchter jedes Mal eingeladen werden, unterstreicht die ausgeprägte Familiensolidarität der Kinder Ijobs.

Mit dieser Schilderung kehrt der Dichter nochmals zum frommen Vater zurück: Er selber schickt sich an, seine Kinder zu »heiligen«, indem er früh am Morgen aufsteht und Brandopfer darbringt. Darin liegt die Pointe des Textes: Das im hebräischen Text fehlende Objekt zum Zeitwort »schicken« sind nicht irgendwelche gedachte Diener, die Ijob in Menge zur Verfügung hätte und die er beauftragen könnte, in seinem Namen Brandopfer darzubringen. So zu tun stünde ihm zu, aber er »schickt sich selber hin«, d.i. er selber geht ans Werk. Das unterstreicht noch einmal seine Frömmigkeit und seine Sorge um die Familie. Die Morgenfrühe ist die Zeit des Lobpreises Gottes, auch die Zeit, Opfer darzubringen (vgl. Gen 22,3; 1 Sam 1,19; 2 Kön 3,20). Ijob bringt Brandopfer dar, um seine Kinder zu »entsühnen« (EÜ). Wörtlich heißt es »zu heiligen« (von der Wurzel *qadásch* = »heilig sein«), sie in den Zustand des »Heilig-Seins« zu bringen. Das »heiligen« steht im Gegensatz zum folgenden »sündigen«. »Heiligen« soll den Zustand der »Sünde« aufheben. Denn Ijob denkt bei sich: Es könnte sein (»vielleicht«), dass eines der Kinder gesündigt hat, indem es »Gott gelästert hätte in seinem Herzen«. »Gott lästern« ist an dieser Stelle wie ebenso in 1,11; 2,5 und 2,9 (»Gott – ins Angesicht – fluchen«) im hebräischen Text euphemistisch formuliert. Im Text wird das Wort »segnen« gebraucht. Mit Gott als Subjekt bedeutet dies »mit heilvoller, Leben spendender Kraft ausstatten«, mit dem Menschen als Subjekt meint es »Gott loben, preisen«. Aus Scheu vor der direkten Formulierung, die an anderen Stellen sehr wohl vorkommt (vgl. Lev 24,11-16), formuliert man positiv und meint das Gegenteil (vgl. auch 1 Kön 21,10.13).

Gotteslästerung im strengen Sinn des Wortes besteht im Aussprechen von Worten, die Gott verhöhnen und verächtlich machen.

In den meisten Fällen wird ein Wort für »fluchen« gebraucht, das von der Grundbedeutung »klein, gering, wertlos machen« meint. Auf Gotteslästerung steht die Todesstrafe durch Steinigung (Lev 24,11-16). Im weiteren Sinn fallen in den Bereich der Gotteslästerung auch Taten (z.B. »Sünden, die mit erhobener Hand, d.i. vorsätzlich, begangen wurden«) sowie der Zweifel an Gottes Macht u.ä. Damit sind Bereiche angesprochen, die juridisch nicht mehr belangt werden können. Juridisch eindeutig gefasst wird der Begriff erst wieder in der Mischna (2. Jh.): Gott lästert derjenige, der den Gottesnamen (das Tetragramm JHWH) deutlich ausspricht.

Der Zusatz »in ihrem Herzen« entzieht den Tatbestand der Gotteslästerung von vornherein juridischem Zugriff. Er kann vielmehr als Verweis auf eine Verinnerlichung der Sünde verstanden werden: Sünde ist nicht nur, was äußerlich feststellbar ist, sondern passiert bereits in den verborgenen Winkeln der menschlichen Seele. Das Herz (*leb*) ist der Sitz des Verstandes und des Willens, der Sitz der geheimsten Gedanken, die nur Jhwh kennt (Ps 7,10; 26,2). Die emotionale Seite, die wir gewöhnlich mit »Herz« verbinden, tritt im hebräischen Begriff zugunsten der verstandesmäßigen etwas zurück. Der ausgesprochene Sitz der Emotionen sind »der Bauch«, d.i. das Innere, und die »Nieren«.

Damit wird Ijobs Frömmigkeit noch einmal hervorgehoben: Sie kreist nicht nur um sein eigenes Ich, sondern kümmert sich auch um seine Familie. Er solidarisiert sich mit seinen Kindern auch für den (hypothetischen) Fall, dass sie irgendwie gesündigt hätten. Die dargebrachten Brandopfer – die Tiere werden als ganze verbrannt – sollten als Ausdruck dafür, dass Ijob für die Seinen einsteht, das integre Verhältnis der Kinder zu Gott wieder herstellen. Interessanterweise spielen Opfer wie überhaupt kultische Elemente nur in der Rahmengeschichte eine Rolle (42,8), nicht aber im Redeteil.

Alles in allem: Es handelt sich um einen Mann (Menschen), dessen Frömmigkeit über jeden Zweifel erhaben, dessen Reichtum unermesslich und dessen Glück (zusammen mit seinen Kindern) vollkommen ist. Und genau diese Figur in ihrer idealtypischen Zeichnung ist der Ausgangspunkt der (Problem-)Geschichte.

Mutmaßungen, dass es Ijob nicht in den Sinn käme zu bedenken, dass sein »unmäßiger Reichtum auch einen Raubcharakter haben könnte« (A. Künzli), spiegeln einen modernen Eintrag wider. Zwar könnte sich ein solcher Einwand formal auf einen Vorwurf in dieser Richtung berufen (Elifas in 22,5-9), doch liegt die Brisanz dieser Aussage gerade darin, dass sie grundlos ist (s. zur Stelle). Bei aller (prophetischen) Kritik und Skepsis dem Reichtum gegenüber ist Reichtum unter dem Aspekt von »struktureller Sünde« (Ausbeutung notwendiger Ressourcen) unbekannt. Wenngleich die Frage, wie jemand zu seinem Reichtum kommt, scharf ventiliert wird, so gilt auf weite Strecken zunächst: Reichtum als Reichtum ist neutral. Um Ijobs Reichtum jedes Odium zu nehmen, hat eine spätere Tradition (»Testament des Hiob« vgl. Exkurs:»Ijobs Frau«) betont, er hätte seinen Viehbestand unter die Schwachen und Bedürftigen des Landes verteilen lassen.

Szene B: Erstes Gespräch im Himmel – Ijobs Probe (1,6-12)

Mit V.6 beginnt die eigentliche Erzählung. »Nun geschah es eines Tages …« Die auftretenden Protagonisten sind » die Gottessöhne«, »der Satan« und »der Herr« (JHWH), d.h. es erfolgt auch ein »geographischer« Szenenwechsel: Ort der Handlung ist nicht mehr die von Menschen bewohnte Erde, sondern die Sphäre Jhwhs, der Himmel.

Ähnlich wie in 1 Kön 22,19 begegnet hier die Vorstellung einer himmlischen Versammlung, in der eine Figur, nämlich der Satan (s. Exkurs »Der himmlische Hofstaat«), sich in besonderer Weise hervortut.

Der himmlische Hofstaat, die Gottessöhne und der Satan

Die Vorstellung, dass Jhwh von verschiedenen himmlischen Wesen umgeben ist, ist im Ersten Testament mehrfach bezeugt. So ist unter anderem die Rede von einer »Götterversammlung« (Ps 82,1), vom »Rat Gottes« (Ijob 15,8), von seinen »Heiligen« (Ijob 5,1) oder von den »Gottesöhnen« (Ps 82,6; Gen 6,1). Nirgendwo lässt das Erste Testament einen Zweifel daran, dass Jhwh über allen diesen genannten Wesen steht. Er ist und bleibt der souveräne Herr. Die himmlischen Wesen stehen in seinem Dienst: Sie preisen die Werke seiner Schöpfung (Ps 19,2), sie stehen ihm beratend zur Seite (vgl. 1 Kön 22,19f) oder sie übernehmen Mittleraufgaben.

Man spricht in diesem Zusammenhang gerne vom »himmlischen Hofstaat« oder auch vom »himmlischen Thronrat«. In der prophetischen Literatur wird diese Vorstellung als literarische Vorlage für den prophetischen Auftrag verwendet: Der Prophet hört mit oder nimmt am himmlischen Thronrat teil. Dadurch erfährt er seine Sendung und den Inhalt seiner Botschaft (vgl. Jes 6; 1 Kön 22,19; Jer 23,18.22).

Diese Vorstellung hat das AT aus seiner Umwelt übernommen. Sie begegnet in verschiedenen Varianten im gesamten mesopotamischen Raum. Aber auch in Texten aus Israels nördlicher Nachbarschaft (Ugarit) kann man von Götterversammlungen lesen, an deren Spitze El als der oberste der Götter steht. Götterversammlungen kennt man auch im phönizischen und im syrischen Bereich. Trotz der Ähnlichkeit der Strukturen haben diese Vorstellungen durch die Übernahme ins Erste Testament eine bedeutende Veränderung erfahren. Religionsgeschichtlich gesehen war damit für Israel die Möglichkeit geschaffen, die vielen »göttlichen« Wesen (verschiedene Formen von Vegetationsgottheiten oder astrale Gottheiten, die in der religiösen Praxis eine Rolle spielen) nicht einfach aus der Welt zu schaffen, sondern sie in den Jahweglauben zu integrieren. Das »ganze Heer des Himmels stand zu seiner Rechten und zu seiner Linken« (1 Kön 22,19). Das »Heer des Himmels« bezieht sich wahrscheinlich auf die verschiedensten Astralgottheiten. Jhwh aber ruft sie mit Namen, d.h. er hat Macht über sie: »Hebt eure Augen in die Höhe und seht: Wer hat die (Sterne) dort oben erschaffen? Er ist es, der ihr Heer täglich zählt und heraufführt, der sie alle beim Namen ruft« (Jes 40,26). Sie haben ihre Selbständigkeit eingebüßt und begegnen nur noch als depotenzierte (entmachtete) Diener Gottes. Damit hat das AT den ersten Schritt in Richtung auf einen Monotheismus vollzogen.

Die »Gottessöhne« (*b^e^ne ha`^e^lohim*) sind eine mythische Redeweise, die die biblischen Autoren wahrscheinlich aus dem Umfeld Israels übernommen haben. Israels Nachbarn (Ugarit) kannten El als »Vater der Götter«, wonach folglich die übrigen Götter »Gottessöhne« sind. Der Begriff »Sohn« (*ben*) meint im Hebräischen zunächst die physische Herkunft, wird aber in einer Vielzahl von Texten als Begriff verwendet, der eine Beziehung und / oder eine Zugehörigkeit zum Ausdruck bringt: Der »Sohn der Hölle« z.B. ist der, der in den Bereich der Hölle gehört; der »Sohn des Weges« gehört in den Bereich des Weges, das ist der Wanderer. Das Erste Testament verwendet den Begriff »Sohn Gottes« (o.ä.) nie im physischen Sinn, sondern immer im Sinne der Beziehung.

Die »Gottessöhne« sind somit Wesen, die in den Bereich Gottes gehören:

Gelegentlich kann sie Jahwe – analog dem irdischen König – zusammenrufen, um in wichtigen Entscheidungen mit ihnen zu beraten. Ein anschauliches Beispiel liefert das Szenario von 1 Kön 22,19-23.

Den Vorstellungshintergrund bietet eine Versammlung der himmlischen Wesen, die bezüglich der Politik des Königs Ahab zu Rate sitzen. Der Prophet hört gleichsam mit, was »oben« verhandelt wird:

»Wer will Ahab betören, so dass er hinaufzieht und dort fällt« (V.20), fragt eine Stimme. Da tritt »der Geist« (*haru*^{a}*ch*) auf und sagt: »Ich werde ihn betören« (V.22). »Ich werde zum Lügengeist im Munde all seiner Propheten werden«. Da sagte der Herr: »Du wirst ihn betören; du vermagst es. Geh und tu es!« (V.22)

Der Prophet, der gleichsam Ohrenzeuge des Gespräches im Himmel war, kann dem König mitteilen:

»So hat der Herr jetzt einen Geist der Lüge in den Mund all deiner Propheten gelegt; denn er hat über dich Unheil beschlossen.« (V.23)

Diese Szene zeigt deutliche Strukturparallelen zu den Himmelsszenen in Ijob. Hier wie dort treffen sich die Himmlischen bei Jhwh. Hier wie dort tritt eine Figur auf, die bereit ist, eine negative Aktion zu setzen. Hier und dort untersteht sie voll und ganz Jhwh.

Damit kommt die **Figur des Satan** ins Spiel.

Das hebräische »*satán*« od. »*satám*« heißt von der Grundbedeutung her »anfeinden«, das Hauptwort wird in der Bedeutung »Feind«, »Gegner« gebraucht. Ps 109,6 heißt es »Sein Frevel stehe gegen meinen Feind auf, ein Ankläger trete ihm zur Seite«; oder in 1 Kön 5,18 beschreibt Salomo seine Zeit als eine Friedenszeit mit den Worten. »Jetzt aber hat mir der Herr, mein Gott, ringsum Ruhe verschafft. Es gibt keinen Widersacher mehr und keine Gefahr.« Besonders instruktiv ist ein Text in 1 Sam 29,4: David befindet sich bei den Philistern, konkret bei Achisch, dem König von Gat. Er zieht zusammen mit den Philistern gegen Israel (Saul) in die Schlacht. Den Obersten der Philister ist diese Aktion nicht ganz geheuer. Sie mahnen bei ihrem König ein: »Schick den Mann zurück! Er soll an den Ort zurückkehren, den du ihm zugewiesen hast, und nicht mit uns in den Kampf ziehen. Dann kann er sich in der Schlacht nicht gegen uns wenden ...« , was wörtlich heißt: »er wird uns nicht zu einem Satan in der Schlacht«.

Sach 3,1f schildert folgende Vision: »Danach ließ er (Jhwh) mich den Hohenpriester Jeschua sehen, der vor dem Engel des Herrn stand. Der Satan aber stand rechts von Jeschua, um ihn anzuklagen« (*hassatan ...lesitno*), d.h. der Widersacher möchte die Investitur des Hohenpriesters vereiteln.

Die Figur des Satan hat zwar eine spezifische Funktion, aber sie ist in jedem Fall Jhwh unterstellt. Das gilt auch für die anderen Stellen des AT, an denen Satan genannt wird (vgl. Num 22,22.32; 2 Sam 19,23 u.a.). Die gemeinsame Funktion besteht in der Rolle des Gegen-Spielers.

Eine beträchtliche Weiterentwicklung dieser Figur wird in 1 Chr 21,1 im Vergleich zu 2 Sam 24,1 sichtbar: »Der Zorn des Herrn entbrannte noch einmal gegen Israel und er reizte David gegen das Volk auf und sagte: Geh, zähl Israel und Juda ...« (2 Sam 24,1) und im Paralleltext

»Der Satan trat gegen Israel auf und reizte David, Israel zu zählen ...« (1 Chr 21,1).

Im letzten Text wird Satan zum Eigennamen und die Figur gewinnt an Selbstständigkeit. Satan vertritt bzw. ersetzt jetzt Jhwh.

Die Rahmenerzählung des Ijob kennt diese letzte Entwicklung noch nicht. Hier gehört »der Satan« zur Gesellschaft des himmlischen Hofstaates. Er wird vorgestellt als advocatus diaboli, der überall ein Haar in der Suppe findet. Es werden ihm schädigende Aktionen übertragen, die er allerdings im Auftrag Jhwhs auszuführen hat.

Literarisch ist die Szene dreigliedrig strukturiert: Auftritt – Dialog – Abgang.

Nach dem Auftritt der handelnden Personen eröffnet Jhwh (EÜ »der Herr«) das Gespräch.

Drei direkten Reden vonseiten Jhwhs, eingeleitet mit: »Jhwh sprach zum Satan«, stehen zwei direkte Reden vonseiten Satans, eingeleitet mit »Der Satan antwortete Jhwh und sprach ...«, gegenüber. Dieselbe Struktur begegnet in der Parallele (*B'*).

Obwohl in V.12 ein »antwortete Jhwh« zu erwarten wäre, heißt es trotzdem »Jhwh sprach zum Satan«. Dies könnte ein indirekter Hinweis auf die Überlegenheit bzw. Hoheit Jhwhs sein, der dem Satan keine »Antwort« schuldet.

Die von Jhwh gestellte Frage leitet in der Antwort Satans auf dessen spezifische Aufgabe über. Sie klärt darüber auf, dass das »geographische« Betätigungsfeld des Satan nicht der Bereich des Himmels, sondern der der Erde ist. Die konkrete Absicht von Satans »Durchstreifen« der Erde lässt sich nur aus dem Kontext erschließen. Im Falle Ijobs handelt es sich um eine »Frömmigkeitskontrolle«. So ist es nicht verwunderlich, dass das Gespräch alsbald bei dem Frommen schlechterdings landet, bei Ijob. Er müsste – so impliziert der Text – aufgefallen sein, denn er ist einzigartig. Jhwh wiederholt wörtlich, was der Erzähler in 1,1 festgestellt hat. Damit wird eine sprachliche Verbindung zur Exposition hergestellt und zugleich wird das Urteil bekräftigt: Was Jhwh selber bestätigt, kann nicht falsch sein. Ijob wird in der Rahmenerzählung im Munde Jhwhs sechsmal (zweimal am Beginn und viermal am Ende) als »mein Knecht« bezeichnet. Wiewohl das Wort »Knecht« (*'ebed*) Sklave und Diener im üblichen Sinn bezeichnet, wird es in vielen Fällen als Ehrentitel, als Bezeichnung besonderer Vertrautheit verwendet wie etwa im Falle des davidischen Königs oder gar im Falle des »Gottesknechtes« (vgl. unseren Titel »Minister«). Besonders die

Possessivverbindung »mein Knecht« lässt auf eine enge und persönliche Beziehung schließen.

Nachdem der Name Ijob gefallen ist, kommt Satan zum Kern der Sache. An der augenscheinlichen Frömmigkeit zweifelt auch der Satan nicht, aber er bringt die dahinter liegende Motivation zur Sprache. Das alles Entscheidende ist: Ist Ijob »ohne Grund« (»umsonst«) gottesfürchtig? Damit artikuliert Satan folgende Unterstellungen:

- Er unterstellt Ijob, seine Frömmigkeit habe ihren Grund in seinem Wohlergehen und seinem Besitz. Er ist fromm, weil er weiß, dass es ihm dann gut geht. Das allerletzte Motiv seiner Frömmigkeit ist sein Glück und der Fortbestand (die Absicherung) seines Glücks.
- Er unterstellt Jhwh, er überhäufe Ijob mit Gütern, damit er dessen Frömmigkeit genießen könne. Solange Jhwh gibt, habe er in Ijob einen treuen und ergeben Anhänger.

In dieser Konstellation geht es beiden gut: Ijob hat seinen Besitz und Jhwh hat seinen Fan. »Das Tun seiner Hände hast du gesegnet« (V.10). In der ursprünglichen Bedeutung hat »Segen« mit Leben und Vitalität zu tun, so dass Segen sich in Fruchtbarkeit und Lebensfülle äußert (vgl. Gen 27,27ff; Dtn 28,2-12).

Wehe aber, so der Satan, wenn jemand an diesem System rührt. Dann wird es wie ein Kartenhaus zusammenfallen. V.11 markiert einen Kontrast: »Doch ...« Jhwh kann die »Hand ausstrecken«, seine Macht erweisen, zum Heil oder zum Unheil, hier zum Unheil. Denn »rühren an« bedeutet »wegnehmen« und »zerstören«. »Alles, was sein ist« betrifft nicht nur Habe und Besitz im Sinne der materiellen Werte, vielmehr wird auch – wie sich später zeigt – sein ganzes »Haus«, also Söhne und Töchter, mitgerechnet. Satan schwört darauf: Ijob wird ihm (Jhwh) ins Angesicht fluchen (hier begegnet derselbe Euphemismus wie in 1,5). Im Gegensatz zu 1,5, wo die Gotteslästerung sich im »Herzen« abspielt, ist hier an einen manifesten und verbal artikulierten Fluch gedacht, auf den nach Lev 24,15f die Todesstrafe steht. Jhwh geht auf den Vorschlag Satans ein. Man spricht in diesem Zusammenhang gerne vom Motiv der »Götterwette« – Goethe hat es im Faust in diesem Sinne verarbeitet (Mephisto: »Was wettet ihr, den sollt ihr noch verlieren ...« Herr: »Nun gut, es sei dir überlassen ...«). Genau besehen handelt es sich nicht um eine Wette, vielmehr geht es um eine Erprobung. Es geht nicht um den »Beweis«, wer Recht hat, Jhwh oder der Satan. Daran dürften die Schreiber allesamt nicht gezweifelt haben. Es geht ausschließlich um das Problem: Kann Frömmigkeit »ohne Grund« geschehen?

Im Hintergrund mögen wohl Auseinandersetzungen und Anfechtungen von Seiten bestimmter Skeptiker stattgefunden haben, die zum Ärgernis der Frommen fix und stur behaupten: »Der Fromme lebt fromm, damit es ihm gut geht« und »Eine zweckfreie und absichtlose Frömmigkeit gibt es nicht«.

Auch in der christlichen Frömmigkeitsgeschichte ist diese Frage nicht erledigt. Gibt es überhaupt einen Glauben, der sich als gänzlich »zweckfrei« darstellt? Oder steckt nicht doch – wenn auch noch so subtil – ein Schielen auf gute Aussichten dahinter? Muss nicht doch irgendetwas »herausschauen«, wenn ich gottesfürchtig (als Christ) lebe, wenn ich im Namen dieser Gottesfurcht sogar Strapazen und Entbehrungen auf mich zu nehmen bereit bin? – Es muss ja nicht der Himmel auf Erden sein, aber so irgendein Himmel – wenigstens zu guter Letzt?

Szene C: Ijobs Unglück – sein Besitz (1,13-19)

Mit der Bemerkung, dass Satan weggeht »vom Angesicht Jhwhs«, endet die Szene im Himmel. Der Schauplatz wechselt: Die Welt Ijobs kommt wieder in den Blick mit einem direkten Bezug zur Eingangsszene (V.4). Der Beginn dieses Abschnittes ist derselbe wie in V.6 »Nun geschah es eines Tages ...« Die Betonung des »Tages« kann allerdings auch Bezug nehmen auf V.4, wo es von den Söhnen heißt, dass sie Festmahl hielten »jeder an seinem Tag«. Damit könnte angedeutet werden: Alles geschieht an *einem* Tag.

Wie üblich sitzen Ijobs Söhne und Töchter beim Gelage. Die Erwähnung des »Erstgeborenen« soll dieses Gelage von den sonst üblichen besonders hervorheben. Diese einleitende Bemerkung steht zunächst isoliert, da sie im Folgenden unmittelbar keine Rolle spielt. Dass sie aber noch eine Rolle spielen wird, und zwar eine gewichtige (V.18f), ist jetzt schon eindrücklich angemerkt.

In V.14 erfolgt ein Szenenwechsel, es tritt plötzlich eine neue Person auf, die den vertrauten Kreis der bisher Genannten sprengt, ein Bote (steht sehr pointiert an den Beginn des Satzes gesetzt). Die ganze Szenerie erfährt eine plötzliche Wendung. Unwillkürlich denkt man an den Auftritt des »Boten« (Tod) beim Gelage des Jedermann (H. von Hofmannsthal). Die Leserin und der Leser erfahren: Ijob trifft ein Unglück nach dem anderen.

Die Szene der sog. »Hiobsbotschaften« ist literarisch kunstvoll strukturiert:

Sie umfasst vier Abschnitte:

Ein Bote kam – sprach – allein entronnen (V.14f)
dieser war noch am Reden – da kam ein anderer – sprach – allein entronnen (V.16)
dieser war noch am Reden – da kam ein anderer – sprach – allein entronnen (V.17)
dieser war noch am Reden – da kam ein anderer – sprach – allein entronnen (V.18f)

Die Art und Weise der Darstellung dramatisiert das Geschehen ungemein. Der Ablauf erfolgt Schlag auf Schlag. Die Unglücksfälle sind radikal: nur er, der Bote, kann jeweils als einziger entrinnen. Die Vierzahl der Botschaften symbolisiert die Vollständigkeit des Unglücks, wobei die vierte insofern noch einmal die drei anderen überbietet, als es hier um den Tod der Söhne und Töchter geht. Die Leserin und der Leser wissen um die Inszenierung des Unheils. Der Satan tritt nirgendwo aktiv in Erscheinung (im Gegensatz zu 2,7), alles geschieht »natürlich«.

Die erste Botschaft (V.14f)

Sabäer haben Ijobs Rinder und Esel geraubt und seine Knechte erschlagen. »Saba« ist ein Land und ein Volk in Südarabien im Gebiet des heutigen Jemen. Die Herleitung des Namens ist nicht eindeutig. In der biblischen Überlieferung sind sie wie alle arabischen Völkerschaften als Händler und Kaufleute bekannt. Der legendäre Karawanenzug der Königin von Saba zu Salomo (1 Kön 10,1-13) sowie die Erwähnung »der Könige von Saba und Seba« (Ps 72,10), die mit Gaben kommen, mögen Anspielungen an frühe Handelsbeziehungen darstellen, verbunden mit der Vorstellung vom reichen Arabien (Aromata, Gewürze, Gold). Die Bedeutung und wechselvolle Geschichte von Saba bezeugt eine Fülle von sabäischen Inschriften, die bis ins 6. Jh. n.Chr. reichen. Der den

Sabäern hier zugedachte räuberische Charakter ist sonst nicht belegt. Entweder handelt es sich um eine Anspielung auf eine bestimmte Überlieferung eines räuberischen Feldzuges oder die »Sabäer« stehen als Chiffre für Beduinen, die man grundsätzlich mit räuberischen Zügen in Verbindung bringt.

Die zweite Botschaft (V.16)

Das zweite Unglück trifft Ijobs Schafe und Knechte (andere?). Diesmal wird es durch das »Feuer Gottes« (vgl. Num 11,1.3; 1 Kön 18,38!) ausgelöst. Diese Formulierung kann sowohl die Herkunft des Feuers (von oben) als auch seine Intensität (ein gewaltiges Feuer!) bezeichnen. Konkret ist wohl an den Blitz gedacht.

Die dritte Botschaft (V.17)

Diesmal sind es Chaldäer (vgl. die Parallele zur ersten Botschaft), die Ijobs Kamele rauben und seine Knechte (wieder andere?) töten. Die Chaldäer werden nach Gen 22,22 einem aramäischen Zwölf-Verband zugezählt. Sie begründen unter Nabopolassar (gest. 605) und seinem Sohn Nebukadnezzar und dessen Nachfolger das Neubabylonische Reich (bis 539). In 2 Kön 24,2 werden sie zusammen mit den Aramäern, Moabitern und Ammonitern als »Räuberscharen« bezeichnet.

Die vierte Botschaft (V.18f)

Der erste Satz greift auf den Beginn der ganzen Szene zurück: Ijobs Söhne und Töchter sind beim Gelage im Haus des Erstgeborenen. Jetzt realisiert sich, was dort (in V.13) höchstens als eine dumpfe Ahnung aufsteigen konnte – das Unglück der Söhne und Töchter Ijobs. Der »gewaltige Sturm von der Wüste her« (EÜ »über die Wüste«) lässt zwar konkret an einen aus der syrisch-arabischen Wüste kommenden heißen Wind denken, zugleich aber an die gewaltige Kraft Gottes (vgl. Jes 40,7 »Wind Jhwhs« = Sturm), zumal diese vierte Botschaft eine Parallele zur zweiten (»Feuer Gottes«) aufweist. Damit haben die Nachrichten von Ijobs Unglück den Höhepunkt erreicht. Mit seinen Söhnen und Töchtern ist auch seine Zukunft gestorben.

Szene D: Ijobs Reaktion (1,20-22)

Ijobs äußere Reaktion besteht in Gesten, die dem üblichen Trauerritual entsprechen (vgl. Gen 37,34). Das Zerreißen (Einreißen) der Kleider (hier: Obergewand) symbolisiert das »Zerreißen des Herzens«. Zum Zeichen der Trauer schert man sich in Israel die Haare, während man sie in Ägypten wachsen lässt. »Niederfallen« und »anbeten« sind ein zusammengehörendes Begriffspaar (Dan 3,5.10; Mt 2,11; 4,9) und Ausdruck der Anerkennung bzw. der Unterwerfung. »Anbeten« (EÜ) bezieht sich auf den Gestus der Proskynesis: Der Bote z.B. wirft sich vor dem König nieder, um ihm seine Ehrfurcht zu bezeugen. Da die lateinische Bibel »adoravit« übersetzte, hat sich in der lateinischen die Tradition die Übersetzung mit »anbeten« eingebürgert.

Diesen äußeren Gesten entspricht die innere Reaktion (V.21), die in zwei Sätzen formuliert ist. Der erste Satz, metrisch strukturiert, ist der allgemeinen Weisheit entnommen und passt genau genommen nicht in den Kontext. Er spiegelt einfach die Erfahrung wieder, dass der Mensch mit nichts auf die Welt kommt und mit nichts diese Welt wieder verlässt (vgl. Koh 5,14; 1 Tim 6,7). Hinter einer solchen Formulierung mag noch eine allerdings verblasste Anspielung an die Erde als Mutterschoß stehen (vgl. Gen 3,19; Ps 139,13.15; Sir 40,1). Das Leitwort des Satzes heißt »nackt«. Die vielfältige Bedeutung dieses Wortes soll die Existenz des Menschen charakterisieren (vgl. Ps 49,17ff). Dieser Satz könnte für sich stehend als Feststellung, als Klage (Auflehnung) oder als Ausdruck von Resignation verstanden werden. Im Munde Ijobs (als Sprechakt) bekommt er eine existentielle Bedeutung. Was jeder und jedem in Gesundheit und Wohlstand leicht über die Lippen kommt, wird von Ijob erlebt – er muss erleben, was es bedeutet, dass der Mensch »nackt« ist.

Der zweite Satz, wohl auch eine formelhafte Wendung (dreimal steht betont Jhwh), ist Ijobs eigentliche Antwort. Wiederum ist die Formulierung allgemeiner Ausdruck von Frömmigkeit: Der Fromme weiß, dass Gott der Geber alles Guten ist und dass er auch wieder nehmen kann: »Gutes und Böses, Leben und Tod, Armut und Reichtum kommen vom Herrn« (Sir 11,14). Wiederum gewinnt auch dieser Satz im Munde Ijobs (in diesem Kontext) eine besondere Schärfe: Eine allgemeine Äußerung von Vertrauen und Gelassenheit nimmt konkrete Gestalt an, Glaubenswahrheit des Kopfes wird zum aushaltenden Bekenntnis des Herzens. Dem lässt sich nichts entgegenstellen, da es in jedem Fall evident ist.

»Der Name des Herrn«, d.i. der Name JHWH, sei gepriesen«. Der »Name« erinnert an die Befreiung des Volkes aus der Not Ägyptens, erinnert an den Gott, »der da ist für ...« – Ist er jetzt »da« für Ijob? – Trotzdem: »Er sei (wörtlich) gesegnet«! Gibt Ijob den erfahrenen Segen (1,19) irgendwie an Jhwh zurück – im Bewusstsein, dass auch dieser ein Geschenk ist?

Der Verfasser, der es ja besser weiß, fasst zusammen: Er nimmt indirekt auf 1,11 Bezug. Satans Ansinnen ging daneben. Vom »ins Angesicht fluchen« ist keine Rede, Ijob verfehlte sich in keiner Weise, nicht einmal »Ungehöriges« kam über seine Lippen. Also behielt, was von vornherein klar war, Gott Recht.

Im Grunde könnte die Geschichte hier zu Ende sein. Was es zu »beweisen« galt, ist bewiesen. Ijobs Frömmigkeit ist über jeden Zweifel erhaben. Er bleibt auch in der Not Jhwh treu. Dieser wiederum erweist sich – das geht über die Fragestellung Satans bereits hinaus – seinerseits als treu: Er beschert dem Ijob ein glorreiches Ende. Sowie Ijobs Frömmigkeit als echt erwiesen ist, kann Jhwh ihn ein zweites Mal »segnen« (42,12), ohne mit irgendwelchen Einwänden rechnen zu müssen.

Szene B‘: Zweites Gespräch im Himmel – Ijobs Probe (2,1-7a)

Im Sinne eines verstärkenden und überbietenden Parallelismus werden die drei Motive vom Gespräch im Himmel, von Ijobs Unglück und seiner Reaktion nochmals aufgenommen.

Die zweite Himmelsszene (*B‘* 2,1-6.7) bringt fast wörtlich den Text der ersten – mit überbietenden Abweichungen. 2,3 ergänzt den Wortlaut von 1,6 um »Noch immer hält er fest an seiner Frömmigkeit, obwohl du mich gegen ihn aufgereizt hast, ihn ohne Grund zu verderben«. Dass der Satz nicht ohne Brisanz gelesen werden kann, versteht sich. Zum einen soll eine gewisse Distanzierung Jhwhs zum Ausdruck kommen, zum anderen wird der »Experiment«-Charakter des Unternehmens noch unterstrichen, hat sich doch herausgestellt, dass es »umsonst« bzw. »ohne Grund« geschah.

Wieder stellt sich die Frage, ob das erlittene Unglück und Leid in irgendeine Relation zu dem zu bringen ist, was damit in der Oberwelt beabsichtigt wird. Gewiss spielt, wie schon oben betont, die »persönliche Tragik« des Ijob nicht die entscheidende Rolle. Dennoch kann die Provokation nicht ausgeklammert werden, so dass von einem Gelehrten der Mischna der Ausspruch überliefert ist: »Wenn dies (Ijob 2,3) kein geschriebener Schriftvers wäre, dürfte man es nicht sagen« (nach Horst 24).

2,4 bringt eine Verschärfung gegenüber 1,10f. »Haut um Haut« ist eine vermutlich geläufige Wendung, die im Rechtsleben oder im Tauschhandel ihren »Sitz im Leben« hat (vgl. das Talionsrecht Ex 21,23ff; Lev 24,19f; Dtn 19,21). Es gilt: Gleiches (als Ersatz) für Gleiches. Gar alles (!) aber gibt der Mensch preis, wenn es um sein Leben (*néfesch*) geht. Das Leben hier und jetzt ist für den Menschen der Alten Welt der Güter höchstes. Für dieses ist er bereit jeden Preis zu zahlen. Das ist die äußerste Möglichkeit, Ijobs Frömmigkeit auf die Probe zu stellen – Jhwh rühre an seinem Leben. V.5 redet zu Recht von »Gebein und Fleisch« als eine mögliche Ausdrucksweise für »Mensch« (vgl. Gen 2,23; 29,14). Wenngleich »Gebein und Fleisch« den ganzen Menschen meinen, wird doch »Leben« (*néfesch*) davon unterschieden. Beim einen liegt der Aspekt mehr auf der Hinfälligkeit und Gebrechlichkeit (aber ohne negativen Beigeschmack moralischer Art), während *néfesch* den Akzent auf Vitalität und Lebendigkeit legt. An seiner *néfesch* zu rühren, bedeutete Ijob zu töten. Hat es 1,12 geheißen »sein Besitz ist in deiner Hand«, heißt es jetzt »Er ist in deiner Hand«. Dem Satan wird somit jede Möglichkeit eingeräumt, Ijob auch leiblich zu schädigen, nur das nackte Leben (den Atem) muss er ihm lassen Die Szene schließt gleich wie in 1,12: »Satan ging weg vom Angesicht Jhwhs« (EÜ »Gottes«).

Szene C‘: Ijobs Unglück – seine Gesundheit (2,7b)

Prägnant und kurz (im Vergleich zu Szene C), nur mit einem halben Vers wird das neue Unglück geschildert. Ausdrücklich wird der Satan als Urheber angeführt. Er schlägt Ijob mit körperlichem Leid (Geschwüre? Aussatz?), und das radikal: vom Scheitel bis zur Sohle (den ganzen Körper). In der Krankheit weht den Menschen der

Alten Welt (wesentlich stärker als heute) der Hauch des Todes an. Mehr als der Schmerz versetzt diese Todesnähe den Menschen in Angst und Ausweglosigkeit.

Szene D': Ijobs Reaktion (2,8-10)

Ijob sondert sich ab. Um das zu unterstreichen, fügt der griechische Übersetzer hinzu: »außerhalb der Stadt«. Böse Hautkrankheiten o.ä. haben üblicherweise eine körperliche Isolation zur Folge (vgl. Lev 13,46; 2 Kön 7,3 vier aussätzige Männer vor dem Stadttor; Lk 17,12 die zehn Aussätzigen, die Jesus vor dem Dorf entgegenkommen). A. Musil notiert in seinem großen Werk über Mittelarabien (1908): »Dauert die Krankheit länger, so tragen ihn (den Kranken) seine Verwandten in der trockenen Jahreszeit hinaus auf die hohen wallförmigen Kehrichthaufen vor den Ortschaften, errichten über ihm ein Schattendach, indem sie auf vier Stangen eine Decke befestigen, und hier liegt er oft ganze Tage und Nächte ...« (nach Horst 27).

Zur physischen Isolation kommt die psychische. »Asche« symbolisiert zugleich den Bereich, wohin der Mensch in seiner Existenz gehört. Das bekommt Ijob zu spüren. Es ist nicht mehr die Welt der (gut) Lebenden. Er gehört zu denen, die schon mehr auf der dem Leben abgewandten Seite ihren Platz haben (vgl H. Heines »Matratzengruft«).

Unvermittelt tritt seine Frau auf. Wo war sie bisher? Immerhin waren es ihre Kinder, die nun tot sind – alle auf einmal. Oder tritt sie jetzt erst auf, weil sie nicht mehr länger an sich halten kann? Je nach dem, wie der Leser / die Leserin diese Textlücke füllt, wird er / sie auch ihre Äußerung interpretieren. Der hebräische Text lässt mehrere Deutungen zu: Zum einen bleibt offen, ob »*barak*« mit »preisen« (vgl. Ebach I 37ff) oder in euphemistischem Sinn als »fluchen« zu übersetzen ist, zum anderen kann der erste Teil des Satzes, der wörtlich – jetzt in der 2. Pers. formuliert – die Feststellung Jhwhs dem Satan gegenüber (2,3b) aufnimmt, als Behauptungs- oder/und als Fragesatz gelesen werden.

Somit kann die ganze Sentenz gemeint sein als

a. Ausdruck der Feststellung, vielleicht der Bewunderung, des Mitleids: »Noch immer hältst fest an deiner Frömmigkeit (?), preise

Gott! So wirst du in Einklang mit deinem Gott sterben« – ein tragischer, aber versöhnlicher Ausgang der Geschichte.

b. Ausdruck des Zynismus: »Noch immer hältst du fest an der Frömmigkeit(?). Preise nur weiter deinen Gott! Du wirst dennoch sterben.«

c. Ausdruck der Verzweiflung: »Noch immer hältst du fest an deiner Frömmigkeit? Fluche Gott, damit du stirbst!« Dahinter stünde die unausgesprochene Überzeugung: Wer Gott flucht, holt sich ipso facto den Tod (vgl. oben).

»Wie eine der Törinnen« redet sie, entgegnet Ijob. »Tor« (*nabal*) ist ein beliebter Begriff in der Weisheitsliteratur und meint einen Menschen, der Gott nicht ernst nimmt und sein Leben nach seinen eigenen Plänen gestaltet (vgl. Ps 14,1; 53,2). In Ijob 30,8 werden die »Söhne des Toren« mit unbedeutenden Leuten unterer Schichten parallelisiert. Die Femininform »Törin« bzw. der Plural »Törinnen« kommt nur hier vor. Wie immer V.9 zu verstehen ist, bleibt als gemeinsamer Nenner, dass im Mund der Frau vom »Sterben« Ijobs die Rede ist, gleich ob als Lösung-Erlösung, als unabänderliche Gegebenheit oder als provoziertes Ende gedacht. Da der Tod für den Frommen (im Allgemeinen!) niemals erstrebenswert ist, schneidet er ihn doch von der Beziehung zu Jhwh ab, kann in Ijobs Augen die Frau nur als »Törin« erscheinen (s. Exkurs »Ijobs Frau«). Zudem steht er auch innertextlich, ohne es zu ahnen, auf der Seite Jhwhs, dem sehr daran gelegen ist, dass Ijobs Leben (*nefesch*) erhalten bleibt (2,6).

Unmissverständlich wird formuliert: Ijob versteht sein Unglück als eines, das von Jhwh gegeben ist. »Gut und Böse« (= alles) empfangen wir von ihm. Die Bemerkung, dass sein körperliches Leiden vom Satan verursacht ist, spielt auf der Ebene der Lebenswelt des Ijob keine Rolle.

Ijobs Frau im Licht und Schatten ihrer Auslegung

1. In der griechischen Bibel und im »Testament des Hiob«

Es ist eigenartig, dass die Frau Ijobs so unvermittelt auftritt und ebenso unmittelbar wieder verschwindet. Diese Gegebenheit hat schon frühe Ausleger irritiert und zu eigenwilligen Interpretationen angeregt.

Bereits die griechische Bibel (ca. 2. Jh. v. Chr.) hat sich mit dem vorliegenden Textbestand nicht mehr abgefunden. Vielmehr kommentiert sie, indem sie der Frau in V.9 folgende Worte in den Mund legt:

Als nun viel Zeit vergangen war, sprach seine Frau zu ihm:
Wie lange willst du noch aushalten und sagen:
Siehe, eine kurze Zeit harre ich noch aus,
denn ich warte voll Hoffnung auf meine Rettung.
Sieh doch, die Erinnerung an dich ist von der Erde verschwunden:
die Söhne und Töchter, meines Schoßes Wehen und Nöte,
für die ich mich umsonst geplagt und abgemüht habe.
Du selber sitzt in Fäulnis und Würmern und nächtigst im Freien.
Und ich, eine Landstreicherin und Tagelöhnerin, ziehe von Ort zu Ort
und von Haus zu Haus,
ich warte, dass die Sonne untergeht,
um auszuruhen von meinen Mühen und meinen Plagen.
So sprich doch ein Wort wider den Herrn und stirb!

In diesem Zusatz artikuliert die Frau ihre Verzweiflung. Die jüdisch-hellenistische Tradition setzt diese Linie fort. »Das Testament Hiobs«, eine etwas nach 100 n.Chr. anzusetzende, in griechischer Sprache (in Ägypten?) verfasste Schrift der Erbauungsliteratur, räumt der Frau wesentlich mehr Platz ein. Darin blickt Ijob auf die Vergangenheit zurück und erzählt von seiner hingebungsvollen Frau. Jetzt hat sie einen Namen, Sitidos, welcher u.a. mit dem griechischen *»sitízein«*, d.i. »verköstigen, Brot geben«, in Verbindung gebracht werden könnte. Ihre Notlage wurde nach Ijobs Unglück immer trister: Als Dienstmagd musste sie sich verdingen, um Brot für ihn und sich selbst zu beschaffen. Als ihr das Brot für ihn verweigert wurde, genierte sie sich als Frau nicht, auf den Markt zu gehen, um dort um Brot zu betteln. Da fand sich der Satan ein und bot ihr Brot an. Da sie nicht zahlen konnte, verlangte er ihr Haar. Sie nahm sogar diese Schande auf sich und gab ihr Haar ahnungslos dem Satan. Der Satan aber war es, der schließlich »ihr Herz verdrehte«, so dass sie sich hinreißen ließ zu sagen: »Sprich ein Wort gegen den Herrn und stirb!«. Ijob aber durchschaute das Spiel des Satan und stellte ihn zur Rede, so dass er von ihm abließ. Inzwischen waren die Freunde Ijobs eingetroffen. Die Frau, in Lumpen gekleidet, beschwor nunmehr die Freunde, sie möchten die Trümmer der zusammengestürzten Häuser beseitigen lassen, damit man wenigstens die Gebeine der verschütteten Kinder bergen und begraben könnte. Ijob aber wehrte ab mit den Worten: »Ihr werdet meine Kinder nicht finden, denn sie sind aufgenommen worden in die Himmel von ihrem Schöpfer, dem König« (39,12). Im selben Augenblick sehen die Anwesenden Ijobs Kinder bekränzt in der Herrlichkeit der Himmlischen stehen. »Als aber auch Sitidos, meine Frau, damals (es) sah, fiel sie zur Erde, betete und sprach: ‚Jetzt weiß ich, dass Gott meiner gedenkt. Ich werde auferstehen und in die (himmlische) Stadt gelangen und (dort) ein wenig schlafen und (dann) den Lohn erhalten für die Fron meiner Knechtschaft: Und sie ging weg in die Stadt und betrat den Stall ihrer Kühe, die von den Herren, denen sie diente, geraubt waren. Sie legte sich in einer Krippe nieder und starb guten Muts. Ihr herrischer Gebieter suchte sie und fand sie zunächst nicht. Als es Abend geworden war, ging er in den Stall der Tiere und fand sie tot da liegen. Und alle (Tiere), die (es) sahen, brachen ihretwegen in lautes Schreien und Wehklagen aus und der Lärm durchdrang die ganze Stadt. Und da liefen (die Leute) herbei, zu erfahren, was geschehen war. Und sie fanden sie tot. Um sie herum aber standen die Tiere und klagten um sie. Und so schaffte man sie weg und brachte sie zu Grab. Man begrub sie bei dem Haus, das über ihren Kindern zusammengefallen war. Und die Armen der Stadt stimmten ein großes Wehgeschrei an und sprachen: ‚Seht, Sitidos ist das, die (einst) so berühmte und geehrte Frau! Nicht (einmal) eines angemessenen Begräbnisses hat man sie für würdig erachtet« (40,4-13).

Literatur: *B. Schaller*, Das Testament Hiobs (JSHRZ III/3), Gütersloh 1979.

2. In der alten kirchlichen Auslegung

Die ältere christliche Auslegungstradition hat der Gestalt der Frau des Ijob relativ viel Aufmerksamkeit geschenkt. Allerdings hat ihr ihre Äußerung in V.9 einen prominenten Platz »in misogynic literature« (W. Astell) eingebracht. Das mag schon der einflussreiche Augustinus grundgelegt haben, durch dessen Titulierung als »adiutrix diaboli« (Helferin des Teufels) ihr Bild in der Geschichte der christlichen Literatur festgelegt wurde. Der große angesehene Kommentar Papst Gregors d. Gr. (+ 604) »Moralia in Ijob« (so genannt, weil moraltheologische Erörterungen überwiegen) hat das Seine dazu beigetragen. Gregor bringt Ijobs Frau in Verbindung mit Eva, dem Archetypen einer Verführerin. Da es Satan nicht gelungen ist, Ijobs Standfestigkeit durch die Schicksalsschläge zu erschüttern, bedient er sich der Frau, um ihn durch ihre Stimme, ihre erotischen Reize und ihre schmeichelnde Zuneigung schwach zu machen. In der Stimme der Frau ist geradezu das Echo der einst verführenden Eva zu vernehmen. Worte und körperliche Reize der Frau verschmelzen in der zärtlichen Verführung. Worte solcher Art können in der Tat für den Kirchenmann nur als »töricht« gelten, weshalb nach seiner Ansicht die paulinische Anordnung, dass Frauen nicht lehren dürfen (vgl. 1 Tim 2,12), durchaus gerechtfertigt scheint. Die Frau repräsentiert in der allegorischen (bildhaften) Auslegung der Bibel grundsätzlich den schwachen Menschen, der nicht in der Lage ist, in der Versuchung standzuhalten. Deswegen werden nach der Ansicht dieses Kommentars solche Menschen zu Recht Frauen genannt (»non immerito mulieres vocantur«).

Demgegenüber ist der Mann Ijob der Typ des Starken, der jeder Versuchung widersteht und den nichts anficht. In allem redet er recht und sündigt nicht.

Nun aber ergibt sich in Hinblick auf die folgenden Textpassagen (Kap. 3ff) ein Problem. Denn redet Ijob nicht ähnlich wie oder im Gefolge seiner Frau, wenn er lautstark den Tag seiner Geburt verflucht und den Tod herbeisehnt (vgl. Ijob 3)? Da hilft ein »Trick« weiter. Die Lehre vom doppelten (mehrfachen) Schriftsinn. Es gibt einen wörtlichen Sinn der Schrift und einen geistig-geistlichen. Auf Ijob übertragen ergibt sich daraus: Ijobs sprachliche Äußerungen liefern lediglich die Hülle, sind literarisches Pathos und oberflächliche Form, in die hinein der eigentliche, geistige Sinn seines Redens verpackt ist. Der wörtliche Text ließe Ijob blasphemisch erscheinen. Das kann aber nicht sein, denn dies widerspräche dem biblischen Preis der Tugenden Ijobs. Soweit Gregor d. Gr.

Dass hier mit zweierlei Maß gemessen wird, liegt auf der Hand. Quod licet viro, non licet mulieri (»Was dem Mann erlaubt ist, ist der Frau nicht erlaubt«). Der immer wieder auftauchende Bezug auf Eva (Gen 3) als der Verführerin ist für uns Heutige nicht mehr nachvollziehbar. Wenn in Gen 3 von Verführung die Rede ist, dann ist es die Schlange, die verführt, nicht die Frau. Die Schlange präsentiert sich im Hebräischen als männliches Wesen. Dass sie zu Ungunsten der Frau in der Wirkungsgeschichte so schnell (vgl. bereits Sir 25,24) aus dem Blickfeld gerät, ist eine andere Geschichte – genau so wie die Tatsache, dass gerade solche Sichtweisen Frauen-Geschichte entscheidend mit-geschrieben haben.

Literatur: *Astell, Ann W.,* Job's Wife, Walter's Wife, and the Wife of Bath, in: R.-J. Frontain – J. Wojcik (Hrsg.), Old Testament Women in Western Literature, Conway 1991, 92-107.

Es ist interessant anzumerken, dass sich die positive Sicht der jüdisch-hellenistischen Linie in der Folgezeit nicht durchgesetzt hat. Für eine feministische Ijoblektüre von heute ist Ijobs Frau »in mehrfacher Hinsicht eine Herausforderung«. Fürs Erste kommt ihr Leid nicht zur Sprache, sie selbst findet fast überhaupt keine Beachtung. Zum Zweiten wird kritisch festgestellt: »Ihr Rat wird von Ijob entgegen allen israelitischen Rollenkonventionen nicht angenommen, sie wird als Törin, als ehrlos bezeichnet und aus dem weiteren Erzählverlauf entfernt.«

Innerhalb der gesamten Lektüre mag sie als »Repräsentantin der an den Rand gedrängten Menschen, vor allem der Frauen« stehen. Sie vertritt »eine leidende Gerechte«, »die ihres religiösen Subjektseins beraubt und aus dem Buch verwiesen wird«. Und weiter: »Die Frau Ijobs, die kein Subjekt ist, bloß namenloser Mutterleib, der mit Endlichkeit und Unreinheit in Verbindung gebracht wird ..., als ihre Klagen können Texte wie Ijob 3,20-22; 7,2-8; 10,8-14; 16;7-9 gelesen werden. Als

Lieder ihrer Hoffnung auf Veränderung der Verhältnisse sind sie dann (‚Umsturzhymnen') ... zu verstehen ... So kann .... die leidende Gerechte neu zum Subjekt werden. Dies ist jedoch eine Perspektive, die im Buch selbst erst am Horizont aufscheint, erst in den Töchtern mit Namen und Erbteil eingelöst wird.« (vgl. zu 42,14f).

Literatur: *Maier, Ch. – Schroer, S.*, Das Buch Ijob. Anfragen an das Buch vom leidenden Gerechten, in: L. Schottroff – M.-T. Wacker (Hg.), Kompendium. Feministische Bibelauslegung, Gütersloh 1998,192-207.

Wie vorhin (1,22) schließt der Verfasser mit der zusammenfassenden Bemerkung ab: Ijob sündigte nicht. Quod erat demonstrandum!

Resümee

Wie immer die mündliche oder schriftliche Vorgeschichte der Rahmenerzählung gewesen sein mag, der vorliegende Text lässt vier Ijob-Typen erkennen, die sich vielleicht in vier Stufen entfaltet haben:

(1) Der gelassene Ijob

Es wird erzählt von einem rechtschaffenen, reichen und angesehenen Mann (1,1*.2f), den plötzlich ein Schicksalsschlag nach dem anderen trifft, der Hab und Gut und seine Söhne und Töchter verliert (1,13-19*). Trotz allem bleibt er gelassen. Zwar trauert er, aber fügt sich in sein Schicksal: So ist des Menschen Los (1,20f). In dieser Schicht wäre nicht die Rede von Jahwe, vielmehr soll an einer kurzen Geschichte ein Mensch vorgestellt werden, der sich in die Gegebenheiten des Lebens einfach fügt.

(2) Der fromme Ijob

Durch das Anfügen von 1,1b wird Ijob als überaus fromm dargestellt. Vielleicht soll er damit der Reihe der sprichwörtlich »Gerechten« wie Noach und Abraham eingefügt werden, denen auch das Prädikat »rechtschaffen« in Hinblick auf Jhwh zuerkannt wird (Gen 6,9; 17,1).

(3) Der unschuldige Ijob

Durch die Bemerkung, dass er alles Böse mied (1,1b) und dass er sogar für eventuell mögliche Versündigungen seiner Kinder einstand (1,5), ja dass er nach dem Hereinbrechen allen Unheils kein böses Wort verlor (1,22), wird er als in allem als unschuldig ausgewiesen.

(4) Der geprüfte Ijob

Durch das Einfügen der Himmelsszenen weiß die Leserin und der Leser, dass es sich bei den Schicksalsschlägen um eine Prüfung bzw. Erprobung handelt. Ijob besteht diese »Prüfung« »summa cum laude«.

Alle vier Motivkreise fließen in der Jetztgestalt des Ijob der Rahmenerzählung zusammen und haben dadurch einen »Heiligen« geschaffen, der unübertroffen seinen Platz in der Geschichte hat.

Szene E: Besuch der drei Freunde (2,11-13)

Mit V.11 beginnt etwas Neues: Neue Protagonisten treten auf den Plan, drei Freunde Ijobs. Sie hörten von all dem »Bösen« *(ra'ah)*, das über Ijob gekommen ist. Der hebräische Begriff »Böse« ist sehr umfangreich, schließt alles ein, was die abendländische Tradition genau zu unterscheiden pflegt:

das physische Übel (malum physicum), wie es der Mensch als Teil der Natur erfährt – Naturkatastrophen, Krankheit, Tod (gewissermaßen die »condition humaine«);

das moralische Übel (malum morale), welches in der menschlichen Freiheit begründet liegt, wofür der Mensch Verantwortung trägt – Neid, Hass, Ungerechtigkeit ...

das metaphysische Übel (malum metaphysicum), das in der Begrenztheit und Endlichkeit des menschlichen Wesens liegt. Alle diese verschiedenen Aspekte fallen in diesem Begriff zusammen und bilden im hebräischen Denken eine Einheit, auch unabhängig davon, ob das Übel als persönliches, gesellschaftliches oder strukturelles in Erscheinung tritt.

Die Freunde werden namentlich vorgestellt:

Elifas, – sprich »élifas« – (»Mein Gott ist Feingold« oder »Gott siegt«?) aus Teman. Teman ist als Gebiets- wie auch als Ortsname bekannt (vgl. Jer 49,20; Am 1,11f) und ist mit der Gegend von und um Edom zu identifizieren. Obd 8 spricht von den »Weisen in Edom« und den »Klugen im Bergland von Esau«.

Bildad (»Sohn des Hadad«, eines nw-semitischen Wettergottes ?) von Schuach. In Gen 25,2 begegnet ein Schuach als letzter von den sechs Söhnen des Abraham und der Ketura. Von ihnen heißt es, dass Abraham »sie noch zu seinen Lebzeiten weg nach Osten, ins Morgenland, weit weg von seinem Sohn Isaak« geschickt hat (Gen 25,6).

Zofar (»kleiner Vogel«; »Wächter« ??) von Naama. Naama ist im Ersten Testament unbekannt (Jos 15,41 kommt hier nicht in Frage). Vom Namen her könnte es in das Gebiet westlich des Libanon verweisen.

Bedeutsam ist, dass ihre Herkunft außerhalb des eigenen Landes lokalisiert wird. Von Israel aus gesehen kommen sie vom N (Zofar), vom O (Bildad) und vom S (Elifas). Da der Westen (Mittelmeer) nicht in Frage kommt, erfüllt die Dreizahl die geographische Ganzheit.

Nebenbei sei die amüsante Charakteristik der drei Freunde im klassischen Kommentar von K. Budde (1876) erwähnt. Er stellt die drei Freunde vor, wie folgt: »Eliphaz der Würdevolle, der Weise vor anderen, der sich auf seine Lebenserfahrung und selbstempfangene Offenbarung beruft, Bildad der eitle Schönredner, der sich auf Zeugnisse und Überlieferung stützt, Sophar der rohe Polterer, der mit Allerweltswissenheit und Gemeinplätzen um sich wirft.«

Jeder kommt aus seiner Heimat, wörtlich »aus seinem Ort«, »von seinem Platz«. Sie haben zwar das gemeinsames Ziel, Ijob zu trösten, dennoch kommt ein jeder von seinem Platz, Standpunkt her. Erst spätere Leser, die offensichtlich die Geschichte »realistisch« lesen, fragen nach der Möglichkeit der Zusammenkunft der doch so weit voneinander entfernten Freunde. Es werden wundersame Zeichen am Himmel eingeschmuggelt, die den Freunden den Weg zueinander weisen. Für den Dichter unseres Textes war dies nicht von Belang. Sie bezeugen ihre Teilnahme dem hebräischen Wortverständnis nach durch ein Sich-Hin-und Herbewegen bzw. durch Schütteln des Kopfes als (magisches ?) Zeichen der Abwehr der bösen Geister, der Verursacher von Ijobs Krankheit. Zum äußeren

Gehabe gehört die herzliche Zuwendung des »Tröstens«. Das hebräische Wort (enthalten im Namen »Menachem« = »Tröster«) beinhaltet nicht nur ein eher passiv emotinal-affektives Moment (Mitleid), sondern auch den aktiven Willen, eine bestimmte Situation oder Haltung zu ändern. Man vergleiche den Beginn des sogenannten Deuterojesaja »Tröstet, tröstet mein Volk!« (Jes 40,1).

»Sie blickten auf« (wörtlich »erhoben ihre Augen«) ist ein gern gebrauchtes literarisches Stilmittel, um etwas Besonderes, eine Überraschung oder Unerwartetes zu signalisieren (vgl. Gen 13,10; 18,2; 22,4). Hier ist es Ijobs entstelltes Aussehen. Die Reaktion (vier Zeitwörter) entspricht weitgehend den üblichen Trauergebärden: laut aufschreien, weinen, Kleider zerreißen und Staub in die Luft werfen. Neben der inneren Anteilnahme sind solche Riten vonnöten, um Dämonen und schädliche Einflüsse herumschwirrender böser Geister zu vertreiben und fernzuhalten. »Sie setzten sich zu ihm auf die Erde« ist gleichermaßen ein Ausdruck der Trauer wie einer der Solidarität mit dem Getroffenen. »Sieben Tage und Nächte« – »sieben« symbolisiert abgerundete, volle Trauerzeit: Sieben Tage trauerte z.B. Josef um seinen Vater Jakob (Gen 50,10).

» ...keiner sprach ein Wort zu ihm. Denn sie sahen, dass sein Schmerz sehr groß war« (V.13). Einer der großen Sätze der Bibel. Ijob, in seiner Qual verstummt, braucht kein Zureden, keinen »tröstenden« Wortschwall. Wenn der Schmerz so groß ist, kann nur noch das Schweigen bestehen. Denn jedes noch so gut gemeinte Wort und jeder im Glauben gelernte Satz zerfallen in solchen Situationen »wie modrige Pilze«, ja können sich unter der Hand in bösartigen Zynismus verwandeln. Wie wären Worte zu gebrauchen, wenn ein Kind tödlich verunglückt, wenn eine Mutter von ihrem unheilbaren Krebs erfährt, wenn ...? – Es bleiben nur: Dasein und Schweigen!!!

Ob die Rahmenerzählung einen Prozess und wenn ja welchen durchlaufen hat, wird viel diskutiert. Es sei hier der grobe Raster eines möglichen Werdeprozesses vorgestellt, der letztlich auch den Dialogteil mit einbezieht. Demnach können für die Rahmengeschichte zwei Phasen ausgemacht werden: das Faktum und das Problem. Der Redeteil (als Einheit genommen) stellt eine nächste Stufe dar: die Auseinandersetzung.

1. Phase: Das Faktum

Sie umfasst die Szenen A.C.D.G: Da war einmal ein durch und durch frommer Mann, der in Glück und Reichtum lebte. Plötzlich trifft ihn ein Schicksalsschlag nach dem anderen. Er nimmt Glück wie Unglück als von Gott gegeben an. Gott wendet sein Schicksal und lässt ihn doppeltes Glück erleben bis ins hohe Alter.

Diese Geschichte stellt eine Lehrerzählung dar, die »Antwort« geben soll auf die Frage, wie ein Mensch mit Schicksalsschlägen umgehen soll. Dahinter mögen reale Erfahrungen stecken: Menschen, die sich nichts zu Schulden haben kommen lassen, trifft Unglück. Möglich, dass soziale Umbrüche, die Verarmung und Elend ehedem angesehener und wohlhabender Familien auslösten, den Hintergrund bilden. All dies wird exemplarisch in der Person Ijobs gebündelt. Es geht nicht um die Frage, warum Gott Leid schickt oder zulässt (Theodizee), vielmehr darum, wie der Mensch mit seinem Unglück im Angesichte Gottes zu Rande kommt. Die Erzähler der Geschichte stellen ihren Ijob als Muster hin: Da alles von Gott kommt, handle so, dass du Gutes wie Böses ohne Groll einfach akzeptierst. Zugleich sind die Erzähler davon überzeugt, dass Gott den Menschen nicht einfach im Elend sitzen lässt. So diktiert ihnen der Glaube an den Gott, der nicht enttäuschen kann, die Hoffnung, dass eben dieser Gott letztlich alles zum Guten wendet. Der zuwendende Gott des Endes ist doppelt so groß als der des Anfangs.

Die Erzähler haben eine Geschichte geschaffen, die innertextlich ohne Probleme auskommt und deren Pragmatik ihre Wirkung nicht verfehlt hat.

In der christlichen Frömmigkeitsgeschichte – viele Christinnen und Christen kennen »Ijob« nur in dieser Fassung – spielt diese Variante eine nicht unbedeutende Rolle. Christinnen und Christen haben gegenüber den Adressaten der atl. Zeit freilich den Vorteil, den guten Ausgang ins Jenseits verlegen zu können und somit dem Argumentationsnotstand der Überprüfbarkeit zu entkommen. Wie dem auch sei. Mitunter hat man für diese Variante – im Besonderen von psychologischer Seite her – nur noch ein müdes Lächeln übrig. Ich verwehre mich dagegen im Namen der Menschen, die mit dieser Geschichte gelebt und vor allem – überlebt haben.

2. Phase: Das Problem

Der Einbruch des Unglücks ohne jegliche Motivation mag gewissen Kreisen geradezu als Provokation erschienen sein. Wenn schon (textintern) der Betroffene keine Ursache kennt, so sollte wenigstens die Leserin und der Leser in eine bessere Lage versetzt werden. Ihre und seine Neugierde werden zufrieden gestellt durch die Szenen im Himmel (B, B'). Leserin und Leser erfahren, dass die Echtheit der Frömmigkeit Ijobs in Frage gestellt wird (Satan) und das hereinbrechende Unglück »lediglich« dazu dient, diese Echtheit zu prüfen. Natürlich sollte der / die jetzt kundig gewordene Leser / Leserin für analoge Situationen seines eigenen Lebens (und die anderer?) entsprechende Schlüsse daraus ziehen.

Mit dieser Erweiterung haben die Verfasser zwar *ein* Problem »gelöst«, aber ein noch viel größeres erzeugt, eines, welches zumindest dem modernen Menschen wesentlich mehr zu schaffen macht. Es taucht nämlich sogleich die Frage auf: Was ist das für ein Gott oder was ist das für ein Gottesbild, in welchem Gott einen Menschen ins äußerste psychische und physische Elend stößt, um die Echtheit seiner Frömmigkeit zu prüfen? Wird der ahnungslose Ijob nicht zum Spielball einer göttlichen Laune? Kann ein noch so glorreiches happy end rechtfertigen oder wieder gut machen, was der Gequälte zu erleiden hatte?

Das Problem bleibt. Dennoch ist zugleich zu fragen, ob sich für die Weisheitslehrer von damals dieses Problem mit der nämlichen Schärfe gestellt hat. Die eingehende Beschäftigung mit der Lektüre lässt mehr und mehr deutlich werden, dass der »Fall Ijob«, also das Geschick der Person Ijobs in den Hintergrund tritt zugunsten der weisheitlichen Textpragmatik, der Absicht nämlich, die Leserin und den Leser mit grundsätzlichen Problemen zu konfrontieren. Das bedeutete in diesem Fall: Im Brennpunkt steht allein die Frage »Gibt es eine echte, absichtslose Frömmigkeit« oder anders »Gibt es einen Glauben, der um seiner selbst willen (aus Liebe) geschieht?«. Am Beispiel Ijobs wird die positive Antwort demonstriert. Sie soll den Glaubenden in seiner Lebenssituation stärken und zugleich allen Anfeindungen von außen (vertreten durch den Satan) den Wind aus den Segeln nehmen.

Die Szenen *B'.C'.D'* haben die Funktion eines überbietenden Parallelismus. Sie verschärfen sehr geschickt, was ohnedies inhaltlich schon vorgegeben ist.

Die Reaktion Ijobs (Szene D und *D*‘) fällt textlich kurz und prägnant, inhaltlich entschieden und eindeutig aus. Das verfehlt zweifellos seine Wirkung nicht. Die Schreiber erzielen dadurch einen gewissen Überraschungseffekt, der die Leserin und den Leser betroffen macht. Auf der anderen Seite enttäuscht dieser kurze und knappe Text, denn Leserin und Leser erwarten eine Reaktion, die sie mitvollziehen können. Der Text, wie er dasteht, hinterlässt eine große »Leere«. Auf solche Schicksalsschläge so zu reagieren, kann doch nicht alles sein. Und genau diese »Leere« zu füllen, ist im Gesamtkontext des Ijob die Funktion des ganzen Redeteils. Die Antwort Ijobs in 42,1-6 bietet bestimmte analoge Elemente zu den Reaktionen in den Szenen D.*D*‘. Oder anders: Der gesamte Redeteil kann als eine breit angelegte Erweiterung der bereits in aller Kürze erfolgten Antworten am Anfang angesehen werden. Eines freilich darf keinesfalls vergessen werden: Mögen die Antworten (des Rahmens und des Schlusses) formal in dieselbe Richtung gehen, der Antwortende ist ein anderer geworden!

Redeteil (3,1 – 42,6)

Nach sieben Tagen ist die Zeit des Schweigens vorüber. Nicht die Freunde brechen das Schweigen, sondern Ijob selber. Auf der Erzählebene gilt: Ijobs Leid kann nicht im Verstummen bewältigt werden. Vielmehr staut es sich auf und verschafft sich Raum: Es muss hinaus geschrien werden. Da kommt nicht Logik und Vernunft zum Zug, sondern Betroffenheit und Emotion. Ijob selber bezeichnet später seine Worte als »wirr« (6,2).

Auf der Ebene des Buches Ijob gilt: Wie kann ein Mensch, dem so Schweres widerfährt, mit seinem Schicksal umgehn? Das »Der Herr hat‘s gegeben, der Herr hat‘s genommen ...« mag recht sein. Aber ist diese Ergebung nicht zu einfach? Ist der Mensch, der glaubende und vertrauende, tatsächlich in der Lage, mit solcher Ergebenheit alles gleichsam selbstverständlich hinzunehmen? Die Erfahrung lehrt und zeigt, dass es eines langen Ringens bedarf, wenn Leid überhaupt zu bewältigen ist, eines Ringens, das nie einen geradlinigen Prozess darstellt, sondern ein sich immer wieder wiederholendes Auf und Ab und ein Für und Wider einschließt. Das ist wohl auch der innerste Grund, warum der Dialogteil – trotz aller Struktur, schließlich haben ihn Gelehrte verfasst – auf den diskursiv denkenden Menschen abendländischer Prägung mitunter langatmig, unlogisch, ja diffus wirkt.

Der Dialog: Ijob und seine drei Freunde (3,1 – 27,23)

Der »Dialog« mit den (drei) Freunden lässt sich folgendermaßen gliedern (vgl. Einleitung):

1. Redegang:	
3 Ijob	**4/5** Elifas
6/7 Ijob	**8** Bildad
9/10 Ijob	**11** Zofar

2. Redegang:	
12/13/14 Ijob	**15** Elifas
16/17 Ijob	**18** Bildad
19 Ijob	**20** Zofar

3. Redegang:	
21 Ijob	**22** Elifas
23/24 Ijob	**25** Bildad (25,1-6)
26/27 Ijob	

Ijob 3: Die erste Rede des Ijob (erster Redegang)

Mit Kap. 3 beginnt der erste Redegang (3 – 11) des Dialogteiles. Obwohl viele Autoren den Dialogteil mit Kap. 4 beginnen lassen, sprechen gute Gründe dafür, das Gespräch mit Kap. 3 zu eröffnen.
Der nur hier in einer Redeeinleitung verwendete Übergang »danach« (3,1) signalisiert einen engen Anschluss an Kap. 2. Das Schweigen der Freunde wird durch das Reden Ijobs abgebrochen, kann nur so abgebrochen werden. Mag die Wendung »da antwortete …« (4,1) auch zu einer reinen Formel erstarrt sein, so signalisiert sie zumindest eine Art Re-aktion auf etwas Voraufgehendes. Zudem ist bereits hier zu bedenken: Bei aller Dringlichkeit des »Falles Ijob« ist und bleibt das Buch Ijob das Poem (»Machwerk«) eines bedeutenden Weisen und Dichters, so dass psychologische Aspekte der »Persönlichkeit« eines Ijob zwar nicht außer Acht gelassen, aber nur mit großer Zurückhaltung in Betracht gezogen werden dürfen.
Mit der Überschrift in 3,1 vollzieht sich eine bedeutende Wende. Dem Schweigen der Freunde steht das »Öffnen des Mundes« durch Ijob gegenüber: Jetzt wird geredet! Ijobs Position wird durch den zweiten Halbvers skizziert: Er verflucht »seinen Tag« (welchen? nach V.3 der Tag der Geburt). Genau genommen bezieht sich diese Bemerkung nur auf die folgenden VV.3-10, im Sinne einer den Inhalt vorwegnehmenden Überschrift (vgl. Gen1,1; 18,1a). Sie geht aber wie eine Ouvertüre, deren Tonart immer wieder – bald mehr, bald weniger – durchklingt, dem ganzen Dialogteil voraus.
Die Grundbedeutung des hier verwendeten Wortes »verfluchen« meint »als gering«, »als nicht existent« erachten. Es ist nicht der klassische, magische Konnotationen beinhaltende Begriff von »verfluchen«, dieser ist vielmehr den »Verfluchern der Tage« (V.8 s. u.) vorbehalten.

Übersicht und Struktur:

(A) *Ausgelöscht sei der Tag der Geburt –*
Klage (VV.3-10)
(B) *Warum starb ich nicht vom Mutterschoß weg –*
Ich-Klage (VV.11-19)
(C) *Warum schenkt ER den Verbitterten das Leben –*
Klage (VV.20-26)

Ijob verwünscht den Tag seiner Geburt (A). Tot zu sein zöge er dem Leben vor (B). Es geht über sein Schicksal hinaus um die grundsätzliche Frage der menschlichen Existenz angesichts aller Mühsal und allen Leides (C).

(A) Klage (VV.3-10)
Ausgelöscht sei der Tag der Geburt!

Dieses poetisch exakt aufgebaute Gedicht ist bestimmt durch die Gegensätze von Tag und Nacht (zugleich zwei komplementäre Begriffe, vgl. »Abend und Morgen« in Gen 1). Sieben Stichen betreffen den Tag und sieben betreffen die Nacht (VV.4-9; unter der Voraussetzung, dass statt »jene Nacht« in V.6a »jener Tag« zu lesen ist). Aber die Verteilung ist keine zu gleichen Teilen: Von der Semantik her schlagen sich alle Begriffe auf die Seite der Nacht. »Licht«, »Sterne« und »Morgenröte« verschwinden in der Dunkelheit (Negation).

Die Idee, dass jemand den Tag seiner Geburt verwünscht, ist nicht neu, wie der Wunsch nicht geboren zu sein in der Antike überhaupt wiederholt begegnet. Ein Beispiel aus dem Ersten Testament liefert ein Text aus den sog. »Confessiones« (»Bekenntnisse«) des Jeremia (Jer 20,14-18). Beide Texte beinhalten vier gemeinsame Elemente: die Verwünschung / Verfluchung des Tages der Geburt (3,3a.4f; Jer 20,14); die Verwünschung / Verfluchung des Überbringers der Botschaft (3,3b.6-9; Jer 20,15f); die Begründung der Verwünschung / Verfluchung (3,10; Jer 20,17); die Klage geboren zu sein (3,11-16; Jer 20,18) (vgl. NIB 366).

Die Ankündigung der Empfängnis bzw. Geburt eines Kindes (bes. eines Sohnes) gilt für gewöhnlich als eine freudige Nachricht (vgl. Hagar Gen 16,11 »der Herr hat auf dich gehört in deinem Leid«). Jubel und Freude brechen aus (Jes 9,5). In paradoxer Weise klingt diese Gegebenheit sogar im Jeremia-Text durch: »Verflucht der Mann, der meinem Vater die frohe Kunde brachte« (Jer 20,15; im Hebräischen steht hier ein Wort, das dem späteren »Evangelium« entspricht). Bei Ijob, wo der Text wesentlich künstlicher gestaltet ist als bei Jer, hat nicht einmal die geringste Anspielung auf Freude einen Platz.

Nun wird eine Reihe von Wünschen (Verwünschungen) laut, in denen bekannte mythische Motive aufgenommen und mythische Elemente personifiziert werden. V.4a » ...werde Finsternis« klingt (insbesondere vom Kontext her) wie – ja ist – die Umkehrung von »es werde Licht« (Gen 1,3). In der Tat werden hier die Chaosmächte, die Gott souverän gebändigt und im Griff hat, wieder heraufbeschworen. Gott, der zuständig ist für den Tag und das Licht (vgl. 38,12; dasselbe Verb in Dtn 11,12 für »sich kümmern«) soll von der Schöpfung »die Finger« lassen. Andere Mächte mögen auf den Plan treten (V.5): Dunkel und Finsternis als Figuren der Anti-Welt. »Einfordern« verweist auf »ein Besitzrecht geltend machen«, was die mythische Vorstellung impliziert, der Tag sei ein Kind der Nacht (vgl. V.7). Goethe hat dieses Motiv in den »Faust« aufgenommen, wenn er den Mephisto sich vorstellen lässt: »Ich bin ein Teil des Teils, der anfangs alles war, / Ein Teil der Finsternis, die sich das Licht gebar …«. Der Ausdruck »Verfinsterung am Tag« (wörtlich »Verbitterung« des Tages) ist singulär. Eine jüdische mittelalterliche Tradition deutet ihn als »Dämonen«, die am Tag (als Reste der Nacht?) umherstreifen. Diese Nacht (vielleicht ursprünglich der Tag?) sei ausgelöscht aus dem Kalender, sie sei gänzlich getilgt aus dem Bewusstsein. Dazu gehört als logische Folge, dass sie (als die traditionelle Zeit sexueller Begegnung) keine Fruchtbarkeit zulässt, die ihrerseits Anlass zu Jubel böte (Jes 9,5). Kein Spross, zu ihrer Zeit gezeugt und empfangen, sollte an sie erinnern.

V.8 wendet sich wieder an die mythisch chaotischen Mächte: In V.8a lesen viele Ausleger aufgrund des Parallelismus mit Leviatan statt »Verflucher der Tage« »Verflucher des Meeres« (NRSV »who curse the Sea«). Das »Meer« (*jam*) wie auch der Leviatan spiegeln widergöttliche Mächte wieder, die die Kosmos schaffende Gottheit besiegen muss (s. Exkurs: »Vom Chaos zum Kosmos«). Die »Verflucher« könnten als personifizierte, Unheil schaffende Mächte, die zu »Jam« gehören, gedacht werden. Vielleicht ist an Wächterfiguren zu denken, die die siegreiche Gottheit nach ihrem Sieg über das Chaosungeheuer zur Bewachung eingesetzt hat (vgl. Dan 4,10.14). Sie spielen vor allem in der außerbiblischen Literatur um die Zeitenwende (z.B. im sogenannten »Äthiopischen Henoch« oder im »Buch der Jubiläen«) eine bedeutende Rolle.

»Nacht bleibe Nacht« im Gegensatz zum natürlichen Kreislauf von Abend und Morgen (vgl. Gen 1,5), der von Gott ausdrücklich verbürgt ist (Gen 8,22). Denkbare Lichter (ein neuer Morgen) werden sofort verneint: Sterne, Licht und Morgenröte. In der Nacht wartet der Mensch voll Sehnsucht auf das Licht (»ausgespannt sein auf …« siehe zu 4,6), aber es bleibt aus. In der Dichtung wird die Morgenröte häufig als Figur präsentiert (vgl. Ps 139,9; 57,9). In der ugaritischen Mythologie ist eine Gottheit mit Namen »Schachar« (= Morgenröte), ein Sohn des El, bekannt. Die »Wimpern« der Morgenröte (nochmals in 41,10) erinnern an Homers »Eos mit ihren Rosenfingern«.

V.10 liefert schließlich expressis verbis die Begründung für Ijobs Verwünschung. Da kein ausdrückliches Subjekt genannt ist, können sowohl der Tag, die Nacht (beide im Hebräischen maskulin) wie auch Gott selber als Subjekt fungieren. Das Öffnen oder Schließen des Mutterschoßes ist – eine übliche Wendung für die Fähigkeit oder Unfähigkeit der Empfängnis – im Ersten Testament wesentlich eine Sache Gottes, nicht – wie im Umfeld – eine Sache des Baal. Gott ist zuständig für jegliche Fruchtbarkeit (vgl. Gen 20,18; 29,31; 1 Sam 1,5). In V.10b wird die Situation konkretisiert: Nicht das Leben an sich ist es, um dessentwillen Ijob seinen Tag verwünscht, sondern das Leid (*'amal*), das das Leben prägt. Dieses Wort ist eines der Leitworte im Koh und umfasst die ganze Bandbreite von Unheil und Leid, Mühsal und Abmühen. Was er nie zu erleben gedachte, genau das hat Er ihm nicht verborgen. Nur gleichsam am Rande wird Ijobs eigene Situation thematisiert. »Man stößt hier auf einen typischen Zug der Hiobdichtung, nämlich das individuelle-menschliche Schicksal durch das Paradigma des Mythos ins Erhabene zu steigern« (Fuchs, Klage 222).

Vom Chaos zum Kosmos

Fragen nach dem Wie und Woher der Welt sind so alt wie die Menschheit. Nicht die Neugier drängt primär zu solchen Fragen, sondern das Leben und die Lebenspraxis. Von der Antwort hängt es ab, wie der Mensch es sich einzurichten hat. Die Beantwortung solcher Fragen fällt sehr verschieden aus, bündelt sich doch in ihr die ganze Fülle von Rahmenbedingungen. Individuell-psychologische und soziale (Gesellschaftsstrukturen), zeitgeschichtliche und kulturelle, geopolitische und geographische Voraussetzungen spielen eine Rolle. Das gilt natürlich auch für den Alten Orient, der für unsere Thematik in Frage kommt.

Neben anderen Vorstellung im mesopotamischen Raum ist die maßgeblich geworden, wie sie im Schöpfungsepos »Enuma élisch« (benannt nach den ersten Worten »Als droben …«) aus der Zeit etwa des 12./11. Jh. v.Chr. zu Tage tritt. Zuerst entstehen die Götter, die sich in die unteren und die oberen teilen. Die unteren Götter werden vertreten durch das Chaos, ein Begriff, der aus dem griechischen Raum kommt (Hesiod) und für das Unbestimmte, das Amorphe, für das Gebärende (Mütterliche) und Todbringende zugleich steht. Es figuriert in der Gestalt der Tiamat, die als Drache (Seeungeheuer; Schlange) vorgestellt wird und die eine ständige Bedrohung (Finsternis und Nichtexistenz) darstellt.

Zwischen den oberen und den unteren Göttern kommt es zum Streit. Im akkadischen »Atramchasis«-Epos ist der Lärm der oberen Götter die Ursache, weil er die Ruhe der unteren Götter stört. Dahinter steht wohl die Rivalität zwischen alten und neuen (jungen) Göttern. Schließlich kommt es zum Kampf. Als Vertreter der oberen Götter kämpft Marduk gegen die Tiamat. Er kann sie besiegen und schafft aus ihrem Leib die Welt, d.h. durch den Sieg über das Chaos entsteht der Kosmos. Dieser Sieg ist kein einmaliger, sondern er muss immer wieder (Jahr für Jahr) wiederholt werden. Jedes Mal wird somit die Ordnung neu garantiert, so dass der Mensch überhaupt leben kann.

Ähnliche Vorstellungen begegnen im näheren Umfeld Israels in den Texten aus Ugarit (heute Ras Schamra an der syrischen Mittelmeerküste, ca. 10 km n von Latakia). Dort ist es der Vegetationsgott Baal, der zum einen gegen den Meeresgott »Jam« zu kämpfen hat, um das durch diesen symbolisierte Chaos zurückzudrängen, damit der Kosmos erhalten bleibt. Der eigentliche Schöpfergott ist – im Gegensatz zu Marduk – nicht Baal, sondern die Hochgottheit El. Zum anderen muss Baal alljährlich den Gott Mot (den Gott der Unterwelt, den Tod – Die Wurzel »*mot*« bildet das hebräische Wort für »Tod«) überwinden, damit Vegetation und Fruchtbarkeit wieder garantiert sind. Dieser Kampf zeigt sich im Absterben und Wiedererwachen der Natur im Jahreskreislauf.

Im Ersten Testament werden (besonders in poetischen Texten) solche Vorstellungen gerne aufgenommen. Sie haben allerdings ihren eigentlich mythischen, d.i. Wirklichkeit stiftenden Charakter verloren. Für das Erste Testament (zumindest für die verantwortlichen Letztverfasser) steht fest: Jhwh steht über und jenseits aller Chaosmächte. Sie sind bei weitem keine gleichwertigen und gefährlichen Gegner, da er sie alle im Griff hat – und das ein für allemal: »Die Schöpfung ist irreversibel« (G. Fuchs, Mythos 67). Die Protagonisten dieser Texte stellen keine präzise Wiedergabe ihrer ursprünglichen Funktionen dar, die ohnehin im Laufe der Zeit ihre festen Konturen verloren haben, sondern sie werden als Repräsentanten typischer Vorstellungen gehandelt. Die bedeutendsten von ihnen, wie sie auch im Buch Ijob begegnen, sind: »Leviatan«, »Tannín«, »Meer«, »gewundene Schlange«, »Ráhab«, »Behemót«.

Leviatan (von der Bedeutung des ugaritischen Wortes her) wird häufig mit »gewundene Schlange« wiedergegeben und meint ein Seeungeheuer (Jes 27,1; Ps 74,13), das man sich entweder als Schlange, als vielköpfigen Meeresdrachen oder als überdimensionales Flussungeheuer (Krokodil Ijob 40,25 – 41,26) vorstellt. Zugleich wird der Leviatan mit dem Meeresgott »Jam« identifiziert, den Baal zu bezwingen hat.

Tannin wird in EÜ verschieden wiedergegeben. »Meeresdrache« (Ijob 7,12), »Drache« (Jes 51,9), Schlange Aarons bzw. der ägyptischen Zauberer (Ex 7,9f), »Krokodil« (Ez 29,3); synonym für Rahab (Jes 51,9). Die »großen Seetiere« in Gen 1,21 heißen auch »*tanninín*«.

Das »**Meer**« (*jam*) gewinnt in poetisch-mythischen Texten (ähnlich wie »Ströme«, die »vielen Wasser«, vgl. Ps 93,4f; Hld 8,7) die Bedeutung des chaotischen Urmeeres. In Ijob 7,12 und 38,8ff wird »Jam« ohne Artikel, d.h. als Personenname, genannt. Dazu kommen als personifizierte Helfer die »Finsternis«, das »Dunkel« u.ä. synonyme Begriffe.

Die »flüchtige Schlange« oder »schnelle Schlange« (Ijob 26,13; Jes 27,1) sind Epitheta des Leviatan. In Jes 27,1 geben sich diese widergöttlichen Mächte geradezu ein Stelldichein.

Vom Sieg über diese antigöttlichen Wesen heißt es im ugaritischen Baalepos (zit. nach G. Fuchs, Mythos 136):

»Als du zerschmettertest Lotan, die flüchtige Schlange,
ein Ende gemacht hast der gewundenen Schlange,
dem Herrscher mit den sieben Köpfen,
da schwanden und zitterten die Himmel
wie der Gürtel deines Gewandes.«

Rahab – nicht zu verwechseln mit dem Personennamen Rahab (Jos 2,1.3) – symbolisiert ein Chaosmonstrum (den »Meeresdrachen«), das Jhwh durchbohrt und zerschmettert (der Sieg über das Chaos oder die Feinde, vgl. Ps 89,11; Ijob 9,13). In Ijob 26,12f werden das »Meer«, »die Rahab« und »die flüchtige Schlange« im Parallelismus genannt.

Behemót in Ijob 40,15 (nur hier) wird vielfach mit »Nilpferd« übersetzt. Im Ijobkontext (siehe dort) hat der Begriff zweifellos eine mythische Färbung und reiht sich in den Vorstellungshorizont der mythischen Seeungeheuer.

Das Motiv der Schlange bzw. des Drachen als Symbol der widergöttlichen Macht lebt in der christlichen Ikonographie bis heute fort (z.B. Darstellung des hl. Georg mit dem Drachen u.a.).

Literatur: *G. Fuchs*, Mythos und Hiobdichtung. Aufnahme und Umdeutungen altorientalischer Vorstellungen, Stuttgart 1993; *A. Th. Khoury – G. Girschek*, Das religiöse Wissen der Menschheit, Bd.1, Freiburg-Basel-Wien 1999, bes. 115-145; *M. Görg*, Schöpfung I, in: NBL 13. Lf., 1999, 498-503.

(B) Ich-Klage (VV.11-19)

Warum starb ich nicht vom Mutterschoß weg?

V.10 setzt ein mit der für die Klage eines Beters typischen »Warum«-Frage (z.B. Ps 10,1; 22,2). Diese Frage, an ein Du gerichtet, beinhaltet Klage und Anklage zugleich. Dem Du wird indirekt die Verantwortung für eine missliche Lage übertragen. Damit wird freilich auch zugleich der Unterschied der Klage des Ijob zu der eines

Beters deutlich: Ijob richtet sich an keinen angesprochenen Adressaten (zumindest nicht direkt). Seine Frage und Klage verhallen formal im Leeren. Im Kontext sind freilich die Freunde als indirekte Adressaten (Hörer) gedacht, und darüber hinaus schließlich Gott.

In dem Warum Ijobs geht es um sein derzeitiges Leben. Es ist ihm so sehr zur Frage geworden, dass er grundsätzlich den Tod dem Leben vorzöge. Sein Wunsch ist aber zu unterscheiden von Äußerungen von Menschen, die aufgrund ihrer Notsituation nicht mehr leben wollen und sich deswegen den Tod herbeiwünschen (vgl. Elija 1 Kön 19,4; Jona Jon 4,3; Tobit Tob 3,6; Sara Tob 3,10.13.15). Seine Frage ist viel grundsätzlicherer Art: Warum ist er überhaupt zu diesem (leidvollen) Leben bestimmt? Wäre es nicht besser, gleich nach der Geburt gestorben (V.11) oder als Totgeburt auf die Welt gekommen zu sein (V.16)?

Die Frage, ob der Tod nicht dem Leben vorzuziehen sei, ist eine, die im Laufe der Geschichte immer wieder gestellt und entsprechend verschieden beantwortet wurde (vgl. Ebach I 53). Für den Alten Orient gilt, dass das Leben der Güter höchstes ist.

Warum haben sich Menschen um ihn, Ijob, gekümmert? V.12 bringt eine Anspielung auf die Geburt: Die Amme nimmt das Neugeborene auf ihre Knie. Der Gestus gilt auch als Legitimation bzw. Adoption eines Kindes (vgl. Gen 30,3; 50,23). Der Neugeborene wird damit akzeptiert und durch das Stillen mit der Nahrung versorgt, die ihm ein Leben ermöglicht.

Sehr ausführlich wird nun die Vorstellung beschrieben, was wäre, wenn Ijob unmittelbar nach seiner Geburt gestorben wäre. Sein Platz wäre in der Unterwelt (vgl. Exkurs: »Die Unterwelt …«). Diese zeichnet sich aus

- durch Ruhe: V.13 bringt vier (!) Verben in der Bedeutung »ruhen«.
- durch Gleichheit: V. 14 nennt zwei Kategorien: a. »Könige (plus ihren Beratern), die Grabkammern …« und b. »Fürsten reich an Gold, die ihre Häuser mit …« Beide Gruppen repräsentieren einen Superlativ: die Höchstrangigsten und die Reichsten. V.14b hat der hebräische Text »Ruinen«, die EÜ »Grabkammern«, wieder andere (z.B. Fohrer 108f) denken an »Pyramiden«, die der Dichter des Ijob wohl nur noch als »Trümmerhaufen« in Erinnerung hat.

Die Unterwelt oder wie es weitergeht

Der gesamte Alte Orient ist überzeugt, dass es mit dem Tod eines Menschen nicht einfachhin aus ist. Die Vorstellungen freilich, wie es »weitergeht«, sind äußerst verschieden.

Das Erste Testament kennt für die Unterwelt das Wort *sche`ol* (sprich: sche-ól), dessen sprachliche Herleitung keine klare Auskunft gibt. Es kann »Unland« und »Öde« bezeichnen, den »Ort, wo nicht ist« oder eben das Reich der Toten. Wenngleich der Begriff in allen Schichten der hebräischen Bibel vorkommt, verrät er bemerkenswert wenig über das »Wie« der Unterwelt. Was Tod und Bestattung betrifft, hält sich das AT auffällig zurück, speziell wenn man zum Vergleich etwa an die ausgefeilten Totenrituale der Ägypter denkt. Das einzige Mal im Ersten Testament, wo ein Mensch mit Toten in Verbindung tritt, ist die Szene, in der die mutige Totenbeschwörerin von En-Dor für Saul den Geist des Samuel »aus der Erde« heraufsteigen lässt (1 Sam 28). In diesem rein erzählenden Text wird über ein Ritual allerdings kein Wort verloren.

Wenn überhaupt, wird die Scheol im Inneren der Erde (unter den Chaoswassern?) lokalisiert. Sie lässt sich aber auf diese Lokalisation nicht eingrenzen, da ihr Wirkungsbereich in das Leben der Menschen herein reicht. Eine böse Krankheit, Schmerzen aber auch psychische Bedrängnis können einen Menschen die Nähe der Scheol spürbar werden lassen. »Die Bande der Unterwelt umstrickten mich, über mich fielen die Schlingen des Todes« (Ps 18,6). Der Kranke fühlt sich dem Tode näher als dem Leben. Zum Bereich der Scheol gehört die Sphäre realer und metaphorischer »Finsternis« und »Dunkelheit«, es ist das Land des »Todesschattens« (Ijob 10,21f).

Der Mensch ist dazu bestimmt, ins Land »ohne Wiederkehr« hinabzusteigen, eine Ausdrucksweise, die die Unwiderruflichkeit der Scheol hervorhebt und die in der mesopotamischen Literatur besonders häufig begegnet. Wie der Mensch (nicht die »Seele« als ein Teil von ihm) in der Unterwelt weiterlebt, erfahren wir nur in Andeutungen. Es ist eher ein Dahinvegetieren, jedenfalls kein Leben im Vollsinn des Wortes.

Das Buch Ijob liefert allerdings in 3,13-19 einige kurze Andeutungen, die wohl aus der Umwelt Israels entliehen sind. Zwei Merkmale sind es, die die Unterwelt kennzeichnen: Stille und absolute Gleichheit. Es gibt keine Standesunterschiede und es gibt auch keinen Ausgleich für moralisches Verhalten. Der Sklave und der König, der Bösewicht und der Gerechte ruhen in der Scheol.

Die hier beschriebene Vorstellung dürfte im mesopotamischen Raum allgemein verbreitet gewesen sein. Auf der 12. Tafel des Gilgamesch-Epos, die eine Art Anhang darstellt und auf einen sumerischen Text zurückgeht, wird erzählt, dass Enkidu bereit ist, in die Unterwelt hinabzusteigen, um für seinen Freund Gilgamesch dort verlorene Gegenstände (?) heraufzuholen. Um den Gang in die Unterwelt zu »überleben«, gibt ihm Gilgamesch folgende Weisung:

»Wenn du in die Unterwelt hinabsteigen willst,
Dann musst du meinen Rat dir gut zu Herzen nehmen:
Ein reines Gewand darfst du nicht anziehen;
Sonst erkennen sie (die Toten), dass du ein Fremder bist!
Darfst dich mit gutem Öl aus der Büchse nicht salben —
Sonst scharen sie sich zu dir, sobald sie es riechen …
Darfst in die Hand einen Stock nicht nehmen,
Sonst erzittern vor dir die Geister.
Schuhe darfst du nicht tun an die Füße,
Lärm in der Unterwelt darfst du nicht machen;
Dein Weib, das du liebtest, darfst du nicht küssen,
Dein Weib, dem du gram warst, darfst du nicht schlagen,
Dein Kind, das du liebtest, darfst du nicht küssen,
Dein Kind, dem du gram warst, darfst du nicht schlagen:
Sonst wird dich der Aufschrei der Erde packen.
Ihr, die da ruht, die da ruht, der Mutter des Nin-Asu
(eine Totengottheit),
Ihr bedeckt die reinen Schultern kein Kleid,
Ihre Brüste sind wie Schalen unbekleidet.«

Da Enkidu sich nicht an die Weisung hält, kommt es in der Unterwelt zu einer regelrechten Rebellion. Nur mit Mühe gelingt es, dass Enkidu wieder zurückkehren kann. Gilgamesch stellt ihm eine ganze Reihe von Fragen. Der sehr schlecht erhaltene Text ist zwar kaum verständlich, doch geht soviel daraus hervor, dass es – im Gegensatz zum Ijob-Text – gewisse Unterschiede gibt: Ein Bettler (?) etwa, um den sich niemand kümmert (?), muss das essen, was man auf die Straße geworfen hat, während der in der Schlacht gefallene (?) Held sich der Sorge seiner Eltern und der Zuneigung seiner Frau freuen darf.

Erst späte Texte wie etwa Dan 12,2 (2. Jh. v.Chr.) bringen die Vorstellung ein, dass es nach dem Tod ein Auseinanderdriften zwischen Guten und Bösen gibt, dass die einen »zum Leben«, die anderen aber zur »Schmach« erwachen werden.

Die Scheol ist außerhalb des Bereiches des Lebens. Das unterstreicht auch die Überzeugung, dass Jhwh, der Gott des Lebens, für die Unterwelt nicht zuständig ist. Sie ist ein anderer Bereich. So kann der Beter, der sich mehr in der Unterwelt weiß, in seiner Not klagen: An die, die im Grabe ruhen, »an sie denkst du nicht mehr, denn sie sind deiner Hand entzogen« oder »Erzählt man im Grab von deiner Huld, von deiner Treue im Totenreich?« (Ps 88,6.12). Andererseits liegt die Scheol wie ein aufgeschlagenes Buch vor Jhwh: »Totenreich und Unterwelt liegen offen vor dem Herrn, wieviel mehr die Herzen der Menschen« (Spr 15,11; Ijob 26,6). Desgleichen wird andernorts Jhwhs Gegenwart in der Scheol nicht in Frage gestellt: »Steige ich hinauf in den Himmel, so bist du dort; bette ich mich in der Unterwelt, bist du zugegen« (Ps 139,8; vgl. Am 9,2f). Es handelt sich hier allerdings um Texte, die in meristischer Form die All-Gegenwärtigkeit Jhwhs betonen und mehr als das »dass« seiner Gegenwart wird ohnedies nicht gesagt.

Die natürlichen Schrecken und Leiden im Zusammenhang mit Krankheit und Tod begründen die Angst vor der Scheol. Vor allem aber ist es die Beziehungslosigkeit, die die Scheol mit sich bringt. Der Glaubende fällt aus der Beziehung zu Jahwe heraus und landet im Nirgendwo. Erst später (Weish 3,9!) kommt die Überzeugung auf, dass der physische Tod die Beziehung Jhwhs zu seinen Getreuen und umgekehrt nicht abschneiden kann (vgl. Röm 8,35-39). Für Menschen allerdings, die »alt und satt an Tagen« sterben (vgl. Ijob 42,17), bedeutet die Scheol kein Problem. Für jemanden, der ein erfülltes Leben leben konnte, bedeuten Tod und Scheol das selbstverständliche Ende.

Literatur: *T. Podella*, Scheol, in: Neues Bibel-Lexikon Lfrg. 13, 1999, 471; *W. von Soden*, Das Gilgamesch-Epos (Reclam UB 7235), Stuttgart 1998; *M. Görg*, Ein Haus im Totenreich. Jenseitsvorstellungen in Israel und Ägypten, Düsseldorf 1998; *R. Bauckham*, Descent to the Underworld, in: The Anchor Bible Dictionary (Vol. II), New York-London-Toronto-Sydney-Auckland, 1992, 145-159.

V.16 nimmt die Frage von V.11 nochmals auf und verstärkt sie. Es ist die Rede von einer »Fehlgeburt« (Totgeburt), die das Licht nie geschaut. Wenngleich sie tot auf die Welt kommt, so kommt ihr doch eine bestimmte Form von Leben zu, so dass dieses Kind in die Scheol gelangt (vgl. auch Koh 6,3ff). Das nächste Begriffspaar stellt gegenüber den Königen und Fürsten auch eine Steigerung dar. Sind Könige und Fürsten in gewisser Weise wertneutral, so ist jetzt von den »Frevlern« die Rede. Der Parallelismus V.18 (chiastisch) zeigt sie gleichgeschaltet mit dem »Treiber«. Das macht deutlich, dass es beim Begriff »Frevler«, der sehr häufig in Ijob vorkommt, nicht einfach um einen »Sünder« geht, sondern dass das Moment der Gewalttätigkeit und des sozialen Unrechts eine entscheidende Rolle spielt. Die Stimme des »Treibers« erinnert israelitische Ohren an die Antreiber in Ägypten (Ex 3,7) sowie an Gewaltherrscher zu jeder Zeit (Jes 3,12). In V.19 erfolgt eine abschließende Zusammenfassung: Klein und Groß an Zahl und an Ansehen, d.i. alle (Merismus), sind dort. Alle sozialen Unterschiede sind aufgehoben. Ijob rekurriert nicht unmittelbar auf seine eigene Situation, wiederum ist sie nur indirekt mitangesprochen.

(C) Klage (VV.20-26)
Warum schenkt ER den Verbitterten das Leben?

Der dritte Abschnitt (VV.20-23.24-26) setzt wiederum ein mit einer »Warum«-Frage. Im Gegensatz zu vorher wechselt die 1. Pers. in die dritte. Die sog. »Ich-Klage« wird zur »Er-Klage«. Damit weitet sich das Spektrum vom Einzelnen ins Allgemeine. Die Frage »warum schenkt er ...« in V.11a findet ihre Fortsetzung und ihren

Abschluss in V.23a (eine elliptische Redeweise) »warum schenkt er Licht dem Menschen ...«.

In V.20 ist kein grammatikalisches Subjekt genannt (wie oft in Ijob), das logische Subjekt kann nur Gott sein. Um diese Direktheit abzuschwächen, haben alte Übersetzungen wie z.B. die griechische und die lateinische die Passivform gewählt »data est lux« (= »gegeben ist Licht«). Licht und Leben sind Synonyme (Ps 36,10; 27,1; Ijob 18,5f), sind die positiven Gaben Gottes an den Menschen. Nicht darum also geht es, ob das Leben einen Sinn hat, sondern darum, dass diese positiven Gaben – aufgrund von Beobachtung und Erfahrung – so negativ erlebt werden. Kann Leben Licht sein für Menschen, die »elend« sind und »verbittert« in ihrem Herzen? Das semantische Feld beider Begriffe erstreckt sich weniger auf unmittelbare Schicksalsschläge oder jähe Katastrophen als vielmehr auf das, was den Alltag schwer und mühevoll macht: Dahinsiechen, nicht Sterben-Können bzw. -Dürfen, Leiden, Aussichtslosigkeit (= ohne Sicht, kein Licht), Freudlosigkeit ...

Beeindruckend umreißt das, was hier (zumindest auch) gemeint ist, P. Handke in der Erzählung »Wunschloses Unglück« (Salzburg 1972), die er beginnen lässt mit folgender Notiz aus der Kärntner »Volkszeitung«:
»In der Nacht zum Samstag verübte eine 51jährige Hausfrau aus A. (Gemeinde G.) Selbstmord durch Einnehmen einer Überdosis von Schlaftabletten.« Und er charakterisiert das Leben dieser Frau, seiner Mutter: »Selten wunschlos und irgendwie glücklich, meistens wunschlos und ein bisschen unglücklich.«
Ein »Fall« von Ungezählten. Dazu kommen die, die zu einem Leben in äußerster Armut und Not verurteilt sind, und alle die andern im Dunkeln, von denen es heißt »die im Dunkeln sieht man nicht« (wo bleibt für sie das Licht?).

In einer paradox-ironischen Art beschreiben die VV.21f die »Lebens-Einstellung« dieser Verbitterten. »Warten auf«, »suchen«, »sich freuen«, »jauchzen« – vier (zu beachten ist die Steigerung von der Erwartung zur Erfüllung) Zeitwörter, die üblicherweise mit positiven Erwartungen besetzt sind, wie etwa Gold und Silber, Glück und Liebe. Hier sind die Erwartungen pervertiert: Tod (Die Erwähnung von »verborgenen Schätzen« könnte eine Anspielung auf reiche Grabbeigaben sein, die häufig Ziel von Grabräubern sind. In diesem Fall wären nicht die Schätze das Ziel, sondern das Grab selbst.), Steinhügel, Grab. Das Ganze wird noch dadurch verschärft, dass die Wünsche unerfüllt bleiben. Nicht einmal in diesem negativen Sinn erhalten sie eine Er-lösung.

V.23 greift die Warum-Frage noch einmal auf und generalisiert sie in Form einer Sentenz, deren Sinn mehrdeutig ist. »Weg« meint neben der unmittelbaren Bedeutung »Schicksal« (Jes 40,27); die »Zwei-Wege«-Lehre spielt in der Weisheit eine große Rolle (vgl. Ps 1); »Weg« (meist im Plural) steht schließlich für Gebote und Weisung (Ps 119,168). Ist das Schicksal des Menschen dem Menschen selber verborgen? Ist es vor Gott verborgen (vgl. Jes 40,27)? Sieht Gott überhaupt, was vor sich geht? Spielt sich nicht alles ohne ihn ab? Ist es sein Tun? Auch der zweite Halbvers ist nicht eindeutig: Das semantische Feld des hebräischen Verbums kann auch positiv besetzt sein im Sinne von »beschützen« (Ps 5,12; 91,4; ob Ijob 1,10 dasselbe Wort ist, ist unsicher).

In V.24 wendet sich Ijob wieder seinem Schicksal zu. Er bringt sein Elend zur Sprache. »Bevor« (EÜ) könnte auch als »wie« (»wie mein Brot«) oder im Sinne von »anstatt« verstanden werden. Das Motiv vom Tränenbrot begegnet auch Ps 42,4 »Tränen waren mein Brot bei Tag und bei Nacht …« (vgl. Ps 80,6). Unwillkürlich denkt man an Goethes Lied des Harfners: »Wer nie sein Brot mit Tränen aß, / Wer nie die kummervollen Nächte / Auf seinem Bette weinend saß, / Der kennt euch nicht, ihr himmlischen Mächte.« Die Ursache seines Elends beschreibt V.25 »positiv« und V.26 »negativ«. Angst und Schrecken kamen / kommen über ihn. V.25b kennt man sprichwörtlich vom Frevler: »Was der Frevler fürchtet, kommt über ihn« (Spr 10,24). Wird damit nicht indirekt angedeutet, dass Ijob anderen als Frevler erscheinen muss, was seine Situation noch mehr erschwert? Inhaltlich ist dieser Schrecken nicht näher bestimmt, er lässt sich wahrscheinlich auch nicht beschreiben. Er lässt sich nur negativ formulieren: Frieden (Sorglosigkeit), Rast und Ruhe werden jeweils verneint. Diese dreifache Wiederholung bewirkt im hebräischen Text eine gewisse unheimliche Assonanz »almost like the tolling of a bell« (NIB 370). Das lässt assoziieren an den Domplatz in Salzburg zur Festspielzeit: Mitten im fröhlich ausgelassenen Treiben erschallt der dumpfe Ton einer Glocke: «Was ist das für ein Glockenläuten! / Mich dünkt, es kann nichts Guts bedeuten, / Der Schall ist laut und todesbang, / Schafft mir im Herzen Qual und Drang.«

Die Welt eines ruhigen und sorglosen Lebens (vgl.1,1-5) besteht für ihn nicht (vgl. V.13). Das letzte Wort dieser ersten Äußerung Ijobs ist *»róges«*: Unruhe, Zittern und Angst. Das ist seines Lebens Teil.

Resümee

Ijob 3 gehört zu den dunkelsten Texten der ganzen Bibel. Wiewohl vom frommen Ijob gesprochen und letztlich an seinen Gott gerichtet, kommt Gott in dieser Klage nie vor (das Nennen Gottes in V.4 ist in diesem Zusammenhang sekundär). Sie ist anonym, ein Schrei ins Irgendwohin. Es gibt nur noch Nacht und Finsternis. Ein wenig fühlt man sich erinnert an die aussichtlose Klage des Beters des Psalms 88, der mit den Worten endet » ...und mein Vertrauter ist nur noch die Finsternis« (V.19). Vielleicht ist bereits hier die Spannung angedeutet, die sich über das ganze Buch zieht: Von der »Abwesenheit« Gottes bis zur erneuten »Anwesenheit« (42,5) ist es ein abgründiger und unkalkulierbarer Weg.

Nach dem Einbruch des Leidens verfällt Ijob in die Sprachlosigkeit, der so schwer Getroffene erstickt an den eigenen Worten. Erst wenn diese Zeit der Stummheit verstrichen ist, ist ein Ausbruch in die Sprache überhaupt möglich (D. Sölle). Es ist eine Sprache der Klage und des Schmerzes, die nicht fähig ist, Probleme zu artikulieren und zu reflektieren, sondern die im Schrei den inneren Druck zu lösen versucht. E. Kübler-Ross beschreibt einen solchen »Zusammenbruch in der Klage« als eine Erfahrung, die sie in ihrem Umgang mit Leidenden und Sterbenden immer wieder erlebt hat.

Damit hat der Betroffene bereits einen wesentlichen Schritt getan: Der Schmerz bleibt nicht bei sich selbst, sondern gewinnt Raum. Die Isolation wandelt sich in eine erste Form von Kommunikation. Deswegen ist die Anwesenheit der Freunde so wichtig. Es ist jemand da, der hört!

Ijob 4 – 5: Die erste Rede des Elifas (erster Redegang)

Ijob 4

Übersicht und Struktur:

(A) ***Anderen konntest du helfen –*** Überleitung (persönliche Anrede) (VV.2-5)
(B) ***Ist deine Gottesfurcht nicht deine Zuversicht, dein lauterer Lebensweg nicht deine Hoffnung –*** These (V.6)
(B1) ***Wer Unrecht pflügt, wer Unheil sät, der erntet es auch –*** Argumentation 1 (VV.7-11)
(B2) ***Ist wohl ein Mensch vor Gott gerecht, ein Mann vor seinem Schöpfer rein –*** Argumentation 2 (VV.12-21)

Entgegenkommend und freundlich reagiert als erster der Freunde Elifas (A). Er versucht mit seinem theologischen Know-how die Situation Ijobs zu analysieren (B).

(A) Überleitung (persönliche Anrede (VV.2-5)
Anderen konntest du helfen!

Mit einer stereotypen Formel wird als erster Freund, der spricht, Elifas eingeführt.

4,2-5: Elifas wendet sich direkt an Ijob. »Ist es nun Zeit, an dich ein Wort zu richten, da du verzagt bist? Denn wer vermöchte noch die Rede zurückzuhalten?« Nach so langem Schweigen, und nachdem Ijob nun einmal seine Not herausgeschrien hat, kann auch der Freund nicht mehr an sich halten. Er begegnet Ijob voll Verständnis und in ehrlicher Absicht. Er lenkt seine Gedanken in die Vergangenheit zurück, als die Zeiten noch besser waren: Er soll sich doch daran erinnern, wie er selber anderen durch ein aufmunterndes und aufrichtendes Wort geholfen und sie aufgerichtet hat (die geläufigen Bilder und Formulierungen werden anderorts auch von Jhwh gebraucht, vgl. Jes 35,3). Jetzt freilich, wo das Schicksal ihn selber trifft, weiß er nicht mehr weiter. Dahinter steht eine Erfahrung, die viele Menschen teilen können. Auch dem sterbenden Jesus am Kreuz haben einige vorgehalten: »Anderen hat er geholfen, sich selbst kann er nicht helfen« (Mt 27,42). Aber nach des Elifas Verständnis hat Ijob einen großen Trumpf in der Hand:

(B) These (V.6)
Ist deine Gottesfurcht nicht deine Zuversicht,
dein lauterer Lebensweg nicht deine Hoffnung?

Der Satz geht von zwei Grundbegriffen aus: Gottesfurcht und lauterer Lebensweg. Die Gottesfurcht spielt in der Weisheitsliteratur eine große Rolle: »Gottesfurcht ist der Anfang der Erkenntnis« (Spr 1,7). Gottesfurcht hat hier ihren ursprünglich numinosen Charakter verloren, ist ein sehr allgemeiner Begriff geworden (im hebräischen Text steht nur »deine Furcht«), der fast dem entspricht, was man später mit »re-ligio« im Sinne von »Rückbindung an Gott« beschrieben hat. Dieser geistigen Grundhaltung entspricht auf der Seite der Praxis (beides ist voneinander nicht zu trennen) der »lautere Lebensweg« (von Ijob in der Rahmengeschichte oft genug betont: 1,1.8; 2,3.9). Beides zusammen begründet Zuversicht und Hoffnung: Das Wort »Hoffnung« (*tiqwáh*) hängt zusammen mit der hebräischen Wurzel »*qawah*«, was »Schnur«, »Faden« bedeutet: Wer sich an Gott bindet, sich an ihm festmacht (verankert), der darf zu Recht vertrauen, dessen Leben gelingt gewiss.

V.6 kann als Entscheidungsfrage mit einer positiven Antwort verstanden werden, lässt aber auch die Möglichkeit einer offenen Antwort zu: Kann sein Lebenswandel und seine Gottesfurcht hinterfragt werden? Vielleicht doch? Von diesem Hintergrund her ist die Frage zu prüfen. Eine positive oder auch negative Antwort muss sich doch an der Erfahrung ausmachen lassen. Um dies zu realisieren, greift Elifas auf ein in seinen Augen rundum bewährtes und brauchbares Argument zurück:

(B1) Argumentation 1 (VV.7-11)
Wer Unrecht pflügt, wer Unheil sät, der erntet es auch.

Diese These (vgl. Spr 22,8; Hos 10,13; Gal 6,7) wird nach dem Tun-Ergehen-Zusammenhang (vgl. Exkurs: »Der Tun-Ergehen-Zusammenhang«) an den erfahrbaren Beobachtungen verifiziert bzw. falsifiziert. Auf dieser »sachlichen« Ebene wird auch Ijobs Situation analysiert. Diesem weisheitlichen Merksatz zufolge gilt also: Die Frevler (nur sie?) gehen zugrunde. Der Untergang der Frevler kann – »profan« formuliert – als (natürliche) Folge ihres Tuns oder – »religiös« formuliert – durch Gottes Eingreifen beschrieben werden.

Der Tun-Ergehen-Zusammenhang oder Jeder ist seines Glückes Schmied

Dass ein Zusammenhang zwischen dem Tun eines Menschen und seinen Lebensumständen besteht, beruht auf Erfahrungen, wie sie alltägliche Vorgänge bieten: Wer sät, der erntet; wer nicht sät, hat auch nichts zu ernten; oder: »Die Faulenzer bringen es zu nichts, wer fleißig ist, kommt zu Reichtum« (Spr 11,16b).

Dieses beobachtete Phänomen wird auf das moralisch-sittliche Verhalten des Menschen überhaupt übertragen (vgl. bes. Ijob 4,8).

Man spricht in der Forschung von der Vorstellung einer »schicksalswirkenden Tatsphäre« (K. Koch) aufgrund der »synthetischen Lebensauffassung« (K. H. Fahlgren) des Ersten Testaments. Gemeint ist damit: Jedes Tun bewirkt ipso facto eine bestimmte (oft fast materialisiert gedachte) Folge. Dieser Zusammenhang entspricht einerseits dem natürlichen Ablauf der Dinge, andererseits hat er seine Begründung in Jhwh selbst, der für diesen »Mechanismus« letztlich verantwortlich ist und ihn deswegen auch unterbrechen kann. Ein und dasselbe Phänomen kann ohne Bedeutungsunterschied auf doppelte Weise ausgedrückt werden: »Schrecken packen den Frevler« als logische Folge seines bösen Treibens oder »Gott gießt seine Schrecken über den Frevler aus« als Folge seines bösen Treibens.

»Wer in Gerechtigkeit feststeht, erlangt das Leben, wer dem Bösen nachjagt, den Tod« (Spr 11,19). In einer geläufigeren Form lautet es bei uns: »Ehrlich währt am Längsten«.

Der weitere Schritt besteht darin, dass dieser Zusammenhang als ein (!!) Deutemodell für Unheil, Unglück und Leid verwendet wird. Man schließt vom Resultat, d.h. von der Folge auf die Tat. So beschreiben die Verfasser des deuteronomistischen Geschichtswerkes den Untergang des Nordreiches Israel durch die Assyrer (2 Kön 17,7: »Das geschah, weil die Israeliten sich gegen Herrn, ihren Gott, versündigten ...«), sowie den Jerusalems durch die Babylonier (vgl. 2 Kön 24,3 »Es geschah wegen der Sünde Manasses, für alles, was dieser getan hatte ...«) dem Fehlverhalten (Abfall von Jahwe) der meisten Könige bzw. des Volkes zu. »Aus der Erkenntnis, dass Jahwe mit der Katastrophe von 587 v.Chr. die Sündengeschichte seines Volkes gerichtet hatte, war das Prinzip einer objektiv wirkenden Vergeltung geworden: Auf Sünde folgt notwendig Strafe, auf Frömmigkeit notwendig Lohn ... man schloss nun umgekehrt vom Ergehen eines Menschen auf seine Tat« (Th. Mende, Ijob 88). Zugleich war in diesem Erklärungsversuch die große Möglichkeit eines neuen Anfanges gegeben: In dem Moment nämlich, in dem das Volk sich wieder Jhwh zuwendet, darf es damit »rechnen«, auch wieder in Ruhe und Sicherheit im »Lande« zu wohnen. Die Verfasser des Dtn kleiden diese Möglichkeit in die Formeln von Segen und Fluch (Dtn 28,1-14.15-68).

So viele positive Momente dieses Erklärungsmodell (als eines von mehreren!) auch haben mochte, so gefährlich, ja falsch war und ist seine allgemeine und mechanische Anwendung. Die Erfahrung zeigte immer wieder eine andere Wirklichkeit, so dass Theorie und Praxis weit auseinander klafften. Genau dies ist ein wichtiges Thema des Buches Ijob.

Kohelet nimmt diese Beobachtung sehr realistisch zur Kenntnis: »Aber ein und dasselbe Geschick trifft den Gesetzestreuen und den Gesetzesbrecher, den Guten, den Reinen und den Unreinen, den Opfernden und den, der nicht opfert. Dem Guten ergeht es wie dem Sünder ...« (Koh 9,2). Erst im Buch der Weisheit (ca. 50 v.Chr.) wird dieses Problem auch theoretisch gelöst: Dass Gute und Schlechte dasselbe Geschick erleiden, ja dass es den Frevlern besser geht als den Gerechten, das ist nur Schein und – wenn schon – vorübergehend. »Die Seelen der Gerechten sind in Gottes Hand« (Weish 3,1): Im Gericht jenseits der Todesgrenze wird es sich erweisen: Die Frevler werden überführt, aber die Gerechten werden dastehen voll Zuversicht und Recht bekommen (vgl. Weish 4,20; 5,1).

Dass das Eingreifen Gottes in anthropomorphen Wendungen beschrieben wird, gehört zum festen Bestandteil biblischer Bildsprache. Der »Atem Gottes« und der »Hauch seines Zornes« (vgl. Ex 15,7; 2 Sam 22,16) kehren die Vitalität des biblischen Gottes hervor, der mit dem Schicksal des Menschen (positiv oder negativ) mitfühlt.

Das Bildwort in VV.10f soll am Beispiel der Löwen (fünf verschiedene Substantive für »Löwe« – ein Zeichen des Sprachvermögens des Dichters) verdeutlichen, dass Gewalt und Bösartigkeit (derer, die Unheil säen) zu nichts führen, ja zum Scheitern verurteilt sind. Der Löwe steht zwar unter der Obsorge Jhwhs (vgl. Ps 104,21; Ijob 38,39), doch gilt er weitgehend als gefährliches Raubtier oder gar als Symbol des Bösen (Ps 7,3; 10,8; 17,12; 1 Petr 5,8; vgl. Löwendarstellungen bes. in gotischen Kirchen).

(B 2) Argumentation 2 (VV.12-21)
Ist wohl ein Mensch vor Gott gerecht, ein Mann vor seinem Schöpfer rein?

Zu diesem ersten Argument der »Tat – Folge«, das als aus der Erfahrung gewonnen ausgewiesen wird (V.8 »wohin ich schaue …«; vgl. »ich habe beobachtet« o.ä. als Leitwort in Koh), kommt nun ein zweites, grundsätzlicheres. Dies wird (hier) nicht mehr der Erfahrung zugeschrieben, sondern einer tiefen Einsicht, die Gott schenkt. Auf dem Weg über eine Offenbarung wird es zuteil.

Die VV.12-16 haben eine eigenartige semantische Färbung. Eine unheimliche – geheimnisvolle Stimmung wird vermittelt: ein Wort hat sich gestohlen, Flüstern, Grübeln, Nachtgesichte, tiefer Schlaf – das Wort begegnet in Gen 15,12, einer ebenfalls nächtlich unheimlichen Szene; desgleichen lässt Jhwh den Menschen in einen »tiefen Schlaf« fallen (Gen 2,21), bevor er ihm die »Rippe« entnimmt und die Frau daraus formt. »Furcht und Zittern« bestimmen die Szene. »Ein Geist schwebt an mir vorüber«. Beim hebräischen Wort »*ru*^{a}*ch*« (hier mit einer maskulinen Zeitwortform verbunden) ist wohl nicht an eine dämonische Erscheinung zu denken, sondern an »Wehen«, »Windhauch«, also: »Ein Windstoß strich an mir vorüber«.

V.16b »ich höre eine Stimme flüstern« heißt wörtlich: »Schweigen und Stimme höre ich«. Damit wird ein Vokabular aufgenommen, das wörtlich in 1 Kön 19,12 vorkommt: Dort begegnet Jhwh dem Propheten Elija im »sanften, leisen Säuseln« oder wie M. Buber übersetzt »in der Stimme verschwebenden Schweigens«. Ob in dieser Schilderung lediglich an einen Traum gedacht ist oder an ein darüber hinausgehendes reales Erleben, ist schwer zu entscheiden.

Jedenfalls begegnen eine Reihe von »Versatzstücken« einer Theophanieschilderung: ein visionäres, ein auditives und sensitives Moment, das Motiv des Erschreckens des Menschen, das (fast) immer auftritt, wenn etwas Numinoses (Göttliches) in die Erfahrungswelt des Menschen tritt. Der Zweck dieser Darstellung liegt darin, dem Folgenden entsprechendes Gewicht und entsprechende Bedeutung zu verleihen.

Die formale Frage in V.17 – im Hebräischen ein schöner Chiasmus »Ist der Mensch vor Gott gerecht, vor seinem Schöpfer rein das Menschenkind?« – wird durch V.18f eindeutig mit »nein« beantwortet.

Der Begriff »gerecht« *(tzaddíq)* beinhaltet eine ethisch-moralische Seite und eine juridische. Im ersten Fall zielt »gerecht« auf das rechte, richtige Verhalten ab, das der Mensch seinem Mitmenschen, der Schöpfung insgesamt und seinem Gott gegenüber an den Tag legt. Demnach gilt Noach, der seinen Weg mit Gott wandelt, als »gerecht« (vgl. Gen 6,9). Ps 15 schildert die ganze Bandbreite menschlicher Verhaltensweisen, die einen Menschen als gerecht ausweisen, die ihn befähigen, ehrlich vor Gott (im Tempel) dazusein: »Der makellos lebt und das Rechte tut; der von Herzen die Wahrheit sagt ..., der seinem Freund nichts Böses antut und den Nächsten nicht schmäht ..., der sein Versprechen nicht ändert, das er seinem Nächsten geschworen hat; der sein Geld nicht auf Wucher ausleiht und nicht zum Nachteil des Schuldlosen Bestechung annimmt ...«

Die juridische Seite gehört in den Bereich des Prozessverfahrens (vgl. Spr 24,23f) und meint ein »Recht haben« oder »im Recht sein« einer anderen Partei gegenüber, die folgerichtig mit einer solchen Behauptung ins Unrecht gesetzt wird. Die Geschichte der Tamar (Gen 38) bietet ein schönes Beispiel: Da sie ihr Schwiegervater Juda um ihre Nachkommen betrügt (er enthält ihr den jüngsten Sohn Schela vor), weiß sie sich keine andere Abhilfe, als durch eine List zu ihrem Recht zu kommen. Sie verkleidet sich als Dirne und verkehrt mit ihrem eigenen Schwiegervater. Als sie schwanger ist, wird sie der Unzucht beschuldigt und vor das Gericht gezerrt. Sie freilich kann (durch Siegel, Schnur und Stab) beweisen, dass er selber, Juda, der Vater des werdenden Kindes ist. Er muss gestehen: »Sie ist mir gegenüber im Recht, weil ich sie meinem Sohn Schela nicht zur Frau gegeben habe« (Gen 38,26).

Dieser juridische Aspekt von »gerecht« ist in Ijob grundsätzlich im Auge zu behalten, wenngleich im Zusammenhang unseres Textes infolge des Parallelismus der Versteile der moralische den Vorzug erhält. Das hier gebrauchte Wort »rein« bezieht sich in sehr vielen Fällen auf die kultische Reinheit (bes. im Buch Lev) und meint dort, was für das Opfer brauchbar bzw. für den Verzehr erlaubt ist. Erst in zweiter Linie erhält das Wort eine moralische Komponente im Sinne von »rein« = »rechtschaffen«.

Es geht hier nicht um die Schlechtigkeit der Welt im Allgemeinen, wie dies in einem Anfall von Pessimismus formuliert werden könnte: Es gibt keine Verständigen mehr. »Alle sind sie abtrünnig und verdorben, keiner tut Gutes, auch nicht ein einziger« (Ps 14,3). Vielmehr geht es um die Einsicht, dass der Mensch in der Relation zu Gott niemals bestehen kann – für den Beter ein Hoffnungsmotiv, dass Gott mit ihm »gütlich« umgeht: »Geh mit deinem Knecht nicht ins Gericht, denn keiner, der lebt, ist gerecht vor dir« (Ps 143,2). Die Erfahrung lehrt, der Mensch kann gar nicht vollkommen sein: »Es gibt auf der Erde keinen einzigen Menschen, der so gesetzestreu wäre, dass er stets richtig handelt, ohne je einen Fehler zu begehen« (Koh 7,20). Diese nomistische Erkenntnis gründet in der längst gewonnen Einsicht, dass »der Urgrund, der Wurzelgrund meiner Existenz … durchwirkt [ist] von Verderben« (H.J. Kraus), wie sie im Ps 51,7 ihren Ausdruck findet: »Denn ich bin in Schuld geboren; in Sünde hat mich meine Mutter empfangen«. Dem widersprechen anders lautende Aussagen nicht, wenn etwa Ijob oder Noach u.a. (s.o.) als »gerecht« bezeichnet werden.

Der Aspekt, dass der Mensch vor Gott nicht »gerecht« sein kann, verweist ihn auf seine Fragilität und Endlichkeit. Darum gilt: »Weh dem, der mit seinem Schöpfer rechtet, er, eine Scherbe unter irdenen Scherben. Sagt denn der Ton zum Töpfer: Was machst du mit mir …?« (Jes 45,9; vgl. das Töpfergleichnis in Jer 18,1-6; Röm 9,21!). Der Abstand des Menschen Gott gegenüber wird verdeutlicht im folgenden Vergleich, ein Schluss »vom Größeren zum Kleineren«, eine in der Bibel beliebte rhetorische Figur (vgl. ntl. – hier in umgekehrter Folge »vom Kleineren zum Größeren« – »Wenn aber Gott schon das Gras so prächtig kleidet, das heute auf dem Feld steht und morgen ins Feuer geworfen wird, wieviel mehr dann euch, ihr Kleingläubigen!« Mt 6,30).

Den »Dienern Gottes« und den »Engel« (seinen Boten), die – als entmachtete Gottheiten der Umwelt – in die unmittelbare Sphäre Gottes gehören, Angehörige der himmlischen Welt, werden die Menschen »als Lehmhausbewohner« und »zum Staub der Erde Gehörende« gegenübergestellt. Damit greift der Vf. auf die alte bekannte Tradition zurück, wonach der Mensch (*'adam*) aus dem Staube der Erde (*'adamá*) gebildet ist (Gen 2,7), ein besonders beliebtes Bild, wenn es darum geht die Hinfälligkeit und Zerbrechlichkeit des Menschen anzusprechen.

Die Argumentation des Elifas begegnet in Ijob noch zweimal: 15,14.15f (Elifas) und 25,4.5f. (Bildad):

4,17.18f (Elifas)	15,14.15f (Elifas)	25,4.5f (Bildad)
Mensch (*'enosch*) vor Gott gerecht (*tzadáq*) vor dem Schöpfer rein das Menschenwesen	Mensch (*'enosch*) rein gerecht (*tzadáq*) der Fraugeborene	Mensch (*'enosch*) vor Gott gerecht (*tzadáq*) rein der Fraugeborene
Seinen Dienern traut er nicht seine Boten zeiht er des Irrtums	Den Heiligen traut er nicht der Himmel nicht rein in seinen Augen	Der Mond glänzt nicht hell die Sterne sind nicht rein in seinen Augen
Lehmhausbewohner zum Staub Gehörende	Unreiner, Verderbter ein Mensch, der Verkehrtes trinkt wie Wasser	Mensch (*'enosch*) – die Motte der Menschensohn (*ben 'adam*) – der Wurm

Um den Aspekt der Hinfälligkeit des Menschen drastisch zu verdeutlichen, hat ein Späterer (oder Spätere) noch V.19c.20f hinzugefügt ohne Rücksicht darauf, dass dies mit V.17 nur noch indirekt zu tun hat.

Text:
V.19c »Zerdrückt werden sie (d.i. die Lehmhausbewohner) wie eine Motte.«
V.20 »Jeden Moment stirbt einer dahin; ohne dass ihnen jemand Beachtung schenkt, schwinden sie für immer dahin.«
V.21 »Ja, ihr Zelt wird abgebrochen über ihnen; sie sterben, ohne zu wissen warum.«

Ijob 5: Die erste Rede des Elifas (Fortsetzung)

Übersicht und Struktur:

(A)	Anrede und Belehrung (VV.1-16)
(A1)	***Gehe nicht mit Gott vors »Gericht«! So handelt der Tor –*** Belehrung (VV.1f.3-7)
(A2)	***Wende suchend dich an Gott! So handelt der Weise –*** Belehrung (VV.8f.10-16)
(B)	***Ja, wohl dem Mann, den Gott zurechtweist. Die Zucht des Allmächtigen verschmähe nicht –*** Merksatz (V.17) ***Gott verwundet, er wird wieder heilen –*** Belehrung (VV.18-26.27)

Elifas wendet sich direkt Ijob zu. Wie vorher kommt er ihm wohlwollend entgegen (vgl. 4,3ff) und rät, was er an Ijobs Stelle täte: negativ und positiv (A). Wenn Ijob seine Situation als Folge seiner Sündhaftigkeit oder im Sinne einer Prüfung vonseiten Gottes einsieht, dann hat er gute Aussichten auf ein (wieder) glückliches Leben.

(A1) Belehrung (negativ) (VV.1f.3-7)
Gehe nicht mit Gott vors »Gericht«! So handelt der Tor.

»Ruf doch!« – »Wer wird Antwort geben?«
»Rufen« – »antworten« spielt neben dem profanen Sprachgebrauch in der zwischenmenschlichen Kommunikation, in der Gebetsliteratur und im forensischen Bereich eine bedeutende Rolle:

- In der Klage begegnet das Begriffspaar als performativer (im Augenblick geschehender) Sprechakt oder als dankbare Reaktion in der Rückschau auf Geschehenes (»Ich habe gerufen und der Herr hat erhört«). Es ist feste Überzeugung der Glaubenstradition, dass auf das Rufen des Klagenden eine Antwort vonseiten Jhwhs erfolgt (vgl. Ps 4,2.4; 17,6; dagegen als Ausdruck besonderer Not Ps 22,3). Hier findet das besondere Vertrauens-

verhältnis, die besondere Beziehung des biblischen Beters zu seinem Gott ihren literarischen Niederschlag.
- Im Prozessverfahren kann »rufen« die Eröffnung eines Verfahrens im Sinne von »Klage führen«, »anklagen« signalisieren, dem im »antworten« die Rechtfertigung bzw. Verteidigung gegenüber steht (vgl. Dtn 25,8; Jes 59,4; Mi 6,3).

Aus dem Kontext ergibt sich eindeutig, dass das Begriffspaar hier eine juridische Funktion hat. In der Klage wendet sich der Beter in seinem »Rufen« immer an Jhwh. Der parallel gebaute zweite Halbvers bringt dagegen andere Akteure ins Spiel, die »Heiligen«. Dabei ist an Mächte gedacht, die zur Umgebung Jhwhs gehören (vgl. unten zu Ijob 2,1 »Gottessöhne«) und die seinen himmlischen Hofstaat ausmachen. Mit dieser literarischen Fiktion bringt der Dichter die Idee einer Gerichtszene zum Ausdruck, in der Ijob – wie bei einem profanen Gericht – als Kläger auftritt und einer aus dem himmlischen Hofstaat als Anwalt Jhwhs die Verteidigung übernimmt.

Die rhetorische Frage des Elifas signalisiert von vornherein, dass ein solches Unterfangen zu nichts führt. Er unterstreicht seine Meinung durch die weisheitliche Sentenz in V.2: Wer sich mit einem solchen Ansinnen abgibt, gleicht einem »Toren«. Der hier gebrauchte Ausdruck impliziert insbesondere, wie aus dem Gebrauch in der älteren Weisheitsliteratur deutlich wird, »negatives Reden« (ThWAT I 149). Unbedachtheit und Unbesonnenheit sind weitere Konnotationen, die sich mit diesem Begriff verbinden (vgl. Spr 10,21; 12,16; 27,3). Hier werden »Ärger« und »Leidenschaft« genannt, um den Toren zu charakterisieren. Hat Ijob durch sein Reden nicht auch »Ärger« und »Leidenschaft« eines Toren bekundet? Wie immer, wenn Ijob, so Elifas, die Absicht hat, mit den Himmlischen, d.i. mit Jhwh, einen Prozess anzustreben, d.h. auf der Ebene des Rechts mit ihm verhandeln zu wollen, dann befindet er sich auf dem Holzweg. Denn solches Denken entspricht dem Toren.

Apropos »Tor«: da »fällt« dem Elifas noch ein Satz dazu »ein« (VV.3-5). Es kann durchaus sein, dass es einem Toren wohl ergeht, dass ihm so manches gelingt (»Wurzeln fassen« als Bild für Gedeihen). Was allerdings dem Phänomen nach stimmt (»ich habe beobachtet« = »man kann beobachten«, ein Leitmotiv bei Koh, z.B. 2,24;

3,16; 4,1), ist in Wirklichkeit Schein (vgl. über das Schicksal der Frevler und Ausführlicheres zu diesem Thema Ijob 18,5-21; 20,4-29; 24,18.24). Denn seine »Wohnstatt« als symbolischer Ausdruck für den Ort, wo der Tor Wurzeln fasst, hat keinen Bestand. V.3b kann auch (allerdings mit Hilfe einer Textänderung des hebräischen Textes) gelesen werden: »plötzlich war seine Wohnstatt ausgelöscht« (so schon altlateinische Übersetzungen). Das böse Schicksal des Toren trifft auch seine Nachkommen und seinen Besitz. Das »Tor« ist für gewöhnlich der Ort, wo Recht gesprochen wird. V.4 kann wohl nur verstanden werden in dem Sinne, dass die Kinder auch so verderbt sind, dass ihnen – beim besten Willen – kein Recht zugesprochen werden kann. Es kann niemand für sie eintreten. Solche Sätze dürfen nicht psychologisch missverstanden werden. Hier wird ausschließlich schwarz-weiß gemalt und das ganz bewusst. Die Leserin und der Leser sollten sich durch solche Sätze warnen lassen. V.5 ist auch nicht eindeutig. Der Hungrige und der Durstige warten schon auf den Ertrag und den Besitz. Die Erwähnung der »Dornen« rührt von der Sitte her, das Getreide, das nach der Ernte auf der Tenne gelagert wurde, mit Dornen zu umgeben bzw. abzudecken, um es vor Tieren zu schützen. Hier soll unterstrichen werden: Nicht einmal solche Schutzmaßnahmen können dem Toren helfen, seinen Besitz (seine Ernte) zu erhalten. Diese Interpretation stützt sich auf die in der Weisheit ausgesprochene Idee, dass das Gut des Frevlers da ist für den Nutzen des Gerechten (vgl. Spr 13,22 und s. u. zu Ijob 27,16).

Den Versen über das Schicksal des Toren schließt sich noch eine allgemeine Bemerkung an, die textlich allerdings nicht eindeutig ist. »Mühsal« und »Unheil« ist ein wiederholt gebrauchtes Begriffspaar (Ps 7,15; 10,7; 55,11; Jes 59,4), das in die Sphäre des Frevlers gehört. V.6 unterstreicht demnach die Überzeugung, dass der Frevler selbst schuld ist an seinem Unheil. Es sprosst nicht aus dem Ackerboden wie Pflanzen, sondern ist verursacht durch des Toren Tun. Damit wird indirekt darauf verwiesen, dass »Mühsal und Unheil« nicht automatisch von Gott kommen (wie etwa die Pflanzen der Erde) – ein Thema, das in den Ijob-Reden eine große Rolle spielt. Damit liegt es nahe, V.7a nicht passiv zu übersetzen, sondern aktiv. »Ja, der Mensch schafft sich selber die Mühsal!« – und nicht Gott, so der Unterton des Elifas. V.7b ist kaum eindeutig übersetzbar. Entweder es handelt sich um einen Vergleich: Es liegt eben in der »Natur« des Menschen, sich Mühsal zu schaffen, so wie es zum Feuer gehört, dass Funken fliegen (so etwa EÜ). Für »Feuerfunken« (EÜ) steht wörtlich »Söhne des Reschef«. »Reschef« (im mythologischen Bereich eine Unterweltsgottheit) steht aber auch für »Siechtum« und »Hinfälligkeit«. Aufgrund des Parallelismus könnte der Vers auch verstanden werden: »Ja, der Mensch schafft sich selber die Mühsal, die Söhne der Schatten (= der Mensch), wenn hochmütig sie sich gebärden«. Das bedeutete eine indirekte Anspielung auf Ijob, dessen Verhalten (Äußerungen) als hochmütig qualifiziert würde.

(A 2) Belehrung (positiv) (VV.8f.10-16)
Wende suchend dich an Gott! So handelt der Weise.

In V.8 kehrt Elifas wieder zum eigentlichen Thema zurück. Mit einem pointierten »Ich aber« bringt er seinen Rat vor als positives Pendant zu dem eben Gesagten. Inhaltlich und lautlich wird der Vers beherrscht von der Silbe »el« (zugleich Präposition und Wort für »Gott«; viermal: *`el èl – `el `elohím* = zu Gott – zu Gott). Dieser Umstand ist bezeichnend, da bislang (im Dialog) »Gott« (fast) nicht vorgekommen ist (3,4b ist eher sekundär und 3,23b ist negativ besetzt). Kontrastierend zum »rufen« in V.1 steht jetzt »befragen« in V.8. Dieses Wort begegnet häufig im theologischen Sprachgebrauch und bedeutet »fragen«, »suchen«. Man »sucht« bzw. »befragt« in alter Zeit Gott, indem man zu einem Propheten geht, um sich von diesem einen Gottesbescheid geben zu lassen (vgl. 1 Sam 9,9). Später sucht man Gott am Heiligtum (Tempel), um dort durch den Priester oder Propheten einen Gottesbescheid zu erhalten (vgl. Hanna, die Mutter des Samuel, am Wallfahrtsheiligtum in Schilo in 1 Sam 1). Schließlich wird »Gott suchen« eine stehende Wendung, die ganz allgemein ein positives Verhältnis des Menschen zu Gott meint, das sich im Halten der Weisungen konkretisiert. Schließlich kann es sogar das Moment der Umkehr beinhalten (vgl. Dtn 4,29; Ps 78,34). Auch Ijob 5,8 kann unter diesem Gesichtspunkt verstanden werden, »nämlich der Umkehr des in sich und an sich Verzweifelten zu Gott« (ThWAT II 322).

Anstelle der juridischen Kategorie tritt mit dem Rat des Elifas die der Beziehung. Der Blick wird bewusst auf Gott gelenkt: Des Menschen angemessener Zugang zu ihm ist der des »Suchens und Fragens«, nicht der des Einforderns und des Rechts. Dieser Gott ist – wird wie ein Bekenntnis angehängt – unendlich groß. Seine Wunder betreffen sein Walten in der Geschichte – gerade in der Herausführung aus Ägypten konnte man seine »Wundertaten« erleben – und sein Walten und Wirken in der Natur. Das Hervorheben der Größe Gottes dient nicht nur, um den Abstand Gottes gegenüber dem Menschen deutlich zu machen, sondern ist zugleich auch ein Vertrauensmotiv: Der Mensch darf diesem Gott zutrauen, dass er mächtig genug ist, seine Not zu wenden.

VV.10-16 setzen den allgemeinen Bekenntnissatz in Form eines hymnischen Lobpreises fort (Die hebräische Sprache verwendet gerne Partizipien, um das »für alle Zeit« geltende und gültige Tun Gottes zu beschreiben). Es sind geprägte Sätze und traditionelle Formeln, in denen der Glaube an den wirkenden Gott seinen Ausdruck findet.

V.10 (von manchen als Zusatz gestrichen) bringt eine ganz wichtige Aussage. Es geht um Leben (man denke an die furchtbaren Dürrekatastrophen !). Hinter einem so lapidar scheinenden Satz steht (religionsgeschichtlich) ein langes Ringen: Jhwh, nicht irgend ein anderer Vegetationsgott wie etwa Baal oder Hadad, ist Herr des Regens und des Lebens (vgl. 1 Kön 17,1 und 18,41-45).

Dass Gott sich kümmert um die Lebewesen, wird nunmehr konkretisiert. Der Finalsatz der EÜ (»um« V.11) ist störend. Die entsprechende Partikel hat erläuternden Charakter und ist am besten im Sinne eines aufzählenden Doppelpunktes zu verstehen.

Ein besonderer Zug dieses Gottes ist, dass er auf der Seite der Niedrigen und der Trauernden steht (vgl. bes. 1 Sam 2,7f; Ps 18,28; Jes 2,11-17; Ijob 22,29; Lk 1,52; vgl. die Wirkungsgeschichte in 1 Petr 5,5; Jak 4,6). Von daher hat das Tun Gottes eine negative Seite (gegen die Frevler und die Gewalttätigen) und eine positive (für die Armen). Beide Seiten werden hier angesprochen: VV.12ff und V.15. V.16 schließlich fasst beide Aspekte zusammen. Listige, Weise und Schlaue werden genannt als Beispiele für solche, denen Gott das Handwerk legt. Interessant ist, dass der Begriff »Weiser« (*chakám*) hier negativ gebraucht wird. Gott selbst vereitelt ihr Planen und Tun. Dasselbe Phänomen könnte auch selbstwirkend formuliert werden: Ihr Planen und Tun führt in die Irre und endet im Chaos.

Es sind zwei Aspekte der einen Wirklichkeit (vgl. Tun-Ergehen-Zusammenhang). Dass die Bösen selbst am helllichten Tag mit Blindheit geschlagen sind, ist ein beliebter Topos in der biblischen Literatur (vgl. 12,25; Dtn 28,29; Jes 59,10). Positiv aber tritt Jhwh ein für den Armen und den Geringen (vgl. schon in V.11 den Niedrigen und den Trauernden). Das »Schwert des Mundes« ist ein sehr geläufiges Bild für die »Zunge«, deren Gefährlichkeit (Verleumdung, Tratsch, Bosheit) nur allzu gut bekannt ist (vgl. Ps 57,7; 64,4). Für den Geringen aber gibt es Hoffnung.

Dieses beschreibende Lob in den VV.10-16 hat hier eine doppelte Funktion: Zum einen ist es Ausdruck fundamentaler biblischer Glaubenserfahrung und -überzeugung. Zum anderen dient es als Motivation für Ijob, sich diesem Gott anzuvertrauen. Wenn er sich in die Reihe der Geringen und der Armen stellt, dann hat auch er Hoffnung auf Heil. Tut er dies nicht, so blüht ihm (unausgesprochen) das Schicksal der Listigen und Ränkeschmiede.

(B) Merksatz und Belehrung (VV.17.18-26.27)
Ja, wohl dem Mann, den Gott zurechtweist.
Die Zucht des Allmächtigen verschmähe nicht!
Gott verwundet, er wird wieder heilen.

An die positiven Möglichkeiten, die Ijob erwarten, wenn er voll Vertrauen und ohne Rechtsanspruch auf Gott setzt, schließt Elifas ein weiteres *Argument (einen Merksatz)* an. Ijob müsste dies nach Elifas Meinung für sich selbst akzeptieren können, ja es müsste ihm gleichsam den Schlüssel für seine eigene Situation an die Hand geben.

Er kleidet sein Argument in die literarische Form einer Seligpreisung (Makarismus): »wohl dem Mann« (vgl. Ps 1,1; ntl. Seligpreisungen Mt 5,3-11 bzw. Lk 6,20-26). Das einleitende Wort »wohl« (EÜ) dürfte sich von einer hebräischen Wurzel mit der Bedeutung »Glück« herleiten und verbindet sich mit indikativischen (meist in Partizipialstil gehaltenen) Aussagen. Die Seligpreisung zielt nicht auf ein momentanes Glücksgefühl oder Wohlergehen im Allgemeinen ab, vielmehr meint sie eine grundlegende Situiertheit, die am Ehesten einer Wendung entspricht wie »die/der ist gut dran« oder »die/der steckt in einer guten Haut«, auch wenn die Umstände gar nicht danach ausschauen. Von der Textpragmatik her kann ein solcher Satz auf verschiedene Ebenen abzielen:

- Er kann eine Erfahrung widerspiegeln: So ist es im Leben.
- Er kann eine positive Verstärkung darstellen: Du bist auf einem guten Weg, es gilt durchzuhalten.
- Er kann als Warnung und Mahnung gesprochen sein, die eine Umkehr auslösen sollten. Du bist auf einem schlechten Weg, kehre um, dann geht es mit dir gut.

In Kombination mit dem zweiten Teil des V.17 »Die Zucht des Allmächtigen verschmähe nicht!« scheint das Moment der Aufforderung zur Umkehr nahezuliegen und dieses passt gut in den Zusammenhang mit V.8. Ijob wird unterstellt, dass er weder seine Situation als »Zucht« Gottes erkennt, geschweige denn als solche annimmt.

Was meint »zurechtweisen«? Was meint »Zucht«?

Das sehr häufig begegnende Wort (Wurzel »*jakach*«) kann im forensischen Bereich als »prozessrechtlicher Terminus ... die ‚Richtigstellung' eines strittigen Sachverhaltes im Vergleichsverfahren« meinen (Horst 253; vgl. 16,21!).

Im pädagogischen Bereich gehört *jakach* zu den selbstverständlichen Aufgaben des Vaters, des Lehrers und des Weisen seinen Kindern bzw. Anvertrauten und Schülern gegenüber. Für den Betroffenen mögen die Maßnahmen manchmal hart oder unverständlich erscheinen, aber sie geschehen letztlich aus Liebe. Das Ziel der pädagogischen Arbeit ist es, den Adressaten zum richtigen Verhalten hinzulenken.

Dieses pädagogische Modell wird im Zuge der »Theologisierung« der Weisheit auch auf das Verhältnis Gottes zum Menschen übertragen. »Die aus der Liebe fließende Zurechtweisung erfolgt durch Krankheit oder sonst verhängtes Urteil ... Folglich lassen sich umgekehrt Krankheit und Not als Konsequenz falschen Handelns, als JHWHs zurechtrückendes Eingreifen deuten ... sie eröffnen die Möglichkeit eines neuen Anfangs« (ThWAT III 626f).

Im Zusammenhang mit *jakach* begegnet sehr häufig die Vokabel *jasár* bzw. das Hauptwort *musár.* Dies bedeutet ganz allgemein »Belehrung« (in der EÜ oft »Zucht«) und kann sowohl den Inhalt meinen (Weisheit, Wissen) wie auch die Methode. Demnach erfolgt Belehrung in verbaler Form ebenso wie durch körperliche Disziplinierung: »Steckt Torheit im Herzen des Knaben, die Rute der Zucht vertreibt sie daraus« (Spr 22,15). Das Ziel der Belehrung ist der rechte Weg des Betroffenen, wie dies sehr deutlich in der Einleitung zu den Sprichwörtern hervorgeht: »Zucht« begegnet dort in der Parallele mit »Weisheit« und »Einsicht«, um »Gerechtigkeit, Rechtssinn und Redlichkeit« zu erlangen (Spr 1,2f). Eine eindeutig positive Ausrichtung des Wortes *jasar* belegt seine Verwendung in 4,3a. Elifas erinnert Ijob an seine Vergangenheit, in der er durch seinen Beistand (»viele hast du unterwiesen«) verzagten Menschen Mut gemacht hat (vgl. den Parallelismus!).

Wiederum wird dieses Modell auf Jhwh übertragen. »Der Weise vergleicht den *musar* Jhwhs mit der Züchtigung eines Vaters dem geliebten Sohn gegenüber, als Ausdruck seiner Liebe, die den Gläubigen zu bessern versucht« (ThWAT III 695): »Mein Sohn, verachte nicht die Zucht des Herrn, widersetz dich nicht, wenn er dich zurechtweist« (Spr 3,11). Denn Zurechtweisung und Belehrung führen zum Leben. Wer sich dagegen sträubt, geht in die Irre, d.h. sein Leben misslingt. Das meint auch der sich anschließende (verneinte) Imperativ. Ijobs Schicksalsschläge werden damit von Elifas zugleich als »Zucht« vonseiten Jhwhs interpretiert. Die Frage freilich, die die Leserin und der Leser sich (heute) stellen, ist: Hat ein Außenstehender das Recht auf eine solche Interpretation? Und zwar nicht nur dem Betroffenen, sondern auch Gott gegenüber? In V.17b begegnet übrigens das erste Mal die Bezeichnung »der Allmächtige« (*schaddaj*), die in Ijob insgesamt 31-mal verwendet wird.

V.17 ist ein gutes Beispiel dafür, wie folgenschwer saloppe Übersetzungen sich auswirken.

Als Beispiel sei hier Künzli, Gotteskrise 19f, zitiert. Nachdem sich Gott, so Künzli, in Ijob 2,3 selber als Sadomasochist entpuppt hatte – er lässt Ijob umsonst leiden, obwohl er seine Frömmigkeit kennt und bewundert -, findet er in den Freunden Ijobs angemessene Unterstützung. »Hiobs Freunde sind – ohne es zu merken, dass sie sich damit über Gott stellen – Meister in dieser Hermeneutik des göttlichen Sadomachismus: ‚Siehe, selig ist der Mensch, den Gott *straft*' (5,17 Hervorhebung von mir). Eine solche Hermeneutik ist eine Ideologie zur Rechtfertigung und Vergoldung der ‚condition humaine'. Dieser wird, damit sie erträglich wird, ein Heiligenschein verpasst« (20).

Dieser so pointiert übersetzte Satz klingt nicht nur provozierend, sondern führt (zudem ohne nähere Berücksichtigung des Kontexts) schlicht und einfach in eine falsche Richtung. Der Autor (Künzli) wird sich allen Ernstes selber eines gewissen Ideologieverdachtes, mit dem er andere belegt, schwer erwehren können. Der »strafende Gott des Alten Testaments« hat in der Vergangenheit bis in die Gegenwart zur Genüge seine blauen Wunder erlebt, da justament die Frommen und die, die es zu wissen glaubten/glauben, mit diesem Verdikt schnell, allzu schnell bei der Hand waren und sind.

Religiöse Sprache und Begriffe stammen großteils aus dem profanen zwischenmenschlichen Bereich und werden in Analogie (!) auf Gott übertragen. Im Frühjudentum gewinnen juridische Kategorien mehr und mehr an Bedeutung, die die religiöse Sprache beeinflussen. Das betrifft auch den Begriff »Strafe« als Pendant zu Lohn (so in der griechischen Bibel).

Dagegen gilt für die hebräische Bibel die Feststellung: »Es gibt im Hebräischen überhaupt kein spezifisches Wort für ‚Strafe'! Gewiss liest man in unseren deutschen Bibelübersetzungen – auch in der offiziellen ‚Einheitsübersetzung' – bisweilen vom Gott, der ‚straft'. Doch überprüft man die entsprechenden Stellen am Originaltext, so stellt man fest, dass ‚strafen' entweder überhaupt kein Äquivalent hat oder dass ihm im Hebräischen ein Wort entspricht, das an sich ‚zurechtweisen', ‚züchtigen' oder ‚erziehen' entspricht. Alles Leidvoll-Negative, das den Menschen trifft – auch und vor allem das unverschuldete Übel -, hat, von Gott her gesehen, seine pädagogische (und nicht juridische) Funktion: ‚Mein Sohn, verachte nicht die Zucht des Herrn, verzage nicht, wenn er dich zurechtweist. Denn wen der Herr liebt, den züchtigt er; er schlägt mit der Rute jeden Sohn, den er gern hat …', heißt es im Neuen Testament (Hebr 12,5f), das hier eine alttestamentliche Aussage (Spr 3,11f) aufgreift« (N. Füglister).

Die folgenden Verse scheinen den im Makarismus angesprochenen Sachverhalt zu erläutern. In der erfahrbaren Realität besteht doch eine Spannung zwischen dem »Glück« der Seligpreisung und der von Gott verhängten »Zucht«. Vgl. dazu die paradoxe Redeweise in den ntl. Seligpreisungen, speziell in der lukanischen Form (Lk 6,20-23; Mt 5,3-12). »Zucht« ist nur vorübergehend. Worauf es ankommt, ist das Ende. Das wird an Hand der Gegensatzpaare »verwunden« – »schlagen« und »verbinden« – »heilen« aufgezeigt.

Damit greift der Dichter eine längst bekannte Tradition auf. So liest man es schon bei Hosea (6,1f; vgl. Dtn 32,39) und Ex 15,26 nennt Jhwh Israels »Arzt«. Diese grundsätzliche Überlieferung wird im Sinne einer weisheitlichen Lehrrede (Lehrer – Schüler = Vater – Sohn) an der Person Ijobs konkretisiert. Es erfolgt eine Du-Anrede. Dass es sich dennoch um eine allgemeine Belehrung handelt, wird daraus ersichtlich, dass die poetische Form wichtiger zu sein scheint als der Inhalt, der mit dem »Fall Ijob« nur am Rande zu tun hat.

V.19 verwendet die Form des sog. »(gestaffelten) Zahlenspruches« (vgl. Spr 30,15b-17; vgl. unten zu Ijob 22). Diese literarische Form hat ihren »Sitz im Leben« in der Weisheitsschule und dient dazu, sich bestimmte Gegebenheiten gut merken zu können. »Sieben« meint hier wohl Vollständigkeit (vgl. Spr 24,16). In der folgenden Aufzählung der Drangsale kommt man nur mit einigem »guten Willen« auf die Zahl »sieben«, da sie weder inhaltlich noch syntaktisch konsequent gestaltet ist: Hungerzeiten, Krieg, Geißel der Zunge, Verwüstung, (Verwüstung), Hunger, (wilde Tiere), Steine des Feldes, Tiere des Feldes. Es handelt sich wahrscheinlich um überkommene Sätze, die hier zusammengestellt sind. Eigenartig ist die Formulierung in V.23, die auf Erfahrungen aus dem ländlichen Bereich abzielt: »mit den Steinen des Feldes ist dein Bund«. Da die Steine des Feldes dem Menschen feindlich gesinnt sind, insofern sie ihm das Leben und die Arbeit erschweren, könnte hier an eine »Abmachung« gedacht sein, der zufolge die Steine ihren feindlichen Charakter aufgeben. Derselbe Gedanke liegt auch in V.23b nahe: Zwischen den gefährlichen Tieren und dem Menschen herrscht »Friede« – beide tun sich gegenseitig kein Leid an (vgl. Hos 2,20ff; vgl. die Erwartungen des kommenden Heiles in Jes 11,6ff). Insgesamt soll dieser Zahlenspruch die Überzeugung wecken, dass Gefahr zwar im Verzug und da ist, aber dass sie im Grunde den Menschen nicht wirklich anrührt, da Gott ihm zu Hilfe kommt – » …wo die Gefahr groß ist, wächst das Rettende auch« (F. Hölderlin).

Daraus werden nun in den VV.24-26 die positiven Schlussfolgerungen für Ijob gezogen. Ijob selber wird die Gültigkeit des zitierten Makarismus erfahren: Pointiert beginnt V.24 und V.25 mit »ja, du wirst erleben« (wörtlich »erkennen« – *jada'*). Was Ijob hier positiv zugesprochen wird, ist genau das, was der Frevler (Tor) nicht hat: Ijobs Besitz ist fest und beständig (dagegen ist des Frevlers Wohnstatt plötzlich weg, 5,3), seine Nachkommen sind zahlreich, d.h. zugleich sein Andenken und Ansehen lebt weiter für die Zukunft (dagegen haben die Nachkommen des Frevlers keine Chance, 5,4). Und schließlich trifft Gottes Zuwendung auch direkt sein eigenes Leben: Er wird ein hohes Alter erreichen. Ein hohes Alter ohne Beschwerden (dagegen vgl. Koh 12,1-17), das ist der Traum nicht nur der Menschen in biblischen Zeiten! Für den, der ein hohes Alter erreicht, ist der Tod weder ein Übel noch eine Strafe. Für den, der »satt an Tagen« ist (vgl. 42,17), bedeutet der Tod ein ganz natürliches Ende. Das unterstreicht der Vergleich mit den reifen Garben: Das ist der Lauf der Welt.

Der abschließende Vers ist eine typische Formulierung der Weisheitsliteratur. Der Weisheitslehrer beruft sich auf Tradition. Das hier gebrauchte Zeitwort (Verb und Substantiv in Ijob 13-mal) hat im Vergleich zu anderen Synonymen (prüfen, beobachten ...) einen spezifisch semantischen Aspekt insofern, als es weit mehr als diese »für rein kognitives, analytisch-eindringendes Prüfen und Untersuchen« steht (ThWAT III 158f). »Hören« ist die typische Vokabel im Prozess der Weitergabe (des wiederum Gehörten). Es wird in 42,5 noch eine bedeutende Rolle spielen.

Resümee

Elifas begegnet Ijob als Freund. Die Freunde – auf der Ebene des »Falles Ijob« – von vornherein als bösartig und feindselig hinzustellen, wie das in der Auslegung häufig geschieht, entbehrt jeder textlichen Grundlage. Er will Ijob trösten, indem er versucht, Ijob den Sinn dahin zu lenken, dass es auch für ihn ein Licht gibt am Ende des Tunnels.

Auch auf der Ebene des Disputes und der weisheitlichen Auseinandersetzung dürfen die Antworten der Freunde nicht vorschnell als präpotent und schulmeisterlich abgetan werden. Dem Dichter geht es um echte Auseinandersetzung. Nur wer sich auf diese einlässt, wird dieses Anliegen richtig wahrnehmen. Elifas hat und kennt keine anderen Argumente: Er ist vom Tun-Ergehen überzeugt, wie ebenso davon, dass keine Mensch vor Gott wirklich »rein« ist. Er ist davon überzeugt, dass jeder Mensch, der sich Hilfe suchend an Gott wendet, auch Gottes Zuwendung und Gnade erfährt und dass gegenwärtiges Leid für einen solchen Menschen »nur« ein Mittel göttlicher Pädagogik ist, ein Thema, das später Elihu in aller Breite ausführen wird (vgl. 33,14-33). Moderne Ausleger und solche, die Texte »benützen«, sind manchmal sehr schnell mit Etikettierungen zur Stelle, die die Religion der Freunde als »naiv«, »primitiv«, typisch »vor-christlich« oder eben »jüdisch« kennzeichnen. Und dann tauchen jene ungezählten Frauen und Männer auf, die aus diesem »naiven« Glauben heraus allein es geschafft haben zu überleben. Vielleicht kann ein heute Lebender ihren Lebensentwurf nicht leicht nach- oder gar mitvollziehen, Respekt verdient er allemal.

Der Ball wird ohnedies der Leserin und dem Leser zugespielt. Sie und er können / müssen die Tragfähigkeit einer solchen »Tröstung« beurteilen und werden wahrscheinlich auch die Hilflosigkeit spüren, die ihr anhaftet.

Ijob 6 – 7: Die zweite Rede des Ijob (erster Redegang)

Ijob 6

Übersicht und Struktur:

(A) *Schwerer als der Sand des Meeres ist mein Gram –*
Die Pfeile des Allmächtigen stecken in mir –
Entgegnung und Klage (VV.1-13)
(B) *Trügerisch sind meine Freunde –*
Klage (VV.14-30)

Ijob entgegnet Elifas, er möge sein Leid ernst nehmen, das Gott über ihn hereinbrechen ließ (A). Von den Freunden ist er enttäuscht, weil sie in der entscheidenden Stunde versagten (B).

(A) Entgegnung und Klage (VV.1-13)
Schwerer als der Sand des Meeres ist mein Gram! Die Pfeile des Allmächtigen stecken in mir.

Wesentlich konkreter als in Kap. 3 bringt Ijob jetzt seine Situation zur Sprache. Er entgegnet Elifas: Sein Leid (»die Pfeile des Allmächtigen« vgl. bes. Ps 64!) ist so schwer, dass er nicht mehr imstande ist es zu ertragen. Es geht ihm darum, dass die Freunde die Last seines Leidens verstehen. Er will in seiner Situation ernst genommen werden. Er kann einfach nicht mehr. »Gram« und »Leid« bezeichnen die innere (psychische) und die äußere (physische) Seite seines Zustandes. Das Bild von der Waage wird sonst gerne in Bezug auf den ganzen Menschen verwendet (vgl. 31,6; Ps 62,10) und dient in der apokryphen Literatur und in den ägyptischen Totenbüchern als beliebtes Bild im Zusammenhang des Gerichts (z.B. 4 Esra 3,34 »Nun also wiege unsere Sünden und die Weltbewohner auf der Waage«). Hier geht es freilich um die Schwere seines Leides, das nicht fassbar und nicht messbar ist (vgl. Spr 27,3). Das ist der Grund dafür, dass er »irr« redet, wobei »irr« (nur noch in Spr 20,25 im Zusammenhang mit vorschnell abgelegten Gelübden) »unbedacht« und »unüberlegt« meint – eine Anspielung auf Kap. 3?

In VV.4ff schildert Ijob dieses Leid. »Die Pfeile des Allmächtigen« und »die Schrecken Gottes« haben ihn getroffen. Das Bild ist geläufig. Die Dämonen (im syrischen Bereich ist es der Gott Reschef mit dem Pfeil; bei den Griechen Apoll als Seuchengott) sind es, die giftige Pfeile abschießen, die in Form von Seuchen und Krankheiten dann im Menschen festsitzen. Hier ist Gott selber der Akteur (vgl. Ps 38,1f). Die »Schrecken Gottes« treten fast personifiziert auf, funktionieren als dämonische Wesen in der Gesellschaft von Seuche und Pest (vgl. Ps 91,5f!). »Mein Geist«, d.i. meine Vitalität, meine Lebenskraft hat das Gift der Pfeile abbekommen und dieses verfehlt seine Wirkung nicht. Ist durch den Parallelismus »Allmächtiger« und »Gott« eine kontrastierende Beziehung zu 5,17 beabsichtigt?

VV.5f bringen zwei Redensarten (in Form rhetorischer Fragen), die einfach besagen, dass alles seine Ursache hat, oder anders, dass nichts ohne seinen bestimmten Grund passiert. Dass die Tiere nicht brüllen, wenn sie genug zu fressen haben, versteht sich. Schwieriger ist V.6, da die hebräischen Wörter nicht eindeutig zu klären sind. Aber auch hier geht es wieder um eine Binsenwahrheit: Niemand wird grundlos Speisen zu sich nehmen, die geschmacklos oder gar ekelig sind. V.7 (auch textlich unsicher) schließt über die Assoziation »Speise« an und bringt Ijobs Situation zur Sprache: Auch er weigerte sich, daran zu rühren (d.i. er hat seinen Zustand nicht gewollt), »und doch ist Kummer nur mein Brot« (vgl. 3,24).

Diese Elendsschilderung führt über in einen Todeswunsch, der sich von den ähnlichen Äußerungen in Kap. 3 insofern unterscheidet, als es hier nicht um das »Nicht auf der Welt Sein« überhaupt geht, sondern um den Wunsch, aus der jetzigen leidigen Situation ausbrechen (sterben) zu können. Strukturell fügt sich in diese Sicht etwa auch die Resignation des Elija, der sich in der Wüste den Tod herbeiwünscht (1 Kön 19,4). Seinem Leben wäre der Tod vorzuziehen (vgl. 3,21f). Paradoxerweise kann er diesen Wunsch auch wiederum nur an Gott selber richten. Das für uns drastisch klingende Vokabular ist durchweg konventionell: »zermalmen« erinnert an das Bild der Motte (4,19), »abschneiden« (vgl. Jes 38,12) lässt an den Lebensfaden denken, der mit dem Tod abgeschnitten wird. Die Griechen kennen die drei Moiren (Schicksalsgöttinnen), die das Leben bestimmen: Klotho, die den Lebensfaden spinnt, Láchesis, die das Los zuteilt, und Átropos, die den Lebensfaden abschneidet. Der Tod löste für ihn Trost und Freude aus (vgl. 3,22!). Der zweite Teil des V.10 ist am ehesten wohl konzessiv wiederzugeben: »obwohl ich die Worte des Heiligen nicht verdunkle / verborgen halte«. Die Bezeichnung »der Heilige« für Gott (vgl. Jes 6,3; 40,25) ist in Ijob singulär. Der Satz könnte sich auf die Rechtschaffenheit Ijobs beziehen, der Wort und Weisung Jhwhs achtet (vgl. 23,12) und weitergibt.

Ijob hat keine Kraft mehr. Ob des ungewissen Endes fällt es ihm schwer, in Geduld auszuharren (wörtlich seine »Seele«, »seine Lebenskraft – *nefesch* – lang machen«). Alles geht über seine Kräfte, er ist nur ein Mensch. »Fleisch« *(basár)* steht für den ganzen Menschen mit einer gewissen Betonung seiner Hinfälligkeit und Vergänglichkeit. Ijob ist nicht vergleichbar mit der Härte und Festigkeit von Stein und Erz. Resümierend ergibt sich V.12 weniger als Frage, sondern als resignierende Behauptung: »Wahrhaftig! Es gibt keine Hilfe mehr für mich und jede (positive) Möglichkeit (‚resource' NRSV) ist von mir genommen«. In der Passivformulierung kann Gott als handelndes Subjekt mitgedacht sein.

(B) Klage über die Freunde (VV.14-30)
Trügerisch sind meine Freunde.

Ijob fühlt sich durch das Reden seiner Freunde (bis jetzt genau genommen nur Elifas) unverstanden und verraten. Worauf er indirekt bereits in den VV.2f hinaus wollte, bringt er – was die Freunde anlangt – im Folgenden direkt zum Ausdruck.

V.14 ist nicht eindeutig übersetzbar. Er kann als weisheitliche Sentenz gelesen werden, die die Freunde indirekt mit ansprechen soll: »Wer Barmherzigkeit seinem Nächsten verweigert, der gibt die Furcht vor dem Allmächtigen auf«, übersetzt die Lutherbibel in Anlehnung an die alten Übersetzungen (vgl. NRSV »Those who withhold kindness from a friend / forsake the fear of the Almighty«). Etwas kontextbezogener kann gelesen werden: »Gewichen ist die Liebe vom Freund, ja die Gottesfurcht hat er verlassen«. In dieser Variante wäre unmittelbar der Freund (Elifas) apostrophiert. Das hebräische Wort *»chésed«* (Liebe) meint ursprünglich die Beziehung der Eltern zu ihren Kindern und umgekehrt und impliziert im Besonderen Aspekte wie Solidarität und Loyalität.

Genau darum geht es im »Fall Ijob«, wie die folgenden Bilder zeigen. Die Freunde sind wie Wadis, Trugbäche, die plötzlich viel Wasser führen, die aber dann, wenn man das Wasser braucht, leer sind (vgl. Jer 15,18). Jeder Israel-Reisende lächelt, wenn er auf der Straße entlang des Toten Meeres im Sommer Verkehrsschilder sieht, die vor plötzlicher Überschwemmung warnen. VV.16f führt das Bild weiter (Winter/Sommer). »Trüb« lässt an »nicht durchschaubar« denken. Kann sein, dass die Sachebene und die Bildebene bewusst ineinander übergehen. V.16b ist im Hebräischen ein Wortspiel. Das Motiv des Verschwindens lenkt auf die Karawanen über. Diese folgen den Flussläufen der Wadis in der Hoffnung, Wasser zu finden, aber sie finden keines (V.20). Wie das Wasser der Wadis verschwinden auch sie in der Wüste (im Text steht das unheilschwangere Wort »tohu«), d.h. sie kommen um. Sie sind ein Opfer der trügerischen Wadis geworden. Sprichwörtlich bekannte Karawanen werden genannt: solche aus Tema (Handelsstadt im NW Arabiens, vgl. oben 2,11; Gen 25,15) und Saba (im Gebiet des heutigen Jemen, vgl. oben 1,15).

V.21 wendet sich Ijob wieder den Freunden zu: Gegen EÜ ist wohl zu lesen: »So seid ihr jetzt für mich geworden«. V.21b ist im hebräischen Text ein Wortspiel, das die EÜ mit »schauen« und »schaudern« nachahmt. Das Begriffspaar kommt in dieser Reihenfolge öfters vor (Ps 52,8; Jes 41,5) und meint, dass das Sehen zur Furcht im Sinne von Ehrfurcht, ehrfürchtiger Einsicht führt. Hier kann diese Redeweise nur elliptisch verstanden werden: Ihr seht (erlebt) das Schreckliche (mein Schicksal) und ihr seid getroffen (fürchtet euch, da jede Form von Krankheit immer etwas Bedrohliches darstellt), aber ihr wendet euch ab, weil ihr die wahre Realität nicht sehen wollt.

So werden die Freunde charakterisiert als solche, die Ijob im Stich lassen. Sie sehen zwar die Misere, haben aber Angst, das Unheil könnte auf sie selber hereinbrechen (vgl. als äußeres Signal die Isolierung der Kranken), und sie haben Angst, die Dinge beim Namen zu nennen.

»Warum sollten ehrliche/redliche Worte Unheil bringen, was will euer Tadel (eure Zurechtweisung) wirklich tadeln?« (6,25). »Euer Interesse ist es, Worte (*millim*) richtig zu stellen, aber was das Herz eines Verzweifelten spricht (*ʿimre* ...), haltet ihr für Wind.« Es scheint hier eine semantische Differenz zwischen den Worten Ijobs, die aus einem redlichen Herzen kommen (*ʿimre*), und Formulierungen allgemeiner Art (*millim*) zu bestehen (6,26). Aus dem »Herzen kommende Worte« entziehen sich üblichen Beurteilungskriterien.

Ijob weiß sich nicht im Unrecht. Er fordert seinerseits die Freunde auf »umzukehren«, d.h. ihre Gesinnung und ihre Einstellung zu ändern. Es besteht ein großer Graben in der Verständigung. Es wird nicht in Frage gestellt, ob das Reden der Freunde richtig ist oder falsch. Nur: Es geht an der Situation des Ijob vorbei. Die Sprachebene der Freunde ist nicht die des Ijob.

Ijob 7: Die zweite Rede des Ijob (Fortsetzung)

Übersicht und Struktur:

(A) *Ist nicht Kriegsdienst des Menschen Leben auf der Erde* – Klage und Ich-Klage (VV.1-10)

(B) *Lass ab von mir! Ich mag nicht mehr, ich will nicht ewig leben* – Ich-Klage (VV.11-21)

Das Menschenleben ist nur Bitterkeit. Ijob selber hat keine Lebenszeit mehr zu erwarten (A). Selbst diese kurzen Tage sind nur Qual. Ijob fühlt sich von Gottes Gegenwart niedergehalten und erdrückt (B).

(A) Klage und Ich-Klage (VV.1-10)
Ist nicht Kriegsdienst des Menschen Leben auf der Erde?

Im Kap. 7 folgt eine allgemeine Klage, die in eine Ich-Klage übergeht. Das Menschenleben ist Kriegsdienst, seine Tage sind die eines Tagelöhners. Trost- und freudlos geht es dahin, bis es zu Ende ist. Beim »Kriegsdienst« ist aufgrund der Parallele mit dem Tagelöhner eher an Frondienst (vgl. 10,17; 14,14; Jes 40,2) zu denken. Zwar ist der Tagelöhner gegenüber dem Sklaven ein freier Mann, aber auch er lebt in Abhängigkeit, ist angewiesen auf zugewiesene Arbeit und zugewiesene Entlöhnung. Weder der in der Fron Dienende noch der Tagelöhner haben sich ihr Leben selber ausgesucht oder können es gar bestimmen, ebenso ergeht es grundsätzlich dem Menschen. Ihm wird sein Leben einfach zugeteilt und zwar als ein hartes und mühseliges. Diesen Aspekt unterstreicht V.2. Der Knecht wartet nach des Tages Hitze auf den Schatten des Abends; der Tagelöhner auf den Lohn, der ihm am Abend ausbezahlt wird. Dann endlich wird beiden Ruhe zuteil. Ob in diesem Vergleich eine Metapher für das Leben und das Ende, das herbeigesehnt wird, mitgemeint ist, ist nicht zu entscheiden.

Dies allgemeine Los des Menschen überträgt Ijob auf seine Situation (VV.3ff). Sein »Erbe« sind »Monde voll Enttäuschung«, wohl Monate (Zeiten) voll Unheil; ihm zugeteilt sind »Nächte voller Mühsal«(vgl. 3,10). Die passive Formulierung greift den Gedanken von V.1 auf. Das alles wurde (!) ihm bestimmt. Die »Nacht« liefert das Stichwort: Für gewöhnlich ist die Nacht die Zeit der Ruhe und des erholsamen Schlafes, nicht so für Ijob. Er sehnt sich nach dem Morgen: In der Zeit vom Abend bis zur Morgendämmerung ist er gesättigt mit Unrast (vgl. 3,26). Kranke und leidende Menschen wissen davon ein Lied zu singen, wie qualvoll und lang eine (schlaflose) Nacht werden kann.

> »Und glaub ich – es käme nun Heilung und Lösung der täglichen Plage,
> endlich der Schlaf und die Nacht, die befreit von den üblichen Sorgen.
> Da schrecken Träume mich auf ...«,
> schreibt Ovid in seinen »Briefen aus Pontus«.

Diese Interpretation ist der anderen, die im zweiten Halbvers den Tag meint, d.i. die Zeit, bis es Abend wird und dämmert (vgl. Dtn

28,67), aufgrund des Parallelismus vorzuziehen. Der äußere Grund dieser Klage ist im körperlichen Zustand Ijobs zu suchen. Wenngleich die Beschreibung dieses Zustandes nicht eindeutig festgemacht werden kann, handelt es sich in Summe um eine Art Aussatz (Lepra?), von dem Ijob befallen ist, der ihn wie ein Kleid einhüllt. Der körperliche Zustand ist ein untrüglicher Bote des (nahen) Todes.

Die nicht enden wollenden Nächte stehen in scharfem Kontrast zur Kürze und Flüchtigkeit von Ijobs Lebenszeit insgesamt (VV.6-10). Allgemeine Bilder werden gebraucht. Vom Abschneiden des Lebensfadens war schon die Rede (6,9). Das Bild vom »Weberschiffchen« (vgl. ähnlich Jes 38,12) geht dahin, dass nicht die Tätigkeit des Webens, die ein Tuch produziert, ins Auge gefasst wird, sondern lediglich die Schnelligkeit der Bewegung. Geht der Faden aus, steht die Bewegung still. So abrupt und schnell geht es mit dem Leben. Da »Faden« und »Hoffnung« (vgl. 4,6) im Hebräischen dasselbe Wort sind (*tiqwáh*), ergibt sich ein hintergründiges Wortspiel: Die Tage schwinden dahin – ohne Hoffnung.

Der Imperativ »Denk daran« könnte zwar auch an Elifas (die Freunde) gerichtet sein, der wahrscheinliche Adressat aber ist wohl Gott selber. Eine solche Bitte bezieht sich zumeist auf eine Notsituation des Beters. Sie appelliert nicht zuletzt an Gottes Größe und Güte, dass er doch dem Menschen, der in seiner Hinfälligkeit und Vergänglichkeit sich verloren weiß, zu Hilfe komme (vgl. Ps 103,14ff). Hier scheint diese Erwartung gewichen zu sein: Gott selber weiß doch, dass Ijobs Leben (konkret infolge seines Zustandes) in mehr als dem allgemeinen Sinn nur »Hauch« (*ru^{a}ch*) ist. Dreimal begegnet in den VV.7f das Motiv »Auge« und »Sehen«. Ijobs Augen sehen kein Glück (Leben) mehr. Denn sein Leben ist Hauch und wie ein Hauch (so schnell) ist es weg. Und würde sich (V.8) jemand nach ihm umschauen, wäre es zu spät – er würde ihn nicht mehr sehen. Sogar wenn Gott selbst seine Augen auf ihn richtete, es ist zu spät, denn er ist nicht mehr. So schnell kann Ijobs Leben schwinden – in einem Augenblick.

Von diesem Augenblick gibt es kein Zurück. Für Flüchtiges und Unwiederbringliches steht die Wolke als Symbol (vgl. 30,15; Jes 44,22; Weish 2,4). Das Reich der Unterwelt (Sche'ol) gilt im ganzen Alten Orient als das »Land ohne Wiederkehr«.

(B) Ich-Klage (VV.11-21)
Lass ab von mir! Ich mag nicht mehr, ich will nicht ewig leben …

V.11 bringt einen markanten Neueinsatz. Emphatisch beginnt der Satz mit »Ja, ich!«, dreimal schließt sich eine Selbstaufforderung zum »Sprechen« an, die eine ganz besondere Dringlichkeit signalisiert. »Mit« bedrängtem Geist (*ru*[a]*ch*) und »mit« betrübter (bitterer) Seele (*nefesch*) kann ein »Weil«, ein »Obwohl« oder ein »Trotzdem« meinen. Das widerspricht zwar der üblichen Lehre der Weisen, nach welcher es angemessen ist, wohlüberlegt und klug zu reden. Denn »bei vielem Reden bleibt die Sünde nicht aus, wer seine Lippen zügelt, ist klug« (Spr 10,19; 17,27). Ijob kann aber seine Lippen nicht mehr zügeln, er muss reden. Er gleicht in bestimmter Weise dem Beter des Ps 39, der in seinem Schmerz auch nicht mehr an sich halten kann.

Ijob ist sich bewusst: Die Mühsal, aber auch das konkrete Leiden, die Krankheit und Todbefallenheit sind nicht durch irgendein böses Schicksal gewirkt, sondern einzig auf das Tun Gottes zurückzuführen. Damit wird die Gegenwart Gottes lastend und erdrückt Ijobs Persönlichkeit. Andernorts wird Gottes Gegenwart als Glück und Freude empfunden, in ihr darf der Glaubende sich sicher und wohl fühlen (vgl. Ps 139; oder den aaronitischen Priestersegen Num 6,24ff). Wendet sich Gott ab, fühlt sich der Beter verlassen und verstört, ja sein Leben ist bedroht: »Verbirg nicht dein Gesicht vor deinem Knecht; denn mir ist angst, erhöre mich bald!« (Ps 69,18), oder »Gibst du ihnen (d.i. den Geschöpfen), dann sammeln sie ein; öffnest du deine Hand, werden sie satt an Gutem. Verbirgst du dein Gesicht, sind sie verstört; nimmst du ihnen den Atem, so schwinden sie hin und kehren zurück zum Staub der Erde.« (Ps 104,28f)

Hier, in Ijob, wird alles ins Gegenteil verkehrt. Ijob fühlt sich eingeengt und niedergehalten. Wie das Chaosungeheur, der Meeresdrache, kommt er sich vor: jene chaotischen und zerstörerischen Mächte hält Gott in Schach (vgl. Gen 1; König-Jahwe-Psalmen Pss 93; 96-99), damit sie nicht ihr Unwesen treiben können. Gott hält sie in Schach, damit der Mensch in Sicherheit und ohne Angst leben kann. Tag und Nacht fühlt sich Ijob verfolgt und wie ein Feind behandelt. Wieder (wie schon in Kap. 3 und vorher 6,8-10) wäre für ihn der Tod die beste Lösung.

Denn sein Leben besteht nur aus Unruhe und Angst (vgl. vorher VV.3f). Gilt das Bett und der Schlaf als Möglichkeit der Ruhe und Erholung, so trifft dies für Ijob nicht zu. Gott lässt ihn nicht aus den Augen, indem er ihn mit Visionen und Traumgesichten schreckt und ängstigt (vgl. 6,4). Das Motiv, dass Gott dem Menschen durch Traumgesichte Ängste einjagt, kommt sonst nicht vor (eventuell Sir 40,5ff). Der den König Nebukadnezzar ängstigende Traum in Dan 2 beinhaltet eine »geschichtliche« Dimension und deutet in die Zukunft. Solche Aspekte spielen hier keine Rolle. Am ehesten kann man noch an die anonymen Schrecken und Ängste denken, die in typischer Weise den Frevler befallen (15,2; 18,11).

Somit zöge Ijob es vor, dass sein Leben (Atem) (*nefesch*) zugeschnürt würde, den Tod zöge er diesem Körper (Gebein) vor. Ijob mag nicht mehr. Er ist überzeugt, dass sein Leben ohnedies nicht »ewig« währt, d.i. keinen Bestand für die Zukunft hat (das Hebräische kennt kein Wort für »ewig« in unserem Sinn), da seine Tage – wie oben in V.7 schon betont – nur ein »Hauch« sind. Ließe Gott endlich von ihm ab, schaute er weg, dann wäre es mit diesem Leben, welches qualitativ keines mehr ist, endlich dahin. Damit teilt Ijob die Überzeugung, dass der Mensch nur im Angesichte Gottes (»von Gottes Gnade«) leben kann. Er wendet allerdings die für gewöhnlich positive Sicht dieser Überzeugung ins Gegenteil: Gott soll sein Gesicht abwenden, damit er endlich sterben kann.

Darauf baut der letzte Teil des Textes auf (VV.17-20.21), der wieder von einer allgemeinen Klage auf Ijobs besondere Situation zurückführt.

Die VV.7,17ff. sind wohl bewusst in Anlehnung an Ps 8 formuliert und gewinnen von daher ihre besondere Schärfe (»a bitter parody« NIB 395): Während im Ps 8 der Beter staunend aufschaut zum großen Gott und dankend und voll Bewunderung dessen inne wird, dass der unendliche große Gott sich so sehr um sein »Menschlein« (den *`adam*) sorgt, ja wie ein Verliebter ihn andauernd im Kopf hat, so erlebt Ijob Gottes »Hinwenden zum Menschen« geradezu als feindlich und als boshafte Belästigung. Ein und dieselbe Vokabel erhält aus dem Kontext eine gegenteilige Färbung: das hebräische Wort »*paqád*« übersetzt die EÜ zu Recht in Ijob 7,18 (Was ist der Mensch), »dass du ihn musterst jeden Morgen« und in Ps 8,5 »dass du dich seiner annimmst«.

Um der Leserin und dem Leser den Kontrast deutlich vor Augen zu führen, seien die entscheidenden Passagen beider Texte gegenüber gestellt:

Ijob 7	**Ps 8**
…so quältest du mich mit Träumen und mit Gesichten jagtest du mich in Angst.	
15 Erwürgt zu werden, zöge ich vor, den Tod diesem Totengerippe. 16 Ich mag nicht mehr. Ich will nicht ewig leben. Lass ab von mir; denn nur ein Hauch sind meine Tage.	2 Herr, unser Herrscher, wie gewaltig ist dein Name auf der ganzen Erde; über den Himmel breitest du deine Hoheit aus. 4 Seh' ich den Himmel, das Werk deiner Finger, Mond und Sterne, die du befestigt:
17 Was ist der Mensch (*`enósch*), dass du groß ihn achtest und deinen Sinn auf ihn richtest, 18 dass du ihn musterst (*paqád*) jeden Morgen und jeden Augenblick ihn prüfst? 19 Wie lange schon schaust du nicht weg von mir, lässt mich nicht los, so dass ich den Speichel schlucke? 20 Hab' ich gefehlt? Was tat ich dir, du Menschenwächter? Warum stellst du mich vor dich als Zielscheibe hin? Bin ich dir denn zur Last geworden?	5 Was ist der Mensch (*`enósch*), dass du an ihn denkst, des Menschen Kind (*ben `adam*), dass du dich seiner annimmst (*paqád*)? 6 Du hast ihn nur wenig geringer gemacht als Gott, hast ihn mit Herrlichkeit und Ehre gekrönt. 7 Du hast ihn als Herrscher eingesetzt über das Werk deiner Hände, hast ihm alles zu Füßen gelegt …
	10 Herr, unser Herrscher, wie gewaltig ist dein Name auf der ganzen Erde!

Das semantische Feld: »Sinn (*leb* = »Herz«) richten auf«, »mustern«, »prüfen«, negativ »nicht wegschauen«, »nicht loslassen« zusammen mit der (verdoppelten) Zeitbestimmung »jeden Morgen« und »jeden Augenblick« beherrscht den Text. Das allein vermittelt eine ungemein beklemmende Atmosphäre, ein Umfeld, das nicht mehr atmen lässt. Obwohl alle verwendeten Begriffe an sich neutral sind, gewinnen sie infolge ihrer Dichte eine fast nicht mehr zu steigernde Intensität. »Wie lange schon schaust du nicht weg?« (V.19) ist die negative Formulierung des Wunsches »Wann endlich ...!«. »Bis ich den Speichel schlucke« ist wohl eine Redewendung (arabisches Sprichwort?) für »einen Augenblick«. Die ZÜ liest: Wann endlich lässt du »mich in Ruhe, nur für einen Atemzug?«

Ob V.20a ein Eingeständnis seiner Schuld darstellt oder ob der Satz rein hypothetisch gemeint ist, lässt sich nicht sicher entscheiden, wenngleich die zweite Möglichkeit eine gewisse Priorität besitzt, da Ijob immer wieder auf seine Rechtschaffenheit hinweist (vgl. 6,30).

Der Unterschied verschlägt nicht viel, da das Gewicht auf der anschließenden Frage liegt »Was habe ich dir getan?«. Selbst wenn Ijob gesündigt hätte – hypothetisch – : Was sollte seine Verfehlung Gott gegenüber, der ihn mit Argusaugen beobachtet, ausrichten? Auf diese Thematik wird später Elihu noch ausführlich zu sprechen kommen (35,6f). Dass Ijobs Redeweise »is parody rather than prayer« (NIB 396), zeigt des Weiteren die Verwendung des Ausdrucks »Menschenwächter« (V.20), ein Ausdruck, der üblicherweise in den Psalmen als Vertrauensmotiv im Sinne von »Beschützer« verwendet wird (vgl. Ps 12,8; 32,7; 40,12; 140,1 u.ö.).

Nunmehr tritt die Warum-Frage (vgl. schon in Kap. 3) sehr konkret auf: Elendsschilderung wird zur Klage. Ijob fühlt sich als Zielscheibe, auf die Gott seine Pfeile (vgl. 6,4 »die Pfeile des Allmächtigen«) abzielt. Des Öfteren ist die Rede vom Volk, das aufgrund seiner Versündigung (z.B. Abfall, soziale Vergehen) Jhwh zur Last wird (vgl. Num 11,11; Jer 23,33; umgekehrt Mi 6,3). Damit ist das Bundes- und Vertrauensverhältnis zu Jhwh durch das Verhalten des Volkes gestört, es ist belastet. Als lästige Last fühlt sich Ijob von Gott behandelt, ohne zu wissen warum.

Und wenn schon: Gott hätte doch auch die Möglichkeit zu verzeihen, wörtlich »die Sünde (Auflehnung) wegzutragen« und »die Schuld (Verkehrtheit) vorüber gehen zu lassen«. Dass Gott Sünde und Schuld nachlässt, ist fester Bestandteil der Glaubenstradition Israels und wird im Grundbekenntnis »Jahwe ist ein barmherziger und gnädiger Gott, langmütig, reich an Huld und Treue. Er bewahrt Tausenden Huld, nimmt Schuld, Frevel und Sünde weg, lässt aber nicht ungestraft; er verfolgt die Schuld der Väter an den Söhnen und Enkeln, an der dritten und vierten Generation« (Ex 34,6f) oft und oft (an die 12-mal im AT in abgewandelten Formen zitiert) wiederholt. In der prophetischen Literatur ist besonders auf Hos 11,8f zu verweisen. Schwer zu entscheiden ist, wie der Beginn von V.21b »Dann ...« (EÜ) zu interpretieren ist: entweder im Sinne von »denn bald«, was signalisierte, Gott müsse schnell handeln, ehe es zu spät ist und Ijob nicht mehr da ist (vgl. Ps 39,14); oder im Sinne einer Folge »ja dann«. Also: Wenn du meine Schuld wegnimmst, dann kann ich »in Frieden« scheiden. Der Tod bedeutet ihm kein Problem, sein Wunsch besteht darin, nicht als »Geschlagener« und somit als »Frevler« Gezeichneter zu sterben. Oder: »Dann kann ich endlich sterben.« Und ganz pragmatisch im Sinne eines Anti-Psalms: »Wenn du mich dann suchst, dann bin ich nicht mehr da« (vgl. V.8).

NIB, 396ff., spricht im Zusammenhang mit Ijob 7 von »antipsalms« des Ijob. Umkehrung der traditionellen Psalmensprache zeigt auch ein Vergleich von Ijob 7,19-21 und Ps 39. Zweimal äußert dort der Beter » ...ein Hauch (*hebel*) nur ist jeder Mensch« (Ps 39,6.12), und Ijob 7,16 »denn nur ein Hauch (*hebel*) sind meine Tage«. Der Psalmist sieht sein Ende nahe »bevor ich dahinfahre und nicht mehr da bin« (V.14) wie Ijob »suchst du mich, so bin ich nicht mehr da« (V.21). Beide fänden Erleichterung, wenn Gott von ihnen abließe: »Warum schaust du nicht weg von mir ...?« (7,19a), und der Psalmist »Schau weg von mir, dass ich froh werde ...« (H.J. Kraus) (Ps 39,14). Bricht so der Beter in tiefer Verzweiflung sein Gebet ab (so H.J. Kraus) oder lässt sich noch ein positiver Aspekt erahnen, wie es die EÜ paraphrasierend nahelegt: »Wende dein strafendes Auge ab von mir, so dass ich heiter blicken kann, bevor ich dahinfahre und nicht mehr da bin«? Ungewöhnlich in der Gebetssprache (oder ist es kein Gebet?) ist die Formulierung »Schau weg« (Ijob 7,19; 10,20f; 14,6), wogegen für gewöhnlich der Beter bittet: »Schau her zu mir« (vgl. Ps 13,4; 25,19; 59,5; 74,20; 89,15; 119,159 u.ö.).

Ijob 7,11-21 zeigt gerade in Kontrastierung mit Ps 8 oder auch Ps 39, wie verschieden, ja gegensätzlich Motive aus der Tradition und aus dem Bereich der Gebetssprache verstanden und verwendet werden können. Bedeutet im einen Fall Gottes Zuwendung für den Beter das Glück seines Lebens oder Leben überhaupt, so bedeutet es im andern Fall Verängstigung und Bedrohung. Beide Möglichkeiten und mit ihnen die breite Palette verschiedenster Facetten haben im Leben des Glaubenden ihren Platz und ihre Berechtigung. Sie unterliegen absolut keinem evolutiven Prozess einer bestimmten Frömmigkeitsideologie, so dass das eine am Beginn, das andere am Ende einer Biographie zu verorten sei.

Resümee

Ijob betont zunächst die Schwere seines Leidens. Er spricht als einer, der unsäglich Leid erfährt – ein Moment oder besser das (!) Moment, das ihn von der Situation der Freunde unterscheidet. Dass er so redet, hat darin seinen Grund. Zum anderen ist er davon überzeugt, dass dieses sein Leid nicht durch ihn, sondern eindeutig durch Gott ausgelöst ist. Das sollten die Freunde einsehen und berücksichtigen. Solange dies nicht geschieht, geht ihr »Trost« ins Leere. Sie »trösten« und argumentieren an Ijob vorbei. Solches Reden verstärkt nur noch Ijobs Leid: Denn er fühlt sich absolut unverstanden und nicht ernst genommen. Damit wird der Horizont noch enger, so dass es überhaupt keine Aussicht mehr gibt. Alles, was im »normalen« Leben als positiv erfahren und erlebt wird, kann in extremen Situationen sich in das Gegenteil verkehren.

Damit wird deutlich, dass zwischen der sachlich »objektivierenden« Argumentation der Freunde, die ihrerseits noch so redlich gemeint sein mag, und der Klage des Ge- und Betroffenen sich ein Spalt auftut, der kaum überbrückbar zu sein scheint. Schon die Überlegenheit des Gesunden, die sich sowohl in dessen körperlicher Verfasstheit wie im (scheinbaren) Bescheid-Wissen und damit im Griff-Haben der Situation äußert, schlägt den Betroffenen doppelt nieder. Denn mehr und mehr fühlt er sich als ein den anderen ausgeliefertes Objekt, mehr und mehr wird er fremd bestimmt. Das Prekäre an der Situation ist, dass er keine Chance hat, sich selber zur Sprache zu bringen. Er muss die Erfahrung machen, dass die einzig Hörenden für seine Situation taub sind.

Ijob 8: Die erste Rede des Bildad (erster Redegang)

Übersicht und Struktur:

(A)	***Beugt etwa Gott das Recht, der Allmächtige die Gerechtigkeit? Also wende dich vertrauensvoll an Gott –*** Entgegnung und Belehrung (VV.2-7)
(B)	***Gott verschmäht die Schuldlosen nicht, die Hand der Boshaften aber hält er nicht fest.*** Belehrung (VV.8-22)

Betont forscher als sein Vorgänger tritt Bildad auf. Er unterstellt Ijob den Vorwurf, Gott beuge das Recht. Nur wenn er umkehre, könne es sein, wie es einmal war (A). Bildad beruft sich auf die Gelehrten früherer Zeiten. Was die gelehrt haben, gilt: Die Frevler haben kein Sein, Gott steht auf der Seite der Schuldlosen und hilft (B).

(A) Entgegnung und Belehrung (VV.2-7)
Beugt etwa Gott das Recht, der Allmächtige die Gerechtigkeit? Also wende dich vertrauensvoll an Gott!

Die Einleitung, eine direkte Anrede an Ijob, ist – im Gegensatz zu der des Elifas – vorwurfsvoll, anklagend »Wie lange noch?«. Bildad nimmt Ijobs Wort von 6,26 auf, wo Ijob klagt, dass die Freunde die Worte eines Verzweifelten für »Wind« erachten. Er bekräftigt sogar diesen Vorwurf Ijobs: Die Worte seines Mundes sind ein »heftiger Wind«, was entweder als Verstärkung der Bedeutungslosigkeit seiner Worte im Sinne von »aufgeblasen«, d.h. es ist nichts dahinter, viel Lärm um nichts, oder eher im Sinne einer Provokation als gefährlich und zerstörerisch verstanden werden kann. Das bedeutet: Was Ijob redet, ist in Bildads Augen »starker Tobak«.

Dieses Verständnis legt der folgende Vers nahe:

Bildad bestätigt fast wörtlich Ijobs Vorwurf an die Freunde, sie würden die Worte eines Verzweifelten nicht ernst nehmen (vgl. 6,26).

Das Argument des Bildad, in die Form einer rhetorischen Frage gegossen, die ganz eindeutig mit »nein« zu beantworten ist, trifft ins Zentrum des Glaubens. Die symmetrische Gestaltung der beiden Halbverse, die zweifache Nennung Gottes, einmal als »Gott«, das andere Mal als »der Allmächtige«, die zweimalige Verwendung des einen Zeitwortes »beugen« (Verdoppelung im Sinne einer Verstärkung) signalisieren sehr deutlich das Gewicht dieser Frage. Es kann nicht einmal einen Anflug von Zweifel darüber bestehen, dass Recht und Gerechtigkeit Gottes Sache sind. Sie sind »die Stützen seines Throns« (Ps 97,2).

Die Begriffe Recht (*tsédeq*) und Gerechtigkeit *(mischpát)* einerseits und »beugen« mit Gott als Subjekt andererseits sind absolut unerträglich, vertragen sich wie Feuer und Wasser, passen nie und nimmer zusammen. Das hier verwendete Wort für »beugen« ist »ein Ausdruck der Rechtssprache, der das rechtswidrige Verhalten besonders des Richters kennzeichnet, durch das Unrecht geschaffen wird« (Fohrer 188). Aber ist es nicht gerade Gott und nur er, der den letzten Garanten für Recht und Gerechtigkeit darstellt? Eben wenn die »ganze Welt« in Unrecht und Schuld zu versinken drohte, so ist er der Einzige, an den der Unterdrückte noch appellieren kann. Man erinnere sich an Abrahams Gespräch mit Jhwh, in dem es um das Schicksal der Gerechten im Fall Sodom geht (Gen 18,23-33): Es kann doch nicht sein, so Abraham, dass infolge des Übermaßes an Bosheit die Gerechten zugleich mit den Bösen zugrunde gehen. »Dann ginge es ja dem Gerechten genau so wie dem Ruchlosen. Das kannst du doch nicht tun. Sollte sich der Richter über die ganze Erde nicht an das Recht (*mischpat)* halten?« (Gen 18,25). Im Gesetz wird wiederholt gefordert, dass »du« das Recht nicht beugen sollst (vgl. Ex 23,5; Dtn 16,19; 24,17). »Recht beugen« ist eine Prädikation, die ausschließlich Gewalttätern und Frevlern vorbehalten ist. Und gerade sie sind es, die mit einem strengen Gericht Jhwhs zu rechnen haben, wie die Propheten nicht müde werden zu verkünden (vgl. Am 2,7). Darin, dass Gott mit dem Recht recht umgeht, besteht Hoffnung für den Armen und den Ausgebeuteten. Elifas hat dies bereits in 4,6-9 thematisiert, der vierte Freund Elihu wird das Thema noch einmal aufgreifen (34,10.12).

Dass Gott das »Recht« beugen könnte, dürfte im Grunde genommen nicht einmal gedacht werden. Genau ein solches Denken aber wird Ijob unterstellt.

Auf der Ebene der Theorie erweist sich die Behauptung des Bildad in V.4 als durch und durch konsequent. Nach dem Tun-Ergehen-Denken fallen die Kinder, die gesündigt haben, ipso facto ihrem Vergehen zum Opfer. Es ist nur billig und recht, wenn Gott selber diesen Verlauf bewirkt oder zulässt: Die Formulierung bringt das Ineinander von selbstwirkendem Geschehen und dem Wirken Gottes sehr gut zum Ausdruck: ER gibt sie preis der Gewalt ihres Frevels. Als einer, der das Recht nicht beugt, ist er geradezu verpflichtet, sie (die Kinder) in ihr »eigenes Messer« rennen zu lassen.

Wie fatal sich eine derartige Theorie auswirkt, zeigt sich, wenn sie auf die praktisch-existentielle Ebene transferiert wird. Demnach wird hier der Tod der Kinder Ijobs »erklärt«.

Wenngleich in der Rahmenerzählung sich nirgendwo ein Hinweis findet, dass die Kinder Ijobs sich etwas zu Schulden hätten kommen lassen – wird doch selbst die hypothetische Möglichkeit der Versündigung durch Ijobs Frömmigkeit aufgehoben (1,5), so schließt Bildad aus seinem Gerechtigkeitsdogma folgerichtig: Wenn die Kinder umgekommen sind, müssen sie gefehlt haben. Auf der Erzählebene bedeutet eine solche »Erklärung« einen Zynismus ohnegleichen. Ein Schicksalsschlag ungeheuren Ausmaßes wird mit einem kurzen Satz (sieben Wörter) weggewischt, ja geradezu als Selbstverständlichkeit interpretiert. Selbst wenn die Erzählung von Verfehlungen der Kinder zu berichten wüsste, verlöre der Satz nichts an seinem Zynismus.

Wird Ijob unterstellt, dass er Gott der Rechtsbeugung verdächtige, gibt es nur eine Möglichkeit, diesen Frevel zu entfernen: die Umkehr. Ähnlich wie vorher Elifas (vgl. 5,8) fordert nunmehr auch Bildad Ijob auf, sich vertrauensvoll an Gott zu wenden. Das hebräische Wort in V.5a signalisiert in religiösen Zusammenhängen entweder die Situation der Umkehr (vgl. Ps 78,34; Spr 1,28) oder die der besonderen Hingabe wie im Ps 63,2: »Gott, du mein Gott, dich suche ich, meine Seele dürstet nach dir«. Der zweite, schön chiastisch angelegte Halbvers setzt den Gedanken vertiefend fort: Die Hinwendung zu Gott muss getragen sein von einer inneren offenen Haltung, die Gottes Zuwendung zulässt. Es wird nicht zufällig sein, dass in diesem Vers die gleichen zwei Gottesbegriffe (»Gott« und »der Allmächtige«) wie in V.3 gebraucht werden. Somit erweist sich V.5 als positives Pendant zu V.3: Die Ungeheuerlichkeit des in V.3 Gedachten kann durch die Zurücknahme in V.5 aufgehoben werden – für Ijob und für die Leserin und den Hörer in aller Zukunft.

V.6a fügt erläuternd an, worin die Hinwendung zu Gott besteht – im moralisch rechten Verhalten. »Rein« bezieht sich im weisheitlichen Sprachgebrauch häufig auf moralisches Verhalten in Wort und

Tat (vgl. 11,4; 16,17; Spr 16,2; 20,11), genauso wie »recht«. Ijob selber wird in 1,1 als »recht« charakterisiert.

Die unmittelbare Fortsetzung zu V.5 folgt in V.6b: »Ja dann« signalisiert hier die positive Wende (vgl. zu 3,13). EÜ übersetzt missverständlich, da die Leserin und der Leser beim Verb »wachen« zu Recht noch 7,19.20 im Ohr haben, wo sich Ijob gerade gegen ein »Wachen«, »Bewachen« vonseiten Gottes sträubt. Dagegen übersetzt NRSV »surely then he will rouse himself for you«: »ja dann wird er um deinetwillen (für dich) sich selber aufwecken / aufrütteln ...« Das entspricht der Gebetssprache. In Ps 35,23 ruft der bedrängte Beter: »Wach auf, tritt ein für mein Recht ...!« (vgl. auch Ps 7,7). Die Vorstellung von der schlafenden Gottheit, die wieder (zu neuem Leben) erwacht (in der Natur), hat ihren Ursprung wohl in den Vegetationsmythen. 1 Kön 18,27 spottet Elija, ob denn der Baal schlafe, da er das Schreien seiner Propheten nicht höre. Demgegenüber glaubt der fromme Israelit: der »Hüter Israels schläft und schlummert nicht« (Ps 121,4). So wird die Wendung vom »aufwachen« zur Metapher für das aktuelle Eingreifen Jhwhs zugunsten seines Klienten.

Das Eingreifen Gottes bewirkt Heil. Die Wurzel des Wortes *schalom* und das Wort *tsedeq* lassen semantisch Glück und Vollendung assoziieren: Beide sind geradezu Leitworte des Ps 85, dieser Sehnsuchtsmelodie nach einer besseren Zeit. Der kommende Heilskönig wird sie als Geschenke mitbringen. So wird Gott *schalom* schaffen, was sowohl ein Wiederherstellen des vorher zu Schaden Gekommenen wie auch ein Vollenden, Ganz-Machen meinen kann. Das Objekt dieses Tuns ist »die Wohnstätte deiner Gerechtigkeit«. Dieser typische Hebraismus ist mehrfach interpretierbar: Entweder zielt die Aussage auf die Wiederstellung von Ijobs Besitz (samt seinen Söhnen und Töchtern) – so wie es für ihn »richtig« ist. Oder die Aussage meint die Person Ijobs, d.h. Gott würde ihn selber wiederherstellen als einen »Ort der Gerechtigkeit«, als integren Menschen mit allen Konsequenzen. Beide Akzentsetzungen schließen sich nicht aus. Darüber hinaus lässt der weitere Kontext an das Land Juda denken, den zukünftigen »Hort der Gerechtigkeit« (Jer 31,23), als den Ort, an dem Jhwhs Heilswille sichtbar und erfahrbar wird, oder es darf an Jhwhe selber als »den Hort der Gerechtigkeit« gedacht werden, womit Ijobs Situation als eine gekennzeichnet wird, in der alles seine Richtigkeit hat und stimmig ist, nicht zuletzt die Beziehung Jhwhs zu seinem Knecht Ijob.

Den vorläufigen Abschluss dieses Gesprächsduktus bildet eine allgemeine weisheitliche Sentenz, die genau genommen für den ersten Teil der Ijobgeschichte nicht zutrifft, da in dieser von einem »geringen« Anfang nie die Rede war, wohl aber am Ende der Geschichte (literarisch und inhaltlich) wieder aufgenommen wird: »Der Herr aber segnete die spätere Lebenszeit Ijobs mehr als seine frühere« (42,12). Den weisheitlichen Charakter verrät auch der durch semantische Gegensatzpaare aufgebaute Parallelismus: Anfang (Früheres) – Ende (Späteres), klein – groß: Das Motiv, dass nach durchstandenem Leid Neues kommt, das durch Freude und Jubel bestimmt wird, kennt auch die beginnende apokalyptische Literatur (vgl. Jes 42,9; 65,17).

Bildad argumentiert in derselben Richtung wie vordem Elifas. Auch der sprach (5,24) vom »Zelt«, von der »Wohnstätte« und vom *schalom*.

(B) Belehrung (VV.8-22)

Gott verschmäht die Schuldlosen nicht, die Hand der Boshaften aber hält er nicht fest.

Ebenso wie Elifas (vgl. 5,27) argumentiert auch Bildad nicht von sich aus. Was die Freunde vorbringen, ist nicht eine zufällig von ihnen subjektiv geäußerte Meinung. Sie können sich auf die Tradition, auf Autoritäten berufen. Die »früheren Generationen«, die »Väter« sind es, die für sie Pate stehen. Der Gedanke, auf die früheren Generationen zu schauen und aus ihren Erfahrungen zu lernen, begegnet ausgeprägt im Dtn: vgl. Dtn 32,7 und 4,32; dazu Ijob 15,18! Die Rede von den »früheren Generationen« kann in der weisheitlichen Tradition an die Generationen vor der »großen Flut« denken lassen (vgl. Dtn 4,32 »seit dem Tag, als Gott den Menschen auf der Erde schuf«; Jes 40,21), eine Auffassung, die Israel mit dem mesopotamischen Umfeld teilt. In der nachexilischen Zeit werden die Patriarchen vor der Flut (vgl. Gen 5), vor allem Henoch, mit besonderer Weisheit bedacht. Desgleichen präsentiert sich die nachexilische Weisheit als ein Wesen, das der Herr »im Anfang seiner Wege, vor seinen Werken in der Urzeit« geschaffen hat (Spr 8,22).

Das Erbe der Früheren (im weiteren und engeren Sinn) zu übernehmen und weiterzusagen, ist Anliegen und Aufgabe der Freunde Ijobs. Sie nehmen sich selber und ihren Anspruch zurück: Ihre eigenen Beobachtungen und Erfahrungen reichten nicht aus, sie wären viel zu vordergründig, um als tragfähige Einsichten vorgebracht werden zu können. Diese Zurücknahme (»wir wissen nichts«) gründet auf einer doppelten Erkenntnis: Die eine besteht darin, dass die Kürze der Zeit (eines Menschenlebens) es nicht zulässt, Tragfähiges und Gültiges zu erfahren. Das Wort des Bildad hat sich in unserem Sprachschatz in dessen Negation eingebürgert: »Ich bin nicht von gestern«. Oft wurden und werden die Kürze des Lebens und die damit erfahrenen Grenzen menschlicher Einsicht und Erkenntnis zu Themen literarischer Gestaltung. »Ach Gott, die Kunst ist lang und kurz ist unser Leben« räsoniert Fausts Famulus, der zwar (seiner Meinung nach) vieles weiß, doch alles wissen möchte.

Die Hinfälligkeit und Flüchtigkeit des menschlichen Lebens ist Thema der Weisheitsliteratur ganz allgemein (vgl. 1 Chr 29,15; Ijob 14,2; 17,7; Ps 102,12; 109,23; 144,4; 39,7; Koh 6,12; 8,13).

Wiederum ist es konsequent, wenn Bildad die Unterweisung, nach der Ijob verlangt (6,24), auf die Tradition abschiebt. Damit gibt er seine persönliche Verantwortung ab, er verschanzt sich hinter den Mauern der Überlieferung und kann sich somit der persönlichen und echten Auseinandersetzung mit Ijob entziehen. Äußert sich dahinter nicht die Kritik des Verfassers, der in diesem Insistieren auf die Tradition von Seiten des Bildad diesen geradezu als Karikatur, als »situationsfremde« Marionette seiner eigenen Theologie zeichnet?

Am Beispiel des Frevlers (VV.11-12.13-15) und des Frommen (VV.16-18.19) skizziert Bildad, wie Gottes Walten (8,3) sich in der Welt realisiert.

Als Interpretationshintergrund können übliche Vergleiche aus der weisheitlichen Literatur dienen: Dem Gottlosen, der einem Baum in wasserloser Wüste gleicht und der folglich keine Lebenschance hat (Jer 17,5f), wird als Kontrast der Jhwh-Getreue gegenübergestellt, der einem Baum in wasserreichem Gelände gleicht, dessen Lebenschancen nicht einmal die Hitze der Sonne zu gefährden vermag (Jer 17,7f), dazu Ps 1,3.

Der Dichter von V.11 zieht als Vergleich »Schilf« (»Papyrus«?) und »Riedgras« heran. Beide Vokabel kommen selten vor, bei beiden handelt es sich um ägyptische Lehnwörter. Beim ersten mag eine klangliche Assonanz eine Rolle spielen (die verwendeten Wörter für »wachsen« und »Schilf« klingen ähnlich), das zweite begegnet noch in Gen 41,2.18 im Zusammenhang des pharaonischen Traumes von den sieben fetten Kühen, die »im Riedgras« weideten. Hieronymus bemerkt, die Ägypter bezeichneten mit diesem Wort alles, was im Sumpf grünt und wächst (vgl. Horst 132). Das Ambiente dieses Vergleiches stammt eindeutig aus dem ägyptischen Raum im Bereich des Nildeltas. Beide Pflanzenarten sind von Haus aus wesentlich auf das Wasser (und zwar auf viel Wasser) angewiesen. Die gestellte rhetorische Frage ist von vornherein klar, folgt sie doch dem selbstverständlichen Ablauf von Ursache und Wirkung. Diese Pflanzen schießen schnell aus dem Boden, aber ebenso schnell verwelken sie, wenn sie nicht genug Wasser haben – längst vor dem Schnitt, ja sogar schneller als andere Gräser. Für den Weisheitslehrer bieten sie sich als treffendes Beispiel an für das, worauf er hinaus will: Das Erblühen dieser besondern Pflanzen erweist sich als Schein und Trug. Genau so verhält es sich mit dem Ruchlosen. Zwischen den Zeilen ist herauszulesen: Es mag sein, dass es dem Ruchlosen gut geht, aber es ist nur vorübergehend und nur Schein (vgl. an anderen Stellen öfters ausführlich gesagt). »Die Gott vergessen« und »der Ruchlose« – das sind die Typen, die den Boden ihres Daseins ohne die Gabe des Leben schaffenden »Wassers« gestalten wollen. So ist es nur folgerichtig, dass ihre Wege früher oder später versanden. Der hebräische Text liest in V.13a »So die Wege all derer, die Gott vergessen«, der griechische liest »So das Ende ...« Für hebräische Ohren mögen durch den Gleichklang der Worte beide Assoziationen zusammenfallen. Der »Weg« eines Menschen zielt auf sein »Ende« hin, was durch die Zukunftsperspektive des Wortes »Hoffnung« durchaus unterstrichen würde. Ob der Schwierigkeit des hebräischen Textes begegnen in V.14a verschiedene Übersetzungen: »Whose confidence shall be cut off« (NIV), »heir confidence is gossamer« (NRSV), »Denn seine Zuversicht vergeht ...« (Lutherbibel). Das »Spinnenhaus« ist ein schönes Bild für Instabilität (vgl. Jes 59,5f). Es mag kunstvoll aussehen, aber hat keinen Bestand. Die kleinste Erschütterung vermag es zu zerstören. Gleich einem Kartenhaus fällt es bei der geringsten Berührung zusammen. Das bringen die VV.14f noch einmal deutlich zum Ausdruck: Auf ein solches »Haus« – der Begriff wird bewusst noch einmal aufgenommen (eingefügt) – kann man sich nicht stützen. Wirkliche »Stütze« ist allein der Herr (Ps 23,4). Wenn nicht er das »Haus« baut, ist ohnedies alles vergeblich (Ps 127,1). Denn Festigkeit schenkt der Herr dem, der allein auf ihn seine Zuversicht setzt (vgl. Ps 125,1).

Mit diesem »Zitat« aus der Tradition der Väter hat Bildad das Schicksal des Ruchlosen wieder einmal in Erinnerung gerufen.

Dem gegenüber steht aber das Schicksal des Schuldlosen, wie es in den VV.15-19 zur Sprache kommt. Diese Sicht hängt freilich wesentlich von der Interpretation von V.16 ab. Es gibt grundsätzlich zwei Möglichkeiten:

(a) Die folgenden VV. bringen ein zweites Mal ein Bild vom Ruchlosen, dessen Leben zunächst zu gelingen scheint, den aber zuletzt Gott (vorzeitig) hinwegrafft, so dass er in der Vergessenheit versinkt (V.18). V.19 müsste dann ironisch zu verstehen sein. Die »Freude« des Ruchlosen bestünde in einem kurzen Aufblühen seines Erfolges, dem vermeintlichen Gelingen seines Lebens. In Wirklichkeit sollte dies alles aber zu einem jähen und schlimmen Ende führen (vgl. die Worte des Elifas in 5,3ff). Ein anderer kommt und erntet (vgl. zum Motiv 34,24, ferner Koh 6,2).

(b) Dagegen lassen diese Verse auch eine Deutung als Bild für den Schuldlosen zu, die in der jüdischen Tradition belegt ist. Dafür spricht die als weisheitlicher Topos anzusprechende Gegenüberstellung des Frevlers und des Frommen oder umgekehrt. Dafür spricht ebenso der Duktus der Bildadrede selber: Bereits 8,4 und 8,5f ist eine Gegenüberstellung angepeilt und erst recht mag V.20 als Zusammenfassung und Abschluss dessen gelten, was als Argument aus der Tradition ausgeführt wurde.

V.16 ist demnach die Rede vom »Gerechten«, wie jüdische Kommentatoren bereits sinngemäß einfügen. Der Schreiber hat das geläufige Bild des Baumes vor sich (vgl. Jer 17,7; Ps 1,3): »Voll Saft« (das Wort nur hier und 24,8) steht er »vor der Sonne«, d.i. entweder »trotz der Hitze der Sonne« oder elliptisch für »geschützt vor der Hitze der Sonne«; seine »jungen Triebe« sprossen in seinem Garten. »An der Quelle«, so V.17 pontiert an den Anfang gestellt, »haben sich seine Wurzeln verfangen«. Das entsprechende hebräische Wort kann »Hügel« oder »Haufen« (aus Steinen) bedeuten, aber eben auch »Quelle«, wie in Hld 4,12, wo die Geliebte, die »Schwester Braut« selbst als »versiegelte Quelle« und »verschlossener Garten« mit Köstlichkeiten jeder Art dargestellt wird. Dem Bild vom »Spinnenhaus«, das keinerlei Bestand hat, in V.14 steht nunmehr das vom »steinernen Haus« gegenüber. Der Schuldlose – hier verschwimmt das Bild mehr und mehr in die gemeinte Sache – kann auf ein Haus sehen (nach einer anderen Variante »an einem Haus festhalten«), das auf Fels und aus Fels gebaut ist. Dieses Haus seines Vertrauens und seiner Zuversicht überdauert Stürme und tödliche Angriffe, wie es V.18 formuliert: »Selbst wenn ihn jemand von seiner Stätte weg verschlänge und ihn leugnete (indem er sagt): Ich habe ihn nie gesehen« und V.19 bestätigt: »Siehe, das ist die Freude seines Weges: dass er nämlich zuletzt aufsprießt aus dem Boden«. Hier kehrt die Sachebene wieder auf die Bildebene zurück. In der EÜ wird in V.18 Gott ausdrücklich genannt, was im hebräischen Text nicht der Fall ist. Dieser bietet ein Verbum in der 3. Person und lässt damit das Subjekt offen. Wenngleich es für den biblischen Menschen infolge der Vorstellung vom »Tun-Ergehen-Zusammenhang« samt seiner Jhwh-orientierten Dimension keinen wesentlichen Unterschied ausmacht, ob das Subjekt des »Austilgens« ein böser Umstand, ein Feind oder Gott selber ist, da er immer die letzte »Ursache« darstellt, so scheint eine solche Redeweise, sofern sie nicht ausdrücklich formuliert ist, für das spontane Verständnis eines heutigen Menschen unangemessen. Eine Übersetzung sollte nicht durch solche nicht notwendigen Formulierungen den weithin anzutreffenden, schier unausrottbaren Vorurteilen bezüglich des Ersten Testamentes zusätzlich Nahrung verleihen. Das (V.19) in den meisten Übersetzungen (auch EÜ) mit »ein anderer« wiedergegebene Adjektiv muss nach dieser Interpretation als Adverb gelesen werden, was soviel wie »zukünftig«, »am Ende«, »zuletzt« bedeutet. Damit wird ein lautlicher und inhaltlicher Bezug zu V.7 hergestellt, wo Bildad dem sich zu Gott hinwendenden Ijob ein »gewaltig großes Ende« in Aussicht stellt. V.19b bietet die Erklärung für die trotz der negativen Umstände aufkommende Freude des Schuldlosen. Es wäre auch eine Übersetzung denkbar, die das Demonstrativpronomen »Siehe, das ist ...« (V.19a) – meist Personalpronomen der

3. Person Sing. maskulinum – als ER, d.i. Jhwh, versteht (vgl. Jes 41,4; 43,10 u.a.). Ein analoges Beispiel bietet Ps 149,9b, der wohl nicht mit »Herrlich ist das für all seine Frommen« (EÜ) zu übersetzen ist, sondern – so E. Zenger – »Herrlichkeit ist ER für all seine Frommen«). Daraus ergibt sich für V.19: »Siehe, ER ist die Freude seines Weges, zuletzt sprießt er empor aus dem Staub.«

Mit V.19 endet der Hinweis auf die Lehre der Väter. Die VV.20-22 enthalten eine nochmalige Zusammenfassung dessen, was an den Beispielen dargelegt wurde, aus dem Munde Bildads. V.20 greift die einleitende hinweisende Partikel von V.19 (»siehe«, »ja«, »jawohl«) gleichsam als Bestätigung von Bildads Seite auf. Die positive Polarität im Verhalten Gottes, die ihn als den »gerechten« ausweist – die Frage in V.3 klingt immer noch nach -, ist ein unerschütterlicher Glaubenssatz:

Den Schuldlosen (*tam*) verschmäht er nicht –
Den Boshaften (*ra´a*) hält er nicht fest.

Durch die beide Mal negativ gefasste Formulierung erhält der Satz eine zusätzlich kontextuelle (pastorale) Note: Ijob erlebt an seiner eigenen Person Gott als einen, der den Schuldlosen verachtet und schmäht. Demgegenüber versucht Bildad zu erklären, dass dem nicht so ist. Die Gegenwart freilich scheint dem zu widersprechen, aber – so nimmt Bildad sinngemäß das anfangs Gesagte (VV.5-7) nochmals auf – die Zukunft wird eine glückliche sein. V.21 erinnert unmittelbar an Ps 126,2: Gott selber ist es, der das Schicksal wendet und der Freude und Jubel verursacht. Ähnlich wird der vierte Freund Elihu argumentieren (vgl. 33,25f). Von einer solchen Wende zum Heil weiß/wissen auch der / die Beter des Ps 22,25-27. Der Unterschied ist freilich nicht zu übersehen: Fokussieren sich gleichsam im Text des Ps 22 bereits gemachte, begründete Erfahrungen, so präsentiert sich Bildads Wort als ein Wort der Lehre und für den Adressaten als ein leeres Wort. V.22 formuliert den negativen Sachverhalt: Die Feinde des Schuldlosen haben keinen Bestand, ihr Ende ist Schande und Schmach. Ob damit die Freunde Ijobs sich – nach der Intention des Verfassers – selber das Urteil sprechen – entpuppen sie sich doch als seine »Feinde« – , muss offen bleiben, da der Satz einen allgemeinen Topos der Weisheits- und der Gebetsliteratur darstellt (vgl. Ps 21,9; 35,26; 109,29). Textpragmatisch enthalten diese Behauptungen (VV.20-22) für Ijob eine Mahnung und Warnung zugleich, liegt es doch in den Augen Bildads an ihm, ob er zu den Schuldlosen oder zu den Frevlern zu zählen ist.

Resümee

Bildads erster Auftritt signalisiert, dass die Worte Ijobs durchaus gefährlich sind. Wer so redet, bringt die Ordnung durcheinander. Allmählich geht es ans »Eingemachte«. Zwar hat es Ijob formal nicht ausgesprochen – das passiert erst in 9,22ff -, aber allein der Verdacht, Gott handle nicht nach »Recht und Gerechtigkeit«, hat genug Zündstoff in sich. Auch Bildads Anliegen ist im erzählerischen Kontext ernst gemeint. Auch er stellt Ijob eine positive Zukunft in Aussicht. Das Los des Frevlers und das Schicksal des Gerechten sollen den Beweis für die Richtigkeit von Bildads Auffassung liefern und zum andern die Ernsthaftigkeit des Falles und seine positive Möglichkeit Ijob vor Augen stellen.

Zugleich wird die Schwäche des Systems, auf dessen Hintergrund Bildad argumentiert, deutlich: Nicht nur, dass er genauso wie Elifas an Ijob vorbei redet, sondern die überzogene Vermutung, dass Ijobs Erfahrungen ein von Generationen überliefertes Gedanken- und Glaubensgebäude zum Einstürzen bringen könnten, sein von der Wirklichkeit abgehobener Schluss auf das Schicksal der Kinder Ijobs, signalisieren die Absicht des / der Verfasser, die Brüchigkeit der Argumentation der Leserin und dem Leser bewusst werden zu lassen.

Ijob 9 – 10: Die dritte Rede des Ijob (erster Redegang)

Ijob 9

Übersicht und Struktur:

(A) *Der Mensch hat keine Chance. Bei Gott ist jegliche Macht –*
Entgegnung und Klage (VV.2-13)

(B) *Seine Allmacht ist Willkür. Schuldlos wie Schuldig bringt er um –*
Klage und Anklage (VV.14-24)

(C) *Ich habe keine Chance, mit Gott ins Recht zu kommen. Gäbe es doch einen Schiedsmann zwischen uns –*
Ich-Klage (VV.25-35)

Im Rechtstreit hat Ijob Gott gegenüber keine Chance, er ist unverfügbar und bei ihm ist alle Macht (A). Diese Macht nimmt Ijob an seiner Person wie grundsätzlich als reine Willkür, ja als Ungerechtigkeit wahr (B). Gerade deswegen sehnt er sich nach einem »Dritten«, nach einem »Schiedsmann« (C).

(A) Entgegnung und Klage (VV.2-13)
Der Mensch hat keine Chance. Bei Gott ist jegliche Macht.

Das voran gestellte »wahrhaftig« (im Munde Ijobs noch dreimal 12,2; 19,4.5; zweimal in den Reden des Elihu 34,12; 36,4) kann bejahend, zustimmend oder ironisch gedeutet werden. Der Bezug betrifft entweder die gesamte Rede des Bildad oder auch die des Elifas, vom Wortlaut des V.2b her ist auf 4,17 (15,14) bzw. auf 8,3 abgezielt. Die hier zu Tage tretende Unschärfe gehört zu den Charakteristika des Ijobbuches. Die »Debatte« lässt sich nicht auf ein konkretes Thema abgrenzen, erweckt von daher auch nie den Eindruck der Geschlossenheit. Es wird nie Punkt für Punkt durchdiskutiert, wie es etwa der abendländischen philosophischen Tradition entspricht. Vielmehr bleibt immer ein Raum des Unfertigen und halb An- bzw. Ausgesprochenen.

Schließt V.2b sowohl die moralische wie die juridische Ebene mit ein (vgl. oben zu 4,17), begegnen in V.3 eindeutig forensische Kategorien: Das Wort »rechten« (*rib*) gehört eindeutig in den Bereich des Rechtsstreites.

Die Form des Rechtsstreites nimmt auch Jer 12,1-6 auf: »Du bleibst im Recht (*tzadaq*), Herr, wenn ich mit dir streite (*rib*), dennoch muss ich mit dir rechten« (12,1). Jeremias An-Klage über das erfolgreiche Leben der Frevler endet mit der Bitte um deren Vernichtung durch Jhwh. Die »Warum«-Frage bleibt aber auch dort unbeantwortet.

Da in V.3 die Personalpronomina verschieden deutbar sind, bieten sich für die Interpretation drei Möglichkeiten:

(a) Gott ist Subjekt: Gott tritt mit dem Menschen in einen Rechtsstreit. V.3b: Der Mensch könnte keine Antwort geben, er hätte zu seiner Verteidigung nichts zu erwidern.

(b) Der Mensch ist Subjekt: Der Mensch fordert Gott in einen Rechtsstreit. Der Mensch führt Anklage (vgl. Mi; Dtjes). Aber Gott würde ihm nicht antworten. Gott ist dem Menschen keine Rechenschaft schuldig. Als Modell kann auf Mi 6,1-8 verwiesen werden. Allerdings gibt dort Gott eine Antwort: »Es ist dir gesagt worden, Mensch, was gut ist ...« (Mi 6,8). Ijobs Behauptung würde somit der Tradition widersprechen – ein Zug, der allerdings für Ijob nichts Außergewöhnliches darstellt.

(c) Der Mensch ist Subjekt: Der Mensch fordert Gott in einen Rechtsstreit. Aber er könnte nichts argumentieren (vgl. NRSV: «If one wished to contend with him, one could not answer him once in a thousand«).

Im Kontext von Ijob 9 – 10 ist wohl der ersten Möglichkeit der Vorzug zu geben, geht es doch um die absolute Überlegenheit Gottes, der gegenüber der Mensch keine Chance hat. Hingegen wird in 13,3 auch die zweite Variante eine Rolle spielen.

Die Begründung für Gottes Überlegenheit bringt V.4: Es ist seine Weisheit und seine Macht. Er erkennt und durchschaut die Welt und ihre Zusammenhänge, weil er in seiner Macht sie gemacht hat. Deswegen kann sich niemand gegen ihn auflehnen. Die hier gebrauchte Wendung »den Nacken steif machen« (z.B. Dtn 10,16 u.ö.) trägt die Konnotation des »Trotzes« oder des »Aufrührerischen« in sich.

In traditionellen Wendungen belegen die VV.5-10 gleichsam die Behauptung von V.4 an konkreten Beispielen. Formal lehnen sich die Aussagen an den hymnischen Lobpreis an, für den im Hebräischen der Partizipialstil typisch ist. Die von Gott ausgesagten Tätigkeiten in diesen Versen sind Partizipien, die durch diese Form die Gültigkeit und fortwährende Dauer von Gottes Tun zum Ausdruck bringen. Die Semantik des Wortfeldes der gebrauchten Termini bewegt sich – dem Genre entsprechend – im Bereich von Größe und Macht.

Berge gelten als fest und unerschütterlich, Gott aber kann sie in Bewegung setzen. Den Erdkreis kann er erschüttern. Andernorts werden die Machttaten Gottes gegenteilig gerühmt. Sie zeigen sich gerade darin, dass er die Berge feststehen lässt und dass er den Erdkreis fest gegründet hat, damit er nicht wankt (Ps 93; 46,3ff). Himmel und Himmelskörper erregen Staunen und Bewunderung. Gerade sie sind Gegenstand des Lobpreises, der Gott zukommt (vgl. Jes 40,22; 42,5; Am 5,9 u.ö.). Mit einem Satz allgemeiner Bewunderung schließt diese Textpassage ab. Sie betont, wie vordem Elifas in 5,9, dass es sich um Bereiche handelt, die der Machbarkeit (erforschen, zählen) des Menschen unzugänglich sind.

(V.11) Un-zugänglich und un-verfügbar ist auch Gott selber: Die Möglichkeit, ihn zu »sehen« oder ihn zu »merken«, wird jeweils verneint. Von der Wortwahl her liegt eine Anspielung an die Gottesbegegnung des Mose (Ex 33,18-23) bzw. des Elija (1 Kön 19,11f) vor, die auch beide Gott nicht »sehen« konnten.

(V.12) Un-durchschaubar und un-verfügbar ist ebenso Gottes Walten in der Welt. Er kann »wegraffen«. Das Wort ist ohne Objekt, d.h. er kann »nehmen«, »entreißen«, was und wen er will. Der Mensch hat darauf keinen Einfluss. Die Macht liegt allein bei Gott (vgl. 11,10; Jes 43,13; 45,9; Weish 12,12).

V.13 bringt Gottes Erweis von Weisheit und Macht zum Abschluss. Dass Gott die Rahab und ihre Helfershelfer, die mythischen Chaosmächte, besiegt hat und im Zaum hält, gehört zu den »göttlichen« Taten schlechthin (Ps 89,11). Mit Leidenschaft (Zorn) hat er sie unterworfen, er, der Herr des Lichtes und des Heiles. V.13 darf nicht als allgemeingültige Aussage missverstanden werden. Im Falle der Rahab aber konnte er gleichsam nicht anders handeln. Denn der Kampf gegen die mythischen Ungeheuer, die sich voll Trotz aufbäumen, ist ein Kampf um und für das Leben, der nicht sachlich, gleichgültig, sondern nur mit innerer Power und leidenschaftlicher Anteilnahme (eindeutiger Parteilichkeit) geführt werden kann.

(B) Anklage (VV.14-24)

Seine Allmacht ist Willkür. Schuldlos wie Schuldig bringt er um.

Nach diesen allgemeinen Darlegungen zur Weisheit und Macht Gottes wendet sich Ijob wieder »seinem« Fall zu. Betont setzt V.14 mit »Aber ich!« ein.

V.14f und V.16 spielen zwei Möglichkeiten eines Rechtsstreites durch:

(a) V.14f: Für den Fall, Ijob sollte Gott auf Anklagen oder Fragen entgegnen: Er wüsste nicht die rechten Worte zu wählen. Selbst wenn er Recht hätte (*tsadáq*), könnte er ihm nicht Paroli bieten. Da Gott Kläger und Richter in einer Person ist, bleibt für Ijob der Rechtsweg ausgeschlossen. Um Gottes freie Zuwendung (Gnade –

chanán) zu bitten, ist seine Möglichkeit. Eine solche Bitte hat im Gebetsschatz des Glaubenden ihren selbstverständlichen Platz, ob er sich als sündig weiß oder nicht (vgl. Ps 51,3; 26,11). Bereits Bildad hat in dieser Richtung gesprochen (8,5), der Sache nach wohl auch Elifas (5,8).

(b) V.16: Für den Fall, Ijob würde als Ankläger auftreten und Klage führen: Gott würde wohl keine Antwort geben (sich verteidigen), ja nicht einmal seine Klage (Stimme) anhören. Auch diese Thematik hat Elifas in 5,1 bereits in ähnlicher Weise zur Sprache gebracht.

Damit ist klar und deutlich gesagt: In beiden Fällen gibt es keine Aussicht, ein Rechtsstreit (Prozess) mit Gott ist illusorisch.

VV.17f können sowohl als Begründung für die Unmöglichkeit, mit Gott einen Prozess zu führen, gelesen werden als auch als erneuter Verweis auf Ijobs Situation, die ihm Gott eingebracht hat. Wie ein Sturm riss er ihn nieder und machte seine Wunden zahlreich »ohne Grund«. Das mag eine subtile Anspielung des Dichters auf Satans Gespräche im Himmel sein (1,9; 2,3). Gott hat Ijob getroffen und jetzt lässt er ihn nicht mehr »aufatmen«, so sehr hat er sein Leben mit »Bitterkeit« erfüllt (vgl. 3,20).

Das Ungleichgewicht ist zu groß. Denn grundsätzlich gilt: Geht es um Macht, liegt sie bei ihm – wie bereits oben VV.4ff dargelegt. Im Falle eines Rechtsverfahrens gilt analog: Das Urteil liegt unanfechtbar auf der Seite Gottes. Denn er, Ijob, wird nicht vorgeladen, um seine Lage und seine Einwände vorbringen zu können. Angenommen, er würde vorgeladen, was nie und nimmer der Fall ist, und er wäre im Recht, selbst dann hätte er keine Chance: Sein eigener Mund spräche ihn schuldig (machte ihn zum Frevler) und er (der Mund oder Gott?) machte ihn »krumm«. Es ist nicht entscheidbar, ob gedacht ist, dass die (fiktiv vorgebrachten) Argumente Ijobs ihn Gott gegenüber ins Unrecht setzten, oder – was wahrscheinlicher ist – dass bereits die Art und Weise seines Redens (sein »Umgangston«) ihn ins Unrecht setzte.

Ijob aber weiß sich als »rechtschaffen«. Davon will er und kann er nicht abgehen. Zweimal wird dies sehr pointiert formuliert (in V.20b und am Beginn von V.21): *»tam `aní«* (»rechtschaffen, schuldlos, gerade bin ich«, dasselbe Wort wie in 1,1).

Dem *»tam `aní«* stehen zwei parallele Aussagen als Kontrast gegenüber: »ich sorge mich nicht um mein Leben« (*nefesch;* EÜ

»doch achte ich nicht auf mich«) und »mein Leben achte ich gering«. Wird in dieser Aussage nicht sehr subtil die Behauptung Satans, der Mensch sei bereit, jeden Preis zu zahlen, wenn es um sein Leben (*nefesch*) ginge (2,4), in der Person des Ijob widerlegt? Ijob ist jedenfalls seine Rechtschaffenheit mehr wert als sein Leben.

Die Konsequenz, die sich daraus (allerdings auf dem Hintergrund des Tun-Ergehen-Zusammenhanges) ergibt, ist die Destruktion alles Bestehenden. Denn es gibt nur noch die Möglichkeit: Wenn Ijob »in Ordnung« ist, dann muss die Welt außerhalb der Ordnung sein und mit ihr derjenige, der für sie letztlich zuständig ist. Das gießt Ijob unüberbietbar in den Satz (V.22): »Schuldlos (*tam*) wie schuldig (*raschá'*) bringt ER um«.

Dass Gutes und Böses, Leben und Tod in der Hand Gottes sind (Jes 45,7; Dtn 32,39), ist biblische Glaubensüberzeugung. Aber dass Gott Recht und Unrecht in einen Topf wirft, eine solche Behauptung untergräbt jegliche Weltordnung. Das gilt nicht nur für die Bibel, sondern für den gesamten Alten Orient. Die Suggestivfrage, die Bildad gestellt hat, ob denn Gott das Recht beuge, birgt eine Glaubenswahrheit, an der niemand auch nur zu rühren wagte (vgl. zum Thema 8,2!). Ijob »erledigt« sie mit einer Kühnheit, die ihresgleichen sucht. Als ob es nicht genug wäre: Zynisch reagiert Gott auf Schicksalsschläge, die den Armen und Unschuldigen (von Gott selber verursacht?) treffen. Er hat nichts über als Spott. Und – er steht gar auf der Seite der Frevler (*raschá'*). Er hat ihnen nicht nur das Feld (die Erde) überlassen, sondern er unterstützt sie sogar. »Das Gesicht zudecken«, damit sie das Recht nicht oder nicht richtig sehen, ist eine übliche Redewendung für Bestechung. Klammerartig werden die VV.22-24 zusammengehalten durch das an den Anfang und an den Schluss gesetzte »ER«.

Gott wird demnach nicht nur der Willkür geziehen, sondern auch der Ungerechtigkeit. Mit solchen Worten wird üblicherweise der Frevler beschrieben. So zu formulieren haben spätere Generationen nicht mehr gewagt. Kein Wunder, dass diese Verse bereits den griechischen Übersetzern Schwierigkeiten bereiteten. Sie milderten sie ab. Sie schreiben in V.22: »Große und Mächtige bringt er um in seinem Zorn« und in V.23 »Die Frevler gehen durch einen qualvollen Tod zugrunde, die Gerechten aber frohlocken«. Kein Wunder, dass diese Verse in der jüdischen Tradition von einigen Gelehrten als

»Gotteslästerung«, von anderen nicht als gegen Gott, sondern gegen den Satan gerichtet gedeutet werden.

(C) Ich-Klage (VV.25-35)
Ich habe keine Chance, mit Gott ins Recht zu kommen. Gäbe es doch einen Schiedsmann zwischen uns!

Nunmehr wendet sich Ijob wieder seinem Lebensschicksal zu. In allgemeinen Bildern führt er Klage über die Schnelligkeit seines Lebens (vgl. 7,6f), das im Nu vergeht und keine Chance auf bessere Zeiten hat. Er kann nicht absehen von seinen Leiden. Es geht nicht um das physische Ertragen der Schmerzen, sondern um die damit verbundenen inneren Zusammenhänge. Es geht um die Frage von »Schuld« und »Unschuld« (VV.28-31). Solange er Schmerzen zu leiden hat, ist das für ihn – nach dem Tun-Ergehen-Zusammenhang völlig logisch – der untrügliche Beweis dafür, dass Gott ihn schuldig spricht, d.h. dass er in den Augen Gottes (natürlich auch der Menschen) Schuld auf sich geladen hat.

Aus diesem Dilemma gibt es keinen Ausweg (V.29): Wozu sollte er sich denn abmühen? Ist doch jede Mühe völlig wirkungslos und hinfällig. Es stünden gebräuchliche Reinigungsriten (vgl. Jes 1,16; Jer 2,2; Ps 26,6) zur Verfügung. Der Redeweise vom Abwaschen der Sünden liegt die Vorstellung zugrunde, dass der Sünde etwas Materielles anhafte, so dass sie auf diese Weise beseitigt werden könne. Diesem äußeren Vorgang muss selbstverständlich ein innerer Wandel entsprechen, sollte er nicht zu einem reinen Ritual erstarren. Auch dies würde nichts helfen: Das Bild von der Grube (voll Müll und Jauche), in die ihn Gott tauchen würde, besagt noch einmal, dass Gott ihn als schuldig erachtet. Es gibt keinen Ausweg. V.32 liefert zusammenfassend nochmals (vgl. V.3) die Begründung: Gott und der Mensch stehen nicht auf derselben Ebene. Deswegen ist ein Prozess nicht zu führen (vgl. bereits VV.3.16.19). Wird hier die »Gottheit« Gottes ins Treffen geführt, um die Anwendung menschlicher Kategorien in Frage zu stellen, so kann dasselbe in anderem Zusammenhang genau das Gegenteil meinen: Wo nach menschlichen Maßstäben Vernichtung angesagt wäre, kann Jhwh verzeihen – mit der Begründung: »Denn ich bin Gott, nicht ein Mensch ...« (Hos 11,9).

Die letzten drei Verse lassen grundsätzlich zwei Deutungsmöglichkeiten offen. Das hängt davon ab, wie V.33 zu lesen ist:

(a) Der hebräische Text liest den Vers indikativisch als einen Behauptungssatz, der das vorher Gesagte zum Abschluss bringt. Es gibt also zwischen Gott und Ijob keine dritte Instanz, keinen »Schiedsmann«, der auf beide »seine Hand« legte – als Gestus der Macht oder des Schutzes, der beiden gleichermaßen zukommt, so dass beide »Parteien« gleiches Recht hätten.

(b) Einige Manuskripte lesen statt der Verneinung »nicht« (d.i. »kein Schiedsmann«) eine Wunschpartikel und machen aus dem Satz einen konjunktivischen Wunschsatz (so auch EÜ). Damit würde Ijob den Wunsch nach einer dritten Instanz äußern, die ihm zu sprechen ermöglichte.

»Schiedsmann« (vom hebr. *jakách*, vgl. 5,17!) ist eine Person, die im Streitfall die rechte Entscheidung trifft (vgl. Gen 31,37; 1 Chr 12,18). Er hat für Unparteilichkeit und Unabhängigkeit zu sorgen.

Wer in V.34 Subjekt ist, ist nicht eindeutig. Da eindeutig Gott als Verursacher von Ijobs Leid gilt, ist er wohl auch Subjekt von V.34. Da im Text keines genannt ist, könnte es theoretisch auch der »Schiedsmann« sein. Die Grundbedeutung des Wortes »Rute« meint einen »Stock« oder einen »Stab«, der als vielfältiges Instrument positiv und negativ eingesetzt wird. Hier ist es eindeutig negativ gefärbt. Gott möge also Pein und Schrecken von Ijob nehmen. Denn nur wenn er davon frei ist, kann er ungehindert reden. Nichts anderes als dies möchte er.

In den letzten drei Versen (VV.33-35) erhält der Text eine Wendung. Die Klage endet in einem Wunsch, der mit V.35b wieder in die Realität zurückkehrt. Seine Lage entspricht nicht der, die er sich wünschte. Damit ist der Übergang zu 10,1 geschaffen.

Ijob 10

Übersicht und Struktur:

(A) ***Du kennst mich doch. Warum befehdest du mich*** – Klage (VV.1-12)
(B) ***Warum muss ich leben? Lass ab von mir*** – Anklage und Klage (13-22)

Ijobs Leben ist nur Bitterkeit. Aber Gott müsste doch wissen, dass er unschuldig ist. Er kennt ihn doch, er hat ihn geschaffen (A). Aber Gott hat seinen Unwillen auf ihn gelegt – warum nur? Wenn er doch die kurze Zeit, die er noch zu leben hat, freundliche Tage sehen könnte (B)!

(A) Klage (VV.1-12)
Du kennst mich doch. Warum befehdest du mich?

V.1 nimmt »ich will reden« von 9,35 wieder auf. Die Bedingungen haben sich nicht geändert. Nach wie vor findet er (seine *nefesch*) Abscheu vor seinem Leben, das ihm in seiner verfallenen Körperlichkeit konkret begegnet. Nach wie vor ist er (seine *nefesch*) voll Bitterkeit (schon oben 9,18). Trotzdem will er reden und seine Klage (Anliegen) vorbringen. Ijob erwartet kein richterliches Urteil, wie etwa der Beter, der ein solches wünscht (Ps 139,1.23) oder zurückweist, da er doch um seine Fehler weiß (Ps 143,2). Das Urteil ist für Ijob von vornherein klar: Er ist rechtschaffen.

Er möchte die Anschuldigungen wissen, die Gott vorzubringen hat und deretwegen ihn dieses Leid getroffen hat. Deswegen die Bitte, Gott soll ihn nicht einfach schuldig sprechen (zum Frevler erklären), ohne ihn wissen zu lassen, warum. »Nützt es dir« (V.3) oder »ist es gut in deinen Augen«? Es folgen eine Reihe semantischer Oppositionsbegriffe, solche, deren Gegenteil normalerweise Gott zugeschrieben wird: Zu sagen, Gott übe Gewalt am Werk seiner Hände, ist Paradox, ebenso wie zu sagen, er erscheine in seinem Lichtglanz über dem Plan der Frevler. Die Fragestellung kann nur verneint werden.

Die zweite Frage: Sieht denn Gott so, wie Menschen sehen? Hat er Augen eines Sterblichen (»Augen des Fleisches« – *basár*). Die Antwort kann nur »nein« lauten, ist doch Gottes Sehweise sprichwörtlich eine andere als die der Menschen. Sie kennt keine Grenzen (Ps 139,12.16), sie sieht ins Innere – eben dorthin, wohin Menschen nicht sehen (1 Sam 16,7).

Die dritte Frage: Sind die Tage und Jahre Gottes so kurz und flüchtig wie die des Menschen. Wiederum muss die Frage verneint werden, sind doch bei Gott »tausend Jahre wie ein Tag« (Ps 90,4; Jes 48,12).

Aufgrund dieser Voraussetzungen braucht doch Gott nach Schuld und Sünde Ijobs nicht zu suchen. Er weiß doch von vornherein, dass er nicht schuldig ist. Gott hat doch alle Macht über ihn. Kein anderer könnte ihn dem Einflussbereich Gottes entziehen (vgl. Dtn 32,39; Jes 43,13).

– VV.8-12

Der Rückgriff auf das eigene Geschaffensein begegnet des Öfteren als besonderes Vertrauensmotiv des Beters. Dadurch, dass Gott den

Menschen geschaffen hat, hat er auch eine besondere Beziehung zu ihm. Von daher kann er »sein« Geschöpf nicht einfach im Stich lassen, hat er es sich doch vertraut gemacht (vgl. Jes 43,1). Andererseits bedingt das Motiv des Geschaffenseins Gottes absolute Souveränität über den Menschen, wie dies im Bild des Töpfers formuliert ist, der mit dem Ton machen kann, was er will (vgl. Jer 18,6; Jes 45,9; Röm 9,21).

V.8 fungiert als eine Art Überschrift, deren Inhalt im Folgenden entfaltet wird. Gott hat Ijob geschaffen (VV. 9-12) und dann vernichtet (VV.13-17) – so erlebt ihn Ijob in seiner Situation. Die Übersetzung von V.8 ist schwierig: Statt »dann hast du dich umgedreht« (EÜ) könnte auch gelesen werden: Du hast mich »ganz und gar« (ZÜ) oder »insgesamt ringsum« (Mende) geschaffen.

– VV.9-12

Gott möge die Geschöpflichkeit des Menschen nicht aus den Augen verlieren (vgl. 4,7). Die Erschaffung des Menschen aus Lehm ist ein bekanntes Motiv (Gen 2,7), ebenso das andere, dass der Mensch wieder zum Staub zurückkehrt als logische Folge seiner Sterblichkeit (vgl. Gen 3,19). Weniger bekannt ist das Bild des Käsemachers, das kaum auf konkrete biologische Gegebenheiten hinweist, sondern dem Staunen Ausdruck verleiht, dass quasi aus Nichts (Sperma? Flüssigkeit?) feste Materie wird. Ebenso staunenswert ist der Körper und sein ganzer Mechanismus. Dass Gott zu seinen geschaffenen Wesen steht, betont V.12 geradezu in überschwänglicher Weise: Leben und Huld (im Hebräischen eine Alliteration *chajjim / chésed*) hat er seinem Geschöpf verliehen. Die Begriffe sind in diesem Zusammenhang fast austauschbar. Dadurch, dass Gott dem Menschen »Leben« schenkt, tut er ihm seine »Huld« (Liebe, Treue, Beziehung) kund. Seine Obhut (Fürsorge) schützt und bewahrt sorgsam seinen Geist, d.i. sein Leben. Wie in Ps 139,13-18 darf sich der Mensch als Geschöpf ganz und gar in der Gegenwart und Liebe Gottes geborgen wissen.

Ijob weiß darum. Doch für ihn trifft es nicht zu. Er muss Gott ganz anders erleben.

(B) Anklage und Klage (13-22)
Warum muss ich leben? Lass ab von mir!

Das einleitende »aber« spricht dafür, V.13 zu Folgendem zu ziehen und nicht als Abschluss des Voraufgehenden zu sehen. Gott hält all dies Positive »in seinem Herzen verborgen« (Dan 7,28; Lk 2,19). Der zweite Teil des Verses bezieht sich auf das Folgende. Ijob äußert die Überzeugung, dass Gott für ihn dieses bestimmt hat:

Gottes »bewachen« und »bewahren« (V.12) kehrt sich für Ijob ins Gegenteil. Er wacht peinlich genau auf seine (mögliche) Verfehlung. Würde er schuldig werden, wäre es um sein Leben geschehen. Aber auch wenn er im Recht ist, kann er nicht aufblicken (vgl. Gen 4,7) und sich frei fühlen. Seine Schmach und sein Kummer »beweisen« nur zu deutlich seine Schuld (nach dem Turn-Ergehen-Zusammenhang). Und wäre es ihm möglich, das Haupt zu erheben, würde ihn Gott so oder so verfolgen. Der Dichter wählt ein drastisches Bild: Gott würde wie ein Löwe auf Ijob losgehen – Ijob hätte keine Chance. Gott würde wieder rätselhaft und unbegreiflich (EÜ »wunderbar« – im Kontext hier negativ gemeint) an ihm handeln. Das Ganze wird abgeschlossen mit zwei Sätzen aus dem Bereich des Gerichtes und des Krieges: Zeugen (Ankläger) gegen Ijob würde Gott zusammenrufen, seinen Unmut steigern und sogar ein Heer nach dem andern gegen Ijob schicken. Diese Bilder sprengen natürlich die Realität bei Weitem, aber sie sollen signalisieren, »dass sich Gott ständig etwas Neues (sic!) einfallen lässt, um Ijob in Angst und Schrecken zu versetzen« (R. Egger-Wenzel).

– Abschluss: VV.18-23

Wenn Gott die guten Seiten von Ijobs Leben fernhält, dagegen nur und ausschließlich Leid, Mühsal und Schrecken für ihn parat hat, obwohl er sich schuldlos weiß, dann stellt sich die abschließende Frage von selbst (so bereits in 3,11f): Warum? Warum hat er überhaupt das Licht der Welt erblickt? Was sollte ein solches Leben, das im Grunde keines ist, für einen Sinn haben oder für wen sollte es gut sein? Wäre er doch gleich gestorben, dann hätte man ihn zu Grabe getragen und er hätte Ruhe.

Die Warum-Klage wendet sich noch einmal zu einer Bitte, die sich um das Wort »ein wenig« rankt. Sind ohnedies seine Lebenstage nur wenige (grundsätzlich oder ob seiner Situation?), so möge doch Gott von ihm ablassen, damit er »ein wenig« noch – den Rest seiner Tage – heiter blicken könnte. Es dauert ohnedies nicht mehr lange, dann muss er fortgehen »ins Land ohne Wiederkehr«. In den VV.21f begegnen insgesamt sechs (vier verschiedene) Begriffe für »Finsternis«. »Keine Ordnung« ist eine typische Charakterisierung des Chaos. Besonders stark klingt das Oxymoron am Ende des Textes: »Und wenn es leuchtet, ist es wie tiefe Nacht«.

Resümee

Mit dieser dritten Rede des Ijob haben seine Anklagen in 9, 22-24 ihren absoluten Höhepunkt erreicht. Es gibt in der religiösen Literatur wohl kaum einen zweiten Text, der so aggressiv und böse über Gott spricht wie dieser. Alles, was in Israel positiv von Gott erfahren und geglaubt wird (Recht und Gerechtigkeit, Eintreten für die Armen und die Schwachen ...), wird hier ins Gegenteil verkehrt. »Was sind doch die sämtlichen alten und neuen Skeptiker, Pessimisten, Religionsspötter und Atheisten für arglose gemütliche Gesellen neben diesem Hiob! Die wussten und wissen ja gar nicht, gegen wen sie mit ihrem Achselzucken, Zweifeln, Lächeln und Leugnen angingen und angehen ... Die konnten und können sich mit einem ‚Gott', den sie als ihren Gott gar nicht kannten, wohl ohne erhebliche Kosten ‚auseinandersetzen'. Ijob konnte gerade das überhaupt nicht tun« (K. Barth). Ijob aber lässt nicht von seinem Gott und kann von ihm nicht lassen.

In seinem Ringen mit sich selbst kommt Ijob immer wieder auf Gott zurück. Nur jemand, der Gott wirklich ernst nimmt, kann so, auch so negativ formulieren.

Vom »Fall Ijob« aus gesehen wird zugleich deutlich, wie sehr extreme Schmerz- und Leiderfahrung die Wahrnehmung beeinflussen und verfälschen kann. Der schmerzende Zahn wird für das Kind (nur für das Kind?) zum Weltproblem, weil es außer diesem Schmerz »nichts« gibt, was von irgendeinem Interesse sein könnte. Das Kind wird durch das Versprechen neuer Spielsachen im Moment nicht aufhören zu heulen. Im Kontext des Ijob: Ijob darf so reden! Er darf sich »ausheulen!« Seine Aussagen werden nicht auf ihre theologische Tragfähigkeit hin überprüft. Wenngleich Ijob bis zum Schluss des Buches auch ein anderer wird, so fallen insgesamt auch diese Worte unter das positive Urteil Gottes am Ende (42,7f).

Ijob 11: Die erste Rede des Zofar (erster Redegang)

Übersicht und Struktur:

(A) ***Soll der Maulheld Recht behalten –*** Entgegnung (VV.1.2-3)
(B) ***Gottes Weisheit ist unendlich, er erkennt die Frevler –*** Zurechtweisung – Belehrung (VV.4-12)
(C) ***Wenn du an Gott dich wendest und kein Unrecht tust, wirst du gute Tage sehen –*** Aufmunterung – Belehrung (VV.13-20)

Nach einer Entgegnung (A), die deutlich heftiger ausfällt als die des Elifas (4,2-5) und die des Bildad (8,2), greift Zofar das Argument von Ijobs Schuldlosigkeit auf, um es es in Hinblick auf die alles durchschauende Weisheit Gottes zu widerlegen (B). Schließlich stellt er Ijob eine gute Zukunft in Aussicht, wenn dieser bereit ist, sein Unrecht einzusehen und sich Gott vertrauensvoll zuzuwenden (C).

(A) Entgegnung (VV.1.2-3)
Soll der Maulheld Recht behalten?

Nun kommt der dritte Freund, Zofar, zu Wort. Seine direkte Entgegnung beginnt mit einer brüsken Zurückweisung der Worte Ijobs. Man möge solche Formulierungen nicht zu psychologisch ausschlachten und daraus einen miesen Charakter Zofars konstruieren. Derart zu reden gehört zum Genre weisheitlicher Auseinandersetzung, die natürlich Zofars (der Freunde) totales Unverständnis Ijob gegenüber bloßlegt.

Er mokiert sich über die Fülle der geredeten Worte und steht damit in guter weisheitlicher Tradition: »Bei vielem Reden bleibt die Sünde nicht aus« (Spr 10,19). Ebendort heißt es weiter: »Wer seine Lippen zügelt, ist klug«. Zofar nennt hingegen Ijob »einen Mann der Lippen« (»Maulheld« EÜ). Vielleicht ist auch ein Gegensatz zu »Worten, die aus dem Herzen kommen« (8,10) mitgedacht. Das würde allerdings Zofars Unverständnis noch einmal unterstreichen: Denn Ijobs Worte sind gerade solche, die aus dem Herzen kommen. Zofar interpretiert Ijobs Reden als Worte, die Männer (Menschen) verstummen lassen – vielleicht deswegen, weil sie derart schockieren? Er versteht sie als »Spott«, was meint, jemanden lächerlich machen, seines Respektes berauben. Solcher Spott aber »rächt« sich, indem der Sprecher sich selber lächerlich macht.

(B) Zurechtweisung – Belehrung (VV.4-12)
Gottes Weisheit ist unendlich, er erkennt die Frevler.

In V.4 nimmt Zofar inhaltlich, nicht wörtlich, eine Beteuerung Ijobs von seiner Schuldlosigkeit auf (vgl. 9,21; 10,7). Freilich war nie von einer »Lehre« die Rede, ein Wort, mit dem u.a. weisheitliche Aussagen und Sinnsprüche gemeint sind (Spr 1,5; 4,2). Ijob geht es gerade nicht um »Lehre«, sondern um seine persönlichen und existentiellen Erfahrungen. In Kap. 9 -10 geht es gerade nicht um lehrende oder gelehrte Theologie, sondern um die Schreie eines Menschen, der sich von seinem Gott missbraucht und vergewaltigt vorkommt.

Aber – so Zofar – Gott selber könnte am Besten bezeugen, dass Ijob im Unrecht ist. Ijob dagegen ist sich sicher, dass Gott um seine Unschuld weiß (10,17). Zofar verweist auf Gottes unergründliche Weisheit.

Der zweite Teil von V.6 ist textlich nicht eindeutig. Als eine Möglichkeit lesen andere Übersetzungen » ...denn die wirkliche Weisheit hat zwei Seiten. Wisse, Gott hat einige deiner Sünden bereits vergessen«. Das bedeutet: Gott geht mit Ijob ohnedies gnädig um. In seiner Gnade (eine Seite seiner geheimnisvollen Weisheit) rechnet er ihm gar nicht alle Sünden an.

Die EÜ nimmt zwei Textkorrekturen in Kauf und liest: Die Tiefen der Weisheit Gottes »sind wie Wunder für den klugen Verstand. Wisse, dass Gott dich zur Rechenschaft zieht in deiner Schuld« (vgl. Fohrer 221).

Wie immer, Gott allein hat Einsicht in die Zusammenhänge und natürlich – und das ist Zofar besonders wichtig – in das Tun des Menschen. Vor diesem Hintergrund müsste Ijob sich seiner Begrenztheit bewusst werden und erkennen, dass er überhaupt nicht schuldlos sein kann.

Um Gottes Weisheit auszuloten, wird der ganze Kosmos in Höhe und Tiefe, Länge und Breite (vier!) in Anspruch genommen. Sie übersteigt alle menschlichen Möglichkeiten. Nur noch »kosmische« Dimensionen können entsprechende Bilder liefern, um das zum Ausdruck zu bringen. Damit durchschaut er alles, kennt den Menschen bis in den letzten Abgrund seines Herzens.

V.10 ist wohl eine bildhafte Anspielung an eine Art Gerichtsversammlung, wobei sprachlich an 9,11f angespielt ist: Wenn Gott einmal vorübergeht und (jemanden) wie einen Gefangenen abführt (vgl. Lev 24,12), um eine (Gerichts-) Versammlung abzuhalten, so kann ihn niemand daran hindern. Zudem erfolgt eine solche Aktion nicht aus Willkür, sondern sie erscheint wohl begründet, wie V.11 ausdrücklich feststellt. Er durchschaut Leute, die »Nichtiges« im Sinn haben, und er sieht das Unrecht – und er ahndet es entsprechend. Der letzte Versteil kann entweder (nach M) übersetzt werden: » ...ohne selbst wahrgenommen zu werden« oder »ohne dass er (der Übeltäter) es bemerkt« oder »Ja! Er (Gott) nimmt es (das Unrecht) wahr!«

V.12 dürfte sprichwörtliche Formulierungen aufnehmen: Jeweils zwei Begriffe werden paradox nebeneinander gestellt: »Hohlkopf« – »Einsicht«; »Wildesel« – »Mensch«. Beides verhält sich wie Feuer und Wasser. Wie es gemeint ist, ist schwer zu sagen: Als einfacher Spott? Als Verunglimpfung Ijobs (ein hoffnungsloser Fall)? Oder als indirekte (ironisch formulierte) Aufforderung zur Einsicht, die damit zum Folgenden überleiten würde: Im Sinne: Nur ein Hohlkopf kommt nicht zur Einsicht ... Aber du, Ijob, sieh zu ...!

(C) Aufmunterung und Belehrung (VV.13-20)

Wenn du an Gott dich wendest und kein Unrecht tust, wirst du gute Tage sehen.

Zofar sieht die einzige positive Möglichkeit, ähnlich wie bereits Elifas 5,8, besonders Bildad in 8,5f, sich vertrauensvoll an Gott zu wenden. Wenn er Gott sein Herz »hinstellt«, nach rabbinischer Auffassung ein Ausdruck, der die Aufmerksamkeit und Konzentration aufs Gebet hin signalisiert (NIB), und die Hände ausbreitet als Gestus des flehentlichen Betens (vgl. Ex 9,33; 1 Kön 8,22) und wenn er das Unrecht, das an seinen Händen klebt, entfernt – auch hier wiederum die Vorstellung, dass Sünde und Unrecht wie etwas Materielles am Menschen (an den Händen) haften –, dann kann Ijob wieder aufblicken (vgl. 10,15; Gen 4,7). Das Haupt erheben ist ein Zeichen von Selbstbewusstsein und Furchtlosigkeit. Gott wird Ijob heilen – so ist es wohl gedacht –, so dass er »ohne Makel« dastehen kann.

Dann wird sich auch für ihn eine gute Zukunft eröffnen. Alle Mühsal wird nur noch in der Erinnerung bestehen, sie ist vorüber und belastet ihn nicht mehr, ist sie doch wie Wasser versiegt.

Was Ijob 7,3f.7 eingeklagt hat, wird sich ins Gegenteil wandeln. In seinem Leben wird sogar die Dunkelheit zum hellen Morgen (gleichsam ein Anti-Oxymoron zu 10,22). Er kann in Sicherheit und Hoffnung leben, er kann ruhig schlafen, keine Schrecken (gegen 7,13f) werden ihn ängstigen. Mit dieser Überzeugung befindet sich Zofar in guter weisheitlicher Tradition, wonach derjenige, der in Umsicht und Besonnenheit lebt, sicher seinen Weg geht, ruhig schlafen kann und keine Schrecken zu befürchten hat (Spr 3,21-26!).

V.19 hat zunächst das Bild von der Herde im Hintergrund, die sorglos – ohne Angst vor Räubern – lagern kann, um dann auf die soziale Dimension noch zu sprechen zu kommen, die ganz wichtig ist. Ijob wird wieder vollständig in die Gemeinschaft eingegliedert. Er genießt sogar das Ansehen der Menge. Man sucht seine Gunst, »wie man sonst nur die Gunst des Angesichtes Gottes sucht (vgl. Ex 32,11; 1 Sam 13,12 ...)« (Mende 169f).

Dagegen wird an den Abschluss das absolute Negativbild des Frevlers gestellt (vgl. auch Bildad 8,21f; allgemein Spr 10,28). Ihm bleibt nur die Vernichtung. Des Frevlers Hoffnung (Aussicht auf Zukunft) ist eine andere als die Ijobs (V.18). Sie ist keine zum Leben, sondern – so paradox es klingt – eine zum Tod.

Resümee

Zofar, der das erste Mal zum Zug kommt, begegnet Ijob mit großer Heftigkeit. Diese heftige Reaktion könnte als Folge der in der Tat lästerlichen Äußerungen Ijobs gedacht sein. In der übrigen Argumentation steht er der der anderen beiden Freunde nahe. Auch er verweist auf die Weisheit und Größe Gottes. Während sie Ijob negativ, d.i. niederdrückend und belastend, empfindet und sie dementsprechend als Begründung für Gottes Willkür interpretiert, sieht Zofar in ihnen die Vollkommenheit Gottes und die Begründung dafür, dass auf der Welt alles seinen rechten Weg geht, der dem Menschen aber verborgen bleibt. Wie die anderen beiden Freunde sieht er in Ijobs Umkehr die einzige Möglichkeit zu einem Wandel seiner

Situation. Mit der Erwähnung des Frevlers, der keine Lebenschance hat, stellt auch er Ijob die Rute ins Fenster.

Auch Zofar spricht von seiner Person her ehrlich und will Tröster sein. Aber auch er hat den »Hilfeschreien« des Gequälten nur die »Tiefen der Weisheit« entgegen zu setzen und geht am »Fall Ijob« vorbei.

Ijob 12 – 14: Die vierte Rede Ijobs (zweiter Redegang)

Ijob 12

Übersicht und Struktur:

(A) ***Mit euch stirbt die Weisheit aus –***
Entgegnung (VV.2f)
(B) ***Ich werde zum Gespött, die Gewaltmenschen leben in Ruhe –***
Erwiderung – Klage (VV.4ff)
(C) ***Was ist schon die Lehre der Weisen –***
Streitrede (VV.7-12)
(D) ***Bei Gott allein ist Weisheit und Macht –***
Belehrung (VV.13-15.16-21.22-25)

Ijob entgegnet mit der für den weisheitlichen Diskurs üblichen Ironie (A), um dann auf seinen Standpunkt einzugehen. Das ist sein Problem: Er wird zum Gespött, hingegen Gott den Gewaltmenschen ein gutes Leben gewährt (B). Ijob stellt eine selbstverständliche Überzeugung der Freunde – VV.7-10 als Zitat der Freunde interpretiert – in Frage (C) und stellt der Weisheit der Freunde die absolute Weisheit und Macht Gottes gegenüber, zu der der Mensch weder Zugang und auf die er keine Einfluss hat (D).

(A) Entgegnung (VV.2f)
Mit euch stirbt die Weisheit aus!?

»Truly, you are the people with whom wisdom will die«, liest eine englische Übersetzung (NIB 426) den nicht ganz eindeutigen V.2.

Das ist einerseits ironisch gemeint, vielleicht sogar mit dem hintersinnigen Unterton: Wenn ihr so sprecht, dann bedeutet dies in der Tat den Tod der Weisheit. Zum anderen will Ijob seinen Freunden gegenüber als gleichwertig gelten. Denn er kennt die überkommenen Lehren der Weisheit genau. Zum Unterschied zu seinen Freunden reichen sie aber für Ijobs Situation nicht aus. V.3a steht für »Verstand« im Hebräischen das Wort »Herz«, das mehr die Verstandesseite des Menschen, nicht so sehr – wie in unserem Sprachbereich – das Gemüt meint. V.3b »ich falle nicht ab im Vergleich mit euch« wird vielfach als Zusatz angesehen, bildet aber im Kontext mit 13,2b eine Inklusion, die diesen Textabschnitt als zusammengehörend ausweist.

(B) Erwiderung – Klage (VV.4ff)
Ich werde zum Gespött, die Gewaltmenschen leben in Ruhe

V.4 ist geprägt von scharfen begrifflichen Kontrasten:

»Gespött« > »der zu Gott Rufende«
»Gespött« > »der Gerechte und Rechtschaffene«

Dass der Frevler zum Gespött seiner Umgebung wird, ist kein Problem. Wenn aber der Fromme zum »Gespött« seiner Freunde wird, was besonders schmerzt (vgl. Ps 55,13ff), bedeutet das für ihn eine zusätzliche Verunsicherung. Ijob fühlt sich wie der Frevler behandelt.

V.5 ist nicht eindeutig zu lesen. Folgende Übersetzung scheint sowohl dem hebräischen Text wie auch dem Kontext am Ehesten gerecht zu werden:

»Dem Unglück gilt Verachtung,
der Schwachheit gilt Hohn (Überheblichkeit);
ein Stoß denen, deren Füße wanken.«

So empfindet Ijob das Verhalten der Freunde. Ihnen wird dieser Vers gleichsam als Maxime ihres Redens und Handelns unterstellt.

Während er, Ijob, ein Gerechter und Redlicher, zum Gespött wird, leben die Ruchlosen in Ruhe und Sicherheit. Die Gewalttätigen und die, die Gott »erzittern lassen« (NRSV »provoke«), können sorglos sein. Der Schlussteil von V.6 ist mehrfach interpretierbar:

»Ja, Glück beschert (ihnen) Gott in seiner Macht (= »Hand«)« (?)
oder »Alles bringt (bewirkt) Gott in seiner Macht (= »Hand«)«.

Die erste Übersetzung würde hervorheben, dass Gott den Frevlern sogar Glück verschafft, während die zweite einfach darauf hinweist, dass das Glück der Frevler letztlich auch von Gott kommt.

(C) Streitrede (VV.7-12)
Was ist schon die Lehre der Weisen?

Die Formulierung »in seiner Hand« bzw. »durch seine Hand« in V.6 hat wohl die folgenden VV.7-10 ausgelöst, in denen zweimal »seine Hand« (VV.9b.10a) vorkommt. Dieser Abschnitt könnte auch im Sinne eines zitierten Einwandes der Freunde gelesen werden. Dafür spricht die plötzliche Anrede mit »du«, die sonst unmotiviert bliebe. Auffallenderweise kommt hier der Gottesname Jhwh vor (V.9b), der in einigen Handschriften durch »Gott« ersetzt ist. Allerdings dürfte es sich bei dem Satz »Die Hand Jhwhs hat alles gemacht« um eine geläufige und oft gebrauchte Redewendung handeln. »This phrase is on everyone's lips« (NIB 428). Diese Beobachtungen unterstützen die Annahme des Zitationscharakters dieser Verse.

Die Belehrung soll die Überzeugung darlegen, dass die Lebenskraft (*nefesch*) alles Lebendigen und der Lebensatem (*ru^{a}ch*) eines »jeden Fleisches« »in seine Hand« gegeben ist. Damit soll die Schöpfermacht Gottes bewusst angesprochen werden. Indirekt mag ein Schluss »zum Höheren« vorliegen: Die unvernünftige Kreatur – wiederum sind vier Bereiche (Vögel, Tiere, Pflanzen?, Fische) angesprochen – erkennt selbstverständlich diese Schöpfermacht Gottes. Umso mehr muss der Mensch sie erkennen und anerkennen. Die »Hand Gottes«, die sich hier auf die Schöpfung bezieht, kann ebenso in heilsgeschichtlichen Zusammenhängen verwendet werden: Sie hat z.B. den wunderbaren Auszug aus dem Exil bewirkt: »Dann werden alle sehen und erkennen, begreifen und verstehen, dass die Hand des Herrn das alles gemacht hat, dass der Heilige Israels es erschaffen hat« (Jes 41,20).

Die dargelegte Überzeugung der Freunde wird nicht grundsätzlich in Abrede gestellt. Nichtsdestoweniger muss es dem Menschen erlaubt sein, das zu prüfen, was vom Menschen kommt und was Menschen ersinnen. Damit nimmt Ijob die Weisheit der Weisen nicht einfach als gegeben hin, sondern stellt sie in Frage und unterzieht sie einer Prüfung. Der Mensch hat das Recht, alles zu prüfen.

So wie man die Güte und Qualität einer Speise durch das Schmecken prüft, so dürfen Worte geprüft werden .... Wo steht geschrieben, dass alles, was alt ist und lange währt, deswegen auch schon richtig ist?

V.12 greift eine Thematik auf, die später von Elihu ausführlich ins Spiel gebracht wird (32,6-17).

Im Zusammenhang geht es nicht um die Rechtfertigung, dass auch junge Menschen bereits Einsicht haben, sondern um die andere Frage, ob alte und lange Traditionen genügen, um den Anspruch, im Besitz von Weisheit und Wissen zu sein, erheben zu können. Ijobs Antwort fällt skeptisch aus. Dagegen ist er davon überzeugt, dass es wirkliche Weisheit und echte Einsicht nur bei Gott gibt.

(D) Belehrung (VV.13-15.16-21.22-25)
Bei Gott allein ist Weisheit und Macht

Die Belehrung zerfällt in drei Abschnitte: Der eine bezieht sich auf die Natur (VV.13ff), der zweite auf die Menschen (VV.16-21) und der dritte auf die Machthaber der Völker (VV.22-25).
Damit setzt V.13 kontrastierend ein: »Bei ihm ...!«

Der Weisheit der Alten stellt Ijob in V.13 pointiert die Weisheit Gottes gegenüber.

»Bei ihm« (vgl. V.16) fokussiert sich alles: »Weisheit«, »Macht«, »Rat« und »Einsicht«. Man beachte wieder die Vierzahl der Begriffe. Die folgenden Verse (14f) erläutern in Form von zwei Gegensatzpaaren diese grundsätzliche Feststellung. Die zwei Gegensatzpaare in V.14 drücken ihrerseits wiederum Totalität aus: »Niederreißen – aufbauen« spielt in der Berufungsgeschichte des Jeremia eine Rolle. In Jer 1,10 bekommt der Prophet den Auftrag: » ...du sollst ausreißen und niederreißen, vernichten und einreißen, aufbauen und einpflanzen«. Trotz des Gewichtes auf der Seite des »Niederreißens« (Unheil) steht dem ein positiver Gegenpol gegenüber. Während Jeremias Auftrag sein Ziel im »Aufbauen und Einpflanzen« hat, liegt im Gegensatz dazu hier das Gewicht allein auf der Zerstörung – ohne Ende.

Die Formulierung »einschließen – öffnen« symbolisiert die Schlüssel- und Amtsgewalt des Bevollmächtigten. »Ich lege ihm den Schlüssel des Hauses David auf seine Schulter. Wenn er öffnet, kann niemand schließen, wenn er schließt, kann niemand öffnen« (Jes 22,22). Diese Macht Gottes wird am Augenscheinlichsten in seinem Schöpfungshandeln (V.15) realisiert. Er ist es, der die Chaoswasser der Urzeit im Griff hat (vgl. Ps 104,1). Zumindest legt es der hebräische Text nahe, an den Motivkreis der Schöpfung zu denken, da ausdrücklich von »den Wassern« (mit Artikel!) die Rede ist. Das Bekenntnis zu Jhwh als dem, »der zum tiefen Meer sagt: Trockne aus, ich lasse deine Fluten versiegen« (Jes 44,27 im Zusammenhang mit der Berufung des Kyrus), lässt den Menschen in Sicherheit und Geborgenheit leben. Er braucht sich nicht ständig vor den Gefahren des Chaos zu fürchten. Allerdings hat (hätte) Gott auch die Macht, die Chaoswasser wieder frei zu lassen – dann allerdings ist es (wäre es) um die Erde und den Menschen geschehen.

Nochmals wird in einem Doppelbegriff die Überlegenheit Gottes thematisiert: »Bei ihm ist Macht und Klugheit« (vgl. V.13). Diesmal werden die beiden Begriffe mit dem Bereich des Menschen in Verbindung gebracht. V.16b meint den Menschen allgemein, den der Ijobdichter als einen, »der irrt und in die Irre führt«, charakterisiert und ihn damit der »Macht und Klugheit« Gottes kontrastierend gegenüber stellt. Der hebräische Begriff für »irren« (*schagah*) wird sehr häufig im kultischen Bereich als Ausdruck für ein Fehlen, Fehlverhalten verwendet, das dem Menschen nicht bewusst wird (im Gegensatz zu den Sünden »mit erhobener Hand«). Da diese »Sünden« aber in ihren Konsequenzen für den Menschen und die Gemeinschaft sehr wohl spürbar werden, sind sie (im kultischen Bereich) durch ein »Schuldopfer zu entsühnen«. Der Priester soll den Betreffenden »für seine unabsichtliche Verfehlung, die er ohne Vorsatz begangen hat«, entsühnen. Denn »der Betreffende hat sich tatsächlich vor dem Herrn schuldig gemacht« (vgl. Lev 5,18f; dazu Ijob 19,4!).

Das Motiv des Kontrastes beherrscht auch die folgenden Verse. An einer Reihe von insgesamt neun Persontypen, die alle im politischen, sozialen und religiösen Bereich bestimmte Funktionen haben, stellt der Dichter Gottes kontrastierendes Handeln vor. Zu Recht hat man darin eine Art Gegentext zu Spr 8,14ff und Dan 2,20f gesehen. Denn dort erklärt die Weisheit, dass bei ihr Rat und Stärke seien, Einsicht und Macht, dass mit ihrer Hilfe die Könige und Machthaber entscheiden könnten, was Recht ist. Hier wird Gottes Handeln ganz gegenteilig beschrieben.

Ratsherrn (Berater) und Priester müssen barfuß gehen. Entblößung als Akt der Entehrung und Erniedrigung ist eine im Alten Orient weit verbreitete Praxis, die an Krieg und Gefangenschaft denken lässt.

Die Richter bringt er um Einsicht und Rat, um genau die Qualitäten, die sie als Richter brauchen.

V.18 kann meinen, dass Gott die Fesseln der Könige, mit denen sie andere fesseln und knechten, auflöst und die Verhältnisse umstürzt, insofern sie zu Gedemütigten werden, die mit einem Schurz bekleidet anderen dienen müssen. Andere Übersetzer denken an die »Schärpe« als Statussymbol des Königs, die Gott wegnimmt und an deren Stelle der Schurz als Symbol der Erniedrigung tritt. Den Ältesten und denen, an die man sich glaubt halten zu können, nimmt er die »Urteilskraft«. Das hier gebrauchte hebräische Wort heißt üblicherweise »Geschmack«. Hier trifft sich die Vorstellung mit dem lateinischen Wort »sapientia« (Weisheit), das sich von »sápere« herleitet, das »schmecken« heißt. Über die Angesehenen bringt er Verachtung (vgl. Ps 107,40) und die Starken werden kraftlos. Wenn »Sich gürten« ein Bild für Kampfesbereitschaft ist, so kann den »Gurt lockern« nur das Gegenteil meinen, nämlich Unfähigkeit und Schwachheit. Dass Gott Verborgenes (Abgründiges) enthüllt, ist eine geläufige Prädikation (vgl. Dan 2,22). Schwieriger ist der zweite Versteil. Üblicherweise ist Gott der, der die Gefangenen aus »Finsternis und Todesschatten« herausführt (Ps 107,10.14), aber hier werden die Verhältnisse wieder umgekehrt: Gott führt die »Todesschatten« selbst (aus der Unterwelt) ans Licht. Das bedeutet, dass er die lebensfeindlichen Mächte der Unterwelt freisetzt. Der Blick weitet sich in den Raum der Weltgeschichte. Großreiche kommen und gehen. Den Häuptern eines Landes nimmt er den Verstand (wörtlich »das Herz«), sie irren im unheimlichen »Irgendwo« (wörtlich »in einem Tohu«) planlos umher. Dieser Gedanke wird in V.25 nochmals verstärkt.

Die Verse 13,1f verweisen zurück auf 12,3 und schließen diesen Passus ab. Auch Ijob kann Weisheit einbringen. Sprach Zofar von der verborgenen Weisheit Gottes, verwies Bildad auf die Tradition der Alten und berief sich Elifas auf eine Offenbarung Gottes, beruft sich Ijob auf seine eigene Erfahrung: Mit eigenen Ohren hat er es gehört und mit eigenen Augen hat er es gesehen.

Resümee

Ijob zweifelt nicht an der Weisheit und Einsicht, an der Macht und der Größe Gottes. Seine Argumentation freilich geht in eine andere Richtung als die der Freunde. Während die Freunde daraus ihr gewohntes Schema «Gutes dem Guten und Böses dem Frevler« ableiten, sieht Ijob die Welt wesentlich komplexer. Er stellt dieses Schema geradezu auf den Kopf. Zwar weiß man, dass Gott arm und reich macht, dass er erniedrigt und erhöht (vgl. 1 Sam 2,7). Das gilt aber, würden die Freunde sagen, positiv für die Gerechten und negativ für die Frevler. Ijob geht so weit, dass er diese Kategorie nicht ins Spiel bringt. Er stellt lediglich fest, dass er Könige, Priester und Adel ... erniedrigt und zu Fall bringt. Warum, wird nicht gesagt. Zu Recht hat man in der Auslegung an dieser Stelle immer wieder die Frage nach dem Hintergrund der Formulierungen gestellt, um eventuelle Aufschlüsse über die geschichtliche Ein- und Zuordnung des Buches Ijob zu gewinnen. Man denkt an gesellschaftliche Umschichtungen, an das Zerbrechen bestimmter hierarchischer Strukturen, an die Verarmung aristokratischer Schichten und ihren sozialen Niedergang und ähnliche Phänomene. Eine zeitliche Konkretisierung ist freilich schwer möglich. Zuletzt ist nicht ausgeschlossen, dass es sich einfach um literarische Chiffren handelt, die zwar ihre Traditionsgeschichte, aber keinen konkreten Anlass hinter sich haben.

Ijob 13: Die vierte Rede des Ijob (Fortsetzung)

Übersicht und Struktur:

(A) ***Mit Gott (nicht mit den Freunden) zu rechten ist mein Wunsch*** – Entgegnung und Streitrede (VV.3-12)
(B) ***Rufe und ich will Rede stehen; rede ich, dann antworte mir*** – Aufforderung zum Rechtsstreit (VV.13-22)
(C) ***Warum siehst du mich an als deinen Feind*** – Anklage im Rechtsstreit (VV.23-28)

Ijob wendet sich von den Freunden ab, da er ihre Argumente nicht mehr ertragen kann. Er will Gott als seinen Gesprächspartner (A). Er ist fest entschlossen, mit Gott in den Rechtsstreit einzutreten (B), ihm vorzulegen, was ihn so bedrückt und quält (C).

(A) Entgegnung und Streitrede (VV.3-12)
Mit Gott (nicht mit den Freunden) zu rechten ist mein Wunsch!

V.3 »Doch will ich zum Allmächtigen reden, mit Gott zu rechten ist mein Wunsch«. In 9,33 äußerte Ijob den Wunsch nach einem »Schiedsmann« (im Hebräischen die gleiche Wortwurzel wie im Wort »rechten«) zwischen Gott und ihm, einen, der als »Dritter« zwischen ihm und Gott die Sache zurechtrückt. Ist nun Gott selber dieser »Schiedsmann«?

Die Freunde taugen jedenfalls für seinen »Fall« nicht. Die Beschimpfung der Gegner dürfte übliches Vokabular verwenden. Sie sind wie solche, die Klischee-Parolen schmieren oder wie nutzlose Ärzte (zur Einschätzung des Arztes vgl. Sir 38,1-15). Was ihnen angemessen ist, ist Schweigen. Schweigen ist in diesem Fall wahre Weisheit (vgl. 2,13), denn jedes noch so gut gemeinte »gelernte« Wort wirkt hohl und überheblich.

Deswegen kann nur noch Gott Ijobs Adressat sein. Ihm will er seinen Fall zur Begutachtung (V.6 »Rechtsbeweis« EÜ) und seine rechtliche Situation vorlegen.

Wenn die Freunde versuchen, das Tun Gottes als richtiges (dem Tun-Ergehen-Zusammenhang folgend) zu qualifizieren, versuchen sie Gott zu entlasten. Damit verfälschen sie die Realität, ihre Aussagen müssen als »Lügen« entlarvt werden. Sie setzen den Menschen ins Unrecht. Selbst dann und erst recht, wenn sie es Gott zuliebe tun, bleibt Unrecht Unrecht. Sie »nehmen Partei für Gott« (zweimal in V.8 und V.10): der hebräische Ausdruck heißt wörtlich »das Gesicht aufheben« und steht für ein »gutes« Gewissen (vgl. Gen 4,7) oder für die Haltung der Erwartung. »Jemandes Gesicht aufheben«, wohl ursprünglich als Akt der Begnadigung gedacht (vgl. Gen 40,13.19 »vorladen« EÜ wörtlich »das Haupt aufheben«), heißt dann allgemein »jemandem günstig gesinnt sein«, positiv im Sinne von »auf jemanden Rücksicht nehmen«, negativ im Sinne von »parteiisch sein«. Gott aber duldet keine Parteilichkeit, nicht einmal dann, wenn sie »für« ihn, in »seinem Namen und seinem Interesse« geschieht. Er wird ihre Worte prüfen und genau zurechtrücken (so V.10a). Die Schrecken des Unparteiischen werden sie dann treffen. Der »Gottesschrecken« ist Symbol der überragenden Macht Gottes im »Jhwh«-Krieg (vgl. Ex 15,16). Vor dem

»Gottesschrecken« hat sich auch der Hochmütige zu beugen (vgl. Jes 2,10). V.12 bildet ein abschließendes Urteil über das, was die Freunde vorbringen. »Eure Merksätze« werden als »Sprüche aus Staub« qualifiziert. Diese Formulierung ist genau genommen eine »contradictio in adiecto«. Denn »Sprüche« (»Sprichwörter«) ist ein Fachbegriff für die wirksame Redeweise der Weisheitslehrer. Solche Sprüche werden unter besonderer Beachtung von Inhalt und Form tradiert und niedergeschrieben, sie sind von Haus aus wirksam und haben Bedeutung. Mit der Abqualifikation als »Sprüche aus Staub« werden sie als von vornherein unecht und unwirksam entlarvt. Dasselbe wird durch das Bild noch verstärkt: Schilde dienen dazu, abzuwehren und zu schützen. Wenn sie freilich aus Lehm sind, taugen sie zu gar nichts. Ja, wehe dem, der sich auf sie verlässt!

(B) VV.13-22 – Aufforderung zum Rechtsstreit
Rufe und ich will Rede stehen; rede ich, dann antworte mir!

Nochmals werden die Freunde zum Schweigen angehalten (vgl. oben 13,5). Ijob will seine Sache Gott vorbringen. Nun ist aber jede Begegnung mit Gott gefährlich, zumal sie in diesem Fall vom Menschen selber provoziert wird. Aber für Ijob gibt es keinen anderen Ausweg, kein Risiko ist zu hoch: Es mag geschehen, wie es kommt, es geht um Leben und Tod: Das kommt in zwei Redensarten zum Ausdruck:

Die Wendung in V.14b »Das Leben in die Hand nehmen« spielt in Kampf und Gefahr eine Rolle. Da Jiftach keine Hilfe zu erhoffen hat, »nimmt er das Leben in die Hand« und zieht allein gegen die Ammoniter (Ri 12,3). Jonatan versucht für David bei Saul zu vermitteln und weist darauf hin: »Er hat sein Leben aufs Spiel gesetzt und den Philister (Goliat) erschlagen ...« (1 Sam 19,5). Wenn die Lebenskraft auf der offenen Hand liegt (ein Bild), ist sie besonders ausgesetzt und angreifbar. Schwieriger ist die Deutung des V.14a, die aufgrund des Parallelismus einen ähnlichen Sinn haben muss. »Mein Fleisch nehme ich in die Zähne«. Das Bild mag vom Raubtier her genommen sein, das seine Beute mit den Zähnen davonträgt. In diesem Zustand ist die Beute gefährdet, sie kann leicht von anderen Raubtieren entrissen werden.

V.15 ist mit der Partikel »*hen*« (siehe!) eingeleitet, die auf etwas Bedeutendes hinweist. Hier ist sie als konditionale Konjunktion gebraucht »wenn auch«, »mag auch«. »Ja, mag er mich auch töten, ich warte auf ihn (harre aus)«. Die lateinische Bibel, die Vulgata (wie auch die jüdische Tradition), hat es positiver gesehen: »in ipso sperabo«, »auf ihn hoffe ich«.

Ijob fordert Gott heraus, weil er seine Wege (sein Leben, sein Verhalten) richtig darlegen möchte – im Gegensatz zur verzerrten Sicht der Freunde, die nur die Außenseite von Ijobs Situation sehen können.

V.16 Die EÜ fasst mit der Wiedergabe »Schon das wird mir zum Heile dienen« die Möglichkeit ins Auge, dass Ijob sich vor Gott rechtfertigen kann. Besser ist zu übersetzen: »Ja, ER bedeutet Heil für mich«. Damit äußert Ijob einerseits die Überzeugung seiner Rechtschaffenheit, denn ein Ruchloser könnte nicht vor Gottes Angesicht bestehen, zum andern gibt er damit der Zuversicht Ausdruck, dass Gott selber – die Begegnung mit ihm – ihm Heil schafft und niemand sonst. Gott allein ist es, der ihn ganz und gar kennt und der allein bestätigen kann, dass Ijob »recht« ist (vgl. 16; 19; 42,6!)

V.17 beginnt mit einer Aufforderung zum Hören, ein Element, das zur Gattung des Rechtsstreites gehört: Anwesende werden zum Hören, als Zeugen, aufgerufen. Man vergleiche dazu Mi 6,1f »Hört doch, was der Herr sagt: Auf, tritt an zum Rechtsstreit. Die Berge sollen Zeugen sein, die Hügel sollen deine Worte hören. Hört zu, ihr Berge, beim Rechtsstreit des Herrn, gebt Acht, ihr Fundamente der Erde …« Es handelt sich um einen Rechtsfall. Im profanen Bereich werden solche Rechtsfälle »im Stadttor« (später auch in einer Gerichtshalle) verhandelt. Die Anklage wird (mündlich) vorgetragen. Die Funktion des Richters besteht im Wesentlichen darin, das Recht wahrzunehmen und zu schützen.

V.19 bringt die übliche Form der Herausforderung des Gegners zum Rechtsstreit.

Der Herausgeforderte ist hier allerdings Gott. Ijob wagt es, Gott herauszufordern. Das gilt in der biblischen Tradition denn doch als ein starkes Stück und Elifas wird in seiner Entgegnung (15) entsprechend reagieren. Für unser Empfinden, das selbst blasphemische Äußerungen gegen Gott oftmals nicht aufregend findet, mag eine solche Herausforderung harmlos erscheinen. Das kann kaum für den Alten Orient und die Antike gelten.

Das Hadern des Menschen mit Gott ist nicht neu: Mose fühlt sich erdrückt von der Last der Verantwortung: »Ich kann dieses ganze Volk nicht allein tragen, es ist mir zu schwer. Wenn du mich so behandelst, dann bring ich mich lieber gleich um, wenn ich überhaupt deine Gnade gefunden habe. Ich will mein Elend nicht mehr ansehen« (Num 11,14f).

Jeremia weiß sich als ein »Mann des Streites« (vgl. Jer 15,10). Er liegt mit Gott und der Welt im Clinch. Ähnlich wie Ijob kommt er mit der Ungerechtigkeit in der Welt nicht zu Rande: »Warum haben die Frevler Erfolg, weshalb können alle Abtrünnigen sorglos sein?« (Jer 12,1b; vgl. u.a. Ijob 12,6). Jeremia ergeht es ähnlich: »Du bleibst im Recht, Herr, wenn ich mit dir streite; dennoch muss ich mit dir rechten« (Jer 12,1a). Der Mensch erleidet sein Schicksal nicht mehr selbstverständlich, er lässt es nicht mehr einfach als von Gott gegeben über sich ergehen. Das hat unausweichlich die Konfrontation zur Folge. Dabei kann Ijob sich nur (!) an seinen Gott wenden. Enthält die Klage des Jeremia (vgl. Jer 12,1a) noch die vertrauliche Anrede Jhwh, so verschärft sich die Redeweise des Ijob insofern, dass eine persönliche Anrede weitgehend fehlt. Aber dennoch bleibt der eine Gott die einzige Möglichkeit eines Gegenüber. Was die Menschen in der Antike ringsum können, nämlich sich an die Götter wenden, die für das Verderben zuständig sind, das kann Ijob nicht (vgl. Jes 50,8).

V.19b ist als elliptische Redeweise zu interpretieren, nämlich »wenn ich den Rechtsstreit verliere, ja dann will ich schweigen ...« Ijob weiß sich im Recht, er ist davon überzeugt, dass nicht einmal Gott etwas gegen ihn vorbringen kann.

Für dieses Rechtsverfahren fordert Ijob zwei Einschränkungen (V.21):

- Gott möge zum einen seine Hand von ihm zurückziehen, d.h. er möge alles von ihm nehmen, was die »Hand« Gottes ihm zugefügt hat, also seine körperlichen Leiden und Plagen.
- Zum anderen möge Gott ihm seinen numinosen Schrecken ersparen.

Beide Einschränkungen beziehen sich wohl auf den Wunsch Ijobs, den Rechtsstreit »angemessen« führen zu können. Seine Rede soll weder aufgrund seiner Schmerzen noch aufgrund seiner Angst »wirr« ausfallen. Die Redeweise in V.21 ist singulär, lebt doch die individuelle Frömmigkeit von der Nähe Gottes – wieder ein Beispiel dafür, wie vertraute Vorstellungen aufgrund der anderen Situation sich wandeln, mitunter sich sogar in ihr Gegenteil verkehren.

Damit ist die Position geklärt. V.22 bringt wieder Termini der Rechtssprache (vgl. 5,1!): Rufen = als Ankläger auftreten; und antworten = als Beklagter Stellung nehmen (Rede stehen), wobei es im Grunde egal ist, wer welchen Part übernimmt.

(C) VV.23-27.28 – Anklage im Rechtsstreit
Warum siehst du mich an als deinen Feind?

Konkret übernimmt Ijob die Anklage. In den VV.23-27 legt er seinen Fall dar. Im Gegensatz zu 7,11ff, wo Ijob in Form der Klage und der Elendsschilderung seinen Fall hinausschreit, erfolgt hier die Anklage in forensischer Weise, in Kategorien aus dem Rechtsleben. Die Anklage besteht aus Fragen.

Ijobs erster Punkt ist die Abfolge: »Sünde, Schuld, Vergehen, Sünde«. Er nennt die wichtigsten Termini für den Bereich »Sünde«. Man beachte wieder die Zahl »vier«! »Sünde und Schuld« müssten doch der Grund für seine furchtbare Situation sein. Nun weiß Ijob von keiner Sünde. Also möge Gott sie ihm aufzeigen.

Da die erste Frage für Ijob nur positiv ausfallen kann, ergibt sich anklagend die zweite: Warum gilt er, Ijob, seinem Gott als Feind, da er sein Angesicht verbirgt? Wenn Gott »sein Angesicht verbirgt«, ist das in der biblischen Tradition ein Ausdruck seiner Abwendung. Die Geschöpfe sind dadurch verstört (Ps 104,29). Dagegen kann der Mensch in Geborgenheit leben, wenn Gott sein Angesicht ihm zuwendet (vgl. Num 6,25). Mit demselben Vokabular kann in anderem Kontext gerade gegenteilig argumentiert werden (vgl. oben zu 7,17-19).

Im dritten Punkt fasst Ijob seine Lage in ein Bild. Er vergleicht sich mit »verwehtem Laub« und »dürrer Spreu«. Beides ist nutzlose Materie, die man ins Feuer wirft und verbrennt (vgl. Mt 3,12). Beides ist auch ein Bild für die Hinfälligkeit und Machtlosigkeit (vgl. Jes 40,6 u.ö.). Wozu will denn Gott an ihm, dem Wehrlosen, noch seine Macht zeigen?

Ijobs vierter Punkt will zeigen, dass Gott pedantisch und kleinlich ist. Er verbittert Ijobs Leben (vgl. 3,20), weil er ihm seine Jugendsünden nachrechnet. Andernorts darf der Beter damit rechnen, dass Gott in seiner Barmherzigkeit an die Sünden der Jugendzeit nicht denkt (vgl. Ps 25,7). Das alles trifft für Ijob nicht zu: Ihn hat Gott peinlich genau im Visier, er beobachtet und bewacht ihn wie einen Gefangenen, keine Bewegung und kein Schritt entgeht ihm. Berechtigt stellt Ijob die Frage, warum Gott ausgerechnet zu ihm sich so verhält.

Ijob weiß sehr wohl, dass er nicht als absolut Reiner vor Gott hintreten kann – darin gibt er den Freunden durchaus Recht. Er ist sich seiner »condition humaine« durchaus bewusst. Deswegen sind diese Verse in keiner Weise als indirektes Schuldbekenntnis zu werten, sondern die dringende Frage besteht darin, worin er denn bewusst gefehlt habe und welche Sünden diese fürchterlichen Folgen nach sich zögen.

Die allgemeine weisheitliche Sentenz in V.28 über die Hinfälligkeit des Menschen kann als Zusatz eines Späteren gesehen werden, der mit diesem Hinweis versucht, für die Leserin/den Leser den Anspruch Ijobs zu relativieren (vgl. Jes 50,9.10).
Möglicherweise ist der V.28 aber nach 14,2 zu lesen.

Mit Ijob 13 vollzieht sich in den Reden Ijobs seinen Freunden gegenüber ein Wandel. Ijob wendet sich ausschließlich Gott zu. Mit ihm will er rechten, »ins Gericht gehen«.

Ijob 14: Die vierte Rede des Ijob (Fortsetzung)

Demgegenüber fällt Kap. 14 ab. Ob das nun kontextuell als eine Art Resignation Ijobs zu interpretieren ist oder als grundsätzliche Reflexion weisheitlicher Art über das Los des Menschen (als Gedankengang Ijobs oder eines Anderen/Späteren?), ist nicht auszumachen.
Jedenfalls handelt es sich um eine vier-strophige Klage über das Todesschicksal des Menschen, wobei zwei Strophen jeweils zusammen gehören. Sie ist in mancher Hinsicht mit der Klage in Ijob 7 verwandt.

Übersicht und Struktur

(A.B) *Kurz nur und flüchtig ist des Menschen Leben –*
Klage (VV.1-6.7-12)

(C.D) *Gibt es noch Aussicht für mich? – Nein! –*
Klage (VV.13-17.18-22)

Ijob verfällt in eine allgemeine Klage über das Los und die Hoffnungslosigkeit des Menschen (A.B), um dann auf »sein« hoffnungsloses Schicksal zu sprechen zu kommen (C.D).

(A.B) Klage (VV.1-6.7-12)
Kurz nur und flüchtig ist des Menschen Leben.

V.1 beginnt mit einer Sentenz über die Kürze des menschlichen Lebens. Der Mensch als der »von der Frau Geborene« ist ein Ausdruck dafür, dass der Mensch – im Gegensatz etwa zu »Göttersöhnen« – ein Irdischer ist. Diese Qualifikation ist keinesfalls Ausdruck einer Abwertung der Frau. Dabei kennt die biblische Tradition hohe Altersangaben (abgesehen von den Patriarchenaltern in Gen 5): In Gen 6,3 wird das Lebensalter des Menschen auf 120 Jahre beschränkt. Abraham bringt es auf 175 (Gen 25,7), Mose auf 120 (Dtn 34,7) Jahre. Ps 90,10 beziffert das Lebensalter mit 70, wenn es gut geht 80 Jahren. In verschiedenen Traditionen bedeutet ein hohes Alter einen besonderen Segen Gottes. In Zeiten der Krise freilich wurde man gewahr, dass diese Gleichung hohes Alter = Segen Gottes = frommes Leben nicht mehr stimmte. Es gab Leute, die sehr fromm lebten und die sich redlich um die Befolgung der Tora mühten, aber früh starben. Konsequent wurde das hohe Alter uminterpretiert: »Denn ehrenvolles Alter besteht nicht in einem langen Leben und wird nicht an der Zahl der Jahre gemessen. Mehr als graues Haar bedeutet für die Menschen die Klugheit und mehr als Greisenalter wiegt ein Leben ohne Tadel« (Weish 4,8f).

Diese sehr allgemeine Aussage über die Kürze des Lebens (vgl. Seneca »De brevitate vitae«, Horaz: »pulvis et umbra sumus«) wird ergänz durch die zweite Aussage »unruhvoll«: Im Hebräischen ergeben sich dabei interessante Konnotationen. Stirbt einer nach einem gelungenen Leben, so stirbt er wie z.B. Abraham – oder am Ende der »Geschichte« auch Ijob – »satt an Tagen« (Gen 25,8; Ijob 42,17). Hier (Ijob 14,1) wird der Mensch als jemand charakterisiert, der auch satt ist, aber nicht an Jahren, sondern »satt ist an Aufregung, Unruhe«, engl. »full of trouble«. Aber ist es nicht genug, dass des Menschen Leben flüchtig und vergänglich ist wie der Schatten und die Blume auf dem Feld? Daher die Frage Ijobs an Gott: Was soll es, dass du auf einen solchen Menschen deine Augen richtest und ihn ins Gericht bringst mit dir? V.3 kann genauso konstatierend übersetzt werden: »Gerade auf einen solchen ...« und dann erhält der Vers eine zynische Note. Der Gerichtsentscheid kann – so gesehen – für den Menschen nur negativ ausfallen: Es gilt (auch für Ijob): Der Mensch ist allemal ein »Unreiner« (*s.o.* Man vergleiche den Gegensatz zwischen der »Heiligkeit« Jhwhs und der »Unreinheit« des Menschen in Jes 6,5). Noch dazu sind des Menschen Möglichkeiten sehr eingeschränkt: Seine Lebenszeit (Tage/Monde) ist ein für allemal festgelegt bei Gott, die Grenzen (des menschlichen Tuns?) hat er ebenfalls bestimmt. Eine ähnliche Formulierung wird für die kosmischen Mächte in Ps 148,6b verwendet, speziell gilt die feste Grenze den chaotischen Mächten. Soll damit eine Assoziation an Ijob 7,12 hergestellt werden (vgl. später Ijob 28,26f; 38,8ff)? Wenn dies schon so ist, so möge doch Gott Ijob nicht speziell ins Visier nehmen (vgl. 7,19) – er lasse doch den Menschen Mensch sein, damit er sich – wenigstens – wie ein Lohnarbeiter (vgl. 7,1) seines Tages freue.

Das Todeslos des Menschen ist unabänderlich. Dies bringt die zweite Strophe zur Sprache.

Ein Vergleich soll diese Überzeugung bestätigen. Dabei steht der Baum als Symbol für das Leben. Auch wenn er umgehauen wird, so ist er nicht für immer zerstört, irgendwo keimt aus der Wurzel neues Leben. (Ein anschauliches Beispiel sind Jahrhunderte alte Ölbäume.) Mag er auch ganz und gar als abgestorben erscheinen, ein wenig Feuchtigkeit genügt und er treibt neu Zweige. Der Baum als Lebenssymbol hat in biblischer Tradition große Bedeutung: Der Gerechte gleicht einem Baum, der gepflanzt ist am Wasser, dessen Blätter nie verwelken (Ps 1,3!). Aus dem unscheinbaren Wurzelstock des Isai wächst ein neues Reis hervor (vgl. Jes 11,1). Jhwh selber wird verglichen mit dem »grünenden Wacholder« (Hos 14,9).

Der Mensch hingegen stirbt und bleibt tot. Für ihn gibt es keine Hoffnung mehr (vgl. Sir 38,21), sein Ort ist der Nicht-Ort, das »Land des Schweigens« und »das Land ohne Wiederkehr«. Nochmals wird ein Bild gebraucht, das parallel zu dem des Baumes steht: Es kann sein, dass sogar Teile des Meeres austrocknen, und dass ein Fluss versiegt, ist eine nicht seltene Erfahrung. Zur entsprechenden Zeit aber füllt sich das Meer wieder, die Flüsse führen Wasser. Aber der Mensch, der sich hinlegt (stirbt), steht nicht mehr auf. Solange der Himmel besteht – und das ist »ewig« (vgl. Ps 89,30.37f; 148,4ff), steht der Mensch nicht mehr auf. An eine Verwandlung von Himmel und Erde oder an eine Auferstehung der Gerechten ist hier nicht gedacht. Der Tod hat das letzte Wort.

(C.D) Klage (VV.13-17.18-22)
Gibt es noch Aussicht für mich? – Nein!

Die allgemeinen Sentenzen über das unabänderliche Todeslos des Menschen leiten über zu einer Ich-Klage (Motiv der Bitte/des Wunsches) mit einer Du-Anrede. Sie entfaltet sich in zwei Stufen: negativ in VV.13-14, positiv in VV.15-17.

– VV.13-14:

Der Wunsch, Gott möge Ijob in der Unterwelt bergen und verstecken, klingt in biblischen Traditionen eher ungewöhnlich (vgl. oben zu Unterwelt Kap. 3). In Ijob wird das Motiv ins Positive gewendet, insofern die *Scheol* als Ort angesehen wird, wohin Gottes Tun nicht mehr greift (vgl. Ps 88,6.11 »an sie denkst du nicht mehr, sie sind deiner Hand entzogen«). So lange Gottes »Zorn«, wie ihn Ijob empfindet, vorhanden ist, wäre er in der Unterwelt vor diesem sicher. Dieser »Zorn« Gottes soll kein dauernder sein – das bringt V.13b zur Sprache: Gott möge doch Ijob gegenüber eine bestimmte Zeit (erg. »seines Zorns«) festlegen und dann an ihn denken. Das erinnert an das vertrauensvolle »dass du an ihn denkst« in Ps 8,5, an das Denken Jhwhs an Noach und alle Lebewesen nach der Flut (Gen 8,1) oder an Jhwh, der rettend eingreift, weil er an Abraham dachte (Gen 19,29). V.14a bekräftigt den Gedanken von vorher (im Gleichklang mit V.10a), dass es für den Menschen, wenn er gestorben ist, kein Zurück gibt.

Hat ein Glossator hier eine Festlegung nochmals bestätigt oder ist der Vers als resignierendes Moment Ijobs zu verstehen? V.14b schließt gut an V.13 an. Der Wunsch, dass Gott an Ijob denken soll, entspricht sein langes Ausharren (vgl. 7,1) auf eine »Änderung« (V.14b wohl »dass Befreiung/Erleichterung für mich käme«).

– VV.15-17:
Wenn Gottes »Zorn« vorüber ist, dann entsteht ein neues Gottesverhältnis, das von Gott her initiiert und begründet wird: ER ruft und Ijob wird antworten. In der Gebetssprache werden diese Vokabeln in umgekehrter Reihenfolge verwendet. Der in Not sich befindende Beter ruft und Jhwh antwortet (vgl. Ijob 9,14; dagegen Ijob 13,22). Ob die Termini hier juridisch und / oder emotional anredend gebraucht werden, soll wahrscheinlich offen bleiben. Das Verhältnis Gottes zu Ijob hat sich geändert: Gott sehnt sich nach dem Menschen, nach dem »Werk seiner Hände«. Die letzte Formulierung beinhaltet ein Vertrauensmotiv: Gott muss, ja will zu dem stehen, was er gemacht hat (vgl. bei Dtjes z.B. Jes 43,1; 44,2.21 u.ö.) Der Mensch bekennt sich dazu, ein »Gemächte« Gottes zu sein. Gott wird nicht mehr wie ehedem kleinlich seine Schritte zählen und ihm alle Fehltritte vorrechnen. Eine syrische Übersetzung hat bereits in V.16a ein »nicht« eingefügt, welches im hebräischen Text fehlt. Dadurch wäre eine Interpretation als Ausdruck der Verbitterung (»Da du aber jetzt meine Schritte zählst, wirst du nicht auch meine Verfehlungen überwachen?!«) zwar möglich, doch ist aufgrund des Kontexts die positive Deutung (»Wenn du jetzt auch meine Schritte zählst, so rechnest du mir meine Fehltritte nicht an«) vorzuziehen. V.17 schließt unmittelbar an V.16 an und den ganzen Gedankengang ab: Wieder werden die drei wesentlichen Termini für »Sünde« gebraucht: Fehltritt (V.16b), Vergehen und Frevel. Zur Vorstellung vom »Beutel«, in welchem das Vergehen versiegelt ist, vgl. 1 Sam 25,29: Abigajil begegnet David mit den Worten: Falls ihm, David, jemand nach dem Leben trachte, dann sei sein Leben »beim Herrn, deinem Gott, eingebunden in den Beutel des Lebens; das Leben deiner Feinde aber möge der Herr mit einer Schleuder fortschleudern!« Dieses Bild lebt weiter auf den Inschriften jüdischer Grabsteine: »Deine Seele sei eingebunden in den Beutel des Lebens«.

So sicher verwahrt sei auch das Vergehen – oder, als gewünschte Alternative: so wie das Leben der Feinde werde es fortgeschleudert. Da der Begriff Frevel, Sünde sehr häufig fast als etwas Materielles dargestellt wird, das weggetragen oder abgewaschen u.ä. werden kann, begegnet hier die Vorstellung vom Übermalen, Übertünchen, so dass der Frevel nicht mehr sichtbar ist. Obwohl diese Interpretation naheliegend erscheint, wäre auch eine negative durchaus möglich (vgl. oben V.16): Verwahrt wird das Vergehen, um es immer wieder neu vorzubringen; übermalt, um es bei Gelegenheit wieder sichtbar machen zu können.

Der Abschnitt VV.18-22 setzt mit einem Gegensatz ein. Im Mittelpunkt dieses Textstückes steht V.19b: »Die Hoffnung des Menschen machst du zunichte«.

Dieser Klage gehen zweimal zwei Bilder aus der Natur vorauf, die folgenden Inhalt gemeinsam haben: Es gibt nichts, was so fest wäre, dass es absolut Bestand hätte.

»Berg« und »Fels« sind Prototypen des Unverrückbaren und Festen. Aber selbst ein Berg fällt in sich zusammen und ein Felsen rückt von der Stelle. Der Schreiber mag an Naturkatastrophen (Erdbeben) denken. Wasser vermag den harten Kiesel zu zerstören und ein Platzregen festes Erdreich wegzuschwemmen.

Scheint nicht das einzig Feste für den Menschen die Hoffnung zu sein? Ist nicht sie der Faden, an den er sich halten kann, wenn alle Stricke des Lebens reißen? Gott freilich macht auch sie zunichte! Gott überwältigt (dieses Verb wird nur bei Ijob und Koh gebraucht) den Menschen, der dann für immer dahingeht. Das Verändern/Entstellen des Gesichts mag sich auf die Totenstarre beziehen. »Dahingehen« und »fortschicken« beschreiben das Los des Sterbens und des Toten. Er ist weg, es gibt keine Beziehung mehr zu ihm. Weder die Toten untereinander noch die Hinterbliebenen stehen in irgendeiner Bindung zu ihren Verstorbenen. »Die Toten erkennen überhaupt nichts mehr. Sie erhalten auch keine Belohnung mehr; denn die Erinnerung an sie ist in Vergessenheit versunken. Liebe, Hass und Eifersucht gegen sie, all dies ist längst erloschen. Auf ewig haben sie keinen Anteil mehr an allem, was unter der Sonne getan wurde.« (Koh 9,5f) »Denn es gibt weder Tun noch Rechnen noch Können noch Wissen in der Unterwelt, zu der du unterwegs bist« (Koh 9,10). Ob es den Kindern gut oder schlecht geht, weiß der Tote nicht. Er bleibt nur bei sich selbst. Der Mensch, der hier in den typischen zwei Aspekten seines Daseins genannt wird (Leib und Seele), trauert lediglich für sich selber in der Unterwelt. Die Vorstellung, dass es in der Unterwelt kein Leid (auch keine Freude) gibt, ist hier eine andere. Es gibt im mesopotamischen Umfeld die Vorstellung vom »Land des

Wehklagens« und in ugaritischen Texten ist die Rede von der »Stadt der Trauernden«.

Resümee

In dieser langen Rede Ijobs wird zunehmend deutlich, dass die Distanz zwischen ihm und den Freunden immer mehr zunimmt. Schließlich wendet er sich ab mit dem Wunsch, mit Gott zu rechten. Er weiß, dass die Herausforderung ein Risiko bedeutet, aber er nimmt es auf sich. Er fühlt sich von Gott geradezu feindselig behandelt (13,24) und weiß keinen Grund. So verfällt er der allgemeinen Klage über das Los des Menschen. Immer wieder tauchen Bilder der Hoffnung auf, um gleich wieder zu verschwinden. Dieses Hin und Her hat der Dichter zweifellos dem Leben abgeschaut. Freude und Hoffnung, Trauer und Angst wechseln oft schnell und ohne erkennbaren Grund.

Ijob 15: Die zweite Rede des Elifas (zweiter Redegang)

Übersicht und Struktur:

(A)	***Du brichst sogar die Gottesfurcht –*** Entgegnung und Anschuldigung (VV.2f.4-10)
(B)	***Was ist der Mensch, dass er rein wäre ... –*** Belehrung (VV.11-16)
(C)	***Der Frevler entrinnt seinem bösen Schicksal nicht –*** Lehrrede (VV.17-20.21-35)

Elifas erkennt Ijobs Worte als gefährlich (V.2) und beschuldigt ihn, durch sein Reden die Gottesfurcht zu brechen (A). Ijob sollte sein Reden mäßigen, da ohnedies kein Mensch das Recht beanspruchen dürfe, vor Gott rein zu sein (B). Schließlich beruft er sich auf die Lehrtradition der Weisheit, um des Langen und Breiten das böse Geschick der Frevler zu erläutern (C).

(A) Entgegnung und Anschuldigung (VV.1-10)
Du brichst sogar die Gottesfurcht!

Der Schwerpunkt der Erwiderung kommt bereits im ersten Teil des Kapitels (VV.4-6) zur Sprache. Die VV.2-4 haben eine formelhafte Ähnlichkeit mit 8,2 (Bildad). Pointiert ist der »Weise« an den

Anfang gestellt. Die zwei dazugehörenden Prädikate stehen in semantischer Opposition: Die Worte eines Weisen geben nicht »belangloses« Wissen von sich und schon gar nicht Äußerungen, die destruktive und vernichtende Folgen haben. Der »Ostwind« (vgl. 27,21; 38,24) steht hier wohl nicht nur für etwas, was keine Beachtung verdient, sondern als Metapher für negative Gewalt (vgl. dazu oben zu 8,2). Um herauszufinden, was richtig und recht ist, sind solche Worte nicht nur gänzlich ungeeignet, sondern sogar kontraproduktiv. Damit wird Ijob indirekt in das Eck der Toren verwiesen, denn wahre Weisheit ist aus anderem Stoff. Ihr Anliegen muss es sein, die Gesetzmäßigkeiten der Weltordnung und deren Abläufe zu konstatieren und deren Beachtung einzumahnen. In den Augen des Elifas tut Ijob das Gegenteil, was er in den folgenden VV. unverblümt formuliert:

> »Ja du zerstörst die Furcht,
> du hältst nieder (lässt nicht aufkommen) die Hingabe vor Gott« (V.4).

Der Begriff »Furcht« (absolut gebraucht, vgl. 4,6; 22,4) kann hier als Terminus für Religion verstanden werden (vgl. Horst 222), während der Begriff »Besinnen« (EÜ) das Bedenken und Nachdenken der Weisungen Gottes meint (vgl. Ps 119,97.99). Zum einen unterstreicht diese Bemerkung Ijobs Verhalten als »Toren«, gilt doch die »Furcht« als Voraussetzung und Grundlage der Weisheit (vgl. Spr 1,7; 9,10 u.ö.). Zugleich beinhaltet sie einen für antikes Denken insgesamt ungeheuerlichen Vorwurf. Nicht zu Unrecht erinnert dieser Satz an den Vorwurf der »Gottlosigkeit« (*»asébeia«*) im griechischen Bereich.

Worauf Elifas' Vorwurf konkret abzielt, wird nicht gesagt. Als Grund könnte nach Elifas' Meinung geltend gemacht werden,

- dass Ijob Gottes Gerechtigkeit in Frage stellt?
- dass Ijob Gott zum Rechtsstreit herausfordert?
- dass Ijob durch das Hervorkehren dämonischer Züge in Gott ein »unerlaubtes« Gottesbild entstehen lässt?
- dass Ijob die Argumente der Freunde, in denen »Religion« ihren verbalen Ausdruck findet, nicht akzeptiert?

Jedenfalls: Wie die Gottesfurcht Anfang der Weisheit ist, so ist die Schuld (der verkehrte Habitus) Ijobs der Grund seines »törichten«

Redens – für Elifas ein logischer Schluss. Seine Verkehrtheit (vgl. Mk 7,15) diktiert ihm Worte, die ihn zu seinen Gunsten (gegen Gott) entlasten sollten. Das ist die Art der »Listigen«, deren Pläne aber keine Chance auf Erfolg haben, da Gott selber sie zerstört (so Elifas 5,12). Somit ist die Schuldfrage eindeutig beantwortet: Ijobs Worte deklarieren ihn ganz klar als »Frevler«, dessen Schicksal Bildad anschließend noch (15,20ff) ausführlich zu schildern weiß. Und käme es zu einem Rechtsverfahren, so die Anspielung in V.6b, so würden ipso facto Ijobs Worte gegen ihn aussagen.

In der Art der typischen Polemik wenden sich die VV.7-10 gegen Ijob: Er hat an Weisheit seinen Freunden nichts voraus.

Es gehört zum Genre »Weisheit«, dass sie legitimiert und begründet ist. Zumeist nimmt sie diese Legitimation aus der Erfahrung und der Tradition: Je länger der Zeitraum der Überlieferung und je prominenter die Überlieferer, desto gültiger und unumstößlicher sind die Lehren der Weisheit. Bereits Bildad hat (8,8) auf die früheren Generationen verwiesen, jetzt greift Elifas gar ganz an den »Anfang« zurück und wirft für seine Argumentation den »ersten Menschen« in die Waagschale. Nur wer im vertrauten Kreis (*»sod«*, s. Exkurs: »Der himmlische Hofstaat«) Jhwhs selber stand, darf beanspruchen, tiefere Einsicht und Weisheit zu besitzen. Jeremia begründet die Zuverlässigkeit seiner Unheilsansagen falschen Heilspropheten gegenüber mit dem Hinweis, er habe an der »Ratsversammlung« (*»sod«*) Jhwhs teilgenommen und unmittelbar dort dessen Wort gehört (Jer 23,18.22; vgl. Am 3,7). Dahinter steht die Vorstellung von der »göttlichen Ratsversammlung«, die das Erste Testament aus der Umwelt in die eigene Glaubenswelt übernommen hat. Gleich einem König berät sich Jhwh mit seinen Kronräten (religionsgeschichtlich handelt es sich um entmachtete Götterwesen verschiedener Provenienz), wenn es gilt, bedeutsame Entscheidungen zu treffen. In der nachexilischen Zeit blieb diese Vorstellung als literarischer Topos erhalten, vgl. Gen 1,26; die »Berufung« des Trostpropheten der ausgehenden Exilszeit (Jes 40,1-8), den die Forschung Deuterojesaja nennt. In V.8b klingt durch die Vokabel »wegreißen« ein Moment des Schuldig-Werdens an. Denn die Weisheit Gottes zu erlauschen steht nur wenigen Auserwählten zu, alles andere ist Anmaßung und Überheblichkeit. Also steht Ijob in puncto Weisheit maximal auf derselben Ebene wie die Freunde. Mit dieser Behauptung mögen sie durchaus Recht haben. Sie sind kompetent, was das Lehrgebäude ihres Glaubens angeht, sie können sich zu Recht auf die Väter als Lehrautoritäten berufen. Ijob seinerseits beteuert ganz massiv, dass auch er Tradition und Überlieferung kennt (12,3; 13,2) und ihnen in nichts nachsteht.

(B) Belehrung (VV.11-16)

Was ist der Mensch, dass er rein wäre ...?

Von Neuem wendet sich Elifas Ijob zu: Er verweist auf die »Tröstungen Gottes« (wie schon vorher in 5,8ff, Zofar in 11,13ff und insbesondere Bildad in 8,5). Diesen Ausdruck nur auf den formal als Gottesoffenbarung ausgewiesenen Text in 4,17ff zu beziehen, ist insofern unangebracht, als die Summe weisheitlichen Wissens insgesamt als von Gott gegeben zu erachten ist. Die »Tröstungen Gottes« aber bestehen gerade in den von den Freunden forcierten Lehrsätzen. Sie setzen voraus, dass Ijob – seine Schuld mehr oder weniger eingestehend – sich Gott zuwenden soll. Dann wird dieser – und das ist das »Trostvolle« – auch sein Schicksal wieder wenden und ihn »ganz« und »heil« machen – so der Duktus in allen drei Freundesreden vorher. Ijobs emotional aufgeladene Reaktion nehmen sie von ihrem Standpunkt aus als ausschließlich negativ wahr. Das »Herz«, das für gewöhnlich eher den Verstand meint, zielt hier auf das Innerste des Menschen ab: Sein »Innerstes« reißt ihn fort. V.12b ist vom hebräischen Text her nicht eindeutig zu klären. Dem Kontext nach ist ein emotionelles Motiv zu erwarten, so dass die Übersetzungen, die von »die Augen rollen« oder »mit den Augen funkeln« sprechen, im Recht sein dürften. Die alten Versionen haben den Vers im Sinne von Anmaßung verstanden, also: »warum blicken deine Augen hochmütig« in Anlehnung an Ps 132,1, wo der Fromme eben das Gegenteil beteuert. Eine altlateinische Übersetzung z.B. fügt erklärend »magna cogitans« (»Großes denkend«) hinzu. Die EÜ ist dieser Interpretationsrichtung gefolgt. Unbeherrschtheit und Emotionalität führen zu nichts, sie sind Zeichen des Toren (so schon Elifas in 5,2). Dasselbe Argument bringt Elifas hier noch einmal: Ijobs Unbeherrschtheit bringt ihn dazu, seinen »Unmut« (wörtlich seinen »Geist« = *ru*^{a}*ch*, EÜ »Zorn«) auf Gott zu richten und Worte zu formulieren. Der semantisch zunächst neutrale Satz gewinnt seine pejorative Bedeutung aus dem Kontext. Was Emotion zur Sprache bringt, kann nicht positiv wirken und widerspricht der Rede des Weisen. Darüber hinaus gilt es grundsätzlich, die condition humaine nicht aus dem Auge zu verlieren. Elifas greift auf einen Spruch zurück, den er schon in ähnlicher Weise in 4,17 geäußert hat (vgl. oben): Eine Verschiebung ins Moralische ist allerdings unverkennbar. Stand in 4,18f den »Knechten« und »Boten« Gottes der Mensch in seiner kreatürlichen Hinfälligkeit (»Lehm« und »Staub«) gegenüber, so verlagert sich der Vergleichspunkt von den »Heiligen« und dem personifizierten »Himmel«, die – wiewohl zur Sphäre Gottes gehörend – auch vor Gott nicht bestehen können, zur Sündhaftigkeit und Schlechtigkeit des Menschen: V.16 weist diesen als »totaliter corruptus« (»ganz und gar verdorben«) aus. Zwei Verbformen im Passiv »verderbt und verdorben« charakterisieren sein Sein. Das aktive Partizip »trinkend Schlechtigkeit, Bosheit, Unrecht ... wie Wasser« charakterisiert sein (immer gleichbleibendes) Tun. Das Wortfeld des im hebräischen Text gebrauchten Begriffs meint weniger eine bestimmte Tat, »sondern eher ein negatives generelles Urteil über Verhalten und Tun eines Menschen« (ThWAT V 1137). Diese generelle Feststellung wird im Kontext zu einer konkreten Mahnung an die Adresse Ijobs.

(C) Lehrrede (VV.17-35)

Der Frevler entrinnt seinem bösen Schicksal nicht.

Lehre, Belehrung und Mahnung (Warnung) zugleich bringen die folgenden ausführlichen Darlegungen über das Geschick des Frevlers (VV.17-35). Der Text gliedert sich nach einer Einleitung (VV.17-19) in drei Teile:

(1) Der Zustand des Frevlers (VV.20-24)
(2) Das Verhalten des Frevlers (VV.25-28)
(3) Das Schicksal des Frevlers (29-35)

V.17 beginnt mit einer Aufforderung zum Hören (»Lehreröffnungsformel«). Der Inhalt der Botschaft gründet zum einen auf der eigenen Erfahrung (vgl. 4,8; 5,3). Der hier verwendete Begriff »schauen« lässt an den Bereich des prophetischen, tieferen Schauens denken, wenngleich er in der Spätzeit durchaus parallel mit dem wesentlichen allgemeineren »sehen« gebraucht wird. Zum anderen ist die Botschaft in der Tradition begründet. Der Verweis auf die Väter und die früheren Generationen als Legitimation der vorgebrachten Lehre ist ein üblicher Topos der Weisheitsliteratur (vgl. oben 8,8f). Die Weisen selber wiederum stehen in einer Traditionskette: Sie verhehlen nicht (Litotes), was sie von ihren Vätern her in Erfahrung bringen konnten (V.18). Die »Jerusalemer Bibel« paraphrasiert zutreffend V.18b im Sinne einer Apposition zu den »Weisen« mit »organes fidèles de la tradition des Ancêtres«. Dadurch wird die Traditionskette sehr deutlich zum Ausdruck gebracht.

Eine besondere Schwierigkeit stellt der V.19 dar: Er wird häufig als Verweis auf die »guten alten Zeiten« verstanden, in denen es noch die ungetrübte, von keinem Fremdeinfluss vorhandene Lehre gab. Dahinter einen Rekurs auf die Zeit der biblischen Erzväter zu sehen, ist sehr unwahrscheinlich – es sei denn, man betrachtet diesen Vers als Glosse eines späteren Bearbeiters zum Stichwort »Väter«.

(1) Der Zustand des Frevlers (VV.20-24)

Jetzt wird der Zustand des Frevlers beschrieben. Zentriert steht in der Mitte des V.20 Pronomen plus Partizip »er – bebend«. »Er« meint den »Frevler« (*rascha'*) bzw. den »Gewalttätigen« – vgl. 6,23; 27,13. Das Moment der Gewalt spielt eine besondere Rolle. Ob an Tyrannen (vgl. EÜ) im klassischen Sinn gedacht ist oder grundsätzlich an Menschen, die Gewalt ausüben, lässt sich nicht entscheiden. Die weiteren Angaben beziehen sich auf die Lebenszeit des Frevlers. Der Zustand des »Bebens« erstreckt sich auf »alle Tage« und des Weiteren wird verschärfend erläutert: »die Zahl der Jahre« (d.i. alle Jahre), die ihm zugedacht (ist der Bedeutung »verborgen« vorzuziehen) sind. Damit ist klar gesagt: »Jahr und Tag« muss der Frevler in Angst leben. Ein schauriges Szenario wird gemalt. Das semantische Feld der folgenden Begriffe ist besetzt mit Angst: »Schrecken«, »Verwüster«, »Dunkel«, »Schwert«, »Tag der Finsternis«, »Not«, »Drangsal« .... Der Frevler hört und sieht überall Gespenster. Unwillkürlich denkt man an Erinnyen, die Rächerinnen der griechischen Sage, die Töchter der Nacht, die aus der Unterwelt steigen, um ihre Opfer zu quälen. Schreckliches Schicksal ereilt die Feinde des Gottesvolkes nach der midraschartigen Schilderung der Plage der Finsternis in Weish 17,3-21. Es gibt keine Sicherheit: Sollte der Eindruck von »schalom« (V.21) auftauchen, taucht zugleich der »Verwüster« auf. Böse Assoziationen an Krieg und Zerstörung sind mit diesem Wort verbunden. Daran knüpft V.22: Der Frevler wird einem bösen Ende – durch einen gewaltsamen Tod – nicht entgehen. V.23 lässt sich nicht eindeutig festlegen. Am Naheliegendsten scheint das Bild vom Raubvogel zu sein, wie es bereits die griechische Übersetzung verstanden hat. Das in der EÜ wiedergegebene »wo« kann dem hebräischen Konsonantenbestand zufolge auch als Bezeichnung für einen Raubvogel (vgl. Lev 11,14; Dtn 14,13; Ijob 28,7) verstanden werden. Für V.23a bedeutet dies: Der Frevler irrt umher »zum 'Fraß' des Geiers bestimmt« (ThWAT IV 540). Er weiß, dass der Tag seines Unheils (Finsternis) festgelegt ist, wörtlich »in seiner Hand« ist. »A day of darkness is ready at hand« (NRSV) geht an der Semantik dieses Ausdrucks vorbei. »In seiner Hand« inkludiert das Moment von Verfügung und Macht. Da die Aktanten in der Ijob-Dichtung häufig unbestimmt und in der Schwebe bleiben, ist es nicht abwegig, an dieser Stelle »Gott« einzusetzen. »In seiner Macht« (Hand) kann geradezu als »geprägte Wendung« für die Macht Gottes angesehen werden. Von daher kann auch V.20b »die dem Gewalttätigen bestimmten Jahre« sehr wohl als »passivum divinum« (ein Passiv, bei dem Gott als Verursacher gedacht ist) gelesen werden. Für diese Sicht spricht ferner »durch den Hauch seines Mundes« in V.30b (siehe dort). Damit wird die »Qual« des Gewalttätigen noch erhöht: Er weiß, dass ihm von Gott her ein Ende mit Schrecken bestimmt ist, und er weiß zugleich, dass er diesem nicht entrinnen kann. Ein angreifender König verbreitet Entsetzen und Schrecken. In der israelitischen Geschichte kennt man dies aus eigener Erfahrung. Jes 7,2 liefert ein sprechendes Bild: Auf die Nachricht vom Kriegsbündnis des efraimitischen und syrischen Königs gegen Juda »zitterte das Herz des Königs (von Juda) und das seines Volkes, wie die Bäume des Waldes im Wind zittern«. Und eben wie ein angreifender König, so schrecken und überwältigen den Gewalttätigen seine Ausweglosigkeit (Enge) und Angst. Man vergleiche dagegen das viermalige Vorkommen dieses Begriffspaares in positivem Sinn in Ps 107, 6.13.19.28.

(2) Das Verhalten des Frevlers (VV.25-28)
Für diesen Zustand des Frevlers bringt der zweite Teil (VV.25-28) eine zweifache Begründung, die jeweils mit »denn« eingeleitet ist.

»Er streckt seine Hand gegen Gott aus« – Diese Redeweise vom »Handausstrecken« ist dem Frommen durch und durch vertraut, denkt er doch an die Ereignisse der Geschichte, in denen Gott die Hand zu Gunsten seines Volkes ausgestreckt hat, indem er sich Feinden und Bedrängern gegenüber als machtvoll erwiesen hat. Im Zusammenhang mit dem Exodus ist »die ausgestreckte Hand« Jhwhs geradezu zum Fachbegriff der Befreiung geworden (vgl. Dtn 26,8; Ps 136,12 u.ö.). Die »ausgestreckte Hand« gilt aber gleichermaßen als Mahnung und Warnung für das eigene Volk, sobald es sich anderen Göttern zuwendet oder »Recht und Gerechtigkeit« missachtet (vgl. Jes 5,25; 9,11.16.20; Jer 21,5). Singulär ist der Gebrauch der Wendung mit dem Menschen als Subjekt. Das mag als eine Umkehrung der (Welt-) Ordnung gelten. Es ist Ausdruck dafür, dass der Mensch sich dem Allmächtigen gegenüber als Held gebärdet. Er rennt gegen ihn »mit Hals« und »mit dick beschlagenen Schilden« an. Beide Ausdrücke signalisieren Unüberwindbarkeit. »Hals« steht als Metapher für Stärke und Uneinnehmbarkeit (O. Keel). Desgleichen können dick gepanzerte Schilde jeden Angriff parieren.

In der zweiten Begründung des Schreckenszustandes des Gewalttätigen dürfte die Kampfesmetaphorik in eine allgemein-anthropologische übergehen: In solchen Zusammenhängen hat »Fett« durchweg einen negativen Klang, »denn Fettsein geht mit Vermessenheit Hand in Hand« (Dtn 32,15; Ps 73,7; Jer 5,28). Des Gottlosen Herz ist verfettet (vgl. Ps 17,10; Jes 6,10), d.i. der Gottlose ist unfähig, Gott zu erkennen und den Mitmenschen zu achten. Unser »Fettwanst« dürfte wohl auf die Übersetzung M. Luthers zurückgehen: »Er brüstet sich wie ein fetter Wanst ...« (vgl. auch Ps 73,7; Ebach, Hiob I 135). V.28 wirkt besonders rätselhaft. Da zerstörte Städte und die Öde als Orte der Dämonen gelten, hat man in der Auslegung diesen Hinweis als zusätzlichen Ausdruck besonderer Arroganz des Gewalttätigen angesehen: Er scheut sich nicht, solche Orte aufzusuchen und sich mit den Dämonen einzulassen, um so seinen Protest gegen Gott zu unterstreichen. Naheliegender ist es, V. 28 als Folge seiner Überheblichkeit zu sehen. Ein solches Muster begegnet z.B.

im Leichenlied auf Tyrus (Jes 23,1-17): Der Herr hat seine Hand gegen die Pracht der Stadt ausgestreckt, so dass die Königreiche erschüttert und Kanaans Burgen in Trümmern liegen (Jes 23,11).

(3) Das Schicksal des Frevlers (VV.29-35)

Der dritte Teil (VV.29-35) schließlich bringt nochmals Gedanken zum Schicksal des Frevlers. Sie beziehen sich auf seinen Reichtum und seine Zukunft (Nachkommenschaft).

Dass der Frevler zu Reichtum kommt, ist an sich nicht das Problem. Aber sein Reichtum hat keinen Bestand (Spr 13,11). Seine »Ähre« (EÜ) als Bild für den Besitz ist nicht so schwer, dass sie sich zum Boden neigt. Da der hebräische Text nicht eindeutig ist, lesen andere »sein Reichtum breitet sich nicht aus im Land« oder »fasst keine Wurzeln im Land«. Nochmals wird betont, dass der Frevler seinem Untergang nicht entkommt (vgl. V.22). »Sein Schössling« ist entweder ein Bild für seine Lebenskraft oder für seine Nachkommenschaft. Beides hat keine Zukunft:

Stechende Sonne und der Glutwind (Gottes) verdorren sie (so EÜ; auch hier ist der Text mehrdeutig). Die VV.31ff nehmen noch einmal das Motiv des Reichtums und das Bild der Pflanze auf. Der Frevler glaubt, mit Täuschung (Lug und Trug) voranzukommen. Aber sein »Erwerb«, das, was er sich eingetauscht hat, wird ihn täuschen (im Hebräischen ein Wortspiel), indem es (V.29) keinen Bestand hat. Der Frevler kann sein Leben (seinen Reichtum) nicht genießen, weil er vorzeitig (»vor seinem Tag«) stirbt. »Sein Palmzweig« (EÜ), d.i. sein »Spross« – Bild für seine Vitalität – kommt nicht zum Grünen. V.33 ist in EÜ schwer verständlich. Es handelt sich wohl um einen bildhaften, elliptischen (verkürzten) Vergleich: Er (der Frevler) wird (muss) seine »unreifen Trauben« abstoßen, wie der Weinstock seine unreifen Trauben abstößt; und er muss seine »Blüten« abwerfen, wie der Ölbaum seine Blüten abwirft. Im Gebrauch dieser Bilder ist zugleich das richtende Eingreifen Gottes mitgemeint. Denn vor der Ernte etwas abzuschneiden ist ein Bild für das Gericht (Jes 18,5). Ob das frühzeitige Ende des Frevlers infolge seines eigenen Tuns oder / und durch das Wirken Gottes herbeigeführt wird, sind lediglich zwei Seiten der einen Medaille.

Das Gedicht endet schließlich mit zwei allgemeinen Sentenzen. Sie sind durch die Motive von Zeugen und Gebären aufeinander bezogen. Vorab steht fest, dass die Frevler (die Gruppe der Frevler) »unfruchtbar« sind. Das bezieht sich primär auf die Nachkommenschaft. »Unfruchtbar sein« kann als Strafe Gottes interpretiert werden (1 Sam 6,23) und gilt als Schande. Abgesehen davon impliziert »unfruchtbar«, dass es keine Zukunft gibt. Das spricht in etwa der zweite Halbvers an: Die Frevler haben keine Wohnstatt. Der letzte Vers dreht die Behauptung der Unfruchtbarkeit in paradoxer Weise um: Sie werden schwanger und sie gebären auch – aber nur Mühsal, Unheil und Trug (so auch Ps 7,15; Jes 59,4).

Resümee

Im Gegensatz zu Kap. 4 entgegnet Elifas scharf. Er wirft Ijob vor: »Du brichst die Gottesfurcht, du zerstörst das Besinnen vor Gott« (15,4). Deine Sprache ist es, die dich verurteilt (V.5f). Er wirft ihm Hybris vor! Der Mensch kann nicht rein sein (15,14; vgl. 4,7).

Wieder greift er das Schicksal der Frevler auf. Damit reiht er Ijob in die Reihe der Frevler. Indirekt (textpragmatisch) soll sich Ijob durch diese Darstellung warnen lassen. Während Elifas in seiner ersten Rede Ijob ein gutes Ende in Aussicht gestellt hat (5,24ff), ist das Ende dieser Rede negativ.

Ijob 16 – 17: Die fünfte Rede des Ijob (zweiter Redegang)

Ijob 16

Übersicht und Struktur:

(A) ***Leidige Tröster seid ihr –***
Entgegnung (VV.2-6)
(B) ***Schonungslos durchbohrt er mir die Nieren***
Elendsschilderung und An-Klage (VV.7-14.15-17)
(C) ***Doch seht, im Himmel ist mein Zeuge***
Erhörungsbitte, Gewissheit als Appell (VV.18-22)

Ijob wendet sich direkt an seine Freunde und apostrophiert sie als »leidige Tröster«, da sie seine Situation einfach nicht wahrhaben wollen (A). Er macht ein für allemal klar, dass Gott ihn ohne irgendeinen Grund und völlig zu Unrecht niederdrückt und quält (B). Und doch appelliert er an einen »Zeugen im Himmel« (an »Gott«), dass ihm doch endlich Recht geschähe (C).

(A) Entgegnung (VV.2-6)
Leidige Tröster seid ihr!

Diese Rede beginnt wieder mit typischen Elementen einer weisheitlichen Streitrede (V.2). Was die Freunde bringen, ist nichts Neues (vgl. bereits 13,2). Sie werden »leidige Tröster« gescholten. Die hebräische Formulierung (»Tröster der Mühsal«) weist sie als Tröster aus, die zusätzlich Mühsal und Leid verursachen, und verweist zugleich zurück auf des Elifas Rede von den »Tröstungen Gottes« (15,11). Wieder begegnet das Motiv von den »windigen Worten« (vgl. 8,2 Bildad; sinngemäß 15,2 Elifas). Der Worte, die nichts taugen oder die eher noch mehr Kummer verursachen, sind nun genug gewechselt. Ijob wüsste nicht, was sie reizen könnte, ihm weiterhin etwas zu entgegnen. Die auffällige Verwendung der 2. Pers. Singular in V.3b (dagegen 2. Pers. Plural in den VV.2.4-5) erklären manche Ausleger damit, dass sie in V.3 das Zitat eines Freundes im Mund Ijobs vermuten. Damit würde V.3 das Wort des Elifas in 15,3 aufnehmen.

Der Beginn von V.4 (*ich rede)* und das Ende von V.5 (*zurückhalten)* finden eine Entsprechung in V.6a (*ich rede / zurückhalten)*: Damit ist V.6 als bewusster Abschluss und Höhepunkt der voraufgehenden Verse ausgewiesen. Auffällig ist des Weiteren die in diesen Versen sehr pointiert gesetzte Ich-Betonung: sechs Zeitwörter in der 1. Pers. Singular und sechsmal ein Possessivpronomen der 1. Person.

Damit fokussiert der Schreiber alle Aussagen auf die Person (auf das Selbst) des Ijob. Das Ich Ijobs steht im Mittelpunkt. Nicht um Aussagen allgemeiner Natur, sondern um seine Situation geht es. Würden die Rollen getauscht – die Formulierung lässt an das sog. Talionsrecht denken (vgl. Ex 21,23f), wo es gilt, Gleichwertiges durch Gleichwertiges zu ersetzen -, so könnte er auch so sprechen wie die Freunde (VV.4f). Er könnte sie mit Worten überschütten und den Kopf schütteln (V.4): Das kann sowohl eine Geste des Mitleids als auch eine des Spottes (vgl. Ps 22,8; Mt 27,39) sein. Er könnte sie stärken mit seinem Mund, genau so gut aber könnte er mit ihnen schweigen (V.5b wörtlich » Die Bewegung meiner Lippen könnte ausbleiben«), denn »die Sprache des Schweigens zerschlüge die Sprache der Welt« (F. Stier).

Nichts aber, weder Schweigen noch Reden können seinen Schmerz vergessen lassen:

> »Wenn ich freilich redete, bliebe mein Schmerz nicht aus.
> Und schwieg ich, behielte ich ihn doch« (V.6).

Damit ist das Problem sehr deutlich gemacht: Sollte ein »Trost« wirksam werden – ob verbal oder non-verbal -, bleibt die Anteilnahme des Tröstenden entscheidend. Erst dann, wenn beide sich auf einer gleichen Ebene (vgl. Assoziation an das »Talionsrecht«) einfinden, kann eine wirkliche Verbindung hergestellt werden.

(B) Elendsschilderung und An-Klage (VV.7-14.15-17)
Schonungslos durchbohrt er mir die Nieren.

Auffällig ist der Personenwechsel: du, er, sie (Plural). Während der Wechsel von der dritten Person zur zweiten oder umgekehrt kein Kriterium für literarkritische Operationen darstellt, da er in der Klage durchaus vorkommt, so dürften die Sätze der 3. Pers. Plural wohl als geprägte Wendungen (Zitate?) übernommen und eingefügt sein. Formal handelt es sich um eine Elendsschilderung mit Elementen der Anklage.

Das Stichwort, dass Ijob ein Mann der Schmerzen ist, leitet über zur folgenden Klage.

Fürwahr, Gott hat ihn erschöpft gemacht. Den Freundeskreis »hast du zerstört«.

»Du hast mich gepackt«. Die Folge davon ist sein Verfall, der als Zeuge (seiner anzunehmenden Schuld) gegen ihn auftritt.

VV.7-14 gehören in den literarischen Bereich der sogenannten »Feindklage«. Dasselbe Vokabular wird in analogen Texten vom Feind verwendet, der den Beter in Bedrängnis bringt. Wenn dieselben Prädikationen nunmehr Gott zugeordnet werden, dann erklärt Ijob diesen Gott als seinen Feind. Derartige Äußerungen werden immer und immer wieder gemacht, »bis in Kap. 16,7-17 ein Maß des Entsetzens über Gott erreicht ist, das nicht wohl überboten werden kann. Hier ist die Dämonisierung des Gottesbildes vollkommen: Gott knirscht über Hiob mit den Zähnen, er wetzt seine Augen, über ihm ..., er erscheint ihm nur noch als Teufelsfratze ... Hier ist Hiob in eine Tiefe der Schrecken hinabgestiegen, die das, was die

Psalmisten auszusagen wußten, weit hinter sich läßt« (G. von Rad). Die Klage schließt in V.17 mit der Unschuldsbeteuerung Ijobs ab: Kein Unrecht klebt an seiner Hand (vgl. 11,14 allerdings anderes Vokabular). Das hier gebrauchte Wort für »Unrecht« (*chamás*) meint den »schuldhaften Bruch einer Rechtsordnung«, es geht also um ein bewusst begangenes Vergehen. (Das Wort hat allerdings nichts zu tun mit dem Namen der palästinensischen Untergrundbewegung »Hamas«, der sich von einer arabischen Wurzel mit der Bedeutung »Begeisterung« herleitet.) Denn nur ein solches Vergehen könnte derartige Konsequenzen wie die eben geschilderten nach sich ziehen.

(C) Erhörungsbitte, Gewissheit als Appell (VV.18-22)
Doch seht, im Himmel ist mein Zeuge!

Ijobs Appell an die Erde verweist auf Vorstellungen aus dem Bereich der Blutrache. Blut (= Leben) verlangt Ausgleich. Das Blut Abels schreit (dasselbe Wort wie hier in V.18b *»tza'aq«*) zu Jhwh (Gen 4,10): Es wurde unschuldig vergossen. Eine solche Bluttat kann nicht einfach »zugedeckt« werden. Der »Hilfeschrei« (*»tza'aqah«*) weist auf geschehenes Unrecht hin. Genauso wie in Sodom der Klageschrei *(»tza'aqah«)* der Unterdrückten groß geworden ist, so gilt auch der Hilfeschrei Ijobs als der Hilfeschrei eines Unterdrückten. Nach bester biblischer Tradition ist es ureigenste Sache Jhwhs (»Chefsache«), das Unrecht wahrzunehmen und für die Unterdrückten einzustehen (vgl. Gen 18,20.25). Im Falle Ijobs spitzt sich die Situation insofern besonders zu, da ja Gott selbst als Gewalttäter erscheint, der Ijob unterdrückt. Wird somit Gott zu seinem eigenen Richter, der – der Logik des Geschehens zufolge – sich selbst zugunsten Ijobs ins Unrecht setzen muss?

Aber wer kann ihm denn Recht verschaffen, wer seine Unschuld bestätigen und bezeugen, dass er zu Unrecht oder zumindest, ohne Unrecht getan zu haben, verfolgt wird?

Die Frage, die in der Auslegung immer wieder gestellt wurde und wird, ist: An wen wendet sich Ijob, von wem will / kann er sich Rechtfertigung erhoffen?

– J. Ebach zitiert einen Satz unbekannter Herkunft, den Goethe als Motto über den vierten Teil von »Dichtung und Wahrheit« gesetzt hat, nämlich: »Nemo contra Deum nisi Deus ipse«. Dieser »ungeheure Spruch« (Goethe) kann »als Quintessenz dieser Hiobpassage (und der ähnlichen in 19,25ff) gelesen werden« (Hiob I 142).

- Th. Mende geht davon aus, dass V.18 nicht als Bild (wie Fohrer u.a.) zu verstehen ist, sondern dass Ijob seinen wirklichen, nahenden Tod meine, worauf auch V.22 anspiele. Da Gott allein – im Gegensatz zu den Freunden – die wirklichen Zusammenhänge kennt, hofft er bei Gott Recht zu bekommen. Nicht »ein unauflösliches Paradox seines Glaubens« findet hier seinen Niederschlag, sondern Ijob »bekennt sich im Rahmen der nachexilischen Hoffnung auf Vollendung der Welt und des Menschen am Ende der Zeiten voll Vertrauen zu Gott als seinem Erlöser« (Ijob 248). Ein Paradox »hätte letztlich Gott dualistisch zerrissen und [den] Glauben zerstört« (ebd.). Ijobs Hoffnung auf Rechtfertigung und Rettung durch Gott »greift somit in V.18-22 zum ersten Mal innerhalb der Grundschicht explizit über die Schwelle des Todes hinaus« (Ijob 249). Den traditionsgeschichtlichen Hintergrund für ihre Interpretation glaubt Mende in der nachexilischen Prophetie zu finden, indem sie als Beispiel auf Joel 4 verweist: Durch das Gericht schafft Gott seinem leidenden und unterdrückten Volk Rettung vor seinen Feinden und somit das ungebrochene Heil.

In V.20 steht »zu Gott« in Kontrast zu den Freunden, die als »Spötter« empfunden werden. Mit ähnlicher Diktion wendet sich der Beter des Ps 119,28 an seinen Gott: »Meine Seele zerfließt vor Kummer. Richte mich auf durch dein Wort!« Ijob will einen, der die Verhältnisse ins rechte Licht rückt, einen »Schiedsmann« (vgl. bereits 9,33!), der für den Menschen im Streit mit Gott richtig be-urteilt. Aber die Zeit drängt: Es bleiben nur noch »Jahre der Zahl«, d.i. leicht zählbare Jahre, bis er den Weg gehen muss, auf dem er nicht mehr wiederkehrt (vgl. 7,10; 2 Sam 12,23). Ähnliche Ausdrücke begegnen in sumerischen und akkadischen Texten: KUR.NU.GI bzw. *irsit la tari* als »Land ohne Wiederkehr«. V.22 ist zwar eine Feststellung, hat aber hier die Funktion eines indirekten Appells an Gott, möglichst bald zugunsten Ijobs einzugreifen.

Ijob 17: Die fünfte Rede des Ijob (Fortsetzung)

Übersicht und Struktur:

(A)	***Zum Spott für die Leute stellt er mich hin –*** Klage und Elendsschilderung (VV.1-10)
(B)	I***ch habe keine Hoffnung –*** Klage (VV.11-16)

Ijob verfällt in eine lange Klage und Elendsschilderung (A.B). Es begegnet hier dasselbe Gefälle wie in der ersten Ijobrede dieses Redeganges (12–14). Nach der wuchtigen Herausforderung Gottes und der Beteuerung der eigenen Schuldlosigkeit (Kap. 13) fällt das Ende in die lange Klage von Kap. 14 ab – wobei mit dieser Feststellung keine Wertung gemeint ist.

(A) Klage und Elendsschilderung (VV.1-10)
Zum Spott für die Leute stellt er mich hin.

16,22 bildet den Übergang (Einleitung) zur folgenden Klage. Zwei semantisch positiv besetzte Begriffe (»mein Geist« = mein Leben, meine Lebenskraft; »meine Tage« = Zeit des Lebens, der Vitalität) werden negiert (»verwirrt« – zerstört; »ausgelöscht«). Der dritte, negativ besetzte Begriff (»Gräber«) bleibt übrig für Ijob: Ihm kommt der Bereich des Todes zu. V.1 nimmt damit vorweg, was am Schluss des Kapitels (VV.13-16) ausführlich akzentuiert wird. Sein Zustand erklärt sich aus der Situation. Weniger sein körperlicher Zustand ist es, der ihm zu schaffen macht, als vielmehr seine Freunde. Er fühlt sich umgeben von Spöttern (ist dem Abstraktum »Spott« EÜ vorzuziehen), von Menschen, die ihn überhaupt nicht verstehen wollen. Als ob die »Bitterkeit« seines Elends nicht genügte, fügen sie durch ihre Äußerungen noch an Bitterkeit hinzu. »Mein Auge« steht als »pars pro toto« für ihn selber. Alles, was er wahrnimmt, ist nur »Bitterkeit«. Die »Nacht« (nach EÜ) muss dabei nicht besonders angesprochen sein, vielmehr meint das hebräische Wort ganz allgemein »verbringen«, »verweilen«. Das Thema der »Spötter« im Sinne von Menschen, die den bösen Zustand eines Menschen noch verschärfen, ist ein in den Klagen der Psalmisten weit verbreitetes Sujet (vgl. Ps 22,6ff; 31,11ff). Der folgende Vers bringt Formulierungen mit Anklängen an die Rechtssprache: »Bürge« bzw. »Bürgschaft«, »Handschlag« gehören ursprünglich in den Bereich des Handels. Juda verbürgt sich bei seinem Vater Jakob für Benjamin, d.h. er steht dafür ein, dass Benjamin wieder heil zurückkommt (Gen 43,10). Spr 11,15 rät ab, für einen Fremden Bürgschaft bzw. den Handschlag zu leisten. V.3 ist sprachlich nicht eindeutig: Entweder bittet Ijob, Gott selber möge als Bürge für ihn einstehen und so für ihn den Handschlag leisten (für ihn die Hand ins Feuer legen). Oder Ijob bietet Gott sich selber (seinen Lebenswandel) als Bürgschaft an, er – Ijob – kann für sich die Hand ins Feuer legen. Oder Ijob bietet sich selber (seinen Lebenswandel) als Bürgschaft an, Gott könnte nicht anders, als für ihn einzustehen. Wie immer: Letztlich ist es doch Gott selber, der das Herz der Freunde/Spötter vor der Einsicht versteckt (so wörtlich). Diese Redeweise trägt zum einen dem biblischen Verständnis Rechnung, dass Gott alles bewirkt, wobei zu beachten ist, dass es hier um eine ausschließlich theologische, nicht um eine moralische oder psychologische Sicht geht. Zum anderen kann eine solche Redeweise auch einen pragmatischen Aspekt verfolgen: Wie in den Plageerzählungen Gott das Herz des Pharao nur zu dem Zweck verhärtete, damit er Gelegenheit hat, möglichst viele »Zeichen« zu tun, damit die Hörerinnen und Hörer endlich begreifen, dass ihr Gott – entgegen allem Schein – doch der Mächtige ist, der zu ihnen hält, so kann hier der Dichter den Zweck verfolgen: Gott schließt die Freunde Ijobs von der »Einsicht« aus, sie stellen fortlaufend nicht stichhaltige Thesen auf und gehen davon nicht ab, damit die Leserin und der Leser die Unhaltbarkeit ihrer Behauptungen nicht nur zur Kenntnis nehmen, sondern auch verinnerlichen. Wenn sie ohne Einsicht reden, lässt sie Gott auch nicht triumphieren (so die EÜ). NIB (462) schlägt vor: Weil du ihr Herz vor der Einsicht verschlossen hast, »therefore you will not be exaltet«. Das bedeutet in der Konsequenz: Gott lässt sich durch ihre vermeintlich gut gemeinten Sätze nicht rühmen. Lobpreis Gottes aus hohlen Worten bleibt Schall und Rauch.

In V.5 dürfte es sich wohl um eine überlieferte Sentenz handeln, deren konkreter Sinn sich aus dem Kontext ergeben muss. »Die ihre Freunde anzeigen für Lohn, deren Kinder werden das Nachsehen haben« ist eine Möglichkeit der Wiedergabe (so NIV, NRSV) und zielt auf eine Warnung ab: Freundschaft zu missbrauchen rächt sich spätestens an den Kindern. Im Zusammenhang gilt der Satz demnach als Mahnung / Warnung an die Freunde Ijobs, der sich auch von ihnen verraten fühlt. »Zum Teilen lädt er die Freunde ein, während die Augen der Kinder verschmachten« (EÜ) ist eine andere Möglichkeit. In diesem Fall wäre die Rede von einem Menschen, der unter seinesgleichen verschwenderisch verteilt, während seine engsten ihm Anvertrauten, die Kinder, leer ausgehen. Im Kontext: Ijobs Freunde werfen mit »Weisheit« um sich, die in Wirklichkeit so mager ist, dass sie nicht einmal die eigenen Kinder »nähren« könnte. Fohrer (294) deutet den Satz auf das Verhältnis Gottes zu Ijob: In Ijobs Augen verschwendet Gott von seinen Gaben an X-Beliebige, nur an seine Getreuen, seine Kinder, denkt er nicht. Letzte Deutung passt gut zu V.6: Was bleibt ihm, Ijob, von Gottes viel gerühmter Großzügigkeit: »Zum Spott für die Leute stellt er mich hin ...« – ein oft wiederkehrendes Motiv in den Psalmen (vgl. Ps 44,11; 69,11f). »Ins Gesicht spucken« gilt als Akt besonderer Verachtung (vgl. Dtn 25,9 – dem, der den Vollzug der Schwagerehe verweigert; in der Passion Jesu Mt 26,57par). V.7 verweist durch das Stichwort »mein Auge« inklusivisch auf V.2 zurück. Jedes »Aus-Schauen« ist dahin – kein Wunder, lässt Gott doch die »Augen« seiner Kinder verschmachten (V.5).

Die in VV.8-9 geschilderte Reaktion anderer auf die Situation Ijobs ist sehr allgemein gehalten und mehrdeutig. Die »Redlichen« und der »Reine« reagieren negativ. Vom äußeren Phänomen her ist das nur konsequent gedacht, gilt doch glattweg der »von Gott Geschlagene« als ruchlos und frevelhaft (dasselbe Thema begegnet im vierten Lied vom »Gottesknecht«: ob seines Geschlagenseins ward er von den Leuten gemieden und verachtet, weil sie die Wirklichkeit nicht kannten, vgl. besonders Jes 52,14; 53,3-5). Somit dürfen sich damit die Freunde angesprochen wissen, die diesem Denkschema verpflichtet sind und die – da sie nicht zu leiden haben – sich folgerichtig als gerecht und rein fühlen dürfen (durchaus mit einem ironischen Unterton). Die EÜ legt nahe, dass V.9 (»doch«) sich auf Ijob selber bezieht: Er weiß sich als gerecht und rein und er wird unbeirrbar seinen Weg gehen, von dem er überzeugt ist, dass er Bestand hat. Desgleichen lässt sich V.9 als Zitat im Mund der Freunde verstehen, mit dem sie ihrem Entsetzen zusätzlich Ausdruck verleihen und Ijob selber aufs Neue ins Unrecht setzen: Wenn er gerecht wäre, hielte er auch am Weg eines Gerechten fest, und wenn er rein wäre, hätte er Bestand – d.h. dann wäre er nie in diese Lage geraten, in der er sich jetzt befindet. Das unausgesprochene Fazit lautete also: Deine Situation und dein Reden erweisen deine Ruchlosigkeit.

In Ijobs Augen sind die Freunde und ihre Gesinnungsgenossen auf dem falschen Weg. Deswegen ergeht an sie die dringliche Aufforderung umzukehren (wie schon in 6,26). Der Satz kann, muss aber nicht ironisch gemeint sein. »Weise« wären die Freunde, wenn sie die Diskrepanz zwischen der Situation Ijobs und ihrem Reden wahrnähmen, wenn sie einsähen, dass die Realität des Lebens – wie im Fall Ijob – mit den von ihnen vorgebrachten religiösen Interpretationsmustern nicht in Übereinstimmung zu bringen ist. Auch die tröstend gemeinten Worte von einer besseren Zukunft, in der Friede einkehren wird (so Elifas in 5,24), in der er, Ijob, auch wieder wird lachen können (so Bildad in 8,21), in der es wieder hell wird und in der die Tage wieder freundlich blicken werden (so Zofar in 11,7), bleiben angesichts der Realität kraftlos. Wie die Realität für ihn aussieht, bringt Ijob in den VV.11-16 wiederum zur Sprache.

(B) Klage (VV.11-16)
Ich habe keine Hoffnung.

Ijobs Zeit läuft ab (vgl. Anklang in 17,1). Damit ist alles Planen und Wünschen sinnlos geworden. Mögen die Freunde noch so positiv und hoffnungsvoll argumentieren (vgl. vorher): »Es wird wieder Tag, das Licht ist schon näher als das Dunkel«, »es wird alles wieder gut«, »man darf die Hoffnung nie aufgeben« oder wie immer ... Von »Hoffnung« ist in der Tat die Rede. Wie eine Klammer bindet das Wort »hoffen« / »Hoffnung« die VV.13-15 zusammen:

»Was hoffe ich?« (so wohl V.13a, vgl. Horst 240). Wohin kann Ijob seinen rettenden Anker auswerfen? Die Antwort lautet: Unterwelt, Finsternis, Grube (vgl. 10,21f). Die Unterwelt (*»sche'ol«*) wird hier als »Haus« bezeichnet. Ob für diese Bezeichnung die Praktik der Ossuarien (Beinhäuser), die in der Form von Häusern hergestellt wurden, Pate gestanden hat (so NIB 462), ist schwer zu entscheiden. »Haus« kann ebenso gut im weiteren Sinn als »Aufenthaltsort«, »Wohnstätte« gemeint sein, wie der Parallelismus (»mein Lager«) nahe legt. Während aber ein ehrenhafter Mann nach seinem Tod auf ein Lager gebettet wird, das »mit Balsam und allerlei kunstvoll zubereiteten Salben ausgestattet« ist (2 Chr 16,14), bleibt für Ijobs Lager nur die Finsternis (Grauen). Nur der Bösewicht ist »auf Würmer« gebettet und »Maden sind seine Decke« (vgl. Jes 14,11 über den König von Babel). Wird durch eine solche Assoziation Ijobs Los nochmals verschärft? Ist es nicht genug, dass sich alle Relationen auflösen, ja pervertieren? Die vertrauensvolle Anrede »mein Vater« und die dahinter stehende enge, schützend-bergende, aber auch ehrfurchtsvolle Beziehung gilt nunmehr dem Grab. »Meine Schwester«, »meine Mutter« erwecken Vertrauen, Freundlichkeit und Zuneigung (die Weisheit darf als »Schwester« angeredet werden Spr 7,4; die Freundin/Braut in Hld 4,9f; die Mutter gilt selbstverständlich als Quelle des Lebens und als Ort der Fürsorge und Liebe ...): Hier gelten diese Konnotationen dem Wurm, der den Körper auffrisst und zerstört. Derart semantische Opposition tut weh. Und all das in der Klammer der »Hoffnung«. Damit löst sie sich selber auf und zerfließt in Resignation. »Meine Hoffnung«, »Hoffnung für mich« – zweimal begegnet der Begriff in V.15 (die EÜ lehnt sich mit »Glück« an den griechischen Text an) – wo, wo ist sie? Nirgends. Weder er selber, noch andere sind in der Lage, auch nur Spuren von ihr wahrzunehmen. Im Blickfeld menschlicher Möglichkeiten ist sie nicht zu finden. So bleibt nichts mehr übrig als die paradoxe, ja sarkastische Aussage: Sie (hier personifiziert? der hebräische Plural als Intensivplural?) ist in die Unterwelt (wörtlich: »zu den Pforten der Unterwelt«, vgl. Jes 38,10 als pars pro toto) hinabgestiegen – und dort trifft man sich wieder »vereint im Staub«.

Resümee

Ijob spricht die Diskrepanz zu seinen Freunden deutlich aus: Sie bewegen sich auf verschiedenen Gesprächsebenen. Sie reden von ihrem Standpunkt aus, er von seinem. Er kann aber nicht anders. Und wieder muss er es herausschreien: Gott hat alles Leid über ihn gebracht. Er wünscht, dass sein Leid und sein Schrei nicht ungehört verhalle (»Erde, decke mein Blut nicht zu«!). So kippt sein Schrei plötzlich in eine Anwandlung von Hoffnung um. Es muss doch im Himmel einen »Bürgen« für ihn geben, einen, der für ihn einsteht. Aber schon fällt dieser Hoffnungsschimmer in sich zusammen. Wieder bricht Ijob in die Klage aus, jede Hoffnung scheint ferner denn je.

Ijob 18: Die zweite Rede des Bildad (zweiter Redegang)

Übersicht und Struktur:

(A) *Soll deinetwegen die Erde sich entvölkern* –
Entgegnung (VV.1-4)
(B) *Des Frevlers Schicksal ist der Tod* –
Lehrrede (VV.5-21)

Bildad entgegnet sehr scharf und signalisiert damit, wie weit die »Gesprächs-Parteien« voneinander entfernt sind. Ein eigentlicher Dialog ist ohnedies nicht möglich – war auch nicht beabsichtigt (A). Wie vordem Elifas (15,17-35) hält er eine eindringliche Lehrrede über das schlimme Geschick der Frevler (B).

(A) Entgegnung (VV.1-4)
Soll deinetwegen die Erde sich entvölkern?

Auf diesen düsteren Schluss der Klage Ijobs »antwortet« nunmehr Bildad mit seiner zweiten Rede. Die VV.2-4 stellen die Eröffnung dar, die zugleich eine direkte Replik auf Ijob beinhaltet. Eine erste Schwierigkeit begegnet in V.2a, der auf ein Beenden der Reden abzielt (so EÜ) oder der auch bedeuten kann: »Wie lange macht ihr Jagd auf Worte?« Ein zweites Problem stellt der Plural »ihr« in V.2 dar. Dieser kann sich an die übrigen Gesprächspartner (einschließlich Ijob) richten und meinen: Der Worte sind genug gewechselt, was immer von jeder Seite gesprochen wurde, führt zu nichts. Er kann sich in derselben Intention an die zwei anderen Freunde wenden. Oder er richtet sich an Ijob selber, wie dies in der griechischen Übersetzung bereits der Fall ist. Ob nun Ijobs Redeschwall die Nerven strapaziert oder Bildads Geduld am Ende ist (»quousque tandem ...«), in jedem Fall ist Einsicht angesagt – beide Seiten reklamieren sie für sich und fordern sie von der anderen Partei ein (vgl. 12,3;13,1 Ijob bzw.15,9 Elifas/die Freunde). Damit ist die Unmöglichkeit einer Dialogbasis ohnedies deutlich signalisiert. Was ist »Einsicht« wirklich? Wem kommt »Einsicht« wirklich zu? Das werden erst die späteren Kapitel erweisen. V.3 richtet sich als Vorwurf (»warum« birgt in der Klage des Beters immer den indirekten Aspekt der Anklage) direkt an Ijob: So böse hat Ijob zwar nie expressis verbis an die Adresse der Freunde formuliert, wohl aber indirekt gemeint, wenn er sie des Unverstandes bezichtigt (vgl. 17,4.10). Das »tertium comparationis« besteht in der Torheit. Schließlich vergleicht der Psalmist einen Menschen »in Pracht, doch ohne Einsicht« gleichwohl mit »dem Vieh, das verstummt« (Ps 49,21; ebenso Ps 73,22). In dieselbe Kerbe schlägt der parallel gebrauchte Ausdruck »unrein« (EÜ), der bereits in der rabbinischen Tradition sich hier nicht auf kultische Reinheit bezieht, sondern im Sinne von »verdummt« (»stupid«) zu verstehen ist. Schwerer als diese z.T. rhetorischen Floskeln wiegt Bildads Vorwurf in V.4: Durch sein Verhalten, das als emotional und irrational qualifiziert wird (»Zorn«), zerstört Ijob sich selbst, er reißt (*»taráf«*) sein Leben (*»nefesch«)* in Stücke, so wie ein wildes Tier seine Beute in Stücke reißt (vgl. Gen 37,33; vgl. das jiddische Wort »trefe« für »unrein«). Damit widerspricht Bildad direkt der Aussage Ijobs, derzufolge Gottes Zorn es ist, der ihn zerreißt (16,9). Er selber, nicht Gott, ist für sein Leben verantwortlich – mit all seinen Konsequenzen. Noch mehr: Er rührt damit an der Weltordnung, ja er stellt sie auf den Kopf. Dass die Erde belebt und bevölkert ist, gehört zu den ureigensten Aussagen über die Schöpfertätigkeit Gottes. Gott selber hat sich verbürgt, dass das Leben jeder Art Bestand hat für alle Zeit (vgl. Gen 9,11). Horst (269) verweist auf einen arabischen Spruch, der festhält, dass um eines Einzelnen willen kein Land entvölkert wird (»nicht wird um seinetwillen das Bestehende entleert«). Desgleichen gilt der Felsen als fest und unverrückbar. Der Satz mag sich kontextlich auf 14,18 beziehen, wo in Ijobs Klage über die Hoffnungslosigkeit des Menschen selbst Fels und Berg ihre Festigkeit verlieren.

Mit diesen Bildern bringt Bildad ein in der Tat heikles Problem aufs Tapet: » …nur rühr nicht an den Schlaf der Welt!« (F. Hebbel). Immer schon war es gefährlich, Festgefahrenes und scheinbar unverrückbar Verankertes in Frage zu stellen. Das verunsichert die Systemhalter allemal und gefährdet ihre hausgemachte Identität. Und Verunsicherung führt zu Aggression!

Durchschaubare Linien und klare Kategorien (eben »Felsen«) sind da gefragter – jeder weiß, wie er dran ist. Genau dieses führt nunmehr Bildad in der Beschreibung des Schicksal des Frevlers vor Augen.

(B) Lehrrede (VV.5-21)
Des Frevlers Schicksal ist der Tod.

Die VV.5f bestehen aus semantischen Oppositionen. Vier positiven Begriffen (Licht, Flamme des Feuers, Licht, Leuchte) stehen vier Verneinungen gegenüber (erlöschen, nicht leuchten, finster sein, erlöschen). Diese Oppositionen, die allesamt aus dem begrifflichen Arsenal der Weisheitsliteratur stammen, charakterisieren das Sein des Frevlers (»*rescha'*«). Die verwendeten Verben bezeichnet man gerne als »Zustandsverba« – damit wird die Gegebenheit und die Unabänderlichkeit des Seins des Frevlers zusätzlich zementiert. Es wäre müßig, ein Wenn und Aber einzuwenden.

Was ohnedies schon feststeht, wird durch einzelne Aspekte noch untermauert.

Des Frevlers Planen und Streben führt ins Leere (VV.7-11: Diese Verse bilden eine literarische Einheit, werden sie doch durch das Motiv des »Schreitens«, das in jedem Vers vorkommt, zusammengehalten). Um dies zu schildern, bedient sich der Dichter verschiedener Vorstellungen aus dem Bereich der Jagd: In jedem Halbvers der VV.8-10 begegnet eine Vokabel für »Falle« bzw. »Netz«, also insgesamt sechs synonyme Begriffe. Bilder aus der Jagd gehören konventionell in die Sprache der Klage. Wenn auch die Bilder verschwunden sind, ist die Begrifflichkeit bis heute geblieben: der Mensch als Gejagter, Menschenjagd, »Jagdszenen aus Niederbayern« (F.X. Kroetz). Der auf Jhwh vertrauende Beter der Bibel darf hoffen, dass Jhwh ihn aus der »Schlinge des Jägers« (Ps 91,3) rettet, dass er mit seiner Hilfe dem »Netz des Jägers« entkommt. Von Jägern und Verfolgern ist hier allerdings nicht die Rede. Der Frevler, der die Wirklichkeit Gottes nicht wahrnimmt (vgl. V.21), tappt selbst von einer Falle in die andere – Fallen, die heimtückisch am Boden aufgestellt sind. Von wem? – von ihm selbst, von seinem eigenen Planen. Voranschreiten (auf dem Weg des Lebens) bedeutet für gewöhnlich Gutes (vgl. »Fortschritt«). Das gilt in der Tat für den, der sich auf dem Weg der Weisheit bewegt, wie Spr 4,12 versichert: »Wenn du gehst, ist dein Schritt nicht beengt, wenn du läufst, wirst du nicht straucheln«. Zwar möchte der Frevler mächtig ausschreiten, aber er kommt nicht weiter. Und vor allem: Es gibt kein Entkommen. Im Klartext müsste das wohl heißen: Was immer der Frevler unternimmt, er hat keinen Erfolg. Er ist in jeder Beziehung zum Scheitern verurteilt. Die Umstände erschweren des Frevlers Tun: Sein ins Leere führendes Schreiten ist zusätzlich noch von Angst und Schrecken begleitet (so schon Elifas in 15,20.24). Da das Wort »Schrecken« im hebräischen Text im Plural gebraucht ist, wäre es durchaus möglich, dass an die Vorstellung von »leibhaftigen« Schreckensgespenstern gedacht ist. Der Plural kann aber auch als Intensivierung verstanden werden.

V.12 ist durch die Vokabel »hungrig« semantisch an V.13 durch die Vokabel »fressen« (zweimal) gebunden. »Unheil«, »Verderben« und erst recht »der Erstgeborene des Todes« treten hier personifiziert auf. Das Unheil hat es auf ihn abgesehen, das Verderben lauert auf seinen Sturz, der Tod – »der allezeit Hungrige« – schlägt schließlich zu. Die Vorstellung von der Unersättlichkeit des Todes und der Unterwelt begegnet auch in Hab 2,5 oder in Spr 30,16. Das Gesagte liegt durchaus in der Konsequenz bestimmter Richtungen weisheitlichen Denkens: Der Frevler kann nichts anderes erreichen als den Tod (vgl. Spr 1,32; 11,7; 12,28). Es geht hier nicht um das physische Sterben, an dessen Realität ohnedies niemand zweifelt. Vielmehr beschreibt hier »Tod« das ganze Feld von Erfolglosigkeit, Misserfolg, Unglück, Schaden ... bis hin zum vorzeitigen physischen Sterben. Die Frage, ob es sich bei dem nur hier vorkommenden Ausdruck »Erstgeborener des Todes« um eine poetische Personifikation handelt, die eine Umschreibung für eine böse Krankheit (als Vorbote des Todes) darstellt, oder ob eine aus dem mythischen Bereich entnommene Vorstellung zugrunde liegt, ist schwer zu entscheiden. In der ugaritischen Mythologie spielt der Gott Mot (entspricht dem hebräischen Wort *»mawwet«* = Tod) im Zusammenhang mit dem Absterben der Vegetation eine sehr bedeutende Rolle. Eine Lippe seines gefräßigen Rachens hängt »an der Erde, die andere am Himmel. Seine Zunge streckt er zu den Sternen. Baal geht ein in sein Maul und verschwindet in ihm wie ein Olivenkuchen« (NIB 469 nach Pritchard). In den gebildeten Kreisen der Ijob-Dichtung dürfte wohl auch die im Babylonischen belegte Bezeichnung »Spross der Ereschkigal« (Göttin der Unterwelt) für »Seuche« (Fohrer 303) bekannt gewesen sein. Wie immer: Für den Verfasser dieser Verse liefert der mythische Hintergrund lediglich poetische Sprachmuster, die zum einen die artifiziell-künstlerische Seite des Textes unterstreichen und die zum andern den hohen Bildungsgrad des Dichters hervortreten lassen. Zugleich wird hier deutlich ersichtlich, dass die Ijob-Dichtung sich streckenweise vom »Fall Ijob« gänzlich entfernt und dass »nur« der literarische Kontext einen Zusammenhang schafft. V.12 im Sinne von Lepra konkret auf die Krankheit Ijobs zu beziehen ist wohl kaum zutreffend, da doch die vorhergehenden Aussagen nicht dazu passen.

Die VV.14-17 beschreiben die verheerenden Folgen, die die Trias – das Unheil, das Verderben und der gefräßige Erstgeborene – ausgelöst hat.

Als erstes Stichwort begegnet das »Zelt« (V.14.15). Zelt bezieht sich in diesen Zusammenhängen keinesfalls mehr auf nomadische Verhältnisse. Es steht vielmehr als Ort der Sicherheit, des eigenen Besitzes und der Eigenständigkeit. V.14 ist gegen EÜ zu lesen: »Er ist ausgerissen von seinem Zelt, dem Ort seiner Sicherheit« (vgl. dasselbe Motiv in der Elifasrede 8,22). Vom »Ort der Sicherheit« treibt es ihn (wörtlich »macht es ihn schreiten«. Der Ausdruck kontrastiert mit dem »gewaltigen Schritt« in V.7) zu einem anderen »Ort« – dem »König der Schrecken« – es sind dieselben Schrecken, die in V.11 ihr Unwesen trieben. »König der Schrecken« ist ein singulärer Ausdruck und steht synonym zum »Erstgeborenen des Todes«. Infolge der räumlichen Bildhaftigkeit (von einem Ort zum andern) kann er auch als Personifikation für die Unterwelt stehen. Horst (273) nennt analoge Vorstellungen aus der römischen Mythologie wie z.B. »tenebrosa sede tyrannus« (»Herrscher auf finsterem Thron«, Ovid) oder »inferni ianua regis« (»Pforte des Königs/zum König der Unterwelt«, Vergil). Der Frevler ist abgeschnitten von seinem Lebensraum. Der Lebensraum selber aber (Zelt, Hof) ist zu einem Raum des Todes geworden. Der textlich schwierige V.15a kann auch folgendermaßen gelesen werden: »Nichts bleibt in seinem Zelt«. Eine Reihe von renommierten Auslegern hat im Text eine Anspielung auf das jüdische Nachtgespenst »Lilith« (»Adams erste Frau« in Goethes »Faust«) herausgelesen. »Lilith wohnt in seinem Zelt«. Dem Sinn am nächsten kommt wahrscheinlich (trotz einer kleinen Textkorrektur) die Übersetzung »Feuer wohnt in seinem Zelt«. Der Parallelismus »Feuer und Schwefel« ist in der biblischen Literatur durchaus bekannt und signalisiert Zerstörung, Leblosigkeit und Tod (vgl. Gen 19,24; Dtn 29,22). Nochmals wird die Aufmerksamkeit auf die Person des Frevlers gelenkt, diesmal aber unter dem Aspekt seiner Zukunft. Im (gebräuchlichen) Bild vom Baum, der unten und oben, d.i. ganz und gar (literarische Form des Merismus), ausgerottet wird, wird die totale Vernichtung des Frevlers ausgedrückt. Die Vernichtung erfolgt so gründlich, dass kein »Andenken« und kein »Name« (*»schem«*) mehr übrig bleibt. Im »Andenken« und im »Namen« könnte er weiterleben. Deswegen ist es für den Menschen des Ersten Testamentes so wichtig, sich einen Namen zu machen (vgl. dieses bedeutende Motiv in der Abrahams-Geschichte Gen 12,2;

Abschalom ließ sich einen Gedenkstein errichten, weil er – gegen 2 Sam 14,27, wo von drei Söhnen und einer Tochter die Rede ist – »keinen Sohn hatte, der seinen Namen im Gedächtnis der Menschen halten würde«, vgl. 2 Sam 18,18). Wie sonst hätte denn der Mensch weiterleben sollen, dem der Gedanke an ein Fortleben nach dem Tod oder gar an eine Auferstehung fremd war? Deswegen ist Kinderlosigkeit ein so brisantes, ja existentiell bedeutendes Thema.

Die VV.18f bilden sachlich eine Wiederholung der VV.15f im Sinne eines verstärkenden Parallelismus (»doppelt hält besser«). Der Frevler ist derart vernichtet, dass er aus dem Bereich der Lebenden überhaupt verschwunden ist: Licht bezeichnet (neben dem üblichen Symbolwert) den Bereich des Kosmos (vgl. Gen1,3), den Bereich der Lebenswelt und des Menschen. Den »Erdkreis« hat Jhwh eigens für den Menschen gegründet und ihn abgesichert gegen die chaotischen Mächte (vgl. Ps 93,1). Auf diesem ist freilich kein Platz für den Frevler. Dagegen bezeichnet das »Dunkel« den Bereich des Chaos, wo Leben im Grunde nicht möglich ist. Chaos geht letztlich in eins mit Zerstörung und Tod. Nochmals wird die Zukunft heraufbeschworen, die keine ist. Die syntaktische Form der Nominalsätze unterstreicht den apodiktischen Charakter des Gesagten: Kein Spross, kein Nachkomme (Hendiadyoin) in seiner Verwandtschaft, kein Überlebender – aus!

Ein derart schauriges Schicksal verfehlt seine Wirkung nicht. Entsetzen und Grauen erfasst die Bewohner der Welt (Ost und West als polare Begriffe einer Ganzheit – Merismus). Die hebräischen Wörter meinen aber nicht nur den ganzen Raum der bewohnten Welt, sondern auch alle Bewohner, alle Generationen, die früher gelebt haben (in der Dichtung ist eine solche »Unlogik« kein Problem), und alle, die noch kommen werden. So kommt zur räumlichen Universalität die zeitliche noch hinzu.

Quod erat demonstrandum! Dieses Exempel soll hinlänglich dartun, was es mit dem Frevler, einem Menschen, der keine Beziehung zu Gott hat bzw. haben will, auf sich hat. Das meint nämlich das hebräische Nicht-»kennen« (*»jadá´«*), das nicht in unserem Sinne als ein bloßes »von Gott nichts Wissen« missverstanden werden darf. Für einen solchen Frevler gibt es keinen »Ort«, ein solcher hat von vornherein keinen »Platz« irgendwelcher Art.

Resümee

Die Auseinandersetzung gewinnt immer heftigeren Charakter. Im Grunde wird nicht argumentiert. Die ausführliche Beschreibung des Frevlers, die sehr abrupt beginnt, »ersetzt« das Argument. Der Frevler hat keine Chance, er schaufelt sich im Grunde selber sein Grab, sein Leben wird nur von Schrecken verfolgt und auf einmal ist er weg für immer.

Das – so die Intention des Bildad – gilt es sich als unabänderliches Weltgesetz hinter die Ohren zu schreiben. Wenngleich dieses warnende Beispiel Allgemeingültigkeit besitzt, zielt es vom literarischen Kontext her konkret auf Ijob ab. Er sollte sich betroffen fühlen, steht er doch nach der Ansicht der Freunde dem Gehabe der Frevler verdächtig nahe.

Ijob 19: Die sechste Rede des Ijob (zweiter Redegang)

Übersicht und Struktur:

(A) ***Wie lange noch wollt ihr mich quälen*** –
Entgegnung und Streitgespräch (VV.2-6)
(B) ***Gott drückt mich nieder, es gibt kein Recht*** –
Klage (VV.7-12)
(C) ***Vertraute und Freunde hat er mir entfremdet*** –
Klage (VV.13-20)
(D) ***Doch ich weiß, mein Löser lebt …*** –
Wunsch und Vertrauensäußerung (VV.21f.23-29)

Für Ijob bedeuten die Worte der Freunde nur eine Qual. Sie sollten doch endlich einsehen, dass nicht er gefehlt hat, sondern dass Gott ihn niederdrückt (A). Das versucht er in Form einer Klage drastisch klarzustellen. Gott und nur Er hat ihm Gewalt angetan und somit gibt es für ihn, Ijob, kein Recht (B). Gottes Grausamkeit kulminiert darin, dass er ihn gesellschaftlich und menschlich völlig isoliert hat. Zum physischen Schmerz hat er den Tod der Beziehungslosigkeit hinzugefügt (C). An diesem Tiefpunkt der Qual und der Erniedrigung schreit Ijob förmlich eine Wende herbei – es muss doch eine »Lösung« (für Ijob einen »Löser«) geben (D)?!

(A) Entgegnung (VV.2-6)

Wie lange noch wollt ihr mich quälen?

Die VV.2-6 eröffnen die nächste Rede Ijobs. Wenngleich diese Verse keinen direkten Bezug auf die Rede Bildads nehmen, so stehen sie doch in Beziehung zu allem, was die Freunde bisher gesagt haben. Bei aller Vorsicht kann gegenüber den früheren Redeeinleitungen (9,2f; 12,2f; 16,2f) eine gewisse Verschärfung festgestellt werden: Von selbstbewusster, ironischer oder ablehnender Erwiderung ist hier nichts zu spüren. Es handelt sich um eine massive Anklage bzw. um einen bitteren Vorwurf: »Wie lange?« Von »quälen« und »niedertreten« (»zerdrücken« – vgl. die Assoziation mit der Made in 4,19) ist die Rede. Jetzt geht es ihm an den Nerv (*nefesch – Leben*). Die Freunde haben Ijob fertig gemacht. Die Zehnzahl steht für endgültig, vollständig, genug (vgl. Gen 31,7; Num 14,22; zehn ägyptische Plagen, zehn Worte am Sinai; eine ähnliche Rolle spielt die Sieben: 7mal7mal u.ä.). Ihre Schmähungen (Erniedrigungen) bestehen darin, dass sie immer und immer wieder mit einer ans Unerträgliche grenzenden Penetranz behaupten, er hätte Schuld auf sich geladen, dass sie ihn durch den ständigen Hinweis auf die Frevler auf dieselbe Stufe stellen, dass sie seine wirkliche Situation einfach ignorieren. Im Grunde ist es eine Schande für sie (sie entlarven sich selbst), ihm so zuzusetzen (alte Übersetzungen) oder ihm so Unrecht zu tun (»to wrong«, NRSV). »Beleidigen« (EÜ) trifft bei aller sprachlichen Unsicherheit jedenfalls die Konnotationen des hebräischen Textes nicht.

In V.4 kommt Ijob auf die »Verfehlungen« zu sprechen, die ihm die Freunde unentwegt unterstellen – allerdings mit einer großen Einschränkung: Die Rede ist von *»schagáh / schagagág«* bzw. *»meschugá«* (vgl. 12,16; Diese Wortwurzel hat allerdings mit dem jiddischen »meschugge« nichts zu tun, da dies mit einem anderen Konsonanten geschrieben wird). Beide Vokabeln »verfehlen« bzw. »Verfehlung« haben eine spezielle Bedeutung: Von wenigen Stellen abgesehen erhielt diese Vokabel eine Sonderbedeutung in kultrechtlichen Zusammenhängen, die auch die sonstige Verwendung grundsätzlich mitbestimmt: Es geht um »nicht vorsätzliche und darum sühnbare Sünden« im Bereich des Kultes. Im Kontext des Ijobbuches spielt der kultische Hintergrund keine Rolle, es geht vielmehr um absichtslose, in Unwissenheit begangene Fehler. Die Frage, die bereits in 6,24 eine Rolle spielt, impliziert durch ihre Wortwahl, dass Ijob zwar mögliche Verfehlungen eingesteht, aber nur solche, die unwissentlich »passiert« sind, solche, die menschliche Begrenztheit und Schwäche nolens volens mit sich bringen. V.4b kann wohl nicht bedeuten, dass eine solche Verfehlung ausschließlich seine Angelegenheit sei und niemanden etwas angehe. Diese Auffassung ist zu individualistisch und neuzeitlich. Verfehlungen jeder Art sind im biblischen Bewusstsein von gemeinschaftlichem Belang, da ihre Folgen sich so oder so auswirken.

Das Problem der »unwissentlich begangenen Verfehlungen« ist aber auch für den modernen Menschen nicht einfach erledigt. Wenngleich es hier nie um die Einforderung moralischer Schuld gehen kann, so steht außer Streit, dass auch oder gerade »unwissentlich« begangene oder sogar »gut gemeinte« Handlungen und Entscheidungen eine Flut von negativen Folgen auslösen können. Redewendungen wie »das habe ich nicht so gemeint«, »ich habe mir wirklich nichts Böses dabei gedacht«, »ich habe es nur gut gemeint« sprechen für sich.

Somit ist V.4b als reine Feststellung (vgl. die ähnliche Wendung in 17,2b), als das Zugeständnis »meine Verfehlung ist bei mir«, »ja, dann habe ich eben gefehlt«, zu sehen. Nicht darin besteht Ijobs Problem, sondern darin, dass seine Freunde aus Mücken Elefanten machen. Sie stellen diese Verfehlungen als schwerwiegend dar oder (je nach Interpretation) sie wollen selber als groß dastehen, indem sie seine Schmach (seine Situation) als Beweismittel (zu erleidende Schmach verweist auf entsprechende Vergehen) gegen ihn verwenden. Diese »Rechnung« kann nie und nimmer stimmen. Also appelliert Ijob an die Einsicht seiner Freunde. »Begreift doch endlich: Gott ist es, der mich beugt, der mich ins Unrecht setzt.« Damit ist der Terminus von 8,3 wieder aufgenommen, wo Bildad die nur mit Verneinung zu beantwortende Frage aufwirft, ob denn Ijob sich gar unterstehe zu meinen, dass Gott das »Recht beugt« (s.o.). Dass diese grundsätzliche Konnotation hier mitschwingen soll, dürfte vom Dichter sehr wohl beabsichtigt sein. Jedenfalls hat Gott sein »Netz« über ihn ausgeworfen. Dieses Bild aus dem Bereich der Jagd ist durchaus konventionell und dient als Metapher für die Verfolgung des Armen in der Klage (z.B. Ps 10,9; 35,7f; 124,7). Hier ist es Gott selber, der als Feind Ijobs über ihn das Netz auswirft, um ihn wie ein Beutestück zu fangen. Fohrer (312) weist darauf hin, dass das »Fangseil« zur Rüstung der mesopotamischen Götter gehöre und als solches als Symbol der Herrschaft über die Welt fungiere.

(B) Klage (VV.7-12)

Gott drückt mich nieder, es gibt kein Recht!

Nach dieser Redeeröffnung, die zugleich eine Entgegnung den Freunden gegenüber darstellt, erfolgt eine lange Klage, eine Elendsschilderung samt Anklagen vonseiten Ijobs, die inhaltlich das entfaltet, was in V.6 zusammengefasst gemeint ist.

Der erste Teil (VV.7-12) bezieht sich unmittelbar auf Ijob und sein Schicksal. Die Sprache, Motive und Bilder sind konventionell. Vieles gleicht dem, was bereits in 9,2-14 und 16,9-21 formuliert wurde. Eine sprachliche Nähe zu Klgl 3,5-9 ist unübersehbar.

»Keine Antwort«, »kein Recht« (*»mischpát«*) sind bittere Vorwürfe Ijobs an Gott. Die gesamte Glaubenstradition lebt davon, dass dieser Gott – der Gott von Ägypten her, der das Schreien der Unterdrückten gehört hat – ein Anwalt des Rechts und der Gerechtigkeit ist (vgl. 8,3). Das von Ijob wahrgenommene und erfahrene »Unrecht« (*»chamás«*) wird von ihm nicht wahrgenommen. Damit ist die glaubende Welt aus den Fugen (vgl. Hab 1,2 »Ich schreie zu dir: Hilfe, Gewalt! Aber du hilfst nicht.«). Ijob fühlt sich eingesperrt, Gott hat ihm seinen Pfad verschlossen und abgeschnitten. Rundum ist Finsternis. Wo ist der Gott, von dem man behauptet, dass er in die Weite führt (Ps 18,20) und das Herz weit macht (Ps 119,32)? Wo ist er, von dem andere behaupten: »Der Herr ist mein Licht und mein Heil« (Ps 27,1; vgl. Ps 119,105)? Er, Ijob, weiß sich nicht »von Ehre und Herrlichkeit gekrönt«, wie der Beter von Ps 8,6 staunend und dankbar von jedem Menschen bekennt. Gerade das Gegenteil ist der Fall. Gott hat ihn jeder Ehre beraubt. Da ist nichts mehr, das an einen König denken ließe. Sämtliche Hoffnung hat Gott ihm genommen (vgl. 17,13-15). Hinter diesen bösen Erfahrungen steht nicht seine Sünde, sondern allein der »Zorn Gottes«. So behandelt Gott Ijob wie seinen Feind (vgl. 16,9; Klgl 2,5), gegen den man mit Kriegsheeren heranzieht, dessen Stadt man belagert, bis sie und er endgültig zu Fall kommen.

(C) Klage (VV.13-20)
Vertraute und Freunde hat er mir entfremdet!

Der zweite Teil (VV.13-19.20) bezieht sich aufs Ijobs soziale Bindungen und Beziehungen. Wenngleich die Entfremdung der Freunde und Verwandten ebenso ein wiederkehrendes Motiv der Klage in den Psalmen darstellt (Ps 31,11; 38,12; 41,10; 55,13-15 u.ö.), so begegnet es hier in einer Länge und Intensität wie sonst nirgends. Das Thema »Freunde in der Not« begegnet auch sonst in der antiken Welt häufig. Es sei hier nur das berühmte Distichon aus Ovids »Tristia« zitiert: »Donec eris felix, multos numerabis amicos: | Tempora si fuerint nubila, solus eris.« (»Während das Glück dir lacht, wirst Freunde du zählen in Menge. | Wenn sich der Himmel bewölkt, findest du bald dich allein.«). Zum Thema vgl. Sir 6,5-17!

Da die Bedeutung der zwölf (eine dichterische Spielerei für Vollständigkeit?) hier verwendeten Begriffe für Verwandt- bzw. Bekanntschaftsbezeichnungen nicht in jedem Fall eindeutig festzumachen ist, muss auch für die Interpretation manches offen bleiben. Es fällt auf, dass der sonst übliche Ausdruck für »Freund«, mit dem auch die Dialogpartner Ijobs benannt werden (2,12), hier nicht vorkommt. Nichtsdestoweniger ist ein gewisses Gefälle feststellbar, das in räumlich gedachten konzentrischen Kreisen von Innen nach Außen geht. V.13 bildet eine zusammenfassende Überschrift, die im Folgenden entfaltet wird: Im Zentrum stehen also die Frau und die Kinder (V.17).

In der weiteren Folge schließen sich die an, die in der unmittelbaren Umgebung zu tun haben, der »Knecht«, die Mägde (VV.16.15) und die Schutzbefohlenen bzw. die »Buben« (V.18). Am äußersten Rand sind allgemein Verwandte und Freunde angesiedelt (VV.14.19).

– V.13 »Brüder und Bekannte« (nach EÜ):
Da der Begriff »Bruder« sich im biblischen Gebrauch auf die näheren Verwandten insgesamt bezieht (so wird z.B. in Gen 14,14 Lot, der Neffe Abrahams, als »sein Bruder« bezeichnet), ist hier an die Familie im Sinne der Großfamilie zu denken. Ähnlich dem verzweifelten Beter des Ps 88,9.19 trifft das Elend nicht nur ihn selber als Person, sondern insbesondere seine Beziehungen. Das Einzige, was einen leidenden Menschen noch am »Leben« erhalten kann, ist

die Beziehung und Zuwendung seiner Mitmenschen, vor allem derer, die ihm nahe stehen. Umso schlimmer ist es, wenn er nach und nach gewahr wird, dass sie sich von ihm abwenden. Am Schlimmsten gar ist die Enttäuschung, die Erfahrung, sich in der angeblichen Liebe getäuscht zu haben, die Täuschung, von denen verlassen zu sein, auf die man sich verlassen zu können geglaubt hat. In diesem Abschnitt wird das theologische Ineinander von göttlicher und menschlicher Ursache sehr deutlich: In V.13 steht für Ijob fest, dass ER es ist, der »entfernt« und »entfremdet«. In den folgenden VV. sind die genannten Subjekte selbst die Agierenden. Beide Sichtweisen sind zugleich möglich.

– *V.14a »Verwandte und Freunde«:*
Die Übersetzung »Freunde« ist hier der EÜ vorzuziehen. Gedacht ist wohl an die üblichen Blutsverwandten und an Freunde, von denen zu erwarten wäre, dass sie sich sehen lassen und gerade in der Zeit der Not sich Ijobs annehmen.

– *VV.14b.15 »Schutzbefohlene und Mägde«:*
»Die Gäste meines Hauses« (EÜ) sind besser durch »die Schutzbefohlenen meines Hauses« zu ersetzen, da der hebräische Ausdruck einen schutzbedürftigen Israeliten wie Nicht-Israeliten meint, »die als Minderberechtigte den Rechtsschutz eines ‚Hauses' benötigen« (Fohrer 314). In etwa dieselbe Kategorie fallen auch die »Mägde«. Das Wort »meint (ursprünglich) die auf jeden Fall persönlich vertraute Magd« (Strauß 13), dann aber auch vielfach kriegsgefangene oder gekaufte Sklavinnen (vgl. Lev 25,44ff; 2 Kön 5,2). Sie sehen Ijob jetzt an wie einen Fremden, der außerhalb der Gemeinschaft steht, vielleicht sogar zur Gruppe der Gewalttäter gehört (vgl. Ps 54,5 nach M). Der zweite Ausdruck in V.15b »von einem anderen Stamm« (EÜ) komplettiert, »daß Hiob sich nun nicht nur emotional und sozial, sondern auch rechtlich außerhalb seiner Familie befindet.« (Strauß 13)

– *V.16 »Knecht«*
Dass »der Knecht« hier eigens genannt wird, fällt auf (anders in 31,13 wo Knecht / Magd im Parallelismus stehen). Es wäre denkbar, dass Knecht hier im Sinne des besonderen Vertrauten Ijobs gemeint ist. Er ist sozusagen »seine rechte Hand«. Es kommt in diesen patri-

archalisch-feudalen Gesellschaftsstrukturen geradezu einer Revolte gleich, wenn der Knecht auf die Befehle seines Herrn nicht reagiert. Ihn gar betteln zu müssen, ist eine Umkehrung der gegebenen Ordnung. Mehr als der rechtliche Aspekt eines solchen Verhaltens dürfte hier aber der emotionale zählen. Sogar der »Knecht« hat Ijob – jetzt im Elend – den schuldigen Respekt aufgekündigt.

– *V.17 »Frau und Kinder«*
Der Schmerz der Entfremdung erfährt nunmehr seinen Höhepunkt, da er die intimste Beziehung betrifft. Der hebräische Ausdruck ist doppeldeutig: V.17a könnte auch »mein Geist ist meiner Frau fremd« übersetzt werden. Wie immer, der negative Kontext ist eindeutig. Das physische »Sich-nicht-mehr-riechen-Können«, der physische Ekel lassen einen tiefen psychischen Riss zu Tage treten. Seinen Allernächsten ist er zum Abschaum geworden. Der Einwand, Ijobs Kinder würden doch nicht mehr leben, zieht nicht infolge der allgemein (formelhaft) gehaltenen Darstellungsweise.

– *V.18 »Buben«*
Das hebräische Wort (nur noch 16,11 in Parallele mit den Frevlern und 21,11 »ihre Jugend«?) ist nicht eindeutig zu klären. Eine arabische Wurzel lässt an »Schmarotzer« denken, an Leute, die – wie das »Testament Hiobs« ausführlich zu schildern weiß – nichts haben, aber von der Güte und Gunst des reichen Ijob leben. Sie wären ihm jetzt Hilfe schuldig und könnten sich erkenntlich zeigen. Aber auch sie wenden sich ab.

– *V.19 »Männer meines Vertrauens und Menschen, die ich liebe«*
V.19 schließt diese Klage summarisch ab. Alle (!), die im Freundeskreis – so die Assoziation des hebräischen Textes – mit ihm zusammen waren und denen seine Liebe gilt, verabscheuen ihn, ja sie wenden sich sogar gegen ihn – durch Worte? Anschuldigungen?

– *V.20:* Ein einziger Vers bringt nochmals Ijobs physischen Zustand zur Sprache: Infolge des schwierigen hebräischen Textes gehen die Übersetzungen oft weit auseinander. V.20a meint nach weithin allgemeiner Auffassung den Tatbestand: Ijobs Körper ist derart zusammengeschrumpft, dass er nur noch »aus Haut und Knochen« besteht. Enigmatischer ist die Ausdrucksweise der zweiten Vershälfte »ich entkomme / bin entkommen mit der Haut meiner Zähne«, so der wörtliche Text (die EÜ lehnt sich an die Vulgata an: »derelicta sunt tantummodo labia circa dentes meos« – »übrig sind nur die Lippen um meine Zähne«). Diese im Deutschen völlig unverständliche Wendung hat in den englischen Sprachgebrauch in der Phrase »escape by the skin of one's teeth«, d.i. »mit knapper Not davonkommen«, Eingang gefunden. Berühmt ist die Phrase geworden durch Th. Wilders Theaterstück »The Skin of Our Teeth« (»Wir sind noch einmal davongekommen«), in dem es um Überleben und Überlebenschancen der Menschheit geht (Hinweis bei Ebach I 158). »Mit knapper Not entkommen« bringt allerdings an unserer Stelle nichts.

Sowohl das Verb »entkommen« (bzw. »entrinnen«) wie auch das Wort »Haut« lässt aber zurückdenken an die Rahmenerzählung: Viermal begegnet »ich bin entronnen« im Munde des jeweiligen Boten, der die Unheilsbotschaft bringt und der sich als einzig Überlebender vorstellt (2,15.16.17.19). Die Boten sind entronnen, um etwas zu berichten (zu sagen). Trifft dieser Duktus auch für Ijob zu? Ist auch er ein Entronnener, um etwas mitzuteilen? Zum Zweiten: »Haut um Haut« lautete Satans »Maxime des Tauschhandels« (R. Kessler) im Gespräch mit Jhwh (2,5). Der Handel ist solange möglich, solange die »Ware« reicht. Sobald sie fehlt, fällt auch der Handel. Nun gibt aber die Wortkombination »in / mit der Haut meiner Zähne« absolut keinen Sinn, da logischer Weise die Zähne mit Haut nichts zu tun haben. So bleibt die Möglichkeit, diese textkritisch unanfechtbare Kombination als Paradoxon zu lesen – als eine paradoxe Redeweise, um zu sagen »nichts«, und als eine, die es zugleich schafft, den größeren Kontext der Ijob-Dichtung mit einzubeziehen. Als sinngemäße Übersetzung ergibt sich dann » ... I have escaped with [or am left with] nothing« (NIB 477). Soweit also ist Ijob: Er hat nichts – nichts zu verlieren und nichts anzubieten.

(D) Wunsch und Vertrauensäußerung (VV.21f.23-29)
Doch ich weiß, mein Löser lebt ...

(1) Zunächst wendet sich Ijob mit einem Hilfeschrei an die Freunde (VV.21f).

Im üblichen Ablauf der Klage wäre ein Hilferuf an Gott zu erwarten (z.B. Ps 6,3; 41,11; 57,2), dass er sich »erbarme« und dass er doch so oder so eingreifen möge. Ijob wendet sich mit demselben Wort überraschender Weise an seine Freunde, die auch vom Terminus her nicht zu den oben aufgezählten Beziehungen gehören. Er spricht sie direkt an: »ihr, meine Freunde«, so wie der Beter sonst Gott anspricht. Die Verdoppelung des Hilferufes verleiht dem Ganzen eine besonders dringliche Note. Aber die Rollen sind vertauscht: Die Freunde nehmen den Platz ein, der üblicherweise Gott vorbehalten ist, während Gott den Platz einnimmt, den üblicherweise der Feind des Beters einnimmt. Wenn Ijob schon Gott nicht auf seiner Seite weiß, so sollen doch die Freunde in die Bresche springen. Mitmenschliches Erbarmen contra unberechenbares Handeln Gottes? »Dem Aufleuchten solchen mitmenschlichen Erbarmens quasi gegen Gottes Willen schon an dieser Stelle wurde in der Auslegung bisher noch nicht genügend Rechnung getragen« (Strauß 15).

Der Grund des Hilfeschreies ist ja Gott, bzw. die Hand Gottes (als Symbol für sein tätiges, zumeist machtvolles Eingreifen in positiver oder negativer Form vgl. Ex 8,15; 1 Sam 5,6). Sie hat Ijob getroffen (dieselbe Wortwurzel begegnet in der Ankündigung der Tötung der Erstgeburt Ex 11,1). Der Appell an die Freunde sollte bewirken, dass sie ihrerseits nicht noch zusätzlich sein von Gott allein verursachtes Leid mehren. Ihre Worte, ein immer sich wiederholendes Thema, die bei ihm die Verschuldung seines bösen Zustandes suchen, bereiten ihm zusätzlich Schmerz. Eine nicht zu übersehende Spitze birgt der eingefügte Hinweis »wie Gott«: Gott wird sonst bekannt als der Befreier und Retter, hier wird er als Verfolger benannt, eine Rolle, die üblicherweise dem Frevler zukommt. »Satt werden am Fleisch« erinnert an das Bild eines gefräßigen Raubtieres (Verfolger des Beters treten in der Klage häufig als Tiere auf), oder es handelt sich um eine Redewendung wie sie ähnlich in Dan 3,8 (6,25) belegt ist. Für »sie verklagten die Juden« (d. h. verleumdeten) steht wörtlich »sie aßen die Teile der Juden«. Die erste Variante hat den Vorzug. Zudem ist mit dem Wort »Fleisch« eine enge Bindung zu V.20a hergestellt.

(2) Nunmehr wendet Ijob sich mit einem Hilfeschrei an – wen? ...an Gott?

Die Bitte an die Freunde verhallt ungehört. So ist es wohl vom Dichter intendiert, um die Entfremdung und Vereinsamung Ijobs so krass wie nur möglich darzustellen. Er fällt auf sich selbst zurück: Was bleibt, ist nur noch der Wunsch, auch wenn er ein irrealer zu sein scheint. So manches Mal endet eine Klage in einem Wunsch. In der Enge der Klage bleibt dem Menschen mitunter nur die Wahl der Verzweiflung oder der Hoffnung. Die Wunschformel – wörtlich »wer gäbe«? (in Ijob zehnmal gebraucht vgl. 6,8; 11,5; 13,5) – begegnet in V.22 zweimal, um die Intensität des Wunsches zu steigern. Der Wunsch betrifft »meine Worte« (in V.23 textlich genau in der Mitte plaziert). Sie sollen »geschrieben werden« – dann geht es syntaktisch etwas drunter und drüber: »im Buch«, »und eingeritzt werden« – (Versabgrenzung) – »mit einem Griffel aus Eisen und Blei für immer im Felsen herausgehauen werden«. Welche konkrete Vorstellungen dem Dichter vorschweben, ist schwer zu sagen. Zunächst ist wohl daran zu denken, dass seine Worte in einem Buch (einer Rolle) niedergeschrieben werden sollen. Als Steigerung kommt die Vorstellung von einer Felseninschrift hinzu: Die Buchstaben werden mit einem Griffel herausgemeißelt und dann mit Blei ausgegossen, um sie weithin sichtbar zu machen. Diese Methode ist durch Inschriften aus der beginnenden Perserzeit durchaus belegt (vgl. Fohrer 317). Wird durch die Niederschrift an sich bereits die »Flüchtigkeit« des Wortes konserviert und ihm Dauer verliehen, so gilt das erst recht von einem in den Fels gehauenen Wort. Aber auch Ijobs Worte – wie die der Propheten – sollen nicht aufgeschrieben werden, um sie lediglich als Erinnerung der Nachwelt zu erhalten. Vielmehr wohnt ihnen ein Appell inne, der jeder Generation aufs Neue gilt und der von jedem Menschen je eigens wahrgenommen und durchlebt werden muss. Nur – welche Worte sind mit »meine Worte« gemeint? Sind es ganz bestimmte wie etwa die folgenden? Oder beziehen sie sich auf alles, was Ijob gesagt hat, auf seine ins Wort gebrachte Situation insgesamt? Wahrscheinlich beides, da das eine ohne das andere nicht zu denken ist.

(3) Gibt es ein Licht am Ende des Tunnels?
Die VV.25-27 gehören gewiss zu den bekanntesten Versen des Ijob-Buches wenn nicht des Ersten Testamentes insgesamt (s. Exkurs »Der Löser«).

Zunächst gilt es festzustellen, dass die Mehrzahl der Begriffe semantisch positive Konnotationen aufweisen: »wissen«, »Löser«, »leben«, »aufstehen« .... Zu Recht hat man deswegen diesen Part im

Zusammenhang der Klage als »Vertrauensäußerung« qualifiziert, als Moment der Zuversicht in aller Bedrängnis (vgl. z.B. Ps 7,11; 12,8 »Der Herr wird uns behüten ... und uns für immer erretten, auch wenn die Frevler frei umhergehen und unter den Menschen die Gemeinheit groß wird«). Nach der hebräischen Textvorlage ergibt sich in etwa folgende Übersetzung:

Ja, ich bin mir gewiss: mein Löser lebt.
Ja, zuletzt wird er auf Erden sich erheben.
Ja, nachdem man meine Haut mir so zerfetzt.
Ja, in meinem Fleisch werde Gott ich schauen.
Ich bin es – ich werde schauen für mich –
meine Augen werden sehen und nicht ein Fremder.
Danach sehnt mein ganzes Herz sich in der Brust.

Der von Ijob in 16,19ff ausgesprochene Wunsch findet in der hier formulierten Vertrauensäußerung seine innere Gewissheit. Wenngleich die Unschärfe der Begriffe eindeutige Festlegungen nicht zulässt, so ist der Hoffnungs- und Zuversichtscharakter dieser Formulierung unverkennbar. Ijob ist – trotz allem – davon überzeugt, dass einer da ist, der für ihn einsteht. Wenn es auch nicht direkt ausgesprochen ist, so kann niemand anderer als Gott selbst gemeint sein (s. Exkurs: »Der Löser«). Trotzdem bleibt nicht ausgeschlossen, dass sehr wohl eine gewisse Distanzierung angedeutet ist. Und doch – der ferne Gott bleibt die einzige Rettung. Ebenso ist Ijob davon überzeugt, dass »sein Löser« hier auf Erden sich rühren wird. Denn hier ist sein Platz, der Ort seiner erlebten Freuden und der seiner furchtbaren Leiden. In all seiner Gebrechlichkeit wird er »seinen Löser« erleben, aber im Hier und Jetzt. Wenn NIB (479) im Anschluss an andere englische Kommentatoren formuliert, es sei Ijobs feste Überzeugung, dass »a redeemer will arise and vindicate him after his death«, so wird dabei übersehen, dass Ijobs Hoffnung nur innerhalb seiner Lebenszeit Sinn macht. Würde Ijob ohne die »Erfüllung« dieser Hoffnung dahinsiechen, würde dies die Freunde automatisch ins Recht setzen. Der/dem damaligen (nicht dem heutigen) LeserIn bliebe kaum eine andere Alternative als Ijobs Sterben im Sinne der Freunde zu deuten. Im Fall Ijob ist Dringlichkeit angesagt und kein Aufschub geduldet. Der Text unterstreicht diese Dringlichkeit durch die Betonung der 1. Person: »Ich« und »mein«

kommen im hebräischen Text zusammen zwölfmal vor! Der Gegensatz zum »Fremdsein« (vgl. VV.13.15) wird damit aufgehoben. Es geht für Ijob um »Sein oder Nichtsein«. Genau das muss sich aber wahrnehmbar und sichtbar bewähren. Damit eröffnet der Text eine Spannung, die sowohl Ijob wie alle Beteiligten lange aushalten müssen, bis sie endlich in 42,5 geschlossen wird.

Ganz abgesehen von der Wirkungsgeschichte dieses Textes stellt er zweifellos einen Höhepunkt im Gesamtgefüge des Buches dar. Nirgendwo sonst ist Hoffnung wider alle Hoffnung so stringent formuliert.

Der Löser

1. Zum Begriff des »Lösers«

Der zentrale Begriff dieses Textabschnittes *go`el*, meist mit »Löser« übersetzt, hat seinen profanen Ursprung in der Rechtssprache und zwar im Sippen- bzw. Familienrecht. Er bezeichnet den jeweils nächsten Verwandten, dessen Pflicht es ist, für den in eine Notlage geratenen Familienteil einzustehen, um dessen Rechte zu wahren. Dadurch wird der Verarmte vor der Willkür und Macht eines Überlegenen geschützt.

Solche Situationen waren gegeben im Fall
(a) von Mord: Der »Löser«, in diesem Fall der »Bluträcher«, hatte durch seine »Rache« das Gleichgewicht im Verhältnis der Sippen wiederherzustellen und damit zugleich ein weiteres Morden, das eine Kettenreaktion auslösen würde, zu verhindern (vgl. 2 Sam 14,11).
(b) von Verschuldung: Für den Fall, dass einer wegen Verschuldung Haus oder Grundstück verkaufen musste, war der jeweils nächste Verwandte verpflichtet, dieses zurückzukaufen, um dadurch den Besitz wiederherzustellen (vgl. 25,25-34). Vor allem trifft dieses Modell für den Fall zu, dass ein Israelit sich einem Fremden verkaufen musste (vgl. Lev 25,47-54).
(c) von Kinderlosigkeit: Dieser Fall ist in gewissem Sinne eine Spezifizierung. Nur in der Geschichte der Rut tritt der »Löser« zugleich als der auf, der verpflichtet ist, der kinderlos gebliebenen Witwe Nachkommenschaft zu zeugen (vgl. Levirat).

Wie immer der Begriff verwendet wird, entscheidend sind folgende zwei Aspekte:

Im Falle des »Lösers« handelt es sich wesentlich um familiäre-verwandtschaftliche Solidarität und es handelt sich um eine schon bestehende, dem konkreten Anlass längst voraufgehende Solidarität.

Diese Begrifflichkeit wurde in der theologischen Sprache – mutatis mutandis – auf Jhwh übertragen und gewann dadurch eine grundlegende religiöse Relevanz. Für die Theologen der Exilszeit (bes. Dtjes und die priesterlichen Kreise) bot er die (!) Möglichkeit, auf dem Hintergrund der geschichtlichen Situation Jhwh neu zur Sprache zu bringen. In der Zeit der Notlage und der Hilflosigkeit der Gruppe wie des Einzelnen erweist sich Jhwh als »haftpflichtiger Verwandter« des Volkes und des Einzelnen, der aufgrund seiner immer schon da gewesenen Solidarität für seine Leute einsteht (vgl. Ex 6,6!!; Jes 41,14; 43,14; 49,7 u.ö.).

Literatur: *H. Ringgren*, *go`el*, in: ThWAT I, 1973, 884-890; *Ch. Frevel*, Rut (NSKK-AT 6), Stuttgart 1992, 103-109; *R. Kessler*, »Ich weiß, daß mein Erlöser lebt«. Sozialgeschichtlicher Hintergrund und theologische Bedeutung der Löser-Vorstellung in Hiob 19,25: ZThK 89, 1992, 139-158.

2. Wer ist der »Löser« in Ijob 19,25ff?

Eine der immer wieder gestellten Fragen ist die nach der Identifikation des »Lösers« in Ijob 19,25ff. Wer ist damit gemeint?

Innertextlich denken manche Ausleger in Anlehnung an 16,18-21 an einen »Zeugen«, »Bürgen« im Himmel, an eine Figur des himmlischen Hofstaates. Oder könnte einer von den »Heiligen« angesprochen sein, wie sie in 5,8 genannt sind, oder vielleicht der fürbittende Engel, den Elihu nennt (33,23f)? Oder begegnet im »Löser« einfach Ijobs personifizierter Schrei nach Gerechtigkeit? Nicht uninteressant ist die engagierte Deutung *E. Bloch*s: Er lehnt die christlich-milde Übersetzung »Erlöser« von vornherein ab und setzt an seine Stelle den Begriff »Rächer«. Eine Gleichsetzung dieses wahren »Rächers«, der »den Mord an einem Unschuldigen mit wirklicher Gerechtigkeit verfolgt und aufhebt«, mit dem Jhwh der Ijob-Dichtung kann nicht in Frage kommen. Gerade diesen »Blut vergießenden Zornesdämon hat er (Ijob) ein für allemal satt«. Er hat vielmehr einen Rächer vor Augen, »der dem Prinzip der Ungerechtigkeit den Prozess macht«, der in einem Reich anzusiedeln ist, »das mit dem eigenen guten Gewissen verknüpft ist ... Dies also ist die vom Hiobdichter intendierte Lösung; und sie zerschneidet die Jachwe-Szene und ihre Abbiegung in eine Natur, worin der Mensch nichts oder noch nichts gilt« (Atheismus im Christentum, Frankfurt/M 1968, 156-159).

Mögen die Gründe zur Annahme einer eigenen »Figur« des »Lösers« durchaus ihre partielle Berechtigung haben, so wird die Identifikation des »Lösers« mit Jhwh selber die einzige angemessene Möglichkeit bleiben. Dafür sind inhaltliche, terminologische und formgeschichtliche Gründe maßgeblich:

- *Inhaltlich:* Angenommene Himmelwesen spielen als selbstständige Subjekte in den Texten des Buches keine Rolle. Die auftretenden »Gottesöhne« und der »Satan« in der Rahmenerzählung sind lediglich literarische Produkte. Den »Heiligen« in 5,1, aber auch dem »Engel«, der in 33,23 als Mittler auftritt, kommt nicht die Bedeutung zu, um das dem Löser zukommende Gewicht tragen zu können.
- *Terminologisch:* Der Begriff *go`el* (»Löser«) wird sehr häufig auf Jhwh bezogen, bietet er doch eine ideale Möglichkeit, gerade in Zeiten der Not und des Ausgeliefertseins Jhwhs befreiendes und solidarisches »Dasein-Für« ausformulieren zu können. Nicht ohne Grund findet sich diese Bezeichnung so häufig in Dtjes und in der Priesterschrift (vgl. oben).
  Desgleichen ist die Prädikation »lebt« (*»chaj«*) eine, die wesentlich Jhwh zugehört, so etwa in der Schwurformel (vgl. Ri 8,9; Rut 3,13; 1 Kön 2,24) oder in der Gebetssprache als Motiv des Vertrauens (vgl. Ps 18,47; 84,3). Schließlich ist man davon überzeugt, dass Jhwh der Herr und der Geber allen Lebens ist. Desgleichen bezieht sich die Formulierung »sich erheben« in der Gebetssprache wesentlich auf Jhwh. Er ist es, der »sich erhebt«, um in der Not für die Beter und

Beterinnen und gegen ihre Feinde einzuschreiten (vgl. Ps 3,8; 7,7; 10,12; 35,2).

– *Formgeschichtlich:* Das ganze Kap. 19 ist von der literarischen Gattung her als »Klage« konzipiert, innerhalb derer die VV.25ff das Element der »Vertrauensäußerung« darstellen. Dieses Moment kann sich aber innerbiblisch nur auf Jhwh beziehen, da der Beter eben sonst niemanden hat, an den er sich wenden könnte. Ijob ist ganz allein auf sich zurückgeworfen (s. z.St.). Er kann sich nur noch an Jahwe wenden. Ferner besteht eine enge Beziehung von 19,27 zu 42,5b, die vom Ijobdichter gewiss beabsichtigt ist (vgl. z.St.).

3. Zur Wirkungsgeschichte von Ijob 19,25-27 am Beispiel bedeutender Übersetzungen

In der Form »Ich weiß, dass mein Erlöser lebt« als Arie aus dem »Messias« von G.F. Händel ist dieser Text vielen unserer Zeitgenossen vertraut. Darin findet der Glaube an den Messias (Christus), der den Tod überwunden und durch seine Auferstehung auch uns die Hoffnung auf Auferstehung verbürgt, einen faszinierenden Ausdruck.

In der Wirkungsgeschichte spielt bei diesem Text die Frage nach der Auferstehung in der Tat eine besonders große Rolle. Es seien hier exemplarisch vier Texte wiedergegeben, die einen bedeutenden Einfluss ausgeübt haben und ausüben. Da die griechische Übersetzung eine eindeutige Option in Richtung Auferstehung offen lässt, wird sie hier nicht eigens angeführt.

(1) Die lateinische Übersetzung des Hieronymus bringt eindeutig den christologischen Bezug und die Hoffnung auf die leibliche Auferstehung in den Text ein. Nach des Hieronymus eigenen Worten hat niemand nach Christus die leibliche Auferstehung so gut bezeugt wie Ijob vor Christus (s. Wirkungsgeschichte).

25 Denn ich weiß, dass mein Erlöser (»redemptor meus«) lebt
und dass ich am jüngsten Tag (»in novissiomo«)
von der Erde auferstehen werde (»de terra surrecturus sim«).
26 Und ich werde wieder mit meiner Haut umgeben

und in meinem Fleisch (»in carne mea«)
werde ich Gott schauen (»videbo«),
27 Ich selber werde Ihn schauen
und meine Augen werden sehen und nicht ein anderer.
Verwahrt ist diese Hoffnung (»haec spes«)
in meiner Brust (»in sinu meo«).

(2) Im Wesentlichen ist M. Luther der lateinischen Tradition gefolgt. Seine Übersetzung (Ausgabe von 1545) lautet:

(25) ABER ICH WEIS DAS MEIN ERLÖSER LEBET
UND ER WIRD MICH HERNACH AUS DER ERDEN AUFFWECKEN.
(26) UND WERDE DARNACH MIT DIESER MENER HAUT UMGEBEN
WERDEN UND WERDE IN MEINEM FLEISCH GOTT SEHEN.
(27) DEN SELBEN WERDE ICH MIR SEHEN UND MEINE AUGEN
WERDEN JN SCHAWEN UND KEIN FREMDER.

(3) Die EÜ hat einen Kompromiss versucht, der darin besteht, dass sie einerseits die eindeutige Auferstehungshoffnung der lateinischen Übersetzung aufgenommen hat, den »materiellen« Aspekt der Auferstehung aber, der bei Hieronymus sehr deutlich zum Tragen kommt, zurückstellt.

(4) Der Text nach der in der evangelischen Tradition stehenden Elberfelder Bibel (Ausgabe 1993) lautet:

25 Doch {ich} weiß: Mein Erlöser lebt; und als der letzte wird er über dem Staub stehen.
26 Und nachdem man meine Haut so zerschunden hat, werde ich doch aus meinem Fleisch Gott schauen.
27 Ja, {ich} werde ihn für mich sehen und meine Augen werden <ihn> sehen, aber nicht als Fremden. Meine Nieren verschmachten in meinem Innern.

(4) Ijob wendet sich nochmals den Freunden zu (VV.28f)

Unvermittelt wendet sich der Schluss wieder den Freunden zu und knüpft an V.22 (»verfolgen«) und indirekt an den Beginn 19,2-5 an. Doch ist Ijobs Sprache eine andere geworden. Es ist nicht mehr die flehentliche Bitte eines, der sich an den letzten Strohhalm klammert. Vielmehr scheint die in den VV.25ff geäußerte Zuversicht ihn selbst verändert und gestärkt zu haben. Die folgenden Worte legen Gewissheit und Selbstsicherheit an den Tag. Den Freunden wird unterstellt, dass sie darauf aus sind, Ijob beizukommen, indem sie die Wurzel allen Übels in ihm selber zu finden trachten. So nimmt Ijob ihr Reden und Argumentieren wahr. Wenn aber die Situation Ijobs ans Licht kommt, wie sie wirklich ist, dann werden die Freunde einsehen müssen, dass sie an Ijob Unrecht getan haben. Deswegen sollten sie sich fürchten vor dem drohenden »Schwert«. Im Zusammenhang kann es nur als Bild für das »richtende Wort« Gottes gemeint sein (vgl. Jes 49,2; Hebr 4,12). V.29b stehen »Zorn« (wörtlich »Hitze«), »Sünden«, »Schwert« unverbunden nebeneinander. Assoziativ ergibt sich daraus eine logische Abfolge: Zorn (unüberlegtes Reden, vgl. 5,2) führt zu Sünde und Sünde zu Rechenschaft. Sie werden dann zur Kenntnis nehmen müssen: Es gibt ein Gericht. Nicht von vornherein ist die Möglichkeit auszuschließen, statt *»scha-din«* (»es ist ein Gericht«, in etwa der hebräische Text) *»schaddájjin«* (Gottesbezeichnung, meist übersetzt als der »Allmächtige«) zu lesen, was soviel bedeutete wie: Dann würden sie Gott als letzte richterliche Instanz kennen lernen.

Resümee

Ijob wehrt sich gegen das Frevler-Image, mit welchem Bildad ihn bedacht hat. Wieder betont er, dass Gott ihn niederdrückt. Das sollten die Freunde doch endlich begreifen. Dazu kommt ein neuer Gesichtspunkt des Leidens: Gott hat ihm, Ijob, seine Familie, seine Vertrauten und Freunde entfremdet. Er ist in der absoluten Isolation gelandet. Und wieder: In der äußersten Klage erscheint ein Funke Hoffnung. Er ist davon überzeugt, dass es einen »Löser« für ihn gibt, einen, der zu ihm steht.

Ob Ijob selber konkret weiß, wer dieser Löser ist? Hat der Ijob-Dichter diese Unschärfe nicht bewusst intendiert? Ist es überhaupt möglich, in einer so extremen Not klar zu denken? Und doch gibt es Menschen, die nicht mehr ein und aus wissen, aber trotzdem zutiefst überzeugt sind, dass ihnen »von irgendwoher« und »irgendwie« eine Hilfe zuteil wird, dass es »irgendwie« weitergeht.

Ijob 20: Die zweite Rede des Zofar (zweiter Redegang)

Übersicht und Struktur:

(A)	***Ich muss reden –*** Entgegnung (VV.2-3)
(B)	***Nur kurz währt der Frevler Jubel, einen Augenblick nur des Ruchlosen Freude –*** Lehrrede (VV.4-28)

Nach einer Redeeinleitung im Sinne einer Entgegnung (A) erfolgt eine ausführliche Lehrrede über das Schicksal des Frevlers in vier Abschnitten (B): (1) VV.4-9; (2) VV.10-14; (3) VV.15-22; (4) VV.23-28 und ein Schlusssatz V.29.

(A) Entgegnung (VV.2-3)
Ich muss reden.

Zofar wendet sich direkt an Ijob: »Darum« und »deswegen« hat das vorher Gesagte im Blick. V.2 spricht von »grübelnden Gedanken« (EÜ »Erregung«), die ihn veranlassen zu erwidern. Dieselbe Vokabel begegnet auch in 4,13 im Zusammenhang mit der nächtlichen Offenbarung des Elifas. Ob diese Verbindung indirekt meint, auch die »Gedanken« Zofars gehörten in den Bereich göttlicher Mitteilung, kann nur vermutet werden. Das allerdings wäre ein Grund, dass sie kundzutun keinen Aufschub duldet (V.2b). »Zurechtweisung« (EÜ »Rüge«) ist ein in der Weisheitsliteratur durchaus positiv besetzter Begriff, zumal dann, wenn sie von Gott kommt (vgl. 5,17), aber Ijob – so der Vorwurf – benützt diese äußere Form, um die Freunde zu beleidigen. Das mag allgemein gelten oder sich auf Ijobs Warnung beziehen, sie möchten doch ihre Rede im Zaum halten, um nicht dem Gericht zu verfallen (19,29). Was Zofar hingegen zu sagen hat, ist von der »Einsicht« her begründet, d.h. es ist wohl abgewogen und durchdacht, letztlich von der »Weisheit« (Weltordnung) her diktiert.

(B) Lehrrede (VV.4-28)
Nur kurz währt der Frevler Jubel, einen Augenblick nur des Ruchlosen Freude.

(1) VV.4-9: Des Frevlers Glück währt nur vorübergehend.
Zofar zitiert eine der Grundwahrheiten seines Weisheitsgebäudes, welche freilich nicht seine Erfindung ist, sondern welche in der Weltordnung grundgelegt ist. Im Grunde handelt es sich gleichsam um eine Binsenweisheit, die jedem Menschen von Natur aus mitgegeben ist. Solange es Menschen gibt (vgl. Dtn 4,32), gilt dieser Satz: »Kurz nur währt der Frevler Jubel, einen Augenblick nur des Ruchlosen Freude«. Dieser im hebräischen Text prägnant gestaltete synonyme Parallelismus unterstreicht seinen apodiktischen Charakter zusätzlich durch die Struktur des Nominalsatzes. Jedes Wort sitzt unverrückbar fest. »Nicht weit her« ist es mit dem Lachen der Frevler. Die beiden gebrauchten Begriffe »Frevler« (*rascha'*) und »Ruchlose« schließen alle »Bösen« zusammen. Die hier angesprochene Thematik begegnet ausführlich auch in Ps 37,2.10.36 bzw. in Ps 49,14ff.

Die Realität dieses Satzes wird nun in verschiedenen Überlegungen und Bildern ausgemalt und entfaltet. Es kann schon sein, dass der Frevler in seinem Übermut nach den Sternen greift (V.6). Solche Beispiele sind bekannt. Sie haben immer im Desaster geendet. Der Mensch, der sein wollte wie Gott, musste erkennen, dass er »nackt« (Gen 3,5.7) ist. Das frevelnde Unternehmen, sich einen Turm zu bauen, dessen Spitze in den Himmel reicht, in der Absicht Gott zu entthronen, endete in Isolation und Sprachlosigkeit (Gen 11,1-9). Der stolze König, der dachte, seinen Thron über den Sternen aufzuschlagen, über die Wolken hinaufzusteigen, um dem Höchsten zu gleichen, ist jählings ins Reich des Todes hinabgestürzt und blieb ohne Begräbnis – wie ein verachteter Bastard (vgl. Jes 14,3-22; Ez 28,11-19).

Die Flüchtigkeit des Glücks des Frevlers erweist sich darin, dass nichts mehr von ihm übrig bleibt. Es ist, als ob er nie gewesen wäre. Damit tritt genau das ein, wovor der Mensch (nicht nur der der Antike) solche Angst hat: in der Vergessenheit zu verschwinden.

Wie Exkremente, die man – aus hygienischen und kultischen Gründen – so schnell wie möglich und so gründlich wie möglich beiseite schafft (vgl. 1 Kön 14,10), so ist es mit dem Frevler selbst. Das Possessivsuffix (»sein« Kot) kontrastiert krass des Frevlers Trachten nach den Sternen. Die Wendung »für immer« klingt in diesem Zusammenhang geradezu zynisch. Denn auf »für immer zu leben« konzentriert sich doch des Menschen Sehnsucht. Eben mit diesem »für immer« ist es »für immer« vorbei. Es gibt keine Spur mehr von ihm. Der Schwerpunkt der Bilder liegt auf dem »Sehen«. Drei Verben für »sehen« werden gebraucht, wobei das in V.10a vorkommende nur noch in 28,7 und Hld 1,6 vorkommt. Nachtgesichte und Träume können als Bilder der Flüchtigkeit dienen. Man wähnt sie als wirklich, am Morgen aber sind sie nicht mehr da oder man hat sie überhaupt vergessen. Das spricht allerdings nicht gegen die anderen Orts zu Tage tretende Auffassung, dass Träume Mitteilung des Willens Gottes sein können (vgl. die Geschichte vom ägyptischen Josef). Die Motive freilich sind nicht neu, vgl. 7,8; 8,18; Ps 37,10.

(2) VV.10-16: Des Frevlers »Gut« gereicht ihm in Wahrheit zum Tod.

Während Bildad in seiner Schilderung dem Frevler jede Nachkommenschaft abspricht (vgl. 18,19), werden hier zumindest Söhne genannt. Diese haben allerdings ein schlechtes Schicksal, da sie bei den Armen (um Gunst) betteln müssen. V.10b dürfte die Begründung liefern.

V.11 wirkt wie nachgetragen. Vielleicht hat die Rede von den Söhnen eine Assoziation an Jugend ausgelöst. »Seine Gliedmaßen« (wörtlich »seine Gebeine«) – als Ausdruck für den ganzen Körper – strotzen vor Kraft und Jugendlichkeit. Doch Vorsicht! Das scheint nur so. Denn – so müsste man wohl paraphrasierend sagen – ehe man sich's versieht, liegt die ganze Kraft und Jugendlichkeit im Staub. Der Ausdruck kann sich auf den Tod beziehen oder er meint allgemein ein Vergehen bzw. Dahinschwinden.

Die lange Satzperiode wird in V.12 mit »wenn auch« eingeleitet und in V.14 durch den Hauptsatz zu Ende geführt. Das erste Subjekt ist das entscheidende Stichwort: das Böse (*ra'ah*). Dieses wird in Bilder sinnlicher Wahrnehmungen hineinverwoben wie Essen, Trinken, Schmecken ... Dass verleumderische Worte wie Leckerbissen »in die Kammern des Leibes« hinabgleiten, kennt man aus den Sprichwörtern (vgl. 26,22; 9,17; 20,17), desgleichen können Jhwhs Verheißungen für den Gaumen köstlich sein (vgl. Ps 119,103). Das Böse schmeckt süß, wie ein köstliches Bonbon behält es der Frevler im Mund und lässt es sich genussvoll »auf der Zunge zergehen«. Drei Zeitwörter braucht der Dichter, um den Genuss so lange wie möglich wirken zu lassen (V.13). Aber auch dieser Genuss ist trügerisch. Die wahre Wirkung stellt sich bald ein: »Eingeweide-Bauch« und parallel dazu »Natterngift-Natterngift-Viper« – die Wortwahl allein lässt Schlimmes erahnen. Des Frevlers Brot (das Böse), das so süß zu schmecken scheint, zeigt in den Eingeweiden seine wahre Natur (V.14a): es ist Natterngift. Möglicherweise ist an das Gift einer Kobra gedacht (Fohrer 324). Das Verständnis von V.15 ist schwierig. NIB (485) nimmt an, der Dichter verlasse hier die metaphorische Ebene, um das Böse von V.12 konkret zu benennen (»as economic crime«). (Ungerecht angeeignete) Reichtümer verschlingt der Frevler und deswegen muss er sie wieder ausspeien. Gott treibt sie fort aus seinem Bauch. Für diese Lösung sprechen die gleichen Motive in V.10 und V.18. Anderseits ist beim hebräischen Wort für »das Gut« (EÜ) ganz allgemein an Kraft, Macht und Vitalität zu denken. Damit gäbe es eine Verbindung, wenn auch nicht begrifflich, zu V.11, wo von Jugend und Kraft die Rede ist. D.h. seine Vitalität (seine Manneskraft?), auf die der Frevler so gierig war, muss er ausspeien – Gott selber treibt sie aus seinem Bauch (Körper). Statt dessen saugt er (V.16) Gift ein. »Die Zunge der Viper« (nur noch Jes 30,6; 59,5; Uräusschlange?) steht metonym für »Gift«. Die »Zunge« wird offenbar als Trägerin des Giftes angesehen.

Nicht uninteressant ist der Hinweis (Strauß 29f), hinter den VV.12-14 stünden terminologisch wie vorstellungsmäßig Vorgänge »bei einem sog. Fluch- oder Probeordal« (vgl. Num 5,11-31). Im Falle mangelnder Beweismöglichkeiten gab man dem / der Angeklagten z.B. bestimmte Substanzen ein, an deren Wirksamkeit ein »Gottesurteil« deutlich werden sollte. Überlebte der / die Betreffende ohne Schaden, war seine/ihre Unschuld erwiesen. Andernfalls wurde die Schuld offenkundig. So wirkt auch die Speise (das Böse) des Frevlers. Mag sie zunächst auch gut schmecken, verfehlt sie aber zuletzt doch ihre Wirkung nicht. Das Zugrundegehen bestätigt gleichsam seine Schuld durch Gott selbst.

(3) VV.17-23: Nochmals: Des Frevlers Gut und Gier bringt ihm kein Glück.

Ob der V. 17 als logischer Anschluss an V.16 gedacht ist – durch den vorzeitigen Gifttod kann der Frevler seinen angehäuften Reichtum nicht mehr genießen – oder ob diese Feststellung grundsätzlich gilt, muss offen bleiben. Die hyperbolische Ausdrucksweise, wie sie etwa in den Wendungen »das Land, das von Milch und Honig fließt« (Ex 3,8) oder »zehntausend Bäche von Öl« (Mi 6,7) begegnet, lässt an unvorstellbaren Reichtum denken, den der Frevler aber nicht genießen kann. Die Auswahl der Bilder hat auch eine religiöse Komponente. Denn »Öl«, besonders aber »Milch und Honig« sind Gaben Jhwhs selber, symbolisieren also seinen Segen, den er den Seinen in so reichem Maße zukommen lässt. V.18 ist die Rede davon, dass der Frevler seinen Reichtum / Gewinn zurückgeben müsste. Die Frage ist allerdings – wem? Ferner ist nicht anzunehmen, dass der Frevler dies freiwillig tut. Der Gedanke dürfte wohl sein: Er muss ihn zurücklassen, er selber muss sich von ihm abwenden: Er kann ihn nicht genießen (wörtlich »verschlingen« wie oben V.15) und sich nicht an ihm freuen. V.19 nennt nun konkrete Gründe und Hintergründe, die einerseits zum Reichtum geführt haben und die andererseits das Schicksal des Frevlers erklären: Unterdrückung und Ausbeutung des Armen. Das trifft in den Kern des Jahwh-Glaubens: Denn Unterdrückung und Ausbeutung stehen kontradiktorisch gegen einen Gott, der von allem Anfang an wesentlich auf der Seite der Armen und Ausgebeuteten steht. Gegen Ausbeutung und Unterdrückung kämpfen die Propheten (vgl. Am 5,11f; 8,4-8; Jes 10,1-4; 58,6-10; Jer 22,13-17), predigen die Weisheitslehrer (vgl. Spr 14,31; 19,17) und mit ihnen die Dichter des Ijob (22,5-9; 29,12-17; 31,13-23). Den ohnedies Armen beutet er aus und überlässt ihn seinem Schicksal.

Die VV.20-23 gehören zusammen, da sie durch das Stichwort »Bauch« verbunden sind. In VV.20f wechselt die Metapher des jeweils ersten Halbverses mit der Sachebene im zweiten Halbvers: »Ja, er kennt kein Genug (wörtlich »Ruhe«) in seinem Bauch – aber in seiner Gier kann er sich nicht retten. Nichts entgeht seiner Gefräßigkeit – darum hat sein Glück keinen Bestand.«

V.22 bleibt auf der Sachebene: »Trotz vollen Überflusses kommt er in Not« (wörtlich »wird ihm eng«), die ganze Wucht des Elends fällt ihn an. V.23 kehrt wieder in die Metaphorik zurück: Vor lauter Gier konnte der Frevler seinen Bauch nicht voll kriegen (VV.20a.21a), jetzt wird Gott seinen Bauch füllen. »Gott« wird ausdrücklich nicht genannt. Die Verbformen in der dritten Person sing. lassen kaum eine andere Deutung zu. Die »Gaben« Gottes sind solche, die dem Frevler »gerecht« werden: Er schickt die Glut seines Zornes und lässt auf ihn »seine Speise« regnen. Der hebräische Text ist im letzten Halbvers (V.23) nicht mit Sicherheit wiederzugeben. »Seine Speise« könnte in diesem Zusammenhang »Feuer und Schwefel« meinen (vgl. Ps 11,6) und zugleich sarkastisch auf das »Manna« anspielen (vgl. Ex 16,4). Für den Frevler pervertieren sich die Gaben Gottes. Manche Ausleger korrigieren den hebräischen Text und lesen z.B. »und lässt auf ihn Verderben regnen« (so Fohrer 324.326).

(4) VV.24-28: Grauenvoll ist des Frevlers (vorzeitiges) Ende.
V.24 bringt (elliptisch) Motive aus dem Kampf: Dem angreifenden Krieger im »Panzerhemd« (vgl. 1 Sam 17,5) kann er noch entkommen, da trifft ihn schon der Pfeil des ehernen Bogens. Beim »Panzerhemd« dürfte es sich um den sog. »Muskelpanzer« handeln, »wie er sich später als Kettenpanzer oder Panzerhemd bei den Römern findet« (Fohrer 332). V.25 kann als Fortsetzung des Bildes angesehen werden (EÜ ist sehr frei; »Gottes Geschoss« fehlt im hebräischen Text). In Anlehnung an V.24 ist wohl gedacht: Er versucht das Geschoss herauszuziehen. Aber es gibt keine Überlebenschance, denn es sitzt im Rücken und gar (»Blitz« als Bild für die blanke Pfeilspitze?) in der Galle (»Galle« wie auch »Nieren« gelten als Sitz des Lebens). Damit gibt es keine Rettung mehr. Nur noch »Schrecken« kommen über ihn, die hier als Begleiter des Todes gedacht sind. Sogar Naturgewalten und kosmische Kräfte greifen ein: Finsternis-Feuer // Himmel-Erde // Flut-Wasserströme. »Jegliche« (!) Finsternis ist aufgespart. Es könnte auch »als sein Schatz« übersetzt werden, was besonders zynisch klänge. Finsternis hat hier mythische Konnotationen. Man denkt an Chaosmächte und zerstörende Kräfte. Feuer frisst ihn auf. »Nicht entfacht« wird hier zu Recht als passivum divinum gelesen. Hinter dieser Aktion steht Gott selber. Es bleibt von seinem Zelt nichts mehr übrig. Himmel und Erde fungieren des Öfteren als Zeugen (Dtn 32,1; im Rechts-

streit Jhwhs mit seinem Volk Jes 1,2; Mi 6,1f). Hier treten sie als Belastungszeugen gegen den Frevler auf. Wenngleich V.27 nicht eindeutig ist (das Wort für »Flut« könnte auch im Sinne von »Produkt«, »Besitz« verstanden werden), dürfte die EÜ doch auf der richtigen Linie sein, wie der Kontext nahe legt. Flut und Wasserströme gehören auch in den Bereich der mythischen Chaosmächte, sind Bilder für Zerstörung und Tod. Alle Mächte sind zur Vernichtung des Frevlers versammelt – am Tag des Zornes. Der »Tag des Zornes« ist eine geprägte Wendung für den göttlichen Gerichtstag (»dies irae« vgl. Ez 7,19; Zef 1,15; Ijob 21,30).

Der Schlusssatz (V.29) fasst noch einmal in aller Deutlichkeit zusammen, worum es geht: »Anteil« und »Erbe« sind von Haus aus positive Begriffe und meinen oft Jhwh als den gütigen Geber mit (vgl. Ps 16,5). Aber für den Frevler gibt es keine positiv besetzen Begriffe. Ihn erwartet die totale Vernichtung. So ist es von Gott her unumstößlich beschlossen.

Resümee

In ungemein drastischer Weise beschreibt der Dichter in dieser Zofarrede das Schicksal des Frevlers. Sie hat mit Ijob nur noch am Rande zu tun. Sie wird mit einem Anspruch auf allgemeine Gültigkeit (VV.4.29) ausgesprochen apodiktisch formuliert. Selbst was einem Außenstehenden noch positiv erscheinen könnte wie Jugendkraft und Besitz, bedeutet und bewirkt für den Frevler nur Not und Tod. Die ganze Welt mit all ihren Kräften verschwört sich gegen den Frevler. Die Pragmatik einer solchen Rede liegt nur allzu offensichtlich auf der Hand. Entweder soll sie Ijob als letzte Warnung für seine Situation begreifen oder, was sogar wahrscheinlicher ist: Da nach Zofars Ansicht die wohlmeinende Mahnung seiner ersten Rede (Kap. 11) nichts gefruchtet hat, muss Ijob in dieser Rede die Erklärung seiner eigenen Lebensgeschichte wiederfinden. Für Zofar ist der Fall klar, er hat ausgeredet. Der Dichter weiß ja, dass er in der Tat nicht mehr reden wird.

Wiederum ist die Leserin und der Leser aufgefordert, Stellung zu beziehen. Zofar argumentiert mit dem Brustton der Überzeugung. Aber macht er sich nicht dadurch zum Zerrbild seiner selbst? Die Streitrede nimmt eine Richtung, die sich vom eigentlichen Problem mehr und mehr entfernt und die sich zugleich mehr und mehr verselbstständigt.

Ijob 21: Die siebte Rede des Ijob (dritter Redegang)

Übersicht und Struktur:

(A)	***Wendet euch mir zu und erstarrt –*** Entgegnung (VV.2-6)
(B)	***Warum geht es den Frevlern gut –*** Problemrede (VV.7-21)
(C)	***Eure Lehren taugen nichts –*** Problemrede (VV.22-34)

Ijob fordert seine Freunde mit Nachdruck auf zuzuhören. Denn was er jetzt zu sagen hat, wird Entsetzen und Schock auslösen (A). Es geht um das Problem: Den Frevlern geht es prächtig. Was bringt also »Gottesfurcht« (Religion), wenn die, die von Gott nichts wissen wollen, in besten Verhältnissen leben? Zum anderen stellt sich parallel die Frage, ob es denn generell wirklich zutrifft, dass die Frevler glücklich leben (B). Eine einfache Lösung (den Guten Gutes, den Schlechten Schlechtes), wie sie die Freunde vorbringen, taugt jedenfalls nicht. Die Wirklichkeit spricht eine andere Sprache (C).

(A) Entgegnung (VV.2-6)
Wendet euch mir zu und erstarrt!

Mit dieser Rede eröffnet Ijob den dritten Redegang. Sie schließt thematisch direkt an die Rede Zofars über das Schicksal der Frevler an.

Ijob wendet sich mit einer intensiven (Verdoppelung) Aufforderung zum Hören direkt an die Freunde. »Das wäre ...« (V.2b) kann sich auf Ijobs »Wort« beziehen oder auf die Aufforderung als solche. Beides ist wohl mitzudenken. Das Zuhören allein ist für Ijob bereits eine Tröstung ihrerseits. Dazu kommt aber auch das, was er zu sagen hat. Im »Hören« geht es nicht nur um akustische Wahrnehmungen, sondern es bedeutet ein Auf- und Annehmen des Gesagten. »Ertragt mich« (V.3) ist nicht nur eine Bitte, Geduld aufzubringen, sondern impliziert zugleich, dass das, was Ijob zu sagen hat, in der Tat nicht leicht zu ertragen ist. Die Freunde sollten jedenfalls Rede und Inhalt auf sich nehmen, erst dann können sie spotten, wobei es kaum um ein Lächerlich-Machen geht, sondern das

Moment der Ablehnung die größere Rolle spielt (vgl. Ps 22,8). V.4a ist als Frage formuliert, die mit »nein« zu beantworten ist. Sehr pointiert steht »ich« am Beginn – im Sinne »Und was geschieht mit mir? – Ich richte ja nicht an einen Menschen meine Klage / mein Bedenken«, zu ergänzen: »vielmehr an Gott«. V.4b »Und warum sollte mir da nicht unbehaglich (‚mulmig') zumute werden?« (wörtlich »mein Geist wird kurz«, vgl. zu dieser Redewendung Num 21,4; Ri 10,16; 16,16). Beide Fragen weisen darauf hin, dass es im Folgenden um Wichtiges, vielleicht sogar Gefährliches geht. Solches zu äußern löst im Menschen allemal Verunsicherung aus. In V.5 ergeht nochmals an die Freunde der Appell, sich ihm zuzuwenden, ihm mit ihrer ganzen Person Gehör zu schenken (vgl. 6,28, wo dieselbe Wendung eine Wende in den Freunden selber bewirken sollte) und zu »erstaunen und zu erschrecken«. Die Wendung »die Hand auf den Mund legen« bedeutet ganz neutral »schweigen«. Sie kann den Unterton von Respekt (29,9) oder den Aspekt von Sich-Zurücknehmen, Zur-Einsicht-Kommen (40,4; Spr 30,32; Mi 7,16) mit einschließen. V.6 greift das Motiv von V.4 wieder auf: Er selber ist betroffen von dem, was er zu sagen gedenkt. Allein der Gedanke daran versetzt ihn in geradezu physisch spürbare Angst.

Durch diese Redeeinleitung versetzt der Dichter auch den Hörer und die Hörerin (LeserIn) in Spannung. Er/sie muss sich auf etwas gefasst machen, das ihn/sie aus der Fassung bringt. Genau das erfolgt in den VV.7-21.

(B) Problemrede (VV.7-21)
Warum geht es den Frevlern gut?

V.7 bringt das Problem auf den Punkt. Haben die Freunde vorher (vgl. 18; 20) das Glück des Frevlers als Scheinglück dargestellt, haben sie sich den Mund wund geredet, dass der Frevler in keiner Weise Gutes zu erwarten hat und dass sein jähes Ende die totale Vernichtung bedeutet, so formuliert Ijob jetzt die andere Position. Die gestellte Frage ist keineswegs rhetorischer oder akademischer Natur, sie greift mitten hinein ins volle Menschenleben. Sie braucht nicht nach Beweisen für ihre Richtigkeit zu suchen, vielmehr ist sie in sich evident. Jede Frau und jeder Mann kann sich davon überzeugen, wenn er und sie nur die Realität »sine ira et studio«, ohne ideologischen Überbau wahrnehmen. Auch für Ijob ist die Frage mehr als ein sachliches Problem, das diskutiert werden kann. Der existentielle Charakter des Problems erweist sich daran, dass das Fragepronomen »warum« nicht nur eine Sachebene anspricht, sondern (wesentlich mehr) als Klage und Anklage zugleich die persönliche Betroffenheit des Fragestellers mit einschließt. Wer so formuliert, leidet.

Es geht um den Typus der »Frevler« (*rescha'im*). Fokussierend wird ihr Schicksal an drei Zeitwörtern festgemacht, wobei das erste durch die zwei folgenden präzisiert wird. Warum haben die Frevler Leben? Es geht nicht nur um ein Lebendig-Sein, welches oft genug auch als Mühsal beschrieben werden kann. Vielmehr handelt es sich um »ein Leben in Fülle«, d.h. es inkludiert ein hohes Alter und es inkludiert Macht (Vitalität, Ansehen, Vermögen). Es dreht sich um eine »vita, qua maior cogitari non potest« (ein Leben, das größer nicht gedacht werden kann). Und das sind die Segnungen, die nach weithin gültiger Meinung, wie sie auch die Freunde vertreten, dem Gerechten und keinesfalls dem Frevler zufallen. Aber genau das Gegenteil trifft zu:

Die Frevler können das Heranwachsen zahlreicher Nachkommenschaft miterleben:

Contra Bildad 18,19; Zofar 20,26.

Ihre Häuser (ihr Besitz) sind in Ruhe und Sicherheit:

Contra Elifas 15,34; Bildad 18,15; Zofar 20,28.

Der Segen Gottes manifestiert sich in der Fruchtbarkeit bei Mensch und Vieh:

Contra Elifas 15,29; Zofar 20,10.22.

Die unmögliche Formulierung der EÜ in V.11 wäre besser zu ersetzen durch: »Sie lassen ihre Kinder laufen wie eine Herde«. Die Assoziation der Freiheit und auch die der Menge (Herde von Schafen und Ziegen) spielt hier mit. Dass Kinder »frei laufen« können, hat heute ja einen ganz anderen Stellenwert als zur Zeit der Ijob-Dichtung. Ungezwungenheit und Freude vermittelt auch die zweite Vershälfte.

Ab V.12 sind dann wieder die eingangs genannten Frevler die Agierenden. Sie können ihre Lebenszeit unbeschwert verbringen. »Musik« hat hier einen eindeutig positiven Klang und ist Ausdruck einer grundsätzlichen Lebensfreude. Zusammenfassend also gilt

(V.13): »Ihre Tage«, d.i. ihre Lebenszeit, die ihnen zugedacht ist, können sie in Glück und Wohlergehen verbringen. Dass sie schließlich ins Totenreich (Scheol) hinabsteigen müssen, ist eine Selbstverständlichkeit. Es kommt nur auf die Umstände an. Frühzeitiges Sterben gilt – für die ältere Weisheit – als Unglück, desgleichen bedeutet langes Leiden und qualvolles Sterben Schande und Gottverlassenheit. Der hebräische Ausdruck »voll Ruhe« (EÜ) in V.13b meint folglich beides: ein Sterben in Ruhe und eines, das »schnell« geht. Darin dürfte der Dichter den Vorstellungen des heutigen Menschen recht nahe kommen. Denn das entspricht den Erwartungen der meisten unserer Zeitgenossen: in Gesundheit alt werden und dann ein schneller, schmerzfreier Tod.

Solche Segnungen werden Frevlern zuteil, Leuten, deren religiöse Haltung in VV.14f ausformuliert wird: »Weiche von uns« (EÜ) ist zwar richtig wiedergegeben, muss aber im Sinne von »lass uns in Ruhe« (»leave us alone«) ergänzt werden. Denn es geht hier nicht um titanisch-prometheische Hybris, die man auch kennt (Jes 14,13), sondern die typische Haltung der Frevler besteht darin, dass sie leben, ohne sich um Gott zu kümmern (vgl. Ps 14,1 = 53,2). Es steht ihnen auch nicht der Sinn danach (»we do not desire to know your ways«), seine Wege zu kennen. Seine »Wege« meint grundsätzlich das, was mit Gott zu tun hat, und schließt zugleich die praktische Seite seiner Gebote und Weisungen mit ein. Der Fromme hingegen hat Freude und Gefallen an den Wegen Jhwhs (vgl. Ps 1,2; 119). V.15 führt den Gedanken noch ein Stück weiter: Da das Verhalten der Frevler offensichtlich funktioniert, stellt sich in der Konsequenz die Frage. »Was – der Allmächtige?« Wenn es sich ohne ihn so gut leben lässt, dann bringt er praktisch für das Gelingen des Lebens nichts ein. Also kann man ihn – wie die Wirklichkeit deutlich zeigt – getrost streichen.

Im Kontext des Ijob-Buches hat diese These eine besonders schwerwiegende Bedeutung. Denn, haben die Frevler Recht – wie es vordergründig zumindest der Fall zu sein scheint – , dann fällt jegliche Argumentation ins Wasser, die Gott ins Spiel bringt, um hiesige Verhältnisse zu erklären oder auch nur zu deuten. Die Freunde – etwas plaktiv formuliert – können sich nicht mehr auf einen Gott berufen, der Ijob ob dessen vermeintlicher Sünden zur Rechenschaft zieht oder ihn auch nur prüft; Ijob kann seinerseits nicht mehr Gott verantwortlich machen, dass er es sei, der ihn – grundlos – in seine schlimme Lage gebracht hätte (zur Thematik vgl. 35,3).

Die Rede vom Glück der Frevler bedeutet also nicht nur die Wiedergabe realer Beobachtungen, d.h. gemachter Wahrnehmungen (vgl. auch Koh!), sondern in der Konsequenz den Zusammenbruch einer Weltordnung. Wenn gut und bös keine Konsequenzen mehr hat, dann ist das Leben einem Belieben und einer Willkür ausgeliefert, in der es sich – für den Gerechten – nicht mehr leben lässt. Wer ist wofür zuständig? Wer bestimmt die Lebensabläufe? Sind nicht in der Konsequenz der Arme und der Schwache ohnmächtige Opfer der Mächtigen und der Starken? Das sind in der Tat erschreckende »Neuigkeiten«, Ijob hatte Recht mit seinen Warnungen (VV.5f).

V.16 bringt in jedem Fall einen Umschwung, der freilich nicht eindeutig bestimmt werden kann. Die Übersetzung macht keine Schwierigkeiten. Aber wie ist der Vers in den Kontext einzuordnen, will man ihn nicht als »erläuternde Glosse« eliminieren (Fohrer 338)?

V.16 kann als zitierter Einwand gelesen werden, den die Gegenseite (wer immer) vorbringt oder den »man« vorbringt: Der Frevler Glück ist nicht in deren Macht. Von solchen Überlegungen (Praktiken) kann man sich nur distanzieren. (NIB 492 interpretiert den Satz »as Job's mimicking of a typical pious platitude«).

Ijobs Antwort darauf bestünde dann in den skeptischen Gegenfragen (VV.17f): Wie oft passiert es denn wirklich, dass den Frevlern (entsprechendes) Unheil widerfährt? Ijob würde damit seine grundsätzliche Aussage vom Glück der Frevler nicht zurücknehmen, sondern lediglich relativieren.

Dann folgt der nächste Einwand von der Gegenseite in V.19a: Mag sein, dass Gottes Gericht am Frevler nicht sofort deutlich wird. Gewiss aber wird es über die Nachkommen hereinbrechen – »Gott spart für seine Söhne sein Unglück auf«.

Darauf erwidert Ijob in den VV.19b-21: Die Rechnung ist nicht in Ordnung. Wenn schon, dann soll das Gericht den Frevler selber treffen. Denn – so wohl V.21 – wenn dieser sein gutes Leben, wie oben beschrieben, hinter sich hat, kann es ihm doch völlig egal sein, was passiert. Dieses Textverständnis geht davon aus, dass hinter den VV.16-21 eine Art indirekter Diskussion steht, in die Argumente eingebracht werden.

Wenngleich (neben anderen) diese Deutung vom inhaltlichen Ablauf her viel für sich hat, wird doch der folgenden der Vorzug zu geben sein (vgl. Groß 80f; bes. Ebach, Hiob II 7f): Die ganze Passage ist als Wort im Munde Ijobs zu verstehen, mit dem er sich selber von dem vorher Behaupteten distanziert. Die Wahrnehmung allein (das Glück der Frevler) kann nicht genügen, um die Wirklichkeit zu erfassen. Die Phänomene bedürfen einer Interpretation, die Ijob – wie seine Freunde – dem Glaubensgut der Tradition entnimmt. Es wird zwar das Glück der Frevler nicht grundsätzlich negiert, aber sehr stark relativiert. Wenn schon, aber letzten Endes hat Gott die Macht über sie. Man sehe sich doch nur um (VV.17f). »Wie oft« hier im Gegensatz zu vorher im Sinne von »fast immer«, nicht im Sinne einer Frage, sondern im Sinne einer Behauptung. Die Formulierungen sind konventionell und der Sprache der Weisheitsliteratur entnommen. »Die Lampe der Frevler erlischt«, vgl. Zofar in 18,5 (Spr 13,9; 24,20). Der Frevler gleicht dem Stroh und der Spreu, die vom Wind verweht werden (vgl. Ps 1,4; 35,5). V.19b ist ein Gedanke, der in den älteren biblischen Texten häufig begegnet. Manche Übersetzungen fügen ein »Es ist gesagt« oder »Ihr sagt«, um ihn als Zitat zu kennzeichnen. Er beinhaltet die Idee, dass Gott eine spätere Generation für die Vergehen einer früheren zur Rechenschaft zieht (vgl. Ex 20,5; 2 Sam 12,13f; Klgl 5,17). Dagegen steht ganz eindeutig die gegenteilige Auffassung von der Verantwortlichkeit jedes Einzelnen für sein Tun. Das bekannte Sprichwort, dass die Väter die sauren Trauben aßen, den Söhnen aber die Zähne stumpf würden, hat in Israel keine Geltung mehr. »Nur wer sündigt, soll sterben« (Ez 18,4!). Die Frevler müssen ihren Untergang selber erleben und Gottes »Grimm« trinken (vgl. Ps 75; Jes 25,15; Hab 2,6). Wie die Frevler den »Wein der Gewalttat« (Spr 4,17) trinken, so müssen sie auch den Zorn Gottes trinken. Es wäre zu kurzsichtig gedacht, in solchen Versen einen rachsüchtigen Wunsch nach Vergeltung herauszulesen. Es geht um das Bestehen einer Ordnung: Unrecht und Freveltat müssen als solche ausgewiesen werden. Gottes Eingreifen, das letztlich für Recht und Unrecht zuständig ist, muss sichtbar werden. Deswegen muss es hic et nunc geschehen. Nur so kann eine moralische, ja letztlich kosmische Ordnung aufrecht erhalten werden. Ijob (die Weisheitslehrer) denkt durchaus pragmatisch.

Damit hat Ijob dargelegt, wie es eigentlich sein sollte, ohne die Inkommensurabilität einer solchen Argumentation ganz zu verschweigen. Denn: Wenn auch die »Lampe der Frevler« fast immer erlischt, so doch nur »fast immer«. Der Stachel im Fleisch bleibt.

(C) Problemrede (VV.22-34)
Eure Lehren taugen nichts!

Genau die Tatsache, dass es dem Menschen nicht möglich ist, das Problem um das Glück der Frevler problemlos zu lösen, führt zu V.22. Der Mensch muss passen. Aber es gibt noch »Erkenntnis« und »Recht« auf einer anderen Ebene, die dem Menschen nicht zugänglich ist – solche Erkenntnis ist allein bei Gott, der über allem steht (vgl. Jes 40,13f). Aus dieser Distanz heraus (Mensch – Gott) wird deutlich, dass »an dieser Stelle der Diskussion *theologische* Grundeinsichten (über die gegenwärtige Wirksamkeit Gottes und die Verantwortlichkeit jedes Lebens vor ihm) auf dem Spiel stehen« (Strauß 48).

Ijob kann wieder nur ins Gespräch bringen, was die Wahrnehmung ihm bietet (VV.23-26), so wie es Koh 2,14f; 9,1ff tut. Zwei Personen und ihr Lebensschicksal werden einander gegenüber gestellt. Ihr gemeinsamer Nenner ist das Sterben, alles andere steht diametral gegeneinander: Glück, Friede, Sorglosigkeit; seine Lenden voll Kraft (Übersetzung unsicher: vielleicht Zeugungskraft als Ausdruck überschäumender Vitalität?), er strotz vor Gesundheit (zur Redewendung vgl. Ps 63,6). Dagegen: bittere Seele (ein durch Leid verbittertes Leben, vgl. 3,20), kein Glück (wörtlich »nicht gegessen / gekostet von der Güte« des Lebens).

Dem redundant gezeichneten Glück des einen steht das lakonisch düstere Los des anderen gegenüber. Zuletzt kommt der Tod – und dann ist nichts mehr (»nichts« nicht philosophisch verstanden). Fürs Erste steht diese Beobachtung ganz neutral. Fürs Zweite – speziell in diesem Kontext – gewinnt der Text dadurch an Schärfe, dass mit dem Glücklichen auf den Frevler, mit dem Unglücklichen auf den Gerechten abgezielt ist. Darin liegt noch einmal eine besondere Provokation. Entfernt mag auch der »Fall Ijob« angesprochen sein.

Die *VV. 27-34* wenden sich wieder den Freunden zu. Ijob kennt ihre Einstellung zur Genüge. Das hier verwendete Wort »denken« hat häufig pejorativen Charakter (vgl. 5,12; Gen 6,5), was der Parallelismus verdeutlicht. Denn »Ränke« (vgl. Ps 10,2.4) sind geradezu typisch für den Frevler und das Wort »sinnt gegen mich« (EÜ) enthält im Hebräischen die Wurzel »*chamás*«, was mit Gewalt und Unrecht zu tun hat. Er fühlt sich durch die Argumente der Freunde »vergewaltigt«. Es wird hier zwar keine konkrete Anspielung gemacht, aber V.28 könnte die Richtung, zumindest einen Aspekt andeuten. Als Gegenargument werfen die Freunde ein: »Wo ist das Haus des Edlen und wo das Zelt, in dem die Frevler wohnen?« Diese Frage bezieht sich unmittelbar auf die wiederholte Aussage der Freunde, dass das Zelt des Frevlers auf keinen Fall Bestand habe (Elifas 5,3; Bildad 18,15ff; Zofar 20,9ff). – Ist Ijob selbst damit nicht auch zum Frevler gestempelt, da von seinem »Zelt« nichts mehr übrig ist? – während Ijob das Gegenteil behauptete (z.B. 21,9). Schwierig ist in V.28 die Parallelisierung von »Edler« und »Frevler«, da das Wort »Edler« für gewöhnlich in positivem bzw. neutralem Sinn gebraucht wird. Ist an Menschen gedacht, die man als »Vornehme« / »Edle« bezeichnet, weil sie Macht und Einfluss haben / hatten, aber zugleich Unheil und Unrecht auslösten? Man denke an manche historische Personen, die den Titel »Groß« erhielten, wie etwa die ägyptischen Pharaonen oder Alexander d. Gr., Herodes d. Gr. Wenn die Freunde keine eigenen Erfahrungen gemacht haben, dass die Häuser der Frevler sehr wohl Bestand haben, dann brauchen sie nur die Reisenden zu fragen. Reisende gelten ob ihrer Erfahrungen als klug (Sir 34,9). Vor allem aber bringen sie Nachrichten aus fernen Ländern und Gegenden mit und erregen allemal die Aufmerksamkeit der Einheimischen. Die können Ijobs Behauptung bestätigen. Ob an Palastanlagen, Grabbauten, Siegesdenkmäler o.ä. gedacht ist (vgl. Groß 83), lässt sich im Einzelnen nicht sagen. Die »Zeichen« sind sicher im Sinne von Beglaubigungszeichen zu sehen, wobei an Souvenirs oder auch an Aufzeichnungen (»Reiseberichte«) irgendwelcher Art gedacht sein kann. V.30 ist keine Subjunktion zu V.29, sondern ein selbstständiger Satz. Die Satzeinleitung (EÜ »dass«) hat ebenso wie in V.28 emphatische Funktion: »ja!«. Die Existenz der Häuser der Edlen/Frevler hat die Behauptung der Freunde, dass es mit dem Frevler jählings aus und zu Ende sei, weil Gottes Gericht ihn träfe, zunichte gemacht. Im Gegenteil: Sie werden ausgespart und verschont am Tag des Unheils. Hat der Weise in Spr 11,4 noch gelehrt, dass Reichtum am Tag des Zorns nichts helfe, so scheint hier das Gegenteil der Fall zu sein. Da ist niemand (auch nicht Gott), der ihre Freveltaten offen legt und sie zur Rechenschaft zieht. Die Folge wäre naturgemäß ein böses Ende. Eben nicht: Der Frevler erhält ein feierliches Begräbnis mit feierlichem Geleit. Das hebräische Wort für »Gruft« (V.32 EÜ) lässt eher an eine Grabanlage mit mehreren Grabkammern denken. Dass man wacht über / an seinem Grab, so die meisten Ausleger, weist auf die Bedeutung des Verstorbenen über den Tod hinaus hin (ganz gegen Bildads Behauptung 18,17). Sogar an regelmäßige Totenopfer und Speisen für den Verstorbenen wurde in der Auslegung gedacht (Fohrer 348). V.33 ist inhaltlich lediglich eine Wiederholung von V.32 (nach dem Schema AB-BA), aber damit auch eine Verstärkung. V.33a schließt gut an den letzten Halbvers an. Da der Frevler (so oder so) Menschen um sich hat, sind ihm sogar die Erdschollen seines Grabes angenehm (wörtlich »süß«). Seine Bestattung ist der Augenblick höchsten Triumphes: Im Leichenzug und um seine Grabstätte sind Menschen ohne Zahl zu seiner Verehrung zusammengekommen. Keine Spur vom ehrlos dahinschwindenden Frevler, an den niemand mehr denkt. Die hyperbolischen Formulierungen »alle Menschen« und »ohne Zahl« parodieren geradezu die Behauptungen der Freunde.

Damit wendet sich Ijob wieder direkt an die Freunde und greift auf V.1 zurück. Die Aufnahme des Wortes »trösten« bildet eine schöne Inklusion, woraus zu ersehen ist, dass solche Formulierungen z.T. rein poetischer Natur sind. Angesichts der eben dargelegten Positionen Ijobs bleiben die »Tröstungen« der Freunde »nichtig« (wörtlich «Windhauch«, das Leitwort des Koh) und ihre Antworten »Trug«.

Resümee

Gegen die Erwartungen der vorigen Kapitel wendet sich Ijob nochmals an die Freunde und bittet um Gehör. Haben die Freunde so eindringlich das böse Schicksal der Frevler dargestellt, so setzt ihnen Ijob nun eine andere Variante über die Frevler vor, die das Denkgebäude der Freunde ins Wanken bringen muss. Es ist gar nicht erwiesen, dass die Frevler immer nur ein böses Schicksal erleiden. Es gibt Frevler, denen es prächtig geht und die Kinder und Reichtum in Menge besitzen. Aber lässt sich selbst diese Auffassung so generell formulieren? Kann man überhaupt Sicheres darüber sagen, dass oder warum es dem einen gut und dem anderen schlecht geht? Alle Lehren, die in dieser Richtung Objektivität und eine quasi dogmatische Gültigkeit für sich beanspruchen, sind letzten Endes »Betrug«.

Ijob 22: Die dritte Rede des Elifas (dritter Redegang)

Übersicht und Struktur:

(A) ***Deine Bosheit ist unendlich groß* –**
Entgegnung (Anschuldigung) (VV. 2-11)
(B) ***Du sagst: Was weiß denn Gott, der so weit weg ist?* –**
Belehrung (VV.12-20)
(C) ***Wende dich voll Vertrauen an Gott!* –**
Belehrung (VV.21-30)

Die Rede des Elifas fällt im Vergleich zu den beiden anderen außergewöhnlich scharf aus. Er beschuldigt Ijob konkreter Vergehen (A). Er wirft Ijob vor, dass er Gottes gerechtes Gericht nicht ernst nehme bzw. in Frage stelle (B). Nochmals fordert er Ijob auf, doch umzukehren, um so Gottes Güte erfahren zu können.

(A) Entgegnung (Anschuldigung) (VV. 2-11)
Deine Bosheit ist unendlich groß!

Die Redeüberleitung (VV.2-5) besteht aus vier Versen, die jeweils als rhetorische Frage formuliert sind. Die ersten drei sind mit »nein«, die vierte mit »ja« zu beantworten. Dass der Schwerpunkt auf der vierten Frage liegt, die ihrerseits das Folgende einleitet, könnte hinter der Struktur des Modells des gestaffelten Zahlenspruches stehen (vgl. Spr 30,15ff.18f): 3+1, d.i. drei Dinge werden genannt, auf das vierte kommt es an. Die Überleitung nimmt nicht direkt auf die vorausgehende Rede Ijobs Bezug, sieht man von der eher losen Verknüpfung zu 21,15 ab, wo Ijob dem Frevler in den Mund legt, dass die Frömmigkeit kaum von Nutzen sei.

Elifas geht von der grundsätzlichen Frage aus: Kann ein Mensch Gott gegenüber / für Gott von Nutzen sein? Eine ähnlich grundsätzliche Frage hatte er in 4,17 im Zusammenhang mit dem »Recht-Sein« gestellt. V.2b bringt gewissermaßen eine Spezifizierung der Frage (gegen EÜ): »Ja, kann ihm gegenüber ein Verständiger (Weiser) von Nutzen sein?« Die für Elifas zu erwartende Antwort kann nur »nein« lauten: auch nicht ein Weiser.

V.3a wechselt in die direkte Anrede an Ijob. »Hat der Allmächtige Gefallen daran, dass du gerecht (*tzaddíq*) bist, – hat er einen Vorteil (Gewinn), wenn du unsträfliche Wege gehst?« Wiederum gilt die Antwort »nein«. Andernorts freilich heißt es, dass Gott sehr wohl »Gefallen« hat , dass ein Mensch »seine bösen Wege verlässt und so am Leben bleibt« (Ez 18,23). Mit ironischem Unterton fragt Elifas, ob denn die Gottesfurcht (hier absolut gebraucht »Furcht« vgl. 4,6!) der Grund dafür sei, dass Gott einschreitet und ihn bildlich vors Tribunal zerrt. Das kann es wohl nicht sein. Der Sinn der ganzen Fragenreihe liegt wohl darin zu zeigen, dass Ijobs Situation von der Willkür Gottes her nicht verstehbar wird. Trifft es zu, dass Ijob »fromm« und »lauter« ist, so ist das keine Sache, die Gott rührt. Dafür hat er weder Positives noch Negatives zu erwarten. Damit bleibt für die Diskussion das Thema »Frömmigkeit« ausgespart. Oder anders: Ijobs Berufung auf seine Frömmigkeit zieht nicht, weil sie in sich kein Argument darstellt. Diese Sicht des Elifas entspricht nicht einmal seiner eigenen Logik (vgl. die VV.21ff; 4,17 u.ö.), doch wird sie hier in dieser Einseitigkeit ausgeführt, um Ijobs »Irrweg« in aller wünschenswerten Deutlichkeit darzustellen (vgl. ntl. »utilis est pietas autem ad omnia« – »Frömmigkeit ist zu allem nütze«, 1 Tim 4,8).

Diese »Fragenpyramide« (Strauß 60) erreicht ihre Spitze in V.5. In einer maßlos übertreibenden Formulierung bringt es Elifas auf den Punkt: »deine Bosheit« – das Markenzeichen des Frevlers (vgl. vorher 20,12) – und »deine Vergehen« sind ohne Grenzen. Dieser »Frage« gilt es im Sinne des Elifas uneingeschränkt zuzustimmen.

Damit leitet der Text zu den VV.6-11 über, die konkretisieren, worin im Einzelnen Ijobs Vergehen bestehen und wie die Folgen solchen Verhaltens aussehen. Die angeführten Vergehen gehören alle in den sozialen-mitmenschlichen Bereich (sehr typisch für das Ijob-Buch!). Sie sind im Grunde allgemein gehalten und stellen eine Art kleinen »Lasterkatalog« dar (Strauß 62). Es sind Themen, die speziell aus der prophetischen Literatur (aber auch der Weisheit und der Tora) nicht wegzudenken sind, gehören sie doch zum wesentlichen Gepräge des Jhwh-Glaubens (vgl. oben zu 20,19). Der bis zum Letzten Gepfändete, der nicht einmal mehr etwas zum

Anziehen hat (»Nackten die Kleider ausziehen« spricht in seiner Paradoxie für sich), hat seinen Anwalt in Jhwh: »Wenn er zu mir schreit, höre ich es, denn ich habe Mitleid« (Ex 22,26; Dtn 24,6.17). Durstigen zum Trinken zu geben und Hungrigen Brot (vgl. Spr 25,21 auch deinem »Feind«) hat seinen Nachhall in Mt 10,42; 25,35 u.ö. gefunden. Machtmissbrauch und Korruption gehören ebenso wie die Unterdrückung der Witwen und Waisen zum Inventar einer depravierten Gesellschaft. Zu »mit leeren Händen« vgl. Rut 3,17. Das Bild vom »Zerschlagen des Armes« zielt wahrscheinlich auf eine Praxis, die de facto die Auslöschung einer Person (oder einer Gruppe, vgl. 1 Sam 2,31) zur Folge hat. Die Folgen solchen Tuns bleiben nicht aus. Der Dichter verwendet eine Formulierung aus der prophetischen Sprache: »Deswegen« leitet dort das »Drohwort«, die »Gerichtsankündigung« ein (vgl. Am 5,3.16). Die Bilder stammen aus der Jagd. So wird der Arme von seinem Feind verfolgt, hier: der Frevler (von Gott). Vgl. ähnlich 18,8ff in der Rede des Bildad. Die hereinbrechenden Schrecken dürfen ebenso wenig fehlen wie die Mächte der Finsternis und des Chaos (V.11).

(B) Belehrung (VV.12-20)

Du sagst: Was weiß denn Gott, der so weit weg ist?

In V.12 könnte ein bekanntes Wort zitiert sein, das das Staunen des Menschen über die Größe Gottes zum Ausdruck bringt. Gottes Bereich ist der endlose Himmel, irgendwo oben bei den endlosen Sternen ist seine Wohnung (vgl. Jes 40,26; 55,9; Ps 68,35; 103,11). Diesen Ausdruck des Staunens transferiert Elifas in die Lebenswelt Ijobs und unterstellt ihm, er verwende diesen Satz als Argument für die Inkompetenz Gottes in Bezug auf die Zustände auf dieser Erde. V.13 bildet den Kernsatz der Unterstellung Ijobs. Das »du sagst« braucht sich keinesfalls auf eine sprachliche Äußerung zu beziehen, es kann ganz einfach – wie sehr häufig in biblischen Texten – einen inneren Vorgang meinen. »Was weiß Gott?«, ist für den Jahwh-Glaubenden eine provokative Frage. Wenngleich der Begriff »Wissen« hier nicht mit dem der »Allwissenheit« in der späteren abendländischen Theologie identifiziert werden darf, so ist es – zumindest für die spätere Zeit des Ersten Testamentes, etwa nach dem Exil – für den Jhwh-Glaubenden eine Selbstverständlichkeit, dass Jhwh grundsätzlich für alle Bereiche der Welt zuständig ist. Dagegen sprechen auch Ps 115,16 bzw. Koh 5,1 nicht, wo es mehr um eine Bereichszuweisung geht. Der Zweifel hingegen wird als typisch für den Frevler gewertet (vgl. Ps 73,11f; Jes 29,15). Dass Menschen (Koh, Ijob) in der Praxis andere, ja gegenteilige Erfahrungen machen, steht auf einem anderen Blatt. Dass Wolken in der Nähe Gottes eine Rolle spielen, ist beliebter Bestandteil, wenn von der Macht Gottes die Rede ist (vgl. 8,10). »Er fährt auf den Wolken« (Ps 68,5; Ps 89,7). »Rings um ihn her sind Wolken und Dunkel, Gerechtigkeit und Recht die Stützen seines Throns« (Ps 97,2). Er kann am Himmelskreis, am Himmelshorizont als seinem »Wohnbereich« spazieren gehen. Der so weit entfernte Gott kann (will?) nicht wahrnehmen, was sich auf der Welt, gar im Leben eines Einzelnen abspielt. Wie sollte er denn Ijobs Lage recht einschätzen, wenn er sie überhaupt nicht kennt? – so unterstellt Elifas.

Wer solches – wie in des Elifas Argument Ijob – behauptet, begibt sich auf ein gefährliches Pflaster, eindeutig auf die Seite der Frevler. So müssen die VV.15f als Warnung verstanden werden: Es hat solche Beispiele in der Vorzeit und Vergangenheit gegeben. Auch sie meinten, Gott kümmere sich nicht um ihre Freveltaten. Alle aber hat ein vorzeitiges und böses Ende ereilt. Auf wen sich die »Männer des Unheils« beziehen, ist nicht eindeutig. Vielleicht sind es Anspielungen an die Sintflutgeneration? »Über deren Grund sich ein Strom ergoss« (V.16): Damit können Fundamente des Hauses oder die Person des Frevlers selbst gemeint sein (vgl. Spr 10,25; Mt 7,24-27), jedenfalls ist an ihren Untergang gedacht.

VV.17f lassen sich nur schwer in den Kontext einordnen (vgl. Ebach, Hiob II 14). Ist an ein Zitat gedacht? Wird die Meinung eines Einzelnen wiedergegeben? Oder ist es zulässig, sie zu streichen, weil sie 21,14f variieren und zudem den Kontext stören (Fohrer 351)? In der Tat ist die Parallele zu 21,14 auffällig. Es wäre möglich, die VV.15f als eine freie Wiedergabe der Worte Ijobs anzusehen, die im jetzigen Kontext an die »Männer des Unheils« angeschlossen werden. Das heißt: Die »Männer des Unheils« waren auch solche Frevler, wie Ijob von ihnen vorhin sprach. Du, Ijob, hast Recht: »Auch sie sagten … und doch hat er ihre Häuser mit Gütern gefüllt«. Du, Ijob hast Recht, wenn du dich von ihnen distanzierst und sagst: »Das Planen der Bösen ist mir fern« (V.18b =

21,16b). Und Elifas gibt ihm nochmals Recht, indem er den Duktus von 21,17-21 im Munde Ijobs (Scheinglück der Frevler) im selben Sinne abschließt. Dann aber der O-Ton des Elifas (V.19): »Sehen werden, sich freuen die Gerechten ...«. Am Ende steht trotz aller aufgekommenen Zweifel der Sieg der Gerechten und der völlige Untergang der Frevler (vgl. 18,15; 20,26).

(C) VV.21-30 – Belehrung
Wende dich voll Vertrauen an Gott!

Nach den krassen Vorwürfen und der an Ijob gerichteten Warnung (mit einem unserer Interpretation zufolge versöhnlichen Ausgang) wendet sich Elifas ähnlich wie in 5,8ff als »besorgter« Freund Ijob zu, fordert ihn zur Umkehr auf und stellt ihm eine herrliche Zukunft in Aussicht.

Vier Imperative leiten den Passus der VV.21f ein: »Werde sein Freund«; »sei mit ihm in Frieden« (*schalom*); »nimm aus seinem Mund die Weisung an« (im hebräischen Text begegnet hier das einzige Mal in Ijob das Wort »tora«), »leg dir seine Worte ins Herz«. Bezeichnend ist die Verbindung mit dem Herzen (V.22b). Jer 31,33 kennzeichnet u.a. den »neuen Bund« dadurch, dass Gott seine Tora in die Herzen der Menschen legt, und der Weisheitslehrer empfiehlt, seine Lehre »auf die Tafel des Herzens« zu schreiben (Spr 7,3). Weisheit ist letztlich Wort Gottes, das Ijob wieder das Lebensglück (zurück-) bringt (vgl. Ps 16,2; 106,5). In den VV.23f nennt Elifas Bedingungen (Voraussetzungen), durch deren Erfüllung Ijob eine glückliche Zukunft ins Haus steht. Die Sätze sind sehr allgemein formuliert: »Sich dem Allmächtigen zuzuwenden« klang bereits in 8,5 (Bildad) an, die allgemeine Mahnung, Unrecht zu entfernen, hat bereits Zofar (11,14) ausgesprochen. Eigentümlich wirkt V.24, da niemals von Pretiosen die Rede war oder grundsätzlich das Motiv »Reichtum contra Frömmigkeit« eine Rolle spielte (vielleicht indirekt in 21,28?). Die hebräischen Wortspiele innerhalb des Verses weisen darauf hin, dass es sich um ein (in besseren Kreisen) gängiges Sprichwort handelt: »Staub« korrespondiert mit »Gold« (aus dem Land Ofir in Südarabien?); »Edelgold« (EÜ) mit »Gestein«. Der Sinn des Spruches ergibt sich aus den Oppositionsbegriffen »Staub« und »Flussgestein«: Edelstes Metall ist dem Wert nach nicht mehr zu erachten als Staub.

Der einzige Wert des Lebens ist allein Gott. Er ist in Wirklichkeit, was andere als größten Reichtum (Gold / Silber) erachten (vgl. ähnliche Aussagen über die Weisungen Jhwhs in Ps 119,72.127).

Die Zusagen des Elifas gelangen nunmehr zum Höhepunkt. »Ja dann!« (VV.26-30). Dann kann Ijob sich innig an Gott freuen (auch Ps 37,4; Jes 58,14; Ijob 27,10), er kann ihm frei unter die Augen treten (d.i. die Bedeutung von »das Gesicht erheben zu«, vgl. 2 Sam 2,22). Es meint ein gutes, ungestörtes Verhältnis zu Gott. Das »Erfüllen von Gelübden« gehört zum Ausdruck der Dankbarkeit, die der Beter, der die Zuwendung Gottes erfahren hat, Gott entgegenbringt (vgl. Ps 22,26). Die griechische Übersetzung hat zu Recht in V.26 den Begriff »parrhesía« eingebracht, der so viel bedeutet wie »Freimütigkeit« und »Offenheit«, eine Atmosphäre, in der es einfach gut ist zu sein. Dazu kommt, dass alles, was er unternimmt, auch gelingt. Damit übernimmt er gleichsam die Rolle des »Parade-Gerechten« (vgl. Ps 1,3).

Eine allgemeine Sentenz in VV.29f beschließt die hoffnungsvollen Zusagen. Sie führt die zwei Möglichkeiten (zwei Wege) der Lebensentscheidung und ihre Konsequenzen noch einmal vor Augen. Dass Gott den Hochmütigen erniedrigt und den Demütigen erhöht, gehört zu den Grundaussagen biblischen Glaubens (1 Sam 2,7f; Lk 1,52f). Dass der Schuldlose von Gott her Heil und Zuwendung erfährt, gehört genauso zu den Fundamenten biblischen Denkens. Als Abschluss in der Rede des Elifas hat dieser allgemeine Satz einen besonders pragmatischen Charakter in Richtung Ijob: Wenn er in der Tat zu den Schuldlosen gehört, d.i. wenn er sich entsprechend »wendet«, dann steht ihm die Rettung Gottes zu – so sicher wie das Amen im Gebet.

Resümee

Es ist in dieser letzten Rede des Elifas schon immer besonders aufgefallen, dass er Ijob aus heiterem Himmel mit Beschuldigungen belegt, die vom Kontext her völlig aus der Luft gegriffen sind. Ijob hätte sich an den grundlegenden Weisungen des Jhwh-Glaubens vergangen (VV.5-9). Da die Frömmigkeit Ijobs vom Erzähler her nie in Frage gestellt wurde und da Ijob später (vgl. bes 31,19ff) positiv auf dieses Verhalten zu sprechen kommt, können die Anschuldigungen des Elifas nur aus der Luft gegriffen sein. Damit hat diese dritte Rede einen negativen Höhepunkt erreicht. Da Ijob auf die Argumente des Elifas nie einging, von seiner Seite her nie eingehen konnte, sieht sich Elifas genötigt, Ijob konkrete Freveltaten vorzuwerfen, die er selber nicht belegen kann. Das alles geschieht im Interesse der Doktrin. Es muss plausibel gemacht werden, dass im Sinne des Tun-Ergehen-Zusamenhanges Ijob Unrecht getan hat. Wenn nicht anders möglich, dann so – schade für die Wirklichkeit. Nirgendwo tritt die Verfälschung der Wirklichkeit zugunsten eines »dogmatischen« Satzes so deutlich zu Tage wie hier. Das Insistieren auf einer theoretischen »Wahrheit« kippt um in moralische Schuld. Nicht nur dass Elifas damit jeden Realitätsbezug zum »Fall Ijob« verloren hat, durch seine Argumentation ist er expressis verbis schuldig geworden. Seine Wahrnehmung von Wirklichkeit liefert ihm nicht nur, wie bisher, Vermutungen, sondern konkrete und handfeste Beweise für Ijobs Vergehen. Eine Konstruktion zieht die andere nach sich. Den konstruierten Taten Ijobs folgt dessen konstruierte Gesinnung, Gott sei ohnedies so fern, dass ihm das Tun der Menschen völlig entglitte.

Auf diesem Hintergrund wirkt die gutgemeinte Mahnung des Elifas nur noch wie ein Hohn und verhallt nichtssagend ins Leere.

Ijob 23 – 24: Die achte Rede des Ijob (dritter Redegang)

Ijob 23

Übersicht und Struktur:

(A) *Wüsste ich doch Gott zu finden, als Redlicher stünde ich vor ihm da* – Wunsch (VV.2-12)
(B) *Ich lasse mich nicht zum Schweigen bringen* – Vertrauensäußerung (VV.13-17)

Ijob wendet sich seinen Freunden nicht mehr zu. Vielmehr wäre es sein Wunsch, vor Gott hinzutreten, wo er als Gerechter befunden würde. Aber auch wenn Gott nicht zu finden ist, Ijob würde einer Prüfung standhalten (A). Zwar weiß Ijob, dass Gott in seinen Bestimmungen souverän ist. Dennoch will er sich nicht zum Schweigen bringen lassen (B).

(A) Wunsch (VV.2-12)
Wüsste ich doch Gott zu finden, als Redlicher stünde ich vor ihm da!

Ijob nimmt keinen Bezug zu den massiven Anklagen des Elifas (22,4-9). Die Auffassung, das sei deswegen der Fall, weil des Elifas Vorwürfe so ungeheuerlich und zudem völlig aus der Luft gegriffen seien, so dass sie Ijob einfach ignoriere, denkt m.E. zu psychologisierend. Vielmehr wird wieder einmal deutlich, dass innerhalb der Texte vielfach inhaltlich logische Bezüge fehlen, dass der konkrete »Fall Ijob« auf der Strecke bleibt. Vielmehr verlagert der Dichter (durch den Mund Ijobs) jetzt das Augenmerk auf Gott. Wiederum (»auch heute«) bereitet ihm seine Klage (sein Nachdenken) Bitterkeit (nach dem Text von G, vgl. 7,11; 10,1). Genau genommen liest der hebräische Text ein Wort, das »Widerspenstigkeit« bedeutet, das aber gleich klingt wie das Wort für »bitter«. Der Anklang ist sicher gewollt: Ijob ist verbittert im Sinne von rebellisch. Er weicht von seiner Fragestellung nicht zurück. Denn »seine Hand«, die »Hand des Allmächtigen« ist die Ursache seines Klagens und Seufzens (so schon 6,4 »Die Pfeile des Allmächtigen stecken in mir ...«; vgl. in Ps 38,3 die Kombination beider Vorstellungen). Die Vorstellung von der »lastenden Hand« der Gottheit ist gemein orientalisch. Gerne wird verwiesen auf das Gebet des leidenden Gerechten »*Ludlul bel nemeqi*«: »His hand was heavy [upon me]. I could not bear it« (zit. nach NIB 508, Anm. 360). Wenn die Ursache der ganzen Misere bei Gott liegt, ist es nur folgerichtig, sich an ihn zu wenden ... Wenn das so leicht wäre ...!

V.3 ist als Wunsch (Irrealis?) formuliert. Wenn er doch direkt mit Gott in Verbindung treten könnte! Das Motiv begegnet bereits in 9,14ff – zwischen Vertrauen und Furcht schwankend in 13,3; 16,18-22 und voll Hoffnung in 19,25-27. Worte wie »Gott finden« oder »zu seiner Wohnung kommen« sind doch aus der Tradition nicht unbekannt. Kommen diese Möglichkeiten für Ijob nicht mehr in Betracht?

Diese fiktive Begegnung mit Gott wird ausgemalt: Die Begriffe sind aus der Rechtssprache gewählt. Ijob würde den Kasus (Rechtsfall) ausbreiten und darlegen und entsprechend »Beweise«, d.i. »prozessuale Richtigstellungen« seines Falles (Strauß 77) vorbringen. Der synonyme Parallelismus in V.5 impliziert, dass Gott ihm wahrscheinlich nichts dagegen einwenden könnte (vgl. dagegen die zweifelnde Frage in 9,14). Auf dieser Ebene ist Ijob sich seiner Sache sicher. Die Frage von V.6 rekurriert Motive, die Ijob selber schon einmal ins Spiel gebracht hat und die es zu bedenken gilt: Hat er denn überhaupt eine Chance, wenn Gott in seiner Überlegenheit ihm gegenübertritt und mit ihm »den Rechtsstreit führt« (vgl. bes. 9,15-20)? Was dort in der Klage über die Ohnmacht des Menschen als unmöglich galt, wird hier im Kontext von Vertrauen möglich. Gott wird ihm nicht in Übermacht begegnen. Der hebräische Text liefert ein entschiedenes »Nein!« – »Vielmehr wird er auf mich achten« (zur Syntax vgl. Jes 43,24). Der hebräische Text bringt hier eine Redewendung (in elliptischer Form), die soviel bedeutet wie: »auf jemanden das Herz setzen«, d.i. auf jemanden achten. Wenngleich die positive Interpretation hier wohl den Vorzug genießt (vgl. die vertrauensvolle Wende in 19,25ff), ist die neutrale im Sinne »er wird auf mich Acht geben«, d.i. »mich genau und kritisch beobachten«, nicht auszuschließen. V.7 atmet jedenfalls Gewissheit und Zuversicht. Er würde dort als Redlicher (vgl. 1,1) auftreten und würde für immer frei ausgehen.

Die VV.8f greifen auf V.3 zurück. Es geht um den eingangs vorgebrachten, aber irrealen Wunsch, dass doch Gott irgendwo zu finden wäre. In den folgenden vier Halbversen wird die Antwort gegeben: Nirgends ist er zu finden. Die Zahl »vier« im Sinne der Totalität wird hier poetisch geradezu ausgespielt: Ost-West, Nord (wörtlich »links«)-Süd (wörtlich »rechts«); »gehen-merken-erblicken-sehen« in der 1. Person; vier Verneinungen am Ende jeden Halbverses. Wie hier Gottes Nicht-Auffindbarkeit veranschaulicht ist, wird andernorts seine All-Gegenwart gepriesen (vgl. Ps 139,7-12).

Das bedeutet wiederum nicht, dass Gott keine Verbindung mit den Menschen hätte. Hat Ijob in 7,17-19 (10,4-7) die All-Gegenwart Gottes als Quälerei, als Last und Ausgeliefertsein geschildert, so findet er sie jetzt durch und durch positiv. Er ist sich dessen gewiss, dass Gott seinen Weg kennt (vgl. Ps 139,1-4). Eine solche Prüfung seines Weges gereicht ihm nur zum Vorteil, denn er wird als rein (»wie Gold«) befunden (vgl. Ps 17,3). »Läutern wie Gold und Silber« gehört zum Motivkreis des Gerichtstages (vgl. Mal 3,3;

Weish 3,5f). In traditionellen Wendungen formuliert Ijob seine Frömmigkeit: Er wandelt auf den Spuren und den Wegen Gottes. Der diesen Bildern zugrunde liegende Gedanke wäre der, »daß die Wege des Menschen durch die Wege Gottes normiert sind« (Strauß 79). Man vergleiche Ps 17,5; 44,19; 119,3 u.ö.! Ijob hält sich an das Gebot seiner (Gottes) Lippen (vgl. Ps 119,72.88). So spricht der ideale Gerechte. Besser könnte es auch der Tora-Fromme des ersten Psalms nicht.

In V.13 wendet sich das Denken in eine andere Richtung. Ist, was vorher überlegt wurde, nicht doch eine zu glatte Lösung? Hat Ijob mit diesen Überlegungen nicht Gott in eine Schublade gesperrt? Er – der gerechte Fromme auf der einen Seite – und ER – der sich dem Gesetz der Frömmigkeit fügende Gott auf der anderen Seite?

(B) VV.13-17 – Vertrauensäußerung
Ich lasse mich nicht zum Schweigen bringen!

V.13 gibt zu bedenken (»doch«), was man von diesem Gott bekennt: »ER ist einer und einzig«, so steht es im »Höre Israel« feierlich geschrieben (Dtn 6,4). »Niemand kann ihn umstimmen / beeinflussen« (vgl. 9,12; 11,10). »Was er (wörtlich ‚seine *nefesch*' = Vitalität, Lebenskraft) begehrt / will, das tut er«. Dem Sinn, nicht der Wortwahl nach begegnet dieser Satz Jes 46,10; Ps 135,6; 115,3. Zweifellos unterstreicht das hier gewählte hebräische Wort den voluntativen Aspekt (im Vergleich zu den anderen Textstellen). Ob die EÜ mit »wonach ihn gelüstet« gut beraten ist, mag bezweifelt werden. Erst in V.14 wendet Ijob diese »Glaubenssätze« auf seinen Fall an. Gott führt aus, was er für ihn bestimmt (hat). Warum Gottes Bestimmung für Ijob in dessen »inexplicable determination to destroy him« bestehen soll, wie NIB (509) vermutet, ist völlig aus der Luft gegriffen.V.14b gibt in den meisten Übersetzungen keinen Sinn. Die mit »und Ähnliches« (EÜ) wiedergegebene Partikelkombination des hebräischen Textes wäre besser als Emphase zu interpretieren, die den Vordersatz ins Allgemeine verstärkt: »Denn es liegt in der Tat alles (= vieles) bei ihm, d.i. in seiner Macht«.

Die nächsten zwei VV.15f sind von den Vokabeln »erschrecken« (zweimal) und »ängstigen« und »verzagt machen« bestimmt. V.15 formuliert in der 1. Person: »ich erschrecke ..., ich ängstige mich

…«, während in V.16 direkt Gott als Subjekt, mithin als Verursacher der Angst genannt ist. V.17 ist (gegen EÜ) nicht als Fragesatz zu verstehen. Die einleitende Partikel hat hier eine emphatisch-verstärkende Funktion. Die Verneinung steht somit betont am Anfang. Das Prädikat, das sowohl »vernichten« wie auch »zum Schweigen bringen« heißen kann, steht in der 1. Pers. Passiv, das häufig mit »lassen« wiederzugeben ist. Folglich kann der Vers übersetzt werden: »Nicht aber lasse ich mich vernichten / lasse ich mich zum Schweigen bringen – infolge der Finsternis und deswegen, weil er mit Dunkelheit mich umgibt«.

Es ist nicht richtig, in den VV.13-17 die Willkür Gottes (Fohrer u.a.) herauslesen zu wollen. Vielmehr geht es um das Gottsein Gottes. Denn die zunächst aufgestellte »Rechnung« Ijobs macht ihn zum Götzen. Dessen wird er sich plötzlich bewusst. Bei allem bestimmt Gott über ihn. Diese Bestimmung ist ihm verborgen. Er kann seine eigene Zukunft nicht durchschauen. Das löst Unsicherheit und Ängste aus – damals wie heute. Aber – anders als in früheren Klagen – lässt er sich jetzt nicht unterkriegen.

Resüme

Ijob weiß endgültig, dass er von den Freunden nichts zu erwarten hat. Sein Verlangen richtet sich auf Gott. Nicht aber im Sinne einer reumütigen Umkehr, von der zuletzt Elifas sprach, sondern er möchte ihm darlegen, dass er rechtschaffen ist. Da die Freunde in eine völlig andere Richtung abgedriftet sind, bleibt Gott als einzige Instanz übrig, mit der er noch »sachlich« reden könnte. Deswegen ist sein Ansinnen voller Zuversicht. Darf er sich nicht sicher fühlen, da er doch überzeugt davon ist, ein gottgefälliges Leben geführt zu haben? Freilich lässt sich dieser Gott nicht einfach finden. Zudem ist er souverän und bestimmt Ijobs Leben. Ijob wird sich seiner doch zu einfachen Gleichung, seine Frömmigkeit müsse ihn bei Gott als »gerecht« erweisen, bewusst. Bedenken und Zweifel steigen auf. Und dennoch siegt sein Vertrauen und sein Mut: Er will sich nicht zum Schweigen bringen lassen!

Ijob 24: Die achte Rede des Ijob (Fortsetzung)

Übersicht und Struktur:

(A)	***Warum bleibt Gottes Gericht über das Tun der Frevler verborgen –*** Problemrede (VV.1-12)
(B)	***So ist das Treiben der Rebellen gegen das Licht –*** Schilderung des Tuns der Frevler (VV.13-17)
(C)	***Der Frevler findet ein baldiges und böses Ende –*** Lehrrede (VV.18-24.25)

Der Übergang von Kap. 23 zu Kap. 24 ist wohl assoziativ. War eben die Rede davon, dass Gott in seiner Souveränität alles bestimmt (23,13f), so stellt sich nun die Frage, warum das für die Frevler von Gott bestimmte Gericht nicht deutlicher zu Tage tritt. Die Frevler beuten aus und unterdrücken. Gott rührt sich nicht, auch wenn die Elenden schreien (A). Die Frevler können sich ungehindert bewegen, niemand kann ihnen das Handwerk legen (B). Auch wenn der Schein trügt, zuletzt findet der Frevler ein böses Ende (C).

(A) Problemrede (VV.1-12)
Warum bleibt Gottes Gericht über das Tun der Frevler verborgen?

V.1 bildet gleichsam die Überschrift, die Exposition. Sie schließt an den Gedanken an, dass Gott und letztlich sein Walten dem Menschen nicht zugänglich sind. Das schafft nicht nur Unsicherheit, sondern handfeste Probleme, wenn es um die Frevler und die Gerechten geht. Am Beginn steht die Frage »Warum« als Ausdruck einer Frage und einer (An-)Klage zugleich. Der Sinn ist der: Wiewohl die »Fristen« – der Plural »Fristen« (EÜ) meint fest fixierte Abläufe wie auch Zeitpunkte – vor dem Allmächtigen nicht verborgen sind, warum können seine Freunde die Tage seines Gerichtes nicht erleben? Gott hat für die Frevler – so meint es der Zusammenhang – eine bestimmte Zeit ihres Tuns festgelegt. Das Problem liegt darin, dass die, die Gott kennen, d.i. ihn lieben, an seinem richtenden Eingreifen irre werden, da sie ein solches nicht erleben (vgl. 21,17ff). Damit aber scheint die Weltordnung überhaupt im Argen zu liegen.

Im Folgenden ist von solchen die Rede, die Frevel auf Frevel häufen, die aber – so sieht es aus – von Gottes Eingreifen verschont bleiben. Die erste Kategorie betrifft Ausbeuter und Unterdrücker.

Das Verrücken von Grenzsteinen gehört offensichtlich zu den Übeln der Menschheit, solange es so etwas wie Grenzen gibt. Mesopotamische und ägyptische Texte beschreiben es genauso wie die alten Sagen hierzulande. Das Gesetz verbietet das Verrücken von Grenzen scharf (Dtn 19,14; 27,17). Grenzen werden nicht selten als göttlich gesetzte erachtet (als Legitimation?). Hier ist daran gedacht, dass der, der dadurch Landverlust erleidet, sich gegen eine solche Aktion vonseiten der Übermächtigen nicht wehren kann (vgl. die Geschichte vom Weinberg des Nabot 1 Kön 21; Spr 23,10). Auch in VV.2b.3 geht es um soziale Vergehen. Es ist entweder an Räuberbanden gedacht (vgl. 1,14.17) oder an ausbeuterische Gruppen allgemein. Witwen und Waisen stehen im ganzen Orient unter dem besondern Schutz der Gottheit (schon im Codex Hammurabi), erst recht im Ersten Testament (vgl. Dtn 24,17 u.ö.). Zum Viehdiebstahl vgl. 1 Sam 12,13. V.4 spricht zusammenfassend von den »Armen« und den »Gebeugten des Landes«, das sind die sozial Schwachen bzw. schwach Gemachten und die, die kein Land haben. Das »Abdrängen vom Weg« mag auch bildlich gemeint sein. Die Chance, ihren »Weg« zu gehen, ihr Leben zu leben, wird ihnen gewaltsam genommen. Sie haben keine Anwälte, denn sie werden in die Bedeutungslosigkeit abgedrängt. Ob der Dichter hier eine spezifische soziale Schicht im Auge hat, die möglicherweise in seiner Umgebung bzw. zu seiner Zeit entsteht oder entstanden ist, ist kaum auszumachen. Die Aussagen sind so allgemein gehalten, dass auf konkrete Zustände in einer bestimmten geschichtlichen Epoche nur sehr hypothetisch – wenn überhaupt – geschlossen werden kann.

Die VV.5-8 beschreiben das traurige, ausgebeutete Leben einer Gruppe von »Armen« und »Gebeugten«. Der hebräische Text gebraucht das Bild von den Wildeseln nicht als Vergleich, sondern als Metapher (»Schau, Wildesel in der Steppe« – sind sie), was die Aussage verstärkt. »Wildesel« (in Ijob fünfmal gebraucht) ist der in der Steppe (menschenleerer Raum) lebende, ungebärdige, freie Esel. Das tertium comparationis liefert hier Sir 13,19: »Des Löwen Beute sind die Wildesel in der Wüste; so sind die Geringen die Weide des Reichen«. Die Armen sind die Beute des Frevlers. Als solche gehen sie an ihr Tagewerk. Damit ist bereits inkludiert: Sie selber wie alles, was sie tun und erarbeiten, fällt dem »Rachen« des Frevlers anheim. V.5b ist unsicher: »Suchende nach Nahrung – Wüste für sie (?) – Brot für die Kinder«. Vielleicht ist gemeint: Es bleibt ihnen und den Kindern gerade das Allernötigste zum Essen. Alles andere geht ja zu Gunsten ihres Herrn. Auch V.6 ist textlich schwierig. Gegenüber der EÜ ist mit vielen Auslegern in etwa zu lesen: »Auf dem Feld, das ihnen nicht gehört, ernten sie; im Weinberg des Frevlers halten sie Lese« (wörtlich »raffen sie zusammen«; Strauß 84 »schuften sie«). Sie müssen für den Frevler arbeiten. So groß ist ihre Armut, dass sie schutzlos sind: der Kälte gegenüber, da sie weder entsprechende Kleider noch eine wärmende Decke haben; dem Regen gegenüber, weil sie (vermutlich) keinen Unterschlupf finden. So nehmen sie Zuflucht in Felsspalten. Dieser Zustand der Armen deckt zugleich das Unrecht des Frevlers auf. Denn er müsste dafür sorgen, dass wenigstens die Grundbedürfnisse der Armen befriedigt werden (vgl. Ex 22,25). Ob daran gedacht ist, dass der Frevler den Armen auch die Nachlese (vgl. Lev 19,10; Dtn 24,19-22) versagt, ist nicht zu entscheiden. Aber nicht nur des Frevlers Unrecht wird damit bloßgestellt, im Hintergrund ist der indirekte Vorwurf an Gott nicht ausgeschlossen. Heißt es doch von ihm: »Du bist die Zuflucht der Schwachen, die Zuflucht der Armen in ihrer Not; du bietest ihnen ein Obdach bei Regen und Sturm und Schatten bei glühender Hitze« (Jes 25,4). Sieht die Wirklichkeit nicht ganz anders aus?

In VV.9-12 weitet Ijob die Klage über die Frevler weiter aus. Der Ausgangspunkt zum Verständnis von V.9 ist »zum Pfand nehmen«. Als Hintergrund bietet sich die Situation der Verarmung, bzw. der Verschuldung an. Der in diese Situation geratene Arme hat seinem Gläubiger nichts mehr anzubieten. Umso ruchloser ist dessen Reaktion, die Schuld des Armen durch den Verkauf seiner Kleinkinder einzutreiben. Man vergleiche die Episode 2 Kön 4,1-7, in der die in Schuldsklaverei verkauften Söhne einer Frau durch das Eingreifen des Propheten Elischa losgekauft werden. Das Schicksal der Armen ist hart. Sie haben kaum etwas anzuziehen. Ihre Arbeit steht geradezu in einem zynischen Kontrast zu ihrer Not: Hunger contra Garben (Ähren); Wein und Öl contra Durst. Sie haben Brot, Wein und Öl vor sich – aber sie dürfen nichts davon nehmen. »Zwischen Mauern« in V.11 ist nicht zu klären, da das Wort nur hier vorkommt. Vielleicht ist an eine Art Presse oder Rinne gedacht? Somit wird der Arme noch schlechter behandelt als das Vieh (vgl. Dtn 25,4). V.12 erweitert möglicherweise die Schilderung der Not, indem in einem allgemeinen Satz auch die Situation in der Stadt miteinbezogen wird – also: So weit das Auge reicht, schreiendes Unrecht. Das »aus der Stadt« könnte auch als »in / vor Angst« gelesen werden. Die Leerstelle nach V.8 (d.i. die Reaktion Gottes) wird in V.12b überdeutlich aufgefüllt. Da liegt das quälende Problem: »Aber Gott achtet nicht auf dieses schändliche Treiben« (so der hebräische Text). Damit kehrt Ijob gedanklich zur Ausgangsfrage in V.1 zurück. Beim Wort »Schändliches« im hebräischen Text hört der Leser/die Leserin das fast gleichlautende Wort »Gebet«, »Bitte« mit. Und auch diese Assoziation ist nicht weniger anstößig (ganz gegen z.B. Ex 2,23ff): »Aber Gott achtet nicht auf ihr (der Armen) Schreien«.

(B) Schilderung des Tuns der Frevler (VV.13-17)

So ist das Treiben der Rebellen gegen das Licht.

Wieder ist in den VV.13-17 von Unrecht und Gewalt die Rede. Das diese VV. bestimmende Leitwort ist »Licht« bzw. dessen Verneinung. Bestimmendes Subjekt sind die »Rebellen gegen das Licht«. Licht steht für Ordnung, Leben und Heil. In der weisheitlichen Prägung sind es die Gebote und Satzungen Jhwhs (vgl. Ps 119,105!). Es ist nur folgerichtig, dass Feinde des Lichts (»lichtscheues Gesindel«) sich um die Wege und Pfade Gottes keinen Deut kümmern. Drei solcher Typen werden konkret genannt: Mörder, Ehebrecher und Diebe (vgl. diese Trias auch in Hos 4,2; Jer 7,9). V.14 »Bei Tagesanbruch« bereits mordet der Mörder, in der Nacht setzt er als Dieb sein »Handwerk« fort (?). Wieder trifft es die »Elenden und die Armen«. Die Dunkelheit ist das entsprechende Ambiente für den Ehebrecher (vgl. Spr 7,9!). Die poetische Paradoxie von Dunkelheit und Auge sowie die Konnotation mit Auge als Ausgangspunkt der Begehrlichkeit (31,1; Spr 6,25) geben dem Vers einen besonderen Reiz. Auch der Einbrecher arbeitet in der Finsternis. V.16b gilt wohl von allen Typen: Sie verabscheuen den Tag, sie wollen vom Licht nichts wissen. Hier geht die Sachebene wunderbar in die Metapher über. V.17 fasst diese verkehrte Welt nochmals zusammen: Für die Frevler bedeutet die Finsternis das, was für den rechten Menschen – entsprechend der gegebenen Weltordnung – der Anbruch des Tages (Morgen) bedeutet (vgl. Ps 104,22f). Am Morgen fühlt sich der Mensch wohl, die »Nacht« ist vorbei, die Sonne bringt Licht und Leben, der Mensch beginnt sein Tagewerk. Das Milieu der Frevler hingegen ist die Finsternis. Ihre Schrecken machen ihnen nichts aus, sind sie doch ihr vertrautes Ambiente. Das hier zweimal verwendete Wort für »Finsternis« impliziert bewusst auch den Gedanken des tödlich Gefährlichen. Mag der Frevler sich in diesem Metier durchaus wohlfühlen, da es zu ihm gehört, so spürt die Leserin und der Leser: Er holt sich dabei ganz bestimmt den Tod.

(C) VV.18-24.25 – Lehrrede
Der Frevler findet ein baldiges und böses Ende.

Was V.17 semantisch bereits vorbereitet, wird in diesem Abschnitt ausführlich dargelegt. Es geht um das Ende des Frevlers. Ijob argumentiert wie seine Freunde (vgl. Bildad 18,5ff). Dieser Passus, zusammen mit 27,13-23, bildet »one of the greatest of all the problems of the book« (N. Whybray). In der Tat wurden in der Auslegung die verschiedensten Möglichkeiten vorgeschlagen: es handle sich um die Zitation eines Wortes der Freunde; um einen Teil einer Rede des Bildad bzw. des Zofar, der irrtümlich an diesen Platz gerutscht ist; um eine spätere Hinzufügung zum originalen Text durch einen Herausgeber bzw. einen Glossator; um ein Gedicht, das überhaupt keine Beziehung zum übrigen Kontext habe und deshalb irrtümlich an diese Stelle geraten sei.

Bereits die alten Übersetzungen haben das Problem gesehen und diese Passage in der Wunschform übersetzt (Optativ, Konjunktiv). Somit haben sie das Ende des Frevlers als Wunsch im Munde Ijobs interpretiert, womit seine Forderung nach Gerechtigkeit zum Ausdruck gebracht würde. Was ganz allgemein die Interpretation erschwert, ist die Tatsache, dass die Aktanten nicht eindeutig sind, da sie nicht genannt werden.

Nichtsdestoweniger können die Verse auch als Überzeugung im Munde Ijobs gesehen werden. Darin wird eben auch die »andere« Seite des Ijob sichtbar. Damit wird einer linear-logischen Denkweise eine Absage erteilt zugunsten einer im selben Augenblick von verschiedenen (gegenteiligen) Seiten argumentierenden.

V.18a ist möglicherweise ein Sprichwort, das die Flüchtigkeit und Vergänglichkeit des Menschen im Allgemeinen zum Inhalt hat und das hier speziell auf den Frevler gemünzt ist: »Leicht ist er (wie ein Blatt) auf dem Wasser« (vgl. Hos 10,7). Diese allgemeine Feststellung wird nun in bekannten Wendungen konkretisiert. »Verflucht« (im Hebräischen besteht ein Gleichklang zwischen »leicht« und »verfluchen«), d.i. unfruchtbar (vgl. Gen 3,17f) ist sein Land, er braucht nicht mehr in den Weinberg zu gehen. Man vergleiche die Fluchformeln in Dtn 28,15ff; Ps 37,22! »Dürre und Hitze« (Hendiadyoin) machen dem Schnee gewaltsam ein Ende. Nicht zufällig wird das Wort »wegraffen« (EÜ) im selben Kapitel zweimal vom gewalttätigen Tun der Frevler verwendet (VV.2.9). Die Unterwelt gilt allemal als gierig und gefräßig (vgl. Spr 30,16). Die Stichwortassoziation mit »Mutterschoß« (V.20) mag von Spr 30,16 herrühren. Die VV.20f sind parallel strukturiert nach dem Muster AB – AB: Der Grundgedanke ist das Auslöschen aus dem Gedächtnis (A) und aus der sichtbaren Welt (B). Mutterschoß steht für Frau und Mutter. Die Mutterbindung ist so stark, dass die Mutter ihr Kind nicht vergisst (vgl. Jes 49,15). Der Frevler fällt aus einem solchen natürlichen Beziehungsgeflecht heraus, es denkt niemand mehr an ihn. Er lebt im Gedächtnis der Menschen nicht mehr weiter fort. Im Gegensatz dazu leben die Gerechten in der Erinnerung fort. Wird ihr Name genannt, fügt man hinzu: »sein Andenken sei gesegnet«. Das alles trifft für den Frevler nicht zu. Zudem ist ihm auch ein sichtbares Ende bereitet: »Gewürm« (Totengewürm, vgl. 17,14; 21,26) frisst ihn auf (ironischer Beigeschmack, wörtlich »findet ihn süß«), d.h. er muss (vorzeitig!) sterben. Wie ein dürres Stück Holz wird er (»Frevel« hier wohl metonym für Frevler) zerbrochen, d.i. vernichtet (verbrannt?). Ein weiterer Frevel der Übeltäter wird konstatiert, einer, der wiederum in den sozialen Bereich geht und Schwache der Gesellschaft trifft: unfruchtbare Frauen und Witwen. Der hebräische Text ist nicht eindeutig zu klären. Die EÜ bietet eine Möglichkeit, die inhaltlich sehr allgemein bleibt. Konkreter wäre eine andere Lösung: Der Frevler verkehrt mit der Unfruchtbaren (um sie noch mehr zu demütigen?), einer Witwe aber versagt er die Dienste (vgl. Geschichte der Tamar in Gen 38; Dtn 25,7-10). Der (möglicherweise geprägte) Spruch würde damit nochmals die perverse Welt des Frevlers verdeutlichen. Er tut genau das Gegenteil von dem, was sein soll.

Wieder fährt Ijob mit dem Eingreifen Gottes fort. »Aber«, so V.22, Gott (das ist allerdings eine Ergänzung der Übersetzung, im Text selber wird »Gott« nicht genannt; es steht lediglich das Prädikat in der 3. Person Sing.) rafft ihn weg in seiner Macht. Er erhebt sich, um einzugreifen. Damit kann sich der Frevler nicht mehr auf sein Leben verlassen, er findet darin keinen Halt mehr. Im Hebräischen steht hier das Wort, das in religiösen Kontexten meist mit »glauben« wiedergegeben wird. Die Wortwurzel *»`aman«* (von daher unser »Amen«) hat es mit »fest«, »zuverlässig« zu tun. Somit meint das Wort »glauben« (dieselbe Form begegnet hier) »Halt finden«, »einen zuverlässigen, festen Grund haben«. Wenn aber Gott gegen den Frevler einschreitet, ist es aus mit seinem festen Grund, seinem Leben. Das steht als Faktum fest. Es mag sein, dass es anders aussieht. Aber das entpuppt sich als Schein (VV.23f). Gott gibt ihnen zwar »Sicherheit«, der Frevler soll sich in »Sicherheit« wiegen (vgl. 8,15) – Gott aber sieht sein Treiben genau. Sie können Macht ausüben und groß werden – aber nur für kurze Zeit. Denn sogleich werden sie »niedrig« gemacht (Gegensatz zu ihrer Selbsterhöhung). »Ja alle!« (emphatisch oder »wie alles«) »werden sie weggerafft« (V.24b; die Übersetzung bleibt unsicher), »wie Ährenspitzen verwelken sie«. Die Aussprache des hier gebrauchten Wortes für »Ähre« (*»schibbolet«*) fungiert in einer Richter-Erzählung als Erkennungszeichen zwischen den Efraimitern und den Gileaditern (Ri 12,6).

Zum Abschluss bekräftigt Ijob noch einmal in Form einer rhetorischen Frage die Richtigkeit seiner Aussagen. Zugleich fordert er damit die Freunde zu einer Entgegnung auf, die allerdings nach Ijobs Meinung nicht erfolgen kann, da es – außer Zustimmung – auf seine Rede hin nichts zu erwidern gibt.

Resümee

Hat Ijob in Kap. 21 gegen die Lehrsätze seiner Freunde vom Glück der Frevler gesprochen, das bis zu ihrem Grabe anhält, so kommt er jetzt in aller Ausführlichkeit auf das böse Treiben der Frevler und das harte Los der Armen und Unterdrückten zu sprechen. Warum schaut Gott zu und greift nicht ein, wo er doch in seiner Souveränität ihre Lebenszeit in seiner Hand hat? Erschütternde Szenen spielen sich ab und Gott rührt sich nicht. So wird die Welt erlebt. Ist der Text als Anklage Gottes gedacht? Will der Autor einen Ijob darstellen, der im Gegensatz zu den Freunden die Ungereimtheiten und Ungeheuerlichkeiten der Welt klar sieht und artikuliert? Nimmt er im Abschnitt C (VV.18-24) seine kühne Schilderung zurück und relativiert sie insofern, als er doch auf das richtende Eingreifen Gottes verweist? Ist das ganze Kapitel als ein Hin und Her verschiedener Erfahrungen gedacht, die alle ihre eigene Berechtigung haben: Dass nämlich die Frevler auf der einen Seite tun und lassen können, was sie wollen, dass der Arme und Unterdrückte umsonst um Hilfe schreit, dass aber auf der anderen Seite immer wieder festzustellen ist: Die Bäume der Frevler wachsen nicht in den Himmel?

Ijob 25: Die dritte Rede des Bildad (dritter Redegang)

Kein Mensch ist vor dem großen Gott gerecht! – Lehrrede (VV.2-6)

Mit Ijob 25 setzt eine Reihe exegetischer Fragen ein. Auffällig ist die Kürze der Rede des Bildad (sechs Verse). Des Weiteren fällt auf, dass sie im Gegensatz zu den früheren Reden (8,2-4; 18,2-4) so unmittelbar und abrupt einsetzt und keinerlei Bezug auf das Vorausgehende nimmt. Da ein hebräisches Manuskript statt des Namens »Bildad« den Namen »Ijob« liest, schreiben manche Ausleger diesen Passus dem Ijob zu (neuerdings Strauß 101f).

V.2 beginnt mit hymnischen Aussagen über Gott (Nominal- und Partizipialstil). »Herrschaft und Schrecken« stellen die Überlegenheit Gottes und seine nicht anzuzweifelnde Autorität ein für allemal fest. Das zeigt sich darin, dass ER es ist, der im Bereich der Himmel Frieden schafft. Mit dieser Redeweise bedient sich der Dichter mythischer Vorstellungen von himmlischen Wesen und göttlichen Gestirnen. Der »schalom« steht für Ordnung und Sicherheit. Wenn Gott diese himmlischen Wesen alle im Griff hat, braucht der Mensch sich vor ihnen nicht mehr zu fürchten. Von den ihm untergebenen »Scharen«, die ihn zugleich als König und Herrscher erscheinen lassen, ist immer wieder die Rede (vgl. Dtn 33,2f; Ri 5,20; Jes 40,26; Hab 3,5). Das »Sich-Erheben« wird üblicherweise für das Eingreifen Jhwhs gebraucht (vgl. 24,22). Wenn hier »sein Licht« personifiziert erscheint, dann soll es die ordnende Macht Gottes nochmals unterstreichen. Mit dem »Licht« ist eine durch-leuchtete Welt beschrieben (vgl. Gen 1,3). Alles ist somit im und unter dem Herrschaftsbereich Gottes.

Nachdem nun viermal von IHM die Rede war, wendet sich der Blick konträr der anderen Welt zu, der des Menschen. Auch er wird viermal ausdrücklich genannt: »Mensch« (*`enosch*), »der von einer Frau Geborene«, »Mensch« (*`enosch*), »Menschensohn« (*ben `adam*). Der Abstand zwischen beiden Welten ist nicht überbrückbar. Mit leichter Abwandlung begegnet der Text jetzt das dritte Mal. In 4,17ff gilt er als nächtlich erfolgte Offenbarung an Elifas, in 15,14ff verwendet Elifas dieses Motiv als Warnung an Ijob, von seiner Überheblichkeit abzusehen und zur Einsicht zu kommen. Im Munde Bildads erscheint der Passus fast ohne Bezug zum Kontext. V.4a wurde in 9,2b von Ijob aufgegriffen. Während der V.4 die grundsätzliche und allgemeine Sündhaftigkeit des Menschen betont, spitzt der Schluss »vom Größeren auf das Kleinere« in den VV.5f die Situation des Menschen noch um ein Erhebliches zu. Wenn schon der helle Mond und die gleißenden Gestirne in den Augen Gottes nicht »rein« sind, dann erst recht nicht der Mensch. Der Begriff »rein« hat zum einen Mal eine physische Konnotation, zum anderen Mal eine moralische. Wie gering der Mensch erscheint, erweisen die zwei Begriffe »Made« und »Wurm«. Wenngleich solche Gedanken nicht fremd sind (vgl. 4,19; 15,16), begegnet die pointierte Verwendung dieser Metapher nur hier. Dem Gebrauch in Jes 41,14 liegt ein Vertrauensmotiv zugrunde.

Resümee

Es ist bezeichnend, dass die letzte der drei Freundesreden so kurz ausgefallen ist, will man bei dem vorliegenden Textbestand bleiben. Bezeichnend ist ferner, dass der Text inhaltlich mit einem totalen Kontrast, der auf Gott und Mensch bezogen ist, endet. Auf der einen Seite der Ordnung stiftende (V.2 *schalom*), souveräne Gott, auf der anderen Seite der von physischer, psychischer und moralischer Hinfälligkeit geprägte Mensch. Kann ein solcher Mensch denn überhaupt noch eine Beziehung haben zu dem, der »schalom« schafft in den Höhen? Und umgekehrt: Was sollte sich ein solcher Gott der oberen Welt mit der Made und dem Wurm einlassen? Was ist das für eine Theologie, die den Menschen zum Nichts erklärt, um Gott Alles sein zu lassen? Damit hat Bildad seinen letzten Beitrag geliefert.

Ijob 26 – 27: Die neunte (letzte) Rede des Ijob (dritter Redegang)

Ijob 26

Übersicht und Struktur:

(A)	***Wie kann einer Ratschläge erteilen ohne Weisheit*** – Entgegnung (VV.2-4)
(B)	***Gott hat die Welt und die Ordnung geschaffen*** – hymnischer Lobpreis (VV.5-14)

Ijob antwortet sehr allgemein. Wer keine Weisheit hat, soll auch nicht reden (A). Gott hat die Welt und ihre Ordnung geschaffen (B).

(A) Entgegnung (VV.2-4)
Wie kann einer Ratschläge erteilen ohne Weisheit?

Die Entgegnung Ijobs richtet sich formal an Bildad. Trotzdem fehlt ihr jede »persönliche« Note. Es sind rhetorische Fragen, die Grundsätzliches beinhalten. Das »du« kann durchaus auch und zugleich im Sinne eines »man« verstanden werden und Ijob selber miteinbeziehen.

Obwohl die meisten Ausleger den Text in Richtung EÜ wiedergeben, ist die von NIB (S. 517) gebotene Übersetzung aus syntaktischen und inhaltlichen Gründen vorzuziehen. Sie lautet, leicht paraphrasiert, folgendermaßen:

2 »Wie kannst du helfen ohne Macht?
Wie kannst du retten mit kraftlosem Arm?
3 Wie kannst du Rat erteilen ohne Weisheit?
Und doch erteilst du Ratschläge in Menge!«

Retten und helfen kann nur einer, der auch die Macht dazu hat. Deswegen bekennt man das Eingreifen Jahwes »mit machtvollem Arm« (vgl. Ex 6,6; Dtn 4,34). Oder umgekehrt klagt das Volk, ob denn der Arm Jahwes zu kurz sei, weil er nicht eingreift (Jes 50,2). Desgleichen kann nur einer einen »Rat« geben, der Weisheit besitzt. Weisheit und Rat gehören unzertrennlich zusammen (vgl. Jer 18,18!). Es ist eine Binsenweisheit, dass einer, der keine »Macht« hat, nicht retten kann (Sprichwort?). Also ergibt sich daraus analog: Einer, der keine Weisheit hat, kann keinen Rat erteilen.

V.4 ist statt »wem« besser »mit wem«, d.i. »mit wessen Hilfe« zu interpretieren (vgl. NRSV). Wenn also Bildad ohne Weisheit Ratschläge erteilt, woher nimmt er die Legitimation? Wer befähigt ihn, (maßgebliche und wichtige) Worte zu formulieren? Oder anders gefragt: »Wessen Atem kommt aus dir hervor?«. Die Wendung wird nur verständlich auf dem Hintergrund, dass Gottes »Atem« es ist, der den Menschen verständig macht, wie später Elihu formuliert (32,8). Die Frage in V.4 läuft auf deren Unbeantwortbarkeit hinaus. Würden sich seine und der Freunde Reden auf echter Weisheit gründen und somit etwas bewirken, wäre der zuletzt Handelnde Gott selber. Da dies aber nicht der Fall ist, muss die Frage offen bleiben.

(B) VV.5-14 – hymnischer Lobpreis
Gott hat die Welt und die Ordnung geschaffen.

Die VV.5-14 richten ihr Augenmerk auf Gott, von dem indirekt eben die Rede war. Soll die Schilderung der Macht und der Größe Gottes, die besonders im Bereich des Kosmos erfahrbar wird, Bildad (die Freunde) in die Schranken weisen, d.h. seine (ihre) Rede relativieren? Soll damit darauf verwiesen werden, dass auch sie nur Menschen sind? Können sie von sich aus Weisheit beanspruchen?

Die Schilderung der Größe Gottes beginnt mit der Unterwelt, jenem unheimlichen und dämonischen Bereich, vor dem dem Menschen graut. Die Totengeister (»Schatten«) zittern. Das sind die »Schatten« der Toten (vgl. Ps 88,11; Spr 2,18) und die Geister vormaliger Helden und einstiger Größen. V.5b lokalisiert den Ort der Schatten: Er liegt unter den Wassern und deren Bewohnern, d.h. die Scheol ist als unter dem Weltmeer liegend gedacht. Die Ortsangabe soll die nicht mehr messbare Entfernung zur Oberwelt bzw. zur Welt Gottes hervorheben. Aber trotzdem (V.6) ist sie ihm nicht verborgen: Nackt und hüllenlos liegen die Scheol (Unterwelt) und der Abaddon (Abgrund) vor ihm. Gott hat Zugang und Einsicht (Herrschaft) in die untersten Untergründe von Räumen, die dem Menschen längst unzugänglich sind (vgl. Spr 15,11; Ps 18,16). Trotzdem gehören sie nicht zum eigentlichen Schöpfungsbereich Jhwhs. Denn Schöpfung hat es mit Kosmos zu tun und dieser liegt »außerhalb« des Chaos.

In V.7 wendet sich der Dichter dem Schöpfungfswirken Gottes zu: Der »Norden« beinhaltet eine Vorstellung aus der Mythologie, wie sie in ugaritischen Texten gut belegt ist. Demnach ist der »Norden« bzw. »der Berg im Norden« der Sitz der Götter, ein symbolischer Terminus, der mit der realen Geographie nichts zu tun hat. So wird z.B. in der Zionstheologie der Zion als Götter- (Gottes-) Berg weit im Norden beschrieben (vgl. Ps 48,3f). Da sich für gewöhnlich der Begriff »ausspannen« auf den »Himmel« bezieht (z.B. Jes 44,24), ist hier der »Norden« wohl auch metonym für »Himmel« gemeint. Die Erde wird hier als über dem »Nichts« schwebend gedacht. Beide Begriffe (»Leere« = tohu, vgl. Gen 1,2 »Tohuwabohu«, und »nichts« = »ohne etwas«) meinen das Chaos bzw. das Urmeer. Die abstrakte Vorstellung von »Nichts« im abendländisch-philosophischen Sinn hat hier keinen Platz. Es widerspricht sich allerdings nicht, wenn andernorts die Vorstellung begegnet, dass die Erde auf den Säulen des Chaosmeeres aufruht (1 Sam 2,8; Ijob 38,6; Ps 104,5).

Was dem Menschen der alten Welt Bewunderung entlockte, war u.a. auch das Funktionieren des Regens. Die Wolken gelten vielfach als Wasserbehälter (38,37). Es ist nur zu staunen, dass diese so luftig aussehenden Gebilde ob der Riesenmengen von Wasser nicht bersten. Über das Wort »Wolke« setzt sich der Gedankengang fort. Wolken sind nicht nur Wasserspender, sie haben auch eine verhüllende Funktion – sie verhüllen Jhwhs Thron (d.i. ihn selber), so dass Gott und seine Welt dem Auge des Menschen unzugänglich bleibt. Wolke als Symbol der (nicht direkt sichtbaren) Gegenwart Gottes begegnet sehr häufig (Ex 14,20; 20,21; Apg 1,9). Infolge des hebräischen Gleichklanges der Wörter »Thron« und »Vollmond« bevorzugen manche Ausleger folgende Lesevariante: »Er bedeckt das Gesicht des Vollmondes …«, wobei an eine Mondfinsternis als eine besonders auffällige Naturerscheinung gedacht werden könnte (Strauß 108).

Wieder sind es mythische Elemente, die der Dichter aufgreift, um das Wunder der Schöpfung zu beschreiben. Gott hat auf den Wassern (den Chaoswassern, dem Urmeer) einen Kreis als Abgrenzung gezogen (vgl. Spr 8,27ff). Dahinter steht die Vorstellung von der flachen Erdscheibe, die vom Urmeer umspült wird. Der runde Horizont bildet die Grenze: Er ist der »Rand« (V.10b), der Licht und

Finsternis trennt. Schöpfung ist verbunden mit Kampf. Im Kampf besiegt Jhwh die Chaosmächte, macht sie gefügig und unschädlich. Wenn er auftritt, erzittern sogar die »Säulen des Himmels«, die Berge, Symbole für Festigkeit und Stabilität. V.12 skizziert die wesentliche Aktion dieses Kampfes in einem schönen Parallelismus: Er unterwirft und zermalmt »das Meer« und »die Rahab« (s. Exkurs »Vom Chaos zum Kosmos«). Interessant ist die Parallelisierung von »Kraft« und »Klugheit« (vgl. Jer 10,12!), die auch in anderen Mythen typisch ist. Dass Gott Sturm und Wind als Waffen einsetzt, ist nicht ungewöhnlich (Ex 15,8; Ps 18,16). Einmalig ist hier die Ausdrucksweise, dass durch seinen Wind der Himmel »schön« (»blank« so Fohrer 382) bzw. »heiter« (EÜ) wird. Die Hauptsache ist, dass die »flüchtige Schlange«, ein weiterer Ausdruck für den Chaosdrachen, der der ugaritischen Mythologie entnommen ist (vgl. Jes 27,1; 51,9), entmachtet ist. Damit ist Gottes Schöpfung, da sie von bösen Mächten gesäubert ist, eine gute, eine, in der Leben im vollen Sinn des Wortes möglich ist.

V.14 »gehört zu den dichterisch vollendeten Versen des Ijob, was gestalterische Form und theologischen Inhalt anbelangt« (Gross 95f). Damit wird die Rede mit einer Belehrung (»siehe!«) abgeschlossen. Was der Mensch vom Walten Gottes wahrnehmen kann – so groß und gewaltig es auch sein mag – ist in Wirklichkeit nur eine Ahnung von dem, was Gott wirklich vollbringt. Entfernt erinnert die Formulierung an die Vision des Jesaja, der von der Größe und Heiligkeit Gottes auch nur einen »Saum« wahrzunehmen vermag (Jes 6,1).

V.14b.c stellt die menschliche und göttliche Seite einander gegenüber: Was wir wahrnehmen, ist nur wie das Flüstern eines Wortes, ein leises Raunen. Gottes wirkliches Tun – im Vergleich zum Flüstern ein »Donner« – kann kein Mensch erfassen. Eine Anspielung auf die Worte Jhwhs, die wie ein unerträglicher Donner erschallen (vgl. Dtn 5,22f), kann durchaus mitgemeint sein.

Resümee

»Si tacuisses, philosophus mansisses« (»Hättest du geschwiegen, wärest du ein Weiser geblieben«). Ijob weist die einseitige und letztlich un-menschliche Theologie Bildads (gewisser Weisheitslehrer?)

zurück. Solches Reden entbehrt jeglicher Weisheit und kann sich nicht auf Gott berufen. Es erhebt sich die Frage, was wir denn überhaupt wissen können. Ijob verweist auch auf die Macht Gottes in der Schöpfung, die aufgrund seines Eingreifens für den Menschen lebbar wird. Im Gegensatz zu den Aussagen des Bildad hat der Mensch in dieser Schöpfung einen Platz. Zwar kann er die Schöpfung nicht durchschauen und begreifen, doch gehört er dazu: Er kann die Geheimnisse Gottes nur erahnen. Sie fordern ihn immer wieder heraus aufs Neue zu staunen.

Ijob 27: Die neunte (letzte) Rede des Ijob – Fortsetzung (dritter Redegang)

Übersicht und Struktur:

(A) ***An meinem Rechtsein halt ich fest –***
Entgegnung (VV.2-6)
(B) ***Des Frevlers Schicksal endet im Nirgendwo –***
Lehrrede (VV.7-23)

Mit Kap. 27 setzen sich die Probleme fort, die schon seit Kap. 23 virulent sind. Dem üblichen Schema nach würde man eine Rede des Zofar erwarten. Umso überraschender beginnt Kap. 27 mit der ungewöhnlichen Einleitung »Da setzte Ijob seine Rede fort ...« (siehe Einleitung!). Die damit markierte »Leerstelle« soll als eindeutiger Hinweis darauf dienen, dass die zu erwartende Antwort vonseiten der Freunde ausgeblieben ist.
Da vonseiten der Freunde nichts mehr zu erwarten ist, fasst Ijob gleichsam zusammen. Obwohl Gott ihm sein Recht entzog, hält er, Ijob, an seinem Rechtsein fest (A). Denn die Frevler haben keine Hoffnung: Sie haben keine Nachkommen und keinen Reichtum. Es bleibt ihnen nur der Schrecken und der Untergang (B).

(A) Entgegnung (VV.2-6)
An meinem Rechtsein halt ich fest!

Ijobs Rede setzt mit der sogenannten Schwurformel »So wahr Gott lebt« (vgl. Ri 8,19; 1 Sam 14,45) ein. An manchen Stellen wird sie mit einer positiven Prädikation erweitert: z.B. »So wahr der Herr, der Retter Israels, lebt« (1 Sam 14,39; 1 Kön 2,24) oder » ...der die Söhne Israels aus Ägypten heraufgeführt hat« (Jer 16,14; 23,7). In der Schwurformel wird Gott als oberste Instanz angerufen, die als letzte für das einzustehen hat, was der Schwur beinhaltet. Umso überraschender, ja geradezu gotteslästerlich erscheint die Prädikation Ijobs »der mir mein Recht entzog«, »der meine Seele quälte« (wörtlich »der meine Seele bitter macht«; vgl. 10,1). Damit hat er seine Situation, wie er sie erfährt, beschrieben: Der für das Recht zuständige Gott hat sich nicht geäußert, sein Wunsch nach einem Rechtsspruch (9,32f) fand bislang kein Gehör. Vielmehr ist sein Leben bitter geworden, wozu die Freunde – im Namen Gottes redend – das Ihre beigetragen haben. »Atem« und »Hauch« (*ru^a^ch*) sind die konstitutiven Elemente des Lebens (vgl. Gen 2,7). Sie machen das Leben aus und sind letztlich eine Gabe Gottes, über die er allein verfügt (Ps 104,29). V4. bringt den Inhalt des Schwures: Kein Unrecht soll über seine Lippen kommen. Das bezieht sich hauptsächlich auf seine verbalen Äußerungen, da der Terminus bevorzugt im Zusammenhang von »Lügen« begegnet (vgl. Jes 59,3; Zef 3,13). Eine ähnliche Beteuerung erfolgte bereits in 6,30 gegenüber Elifas. Ijob ist von der Redlichkeit seiner Worte überzeugt, da er schließlich von seiner Situation aus argumentiert. Sie sind für ihn in jedem Fall evident. Das impliziert, dass er den Freunden nicht Recht geben kann (13,7f). Er würde sich damit selber ins Unrecht setzen. Von daher gibt es keine Brücke zwischen ihm und den Freunden. »The dialogue is at an end« (NIB 523). Mit dem Hinweis Ijobs, seine Integrität nicht preiszugeben («Unschuld« EÜ), knüpft der Dichter an die Rahmenerzählung an, wo einerseits Jhwh dem Satan gegenüber auf die Integrität Ijobs pocht (2,3) und wo zum andern seine Frau ihn dazu drängt, von seiner Integrität doch endlich abzulassen (2,9). V.6 setzt den Gedanken fort. »Integrität« und »Rechtsein« sind die Kernpunkte, um die es Ijob geht. Er weiß sein Rechtsein nie in Frage gestellt. Sein »Herz«, das hier seiner Bedeutung nach »ganz in die Nähe des (neuzeitlichen) Gewissens« (Strauß 121) kommt, spricht ihn frei.

(B) VV.7-23 – Lehrrede

Des Frevlers Schicksal endet im Nirgendwo.

Unerwartet erfolgt ein langes Gedicht über das Schicksal und den Untergang der Frevler (vgl. bereits 24,18-24 im Munde Ijobs). Die Zuordnung ist schwierig (vgl. oben bei 23,18).

V.7 ist ein klassisch geformter Chiasmus: Wie ein Frevler – mein Feind // mein Gegner – wie ein Bösewicht. »Mein Feind« kommt sonst in Ijob nicht vor. Im Munde Ijobs wird das Wort »Feind« dreimal gebraucht und zwar immer im Zusammenhang mit Gott (13,24; 30,21; 33,10). Aus dem Kontext ergibt sich – gegen manche Ausleger -, dass hier nicht Gott gemeint sein kann, da doch das Geschick dieses Feindes beschrieben wird. Die Freunde sind unmittelbar nicht genannt. Indirekt freilich kann dieses allgemeine Gedicht die Freunde treffen. Wenn Ijob sich völlig im Rechtsein weiß, dann muss zwangsläufig jeder, der dies in Frage stellt, als sein Feind erscheinen – und unter diesem Aspekt auch die Freunde. Wieder wird nicht dem Kontext entsprechend argumentiert, vielmehr gehen die Ausführungen ins Allgemeine. Wer also gegen Ijob (seine Integrität) argumentiert, stellt sich gegen ihn. Ein solcher bekundet nicht nur ein Fehlverhalten ihm gegenüber, sondern – so läuft hier die »Logik« – gegen das Rechtsein, gegen die durch die Gerechtigkeit fundierte Ordnung insgesamt. Er begibt sich somit ins Lager der Frevler. Damit wird / soll ihn zu Recht das Schicksal der Frevler treffen.

Allerdings konzentrieren sich Ijobs Worte auf einen Punkt, nämlich auf die Hoffnung des Ruchlosen, des von Gott Entfremdeten. Ist sie nicht der Halt jedes Menschen (4,6)? Ijob weiß sich dieser Hoffnung beraubt (7,6; 14,9; 19,10). Im Falle des Ruchlosen ist die Frage nach der Hoffnung nur eine rhetorische (V.8). Für ihn kann es keine geben (8,13), da Gott ohnedies sein Leben (frühzeitig) wegnimmt (Übersetzung unsicher). Und zudem hört Gott nicht einmal auf seinen Hilfeschrei, während es Sache Gottes ist, beim Hilfeschrei des Armen unverzüglich einzuschreiten. V.10 ist als weitere Hypotaxe zu V.9 zu lesen. Die Wendung in V.10a »sich des Allmächtigen erfreuen« kann durchaus positiven Charakter haben, wie etwa in Jes 58,14 »dann wirst du am Herrn deine Wonne haben«. Diese positive emotionale Zuwendung zu Gott kann dem Ruchlosen wohl kaum zugesprochen werden. Vielmehr ist es hier sarkastisch gemeint: Gott hört nicht seinen Hilfeschrei ..., wenn er (der Ruchlose) ihn auch noch so bezirzt und »pausenlos« zu ihm ruft.

Mag sein, dass diese vier Verse (7-10) von irgendwoher übernommen sind. Im Kontext haben sie die Funktion, für Ijob ein positives Ende in Aussicht zu stellen. Für den Ruchlosen gibt es keine Hoffnung. Ijob weiß sich aufgrund seiner Situation der Hoffnung beraubt. Daraus aber den Schluss zu ziehen, dass er den Ruchlosen gleich sei, ist völlig daneben. Weil er sich als Redlicher weiß, hat er dennoch gute Aussichten. Denn womit der Ruchlose nicht zu rechnen braucht, nämlich auf eine Hilfe, wenn er in Not kommt, damit darf Ijob rechnen. Sein Schreien – als das Schreien eines Gerechten, eines, der unschuldig in Drangsal gerät – wird von Gott gehört werden.

Mit V.11 wendet sich Ijob mit einem »(weisheitlichen) Lehrstück« (Strauß 122) direkt an die Freunde (vgl. Ps 32,8). Er will sie über das Wirken Gottes (wörtlich »Hand Gottes«) unterweisen und über das, »was beim Allmächtigen ist«. Falls es nicht ironisch gemeint ist (vgl. 12,2f), kann Ijob nur von seiner eigenen Situation sprechen, von dem, wie Gott an ihm selber handelt. Das sehen die Freunde doch selber (V.12): Sie müssen doch seine Situation kennen – seine Rechtschaffenheit und sein furchtbares Schicksal. Umso verwunderlicher ist es, dass sie nur Geschwätz, »Blabla« hervorbringen (wörtlich »Windhauch windhauchen«).

Vom Schicksal des Frevlers war schon des Öfteren ausführlich die Rede: Bildad in 18,5-21; Zofar in 20,4-29; Ijob 24,18-24 (27,7-10). Nun bringt der folgende Text (VV.13-23) zwar bestimmte Varianten gegenüber dem bereits Gesagten, aber die Motive bleiben im Grunde dieselben. Auffällig ist zweifellos, dass Ijob in V.13 mit einem Satz beginnt, mit dem – beinahe wörtlich – Zofar in seiner letzten Rede (20,29) endet. Von daher gewinnt die Auffassung, dass es sich um eine bewusste Nachahmung der entsprechenden Freundesreden handelt, sehr viel für sich (nach NIB 524). Das signalisiert am Ende des literarischen Dialogteiles sehr eindringlich nochmals das Ende des »wirklichen« Dialogs. Es signalisiert den absoluten Stillstand, man dreht sich nur noch im Kreis, es gibt kein Weiter.

Um das eben Skizzierte zu unterstreichen, kann man gedanklich vor den V.13 Ijobs Bemerkung von 13,2 (=12,3) einfügen: »Was ihr wisst, weiß ich auch«, nämlich dass ...

Des Frevlers Schicksal ist dadurch bestimmt, dass er keine Zukunft hat. Zahlreiche Söhne sind nur ein Scheinglück, sie sind bestimmt für das Schwert (vgl. Dtn 28,41), d.i. für den Krieg (Hos 9,13). Die Redewendung steht hier aber allgemein für einen gewaltsamen Tod. In den Vorstellungsbereich vom Krieg passt auch der vom Hunger, dem seine Kinder ausgeliefert sind.

Wer dem Krieg und dem Hunger entkommen ist (V.15), wird vom Tod begraben. Der Tod, gedacht ist wohl an eine Seuche, ist hier poetisch personifiziert (vgl. den »Erstgeborenen des Todes« in 18,13). Wenn der Tod persönlich begräbt, gibt es kein eigentliches Begräbnis. Nicht begraben zu werden ist ein böses Schicksal in der alten Welt (vgl. die Thematik in der »Antigone« des Sophokles). Jer nennt eine solche »Bestattung« ein »Eselsbegräbnis« (Jer 22,18f). Dass die engsten Hinterbliebenen nicht weinen, unterstreicht einerseits die Tatsache, dass kein Begräbnis (Ritus) stattfindet, andererseits kann es auch bedeuten, dass dem Frevler keine Anteilnahme gebührt (vgl. »jemandem keine Träne nachweinen«). Schwert, Hunger und Pest ist die klassisch gewordene Trias von Unheil (vgl. Jer 15,2; Ez 6,11; »Vor Pest, Hunger und Krieg« – »verschone uns, o Herr« lautet eine Anrufung aus der Allerheiligenlitanei).

Das zweite Verhängnis für den Frevler betrifft seinen Wohlstand und seinen Besitz (VV.16-19). VV.16f bilden einen schönen parallelen Chiasmus:

Silber (Frevler) – Kleider (Frevler) //

Kleider (Gerechter) – Silber (Schuldloser).

Bereits der Vergleich mit »Staub« und »Lehm« lässt semantisch nichts Gutes ahnen. Wiewohl Staub Überfluss symbolisieren kann (vgl. Gen 13,16), verweist er (im Zusammenhang mit Lehm) auf Vergänglichkeit und Hinfälligkeit (17,16; Gen 3,19). Die Erwähnung der »Kleider« lässt an königliche Prachtgewänder denken (1 Kön 10,5). Wiederum ist alles nur Schein: In Wirklichkeit fällt all dieses dem Gerechten zu. Dieser Gedanke ist in der weisheitlichen Tradition beheimatet: »Der Gute hinterlässt seinen Enkeln das Erbe, der Besitz des Sünders wird für den Gerechten aufgespart« (Spr 13,22; 28,8; Koh 2,26). Steht hinter einem solchen Gedanken ein berechtigtes Empfinden für eine »ausgleichende Gerechtigkeit« oder ist einmal mehr der Wunsch der Vater des Gedankens?

Das nächste Verspaar (VV.18f) trifft die Behausung des Frevlers (so auch Elifas 5,3ff; Bildad 18,15). Ziel des Vergleiches in V.15 ist Hinfälligkeit und Kurzlebigkeit seiner Wohnstatt. Von daher ist trotz anderer Möglichkeiten der EÜ zuzustimmen. Mit Spinnennetz verbindet sich die Assoziation an hinfällig, mit »Hütte« im Weinberg (vgl. Jes 1,8) die an provisorisch und vorübergehend. Und in der Tat geht es schnell (V.19). Über Nacht wandelt sich das Schicksal: Als Reicher geht er schlafen – sich in Sicherheit wiegend. Wenn er aufwacht, ist nichts mehr da (vgl. dazu Sir 11,18f; ntl. Lk 12,16-20).

Das dritte Verhängnis, das das Schicksal des Frevlers bestimmt, sind die Schrecken des Todes (VV.20-23).

Von den Schrecken, die den Frevler bedrohen, hat bereits Bildad gesprochen (18,11.14). Der Begriff beinhaltet auch hier mythische Züge im Sinne poetischer Personifikationen. Das betrifft auch die weitere Schilderung. »Die Wasser« lassen an die chaotischen Mächte der Urzeit denken, in deren Gefolge sich Zerstörung und Tod befinden (Ps 18,17; 32,6). Das Stichwort »Nacht« verleiht dem ganzen Ambiente die nötige Farbe. Sturm und Ostwind (»Schirokko«?) dürfen in diesem Ensemble nicht fehlen. Traditionell stehen sie für Verwüstung und Unheil (Spr 10,25; Jer 18,17). V.21 und V.23 sind durch das gemeinsame Schlusswort »von seinem Ort« (V.23 in der EÜ »von seiner Stätte«) miteinander verbunden und signalisieren sehr markant, worum es geht: Der Frevler muss weg von seinem Ort, er ist zum Verschwinden verurteilt. Da der Text keine ausdrücklichen Subjekte nennt, bleibt es offen, ob in V.23 (und 24?) der Ostwind Agierender ist oder Gott selber. Möglicherweise ist diese Ambivalenz beabsichtigt. Wie immer, für den Frevler gibt es kein Entrinnen aus dessen Gewalt (die hebräische Formulierung »aus seiner Hand« würde dem üblichen Sprachgebrauch zufolge den Bezug auf Gott nahe legen).

Den Abschluss bildet ein Vers mit einem bislang in Ijob nicht vorgekommenen Vokabular: Von »Klatschen« ist die Rede und von »Zischen«, wobei das Subjekt wieder offen bleiben muss (der Ostwind, Gott, »man«?). Aufschluss gibt ein Text in Klgl 2,15: »Über dich (sc. Jerusalem) klatschen in die Hände alle, die des Weges ziehen. Sie zischeln und schütteln den Kopf über die Tochter Jerusalem: Ist das die Stadt, die man nannte: Entzücken der ganzen Welt, Krone der Schönheit?« (vgl. Zef 2,15). Es handelt sich um einen »schadenfrohen und / oder apotropäischen Gestus« (Strauß 126). Was dem Frevler bleibt, sind Hohn und Spott (vgl. unser Sprichwort: »Wer den Schaden hat, braucht für den Spott nicht zu sorgen«).

Resüme

In seiner letzten Rede (mit den Freunden) greift Ijob sein Problem nochmals auf und damit auch die Spannung, in der er sich befindet. Er wendet sich an den (schwört!), den er für sein ganzes Unheil verantwortlich macht. Er bleibt bei seiner Überzeugung, dass er im Recht ist. Dagegen können seine Freunde, dagegen kann auch Gott nichts ausrichten. Wer sich gegen ihn stellt, erklärt sich automatisch zu seinem Feind und – so paradox es klingt – zu einem Feind Gottes. Einem solchen fällt das Schicksal eines Frevlers zu. Die Belehrung Ijobs über das Schicksal der Frevler (ab V.11) ist keinesfalls neu und wurde von den Freunden des Langen und Breiten ausgeführt (Kap.18 Bildad; 20 Zofar). Der Kontext verschiebt allerdings die Intention dieser Belehrung. Ging es im Mund der Freunde darum, Ijob als Mahnung, es den Frevlern nicht gleich zu tun, einen Spiegel seiner selbst vorzuhalten oder ihn als hoffnungslosen Fall abzustempeln, so gibt die Belehrung über die Frevler im Munde Ijobs der Hoffnung Ausdruck, dass Gott auf der Seite des Rechtes steht und damit zuletzt auf der Seite Ijobs. Dass die Rollen getauscht werden und dann die Freunde im Habitus des Frevlers erscheinen müssen, ist eine andere Sache.

Dass im dritten Redegang insgesamt die »Logik« der Argumentation der Leserin und dem Leser Mühe bereitet, ist nicht von der Hand zu weisen. Dennoch ist diese Gegebenheit weniger dem Zufall anzulasten als vielmehr der Absicht der Verfasser (Herausgeber) selber. Die Schwierigkeit der Thematik soll ganz bewusst in der (formalen) Schwierigkeit der Lektüre spürbar werden.

Ijob 28: Das Lied über die Weisheit

Übersicht und Struktur:

(A) *Wo ist die Weisheit – in verborgenen Bergstollen? Nein!* (VV.1-11)

(B) *Wo ist die Weisheit – in verborgenen Weiten? wie Gold und Silber? Nein!* (VV.12-19)

(C) *Wo ist die Weisheit – bei Gott allein!* (VV.20-27.28)

Sprachliche Gliederungselemente stellen V.12 und V.20 dar: Beide Verse sind Fragen und haben fast denselben Wortlaut. Chiastisch stehen sich in

einem synonymen Parallelismus die entscheidenden Begriffe gegenüber: »Weisheit« (*chokmá*) und »Einsicht« (*biná*). Beide Begriffe werden in der Weisheitsliteratur des Öfteren synonym gebraucht (Spr 1,2; 4,5.7; 9,10; 16,16). Während sich zunächst die Weisheit auf die praktische Kunst der Lebensführung erstreckt, die das alltägliche Leben in der Sippe bestimmt, reflektiert sie dann in Form der Schulweisheit allgemeine Lebenszusammenhänge und Probleme (ägyptischer Einfluss) – die Freunde Ijobs sind typische Vertreter. Die reflektierte Weltordnung findet einen sprachlichen Höhepunkt in der Rede von der personifizierte Weisheit. »Frau Weisheit« ist eine menschenfreundliche und liebenswerte Person, die sich finden lässt, ihr Haus weit aufmacht und die Menschen einlädt (vgl. Spr 8,22-31). In späterer Zeit erwirbt man Weisheit durch das Studium der Tora.
Hier wird die Frage gestellt: »Wo lässt sich Weisheit finden?« bzw. »Wo kommt sie her?« Es handelt sich also nicht um die herkömmliche Weisheit, sondern um eine, nach der der Mensch fragend suchen muss.
Also begibt er sich auf die Suche nach dem »Ort« der »Weisheit«. Das hier gebrauchte hebräische Wort für »Ort« wird in späteren rabbinischen Texten auch für »Gott« verwendet.

*(A) **Wo ist die Weisheit – in verborgenen Bergstollen? Nein!** (VV.1-11)*

Manche Ausleger vermuten die zweimal wiederholte Frage (V.12.20) bereits vor V.1 gestellt. Das würde dem Ganzen zwar ein Mehr an Struktur verleihen. Das bewusste Weglassen hingegen erzeugt eine gewisse Spannung. Es ist die Rede von einem »Ort«. Aber erst ab V.12 erfährt die Leserin / der Leser, um welchen Ort es überhaupt geht. Zunächst richtet sich das Augenmerk auf den »Ort«, wo Silber und Gold vorkommen – im Innern der Erde. Der Verfasser hat wohl Motive des Bergbaues übernommen und hier zusammengestellt. Er selber dürfte ihn wohl nicht kennen und wenn, dann nur aus bewundernder Distanz. Am Beispiel des Bergbaus – der Mensch holt Silber und Gold, Eisen, Kupfer und Edelsteine aus dem Berg – soll eindringlich dargetan werden, zu welch großer Leistung der Mensch fähig ist. Fürs Erste handelt es sich um kostbares Material: Silber- und Goldvorkommen sind in Palästina nicht bekannt. Deshalb sind sie umso kostbarer, wenn man sie einführen muss. Trotz der Aussage in Dtn 8,9, dass Israel in ein Land kommt, dessen »Steine aus Eisen sind, aus dessen Bergen du Erz gewinnst«, spielt der Bergbau nur eine geringe Rolle. Fürs Zweite aber soll das Wie des Abbaus die Leserin und den Leser in ihren Bann ziehen.

»Geläutertes Gold« u.ä. kommt öfter vor und wird häufig bildlich gebraucht für etwas von besonderer Reinheit und Qualität. Der Ausdruck verweist wahrscheinlich auf den Vorgang der Herstellung von Gold bzw. Silber.

Interessant und aufschlussreich ist ein Text des griechischen Schriftstellers Diodor (1. Jh. v.Chr.), der über den Goldabbau in Äthiopien erzählt:

> »Die Männer in den Bergwerksstollen hauten beim Licht kleiner Lampen an ihrer Stirn den durch Feuer gelockerten Stein heraus, Kinder schafften die ausgehauenen Steine weg. Diese wurden in Steinmörsern zerschlagen, Frauen und alte Männer zermahlten sie in Mühlen zu Staub, der auf schrägen Tischen gewaschen wurde, bis das Wasser alle leichten Steinteilchen fortgeschwemmt hatte und die feineren, glänzenden Goldteilchen gesammelt werden konnten« (nach Fohrer 396).

V.3 ist semantisch besetzt von »Dunkel«, »Gewölk« und »Finsternis«, alles Bereiche, die der Mensch für gewöhnlich meidet, weil sie gefährlich sind und an Zerstörung gemahnen. Trotzdem wagt es der Mensch, in sie vorzudringen und ihnen eine Grenze zu setzen.

V.4 ist textlich schwierig. Die NRSV übersetzt «They open shafts in a valley away from human habitation; they are forgotten by travelers, they sway suspended, remote from people«. Dieser Text macht die Bergleute zum Subjekt und beschreibt ihre außergewöhnliche Tätigkeit. Ein anderer Textvorschlag favorisiert die Lesung: »Ein fremdes Volk gräbt Stollen, unbekannte Pfade (wörtlich ‚vom Fuß vergessen'), niedriger, als dass ein Mensch sich drinnen bewegen könnte«. Der Gegebenheit, dass vor allem Sklaven und Gefangene, also »Fremde« (vgl. im römischen Bereich die »damnati ad metallum«), zu dieser riskanten und gefährlichen Arbeit herangezogen wurden, würde diese Übersetzung nahe kommen. Interessant ist noch eine andere Textänderung, die aus dem »fremden Volk« ein »Volk des Lichtes« macht und folglich »Männer des Lichtes«, nämlich Grubenleute übersetzt.

V.5: Die Bewunderung gilt der Erde. Aus ihrer Oberfläche geht das Brot hervor, das für jeden Menschen lebensnotwendig ist. Bis zum heutigen Tag lautet ein jüdischer Segensspruch über das Brot: »Gepriesen bist du, Herr, unser Gott, König der Welt, der du Brot aus der Erde hervorgehen lässt ...«. Zugleich wird unter ihr »durch

Feuer« umgewühlt. Dadurch wird der »Ort« ihrer Kostbarkeiten freigelegt: Saphir und Gold werden ans Licht gefördert. Ein für den heute lebenden Menschen kritischer Gedanke im Sinne eines Gegensatzes zwischen der lebenspendenden Erde und dem zerstörerischen Tun des Menschen dürfte für den damaligen Schreiber kaum mitgemeint sein. Allerdings ist im zweiten Halbvers ein semantischer Zug ins Gewalttätige nicht zu verkennen: »umstürzen« und »zerstören« in Verbindung mit »Feuer«.

VV.7-8: Was der Mensch vermag, vermögen nicht einmal die Tiere. Entfernte Schlupfwinkel ausfindig zu machen und unzugängliche Höhen und Tiefen zu erkunden, das ist Sache der Tiere. Die sind der Erfahrung nach in diesem Punkt kompetenter als der Mensch. Vier (!) Vertreter dieser Gattung werden genannt, mit deren Fähigkeiten (Schärfe des Auges, Gewandtheit, Stärke) es der Mensch nicht aufnehmen kann. Den Pfad aber (zum »Ort« in / unter der Erde) kennen und finden sie (»Adler«?, »Falke«, Wild = »Söhne des Stolzes«, »Löwe«) nicht (viermal).

VV.9-11: Nach dieser »Unterbrechung« wendet sich der Dichter wieder dem staunenswerten Tun des Menschen zu. Der Umgang mit dem »Gestein« bildet den gemeinsamen Nenner von V.9. Einerseits erweist sich der Kiesel als ungemein hart, was den Menschen nicht hindert, ihn zu bearbeiten. Zum anderen scheut sich der Mensch nicht, Gestein und Felsen zu »sprengen«. Markiert das Wort vom »Umwühlen der Berge« (EÜ) durch den Menschen nicht doch schon einen Grenzbereich? Ist es nicht Gottes Sache, die Berge anzurühren, so dass sie rauchen (Ps 144,5), oder sie umzustürzen in seinem Zorn (Ijob 9,5)? Die Kostbarkeit und das Verborgene faszinieren. Um dieses zu erlangen, ist dem Menschen nichts zu aufwendig: Er gräbt Stollen – das hier gebrauchte Wort lässt an die Nilarme denken, deren Verästelung sich über das ganze Delta erstreckt – und schafft Dämme, um dem eindringenden Wasser Einhalt zu gebieten.

Die Bewunderung für diese Tätigkeit mag groß gewesen sein. Sie soll der Leserin und dem Leser bewusst machen: Der Mensch vermag in der Tat Großes zu leisten.

(B) Wo ist die Weisheit – in verborgenen Weiten? wie Gold und Silber? Nein! *(VV.12-19)*

Die ganze Strophe besteht aus einer verneinenden Aufzählung, die thematisch geschickt an die VV.11f anschließt bzw. diese chiastisch entfaltet: Die VV.13f greifen das Motiv des »Verborgenen« auf (vgl. V.11), während die VV.15-19 das Motiv des »Kostbaren« (vgl. V.10) thematisieren. Auch wird es kaum Zufall sein, dass (in VV.13-19) zehnmal die Verneinung »nicht« vorkommt. Darüber hinaus macht der Verfasser (oder eine Vorlage) einem kundigen Juwelier alle Ehre, der seine »Kostbarkeiten« wohlgeordnet im Schaufenster präsentiert: zwei im ersten und letzten Vers (V.15.19), je drei in den drei mittleren Versen (V.16.17.18). Dreizehn verschiedene weiß er zu benennen (lediglich ein Begriff begegnet zweimal: einmal für »Gold aus Ofir« in V.16a und einmal für »reines Gold« in V.19b).

V.13 konstatiert grundsätzlich: »Der Mensch kennt den Weg der Weisheit nicht« (so die griechische Übersetzung). Er kann ihn nicht kennen, da sie im Land der Lebenden, dem für den Menschen einzig zugänglichen Bereich, nicht zu finden ist. Wenn sie aber nicht auf Erden zu finden ist, wo dann? Ratlos wendet sich der Fragende an die mythischen Ungeheuer, an die »Urflut« und an den »Meeresdrachen« *(jam)* (V.14). Aber auch in deren Bereich ist die Weisheit nicht zu finden. Genau genommen ist eine solche Vorgehensweise paradox: Bei den Chaosmächten kann sich die Weisheit schon »per definitionem« nicht aufhalten, ist sie doch der Kosmos stiftende Antipode.

Wenn dem Menschen, der so vieles vermag, der »Ort« der Weisheit unzugänglich bleibt, vielleicht wäre sie um den Preis der Kostbarkeiten, die dem Menschen zur Verfügung stehen, zu erlangen. Aber auch ein solches Ansinnen muss verneint werden. Alle Kostbarkeiten der Welt zusammen reichen nicht aus, um an ihren Wert heranzukommen, sie reichen nicht aus, um ihrer habhaft zu werden. Von ihr gilt Ähnliches, wie es ein anderer Weiser von der Macht des Eros formuliert hat: »Böte einer für die Liebe den ganzen Reichtum seines Hauses, nur verachten würde man ihn« (Hld 8,7). Weisheit in diesem Sinne, genauso wie die Liebe, gehört zu jenen Gütern, die ein für allemal mit dem Etikett »nicht käuflich« versehen sind. Sie ist – heute wie damals – menschlicher Verfügungsgewalt und Machbarkeit entzogen.

Das in V.16 genannte »Ofir« verweist in die Gegend der ostafrikanischen Küste.

(C) Wo ist die Weisheit – bei Gott allein! (VV.20-27.28)

Noch immer steht die Frage im Raum. Alle möglichen Antworten sind bislang negativ ausgefallen. Noch einmal werden zwei negative Antworten formuliert (retardierendes Moment), die motivlich parallel auf die VV.13f zurückverweisen: Mensch – kein Auge/Land der Lebenden – Vögel//Urflut – Abgrund/Ozean (Meeresdrache) – Tod. Die Weisheit bleibt allem Lebenden (Menschen?), auch den Vögeln des Himmels, denen ein besserer »Überblick« gewährt ist (vgl. 28,7), verborgen. Oben im Raum des Himmels wie unten in der Behausung des Todes kennt man die Weisheit nicht. Maximal kennt man sie dort vom Hörensagen, gerüchteweise.

Endlich kommt das Gedicht an sein Ziel (V.23): »Gott ist es, der den Weg zu ihr weiß, und nur er kennt ihren Ort«. In diesem Vers sind alle bedeutenden Begriffe gleichsam fokussiert: Betont steht am Beginn des ersten Halbverses »Gott« und am Beginn des zweiten »Er« verbunden mit zwei Verben, deren grammatikalische Form Festigkeit und Bestand zum Ausdruck bringt. Das erste Verb leitet sich von derselben Wortwurzel wie das oben zitierte *»bina«* (Einsicht) her und meint wie das Hauptwort ein umfassendes »Einsehen«, »Verstehen«, »Begreifen«. Das dazugehörende Objekt übersetzt die EÜ mit »den Weg zu ihr«, wobei allerdings die Bedeutung »ihren Weg« (d.i. sie selber) mitzudenken ist. Im zweiten Halbvers (synonymer Parallelismus) begegnet die Vokabel *»jada´«*, jenes Lexem, das »Erkennen«, »Wissen«, »Erfahren« auf rationaler, wie auch auf voluntativ-emotionaler und praktischer Ebene umfasst. Auf der personalen Ebene kann es ein »Vertrautsein mit« ansprechen, das seinen konkreten Ausdruck in der Liebe und in der geschlechtlichen Begegnung findet (vgl. Wendungen wie »Adam erkannte Eva, seine Frau; sie wurde schwanger ...« Gen 4,1; oder die Frage Marias im NT »Wie soll das geschehen, da ich keinen Mann erkenne?« Lk 1,34). Was dem Menschen versagt ist (V.13!), kommt Gott zu: Er kennt ihren »Ort«. Damit ist die Frage nach dem »Wo« der Weisheit lediglich verschoben, nicht beantwortet. Für den Menschen bleibt der Ort nach wie vor unzugänglich. Es wird lediglich darauf verwiesen, dass Gott den

Ort kennt. Kenntnis in diesem Sinn kann nur Gott zukommen. Es entspricht dem, was auf den ersten Seiten der Bibel gesagt ist. Die Schlange verspricht dem Menschen, sein zu können »wie Gott, der [allein] Gutes und Böses, d.i. alles, erkennt«. Weisheit meint hier das Wissen um die Welt als ganze, übertrifft noch das faustische »damit ich erkenne, was die Welt im Innersten zusammenhält«. Sie schließt das Weltgesetz, den Weltplan mit ein (vgl. die ägyptische Maat). Mephistos Spott, dass der Mensch zwar »die Teile in seiner Hand« habe, aber ihm leider »das geistige Band« fehle, gilt dem heutigen Menschen genauso. Gerade dort, wo die Frage nach dem Ganzen auftaucht, ist er nicht besser dran als Ijob.

Der Mensch kommt mit dieser Weisheit unmittelbar über die Schöpfung in Berührung. In der Schöpfung ahnt der Mensch von den großen Zusammenhängen und bestaunt die Größe des Raumes und das Wunder der Winzigkeit. Auch dem Menschen der Postmoderne gibt die Schöpfung ungelöste Rätsel auf, erst recht dem der Alten Welt. Es liegt von dieser natürlichen Erfahrung her nahe, dass Weisheit und Schöpfung zusammengehören, dass sich in der Schöpfung die Spuren der Weisheit finden lassen. Was darüber hinausgeht, steht nur Gott zu. Das wird in V.24 begründet: Er hat den Überblick und den Einblick. Er schaut durch bis zum Äußersten, den »Enden der Erde«, die er selber geschaffen hat (vgl. Jes 40,28).

Die VV.25 konkretisieren das wunderbare Tun Gottes an vier (!) Beispielen, die dem Menschen der Alten Welt immer Bewunderung und Staunen abverlangten (vgl. 26,8; 36,27ff; 37,9ff.15ff): Wind, Wasser, Regen und Wolken. Der Wind (*ru^{a}ch)* scheint »nur« Luft zu sein und doch hat er ein ungeheures Gewicht, so dass er mächtige Gebäude und Bäume umstürzen kann. Den unendlichen »Wassern« hat Gott seine Grenzen gesetzt. Der »Regen« hat ganz bestimmten Gesetzen zu folgen. Wohl dosiert müssen die Wasser des Himmelsozeans sich ergießen. Auch den Weg der »Wolken« (des Gewitters?) hat Gott im Griff, damit sie sich nicht »auf eigene Faust« zum Unheil des Menschen einen Weg bahnen. Vier Zeitwörter schließen in V.27 das Gedicht ab. Damit bringt der Dichter die vollkommene Einsicht und Weisheit Gottes zum Ausdruck. Gott hat die Macht über die ganze Wirklichkeit, er kann sie durchschauen und erfassen.

Unerreichbar also ist die Weisheit. Allein bei Gott ist sie zu finden. Angesichts dieser Gegebenheit mag der Mensch sich allerdings fragen, was dann »Weisheit« für ihn bedeute. Ist sie wegen ihrer Unerreichbarkeit für ihn nicht von Relevanz? Die Antwort auf diese Frage fügt der V.28 hinzu. Für den Menschen bedeutet »Weisheit« ganz konkret: »Gottesfurcht« und »Meiden des Bösen« (vgl. Spr 1,7). Im Kontext des Ijob gewinnt dieser Vers noch eine spezifische Bedeutung. Hat der Dichter (der Redaktor?) durch diesen Vers nicht bewusst eine Beziehung zu 1,1 hergestellt, wo Ijob »Gottesfurcht« und »Meiden des Bösen« bescheinigt werden? Das würde bedeuten: Ijob ist zwar wie allen Menschen die Weisheit, die nur bei Gott zu finden ist, nicht zugänglich, aber auf der Ebene der Menschen bzw. auf der Ebene der Praxis darf er zu den Weisen gerechnet werden.

Resümee

Das Gedicht über die Weisheit gehört formal zu den Reden Ijobs im dritten Redegang. Sie kann aber auch als »Einschub« des Dichters (im Entstehen der Komposition) angesehen werden. Sie darf als Besinnungspause und Nachdenkphase für Ijob, für die Freunde und für die Leserin und den Leser angesehen werden. Es wurde sehr viel über Weisheit und Einsicht gesprochen. Auf der einen Seite beanspruchen sowohl Ijob wie die Freunde, im Besitz von Weisheit zu sein. Die Leserin und der Leser, die zusammen mit dem Dichter der Texte gleichsam als Betroffene aber zugleich als Beobachtende dabei sind, beanspruchen ebenfalls Weisheit und Einsicht zu haben. Auf der anderen Seite zweifelt niemand daran, dass bei Gott Weisheit zu finden ist, die über der der Menschen steht. Wie aber korrelieren die verschiedenen »Weisheiten« miteinander? Sind sie überhaupt miteinander in Beziehung zu bringen? Wo steht der Mensch?

Auf dieses Thema geht Kap. 28 ein, indem es zwei verschiedene Formen von Weisheit beschreibt. Auf der einen Seite die Weisheit Gottes, den innersten Kern, die letzte formende und alles bestimmende Kraft. Sie ist das höchste überhaupt vorstellbare Gut, sie ist aber dem Menschen unerreichbar und verborgen. Wenn der Mensch hingegen Weisheit für sich beanspruchen will, dann bleibt ihm die Gottesfurcht und das Meiden des Bösen. Das »Meiden des Bösen« impliziert ein durchaus aktives Moment. Ist hier schon etwas vorweggenommen, was in zweiten Antwort Jhwhs direkt an die Adresse Ijobs gerichtet ist (40,9-14)? Menschliche »Weisheit«

realisiert sich in der Lebenspraxis, nicht in der Theorie. Werden damit Spekulationen über transzendente Zusammenhänge für obsolet erklärt? Wird ein indirekter Hinweis gegeben, darüber zu schweigen, worüber man nicht sprechen kann?

Ijob 29 – 31: Schlussreden des Ijob (»Herausforderungsreden Ijobs«)

Die letzte große Rede Ijobs setzt in 29,1 ein und endet bei 31,40b »Zu Ende sind die Worte Ijobs«. Es handelt sich um einen Neueinsatz (vgl. oben 27,1). Mag der ursprüngliche Kontext derselbe gewesen sein wie in 27,1 (eine erwartete Gegenrede bleibt aus), so gewinnt die Formulierung durch das vorausgehende Gedicht über die Weisheit eine andere Funktion. Auf dieses Gedicht kann Ijob nicht »antworten«, wie er einem Freund (Menschen) gegenüber antwortete. Er kann nur neu zu sprechen anheben.

Die Schlussreden stellen eine Art Resümee dar, wie ein Überblick deutlich zeigt:

Die glorreiche Vergangenheit (Kap. 29)
Die grauenvolle Gegenwart (Kap. 30)
Ijobs Unschuld und Wunsch (Kap. 31)

Ijob 29 – *Wie glücklich waren die Tage, da Gott mich beschirmte* – die glorreiche Vergangenheit

Übersicht und Struktur:

(A) *Ijobs Glück und Ansehen* (VV.2-6.7-11)
(B) *Ijobs Eintreten für die Schwachen* (VV.12-20)
(C) *Ijobs Ansehen und Autorität* (VV.21-25)

(A) Ijobs Glück und Ansehen (VV.2-6.7-11)

V.2 beginnt mit einem unerfüllbaren Wunsch: Wären die Tage wie einst! Ijob beschreibt seine früheren Tage als eine glückliche Zeit, die er sich herbeiwünschte. Diese Zeit wird fürs Erste als eine bezeichnet, in der er unter dem Schutz Gottes stand, der ihn beschirmte und auf ihn wie auf einen kostbaren Schatz achtete. Dasselbe Zeitwort begegnet in dem wunderbaren Vertrauenslied des Ps 121 gleich sechsmal. Es ist Bestandteil des Priestersegens aus Num 6,24ff »Der Herr segne dich und behüte dich ...« Dazu kommt, dass er im »Licht« Gottes leben durfte. Das Licht gilt als Metapher für Ordnung, Durchschaubarkeit, Leben und Wärme. »Der Herr ist mein Licht und mein Heil« (Ps 27,1) können Beterin und Beter voll Vertrauen formulieren. Erst recht spürbarer wird das Licht und die Leuchte Gottes, wenn der Weg durch die Dunkelheit geht. Gerade dann darf der Mensch sich von Gott geborgen wissen (vgl. Ps 18,29; 36,10). Alles in allem: Ijobs Zelt (sein Haus, seine Familie) gehörte in den Freundeskreis Gottes (»Freundschaft« meint hier wörtlich »vertrauliche Umgebung«; vgl. Ps 25,14). In einer solchen Beziehung kann der Mensch gut und sicher leben (vgl. dagegen 18,5). Zu einem idealen Leben gehören selbstverständlich die Nachkommen, die als Ausdruck des Segens Gottes im Hier und Jetzt (vgl. Ps 127,3) gelten und die zugleich die Träger der Zukunft (ihres Vaters und ihrer Familie) sind. V.6 spricht mit Hilfe zweier Redewendungen wohl noch speziell den materiellen Überfluss an, dessen Ijob sich erfreuen konnte. Milch (Dickmilch?) dient zur Bewirtung erlesener Gäste (vgl. Gen 18,8) oder als Ausdruck des Genusses (vgl. Hld 5,1). Milch und Öl haben einen besonderen Wert und gelten als Symbole des Reichtums, der Freude (vgl. Ps 133,2) und der überquellenden Gaben Gottes (vgl. Dtn 32,13f). Kann sein, dass die Wendung vom »Baden der Schritte in Milch« oder von den »aus dem Felsen fließenden Bächen von Öl« konkrete Vorstellungen zum Hintergrund hat. Jedenfalls denkt man unwillkürlich an den davidischen König, der »in Wein sein Kleid wäscht und in Traubenblut sein Gewand« (Gen 49,11) oder an das reichliche Wasser aus dem Felsen (vgl. Num 20,11).

Der Blick wendet sich nun in den VV.7-11von der privaten Ebene in die Öffentlichkeit, »from the household to the city gate« (NIB 537). Der Ort, wo Öffentliches sich abspielt, ist das Stadttor: Dort werden von den kompetenten Leuten Entscheidungen getroffen (vgl. Rut 4,1; 2 Chr 32,6), dort wird Gericht gehalten und Recht gesprochen (Dtn 21,19). Die Protagonisten solcher Aktionen repräsentieren selbstverständlich die Notabeln der damaligen Gesellschaft. Ijob war nicht nur einer von ihnen, sondern genoss Ansehen in besonderem Maß. Nach außen hin zeigte sich dies in der Reaktion der Anwesenden auf sein Erscheinen: Die Jungen weichen zurück – das ist selbstverständlich, aber auch die Alten (!) stehen auf und signalisieren Respekt (vgl. Lev 19,32). Aufstehen und Stehen gilt ja auch bei uns sowohl im religiösen Bereich (z.B. Aufstehen zum Evangelium) als auch im profanen als Zeichen der Ehrfurcht (vgl. Empfänge u.ä.). Nach Innen wird seinem Ansehen Gewicht verliehen, indem man seinem Wort und seiner Rede Gehör schenkt. Edle und Fürsten, die die Kompetenz hätten etwas zu sagen, lassen ihm den Vortritt. In den parallelen Versen 9.10 sei auf den Gebrauch hebräischer Redewendungen aufmerksam gemacht: Sowohl »die Hand auf den Mund legen« (vgl. 40,4; Spr 30,32) als auch »die Zunge klebt am Gaumen« (vgl. etwas pointierter in Ps 137,5) werden als Bilder für »schweigen« verwendet, ohne besondere Assoziationen etwa im Sinne einer außergewöhnlichen Demutsgeste hervorrufen zu wollen. V.11 rundet dieses öffentliche Auftreten chiastisch nach beiden Seiten ab: Das Hören der Anwesenden bezieht sich auf das Reden Ijobs, das Sehen auf sein Erscheinen und Auftreten. Beides lässt sich nicht voneinander trennen. V.11 kann meinen, Ijobs Entscheidungen (im Stadttor) lösten Glück bei den Betroffenen aus, so dass sie ihm zustimmten und ihn glücklich priesen. Aber er kann ganz allgemein zusammenfassend meinen: Jeder, der Ijob hörte oder sah, musste ihn neidlos glücklich preisen.

(B) Ijobs Eintreten für die Schwachen (VV.12-20)

Die nächsten Verse liefern die Begründung seines Glückes, das er nicht nur für sich hat, sondern das er auch für andere schafft. Eine Reihe von Formulierungen weisen ihn als den idealen Gerechten aus oder als den idealen König, wie er z.T. in den sog. Königspsalmen (z.B. Ps 72,1-4.12-17) oder in prophetischen Texten (vgl. Jes 11,1-11) geschildert wird. Zugleich kennzeichnen sie ihn als großen Weisen, gehört doch das rechte Urteil und damit das sozial rechte Handeln ganz wesentlich zum Habitus des Weisen. In diesen Kontext gehört das Gebet Salomos um Weisheit (vgl. bes. 1 Kön 3,9f).

Dieser Motivkreis ist auch außerbiblisch sehr häufig belegt. Gerne verweist man u.a. auf die ägyptische »Lehre für Merikare«, einen König der 9. oder 10. Dynastie, in welcher der alte König seinem Sohn und Nachfolger Anweisungen für das rechte Regieren gibt. Gott, heißt es dort, hat die Herrscher für die Menschen eingesetzt »in the egg«, er hat sie bestimmt, »um den Rücken der Schwachen aufzurichten«. Er beendet seine Weisungen mit dem Wunsch: »Mögest du genannt werden ‚der, der die Zeit der Misstände (troubles) beendet hat'« (CoS 66). So tritt Ijob als Retter für die Armen und die Waisen auf, nachdem er selber mit Gerechtigkeit und Recht gegürtet und bekleidet ist (vgl. Jes 11,5; 59,17). »Der Segen des Verlorenen kam über mich« beinhaltet die positive Auswirkung der Hilfe Ijobs, die auf ihn zurückkommt. Der Betroffene – so ist es wohl gedacht – erfleht aus Dankbarkeit den Segen (d.i. Kraft, Fülle, Güter) Gottes für seinen Helfer (vgl. Ps 72,15; als negative Folie vgl. Ijob 31,19ff). Die Wendung von den Blinden und Lahmen, für die Ijob »Auge« und »Fuß« war, soll als Metapher für die alle »Armen« betreffende Umsicht Ijobs gewertet werden. So wurde er in jeder Hinsicht zum »Vater für die Armen«. Beim Wort »Vater« mag hier sowohl der patriarchalisch-dominierende wie auch der verantwortungsvoll-fürsorgliche Aspekt mitschwingen. Bereits Hammurabi rühmt sich im Epilog seines Codex als »König der Gerechtigkeit ..., der wie ein wirklicher Vater zu den Menschen ist«. Da über das Wohl und Wehe eines Menschen, speziell das eines Armen in vielen Fällen bei Gericht entschieden wird, hat Ijob gleichsam die »Gerichtsfälle« zu seiner Sache gemacht, unabhängig davon, ob ein Klient ihm nahe steht oder nicht. Damit wird zugleich sein »objektives« Eintreten für die rechte Sache hervorgehoben. Das Gericht hat immer ein doppeltes Gesicht: Das eine bezieht sich auf das rettende Tun für den Armen und Unterdrückten, das andere auf das Vernichten des Bösen als des Verursachers der Ungerechtigkeit. In aller Kürze wird dies hier in einem Bild aus dem Bereich des Hirten veranschaulicht (vgl. Davids Eingreifen für seine Herde in 1 Sam 17,34f). Ijob wird indirekt zu einem guten Hirten (vgl. Joh 10,11f), der sich um die armen und gefährdeten Schafe sorgt und dementsprechend handelt.

Wie das Tun Ijobs hier beschrieben wird, kann weitgehend auch das Tun Jhwhs beschrieben werden. Was der Not leidende Beter immer wieder bekennt, wird in allen Partien der Bibel von Jhwh formuliert: Er steht auf der Seite der Unterdrückten; er ist der Vater der Waisen und Witwen (Ps 68,6f); sein sind Recht und Gerechtigkeit (Ps 89,15); er zerschmettert den Feinden die Kiefer (Ps 3,8); er ist der gute Hirt (Ps 23,1).

Das geschilderte positive Verhalten Ijobs, speziell sein Engagement zu Gunsten der Armen müsste nach der üblichen Glaubenstradition ein gutes und langes Leben zur Folge haben (vgl. Exkurs: Der Tun-Ergehen-Zusammenhang). So denkt auch Ijob bei sich (wörtlich »sagte ich«): Zusammen mit einem glücklichen Leben bildet der Tod das entscheidende Kriterium eines gelungenen (gottgefälligen) Lebens. V.18 kann verschieden übersetzt werden: (a) »Ich werde sterben in meinem eigenen Haus, meine Tage will ich so zahlreich machen wie der Sand am Meer« (vgl. NIV, Lutherbibel). Das würde Ijobs Hoffnung ausdrücken, nach vielen guten Tagen im eigenen Haus zu sterben. Für den Begriff »eigenes Haus« steht im hebräischen Text »mit meinem Nest« werde ich verscheiden. Der Begriff »Nest« wird im üblichen Gebrauch immer für »Vogelnest« verwendet und nicht als Metapher für »eigenes Haus« (des Menschen). Deswegen liegt es nahe, bei dieser Bedeutung zu bleiben. Als Konsequenz ergibt sich, das im zweiten Halbvers gebrauchte geläufige Wort für »Sand« nicht als solches, sondern als andere Wortwurzel in der Bedeutung »Phönix« zu lesen. Dieser Lesung folgt auch die EÜ. Das wäre eine Anspielung auf die alte Sage, wonach der Phönix bei seinem Sterben zusammen mit seinem Nest verbrennt und aus der Asche wieder als neuer Phönix aufersteht. Von daher wurde dieser Wundervogel zum Symbol für die Ewigkeit, in der altchristlichen Kunst zum Symbol für die Auferstehung bzw. für Christus. In der Tat realisiert sich die Symbolik in der Ijob-Geschichte insofern, als Ijob nach seinem »Tod« (= Leiden) wieder »aufersteht« und noch viele Lebensjahre genießen kann (42,16f). Es geht also weder um Auferstehung noch um eine Art Wiedergeburt, »sondern um den Effekt einer (Wieder-)Erneuerung zu einem (im ganzen) langen, gesunden und glücklichen Leben« (Strauß 193). Konventionelle Bilder ergänzen diese positive Lebenserwartung: Seine Wurzeln sind am Wasserbach gepflanzt (vgl. Ps 1,3; Jer 17,18; Ez 31,7); der »nächtliche Tau« garantiert Vegetation und Leben. (vgl. Dtn 33,28; Ps 133,3). Ehre und Ansehen bleiben stets unangefochten, der Bogen in der Hand »lässt folgen« (so wörtlich nach dem hebräischen Text). In der elliptischen Redeweise ist wohl »Pfeil auf Pfeil« zu ergänzen. Das weist Ijob (im Bild) als agilen Schützen aus und symbolisiert allgemein Jugendlichkeit und Lebenskraft (vgl. Gen 49,24).

*(C) **Ijobs Ansehen und Autorität** (VV.21-25)*

Noch einmal nimmt Ijob den Faden von vorher (VV.7-11) auf und schildert seine vormalige hervorragende Stellung in der Gesellschaft. In der Versammlung der Notabeln bildete er den Mittelpunkt. Alle horchten auf seinen Rat. Ein solcher, von autorisierten Leuten gesprochen, galt nicht nur als kluge Überlegung, sondern als Mitteilung des Gotteswillens. So hieß es vom Berater des David, Ahitofel, dass in seiner Zeit sein Rat so viel galt, »als hätte man ein Gotteswort erbeten« (2 Sam 16,23). In Bildern, die die Sachebene weit übersteigen, wird die Bedeutung von Ijobs Entscheidungen dargetan: Man wartet auf sie, wie die Natur auf den Regen und Tau wartet, den sie notwendig für die Vegetation braucht. V.24 wendet sich nochmals an die Adresse der Schwachen. Der Vers ist im Sinne eines weiterführenden Parallelismus wiederzugeben: »Ich lächelte denen zu, die keinen Halt mehr hatten, mein Gesicht leuchtete und sie ließen sich nicht mehr fallen« oder »sie ließen ihren Mut nicht mehr sinken«. Analog wird von Jhwh gesagt, dass dort Heil ist, wo er sein Angesicht leuchten lässt (vgl. Ps 4,7ff; 31,17; 67,2; Num 6,25). Ähnliches gilt vom König (Spr 16,15). In V.25 wird ausdrücklich genannt, was latent immer schon mitgemeint war: Ijob agiert als der ideale König, der zu entscheiden versteht, was Recht ist, und der dadurch für die Gemeinschaft den Zustand von »Heil« herzustellen vermag. Der letzte Hinweis, dass er die Trauernden zu trösten versteht, gehört einerseits zum Bild des idealen Hirten und Königs, passt andererseits gut in den Kontext. Ijob, der es verstand, anderen Mut zu machen (vgl. Elifas in 4,3), ist (jetzt) selber auf einen solchen Trost angewiesen, den er nicht erhält (16,2).

Resümee

Man würde den Text gründlich missverstehen, würde man diese überschwänglichen Aussagen Ijobs, die – wie schon angemerkt –

andernorts Jhwh selber oder dem König zukommen, als Ausdruck von Überheblichkeit und Anmaßung verstehen. Der Dichter zeichnet hier das Idealbild eines gerechten Patriarchen, in das sich Züge des idealen Königs und Weisen mischen. Ob sich dieser Ijob mit dem der Erzählung deckt oder nicht, spielt keine Rolle. In jedem Fall handelt es sich um eine literarische Fiktion, die den idealen Charakter ihres Protagonisten nicht von sich aus beschreibt, sondern ihn von seiner Beziehung zu seinem sozialen Umfeld bestimmt.

Textintern geht die Rechnung Ijobs und die der Freunde auf: Das Leben ist stimmig. Ijobs Ansehen und Wohlergehen entspricht seiner Rechtschaffenheit, die sich im Einsatz für die Armen und Schwachen manifestiert. Wie umgekehrt diese Rechtschaffenheit in seinem Ansehen und seinem Wohlergehen ihre Entsprechung findet.

Ijob 30 – *Jetzt aber bin ich zum Spott geworden, nur Leid und Schmerz sind mein Anteil* – die grauenvolle Gegenwart

Übersicht und Struktur:

(A) Klage über den Spott der »Untermenschen« (VV.1-8)

(B) Klage über den Spott von Seinesgleichen (VV.9-15)

(C) Klage über Gott und sein eigenes Leiden (VV.16-22.23-31)

Das Kapitel stellt insgesamt eine Klage dar. Der Text markiert drei Hauptabschnitte, die jeweils mit »jetzt aber« eingeleitet werden (V.1.9.16), wobei der dritte Teil nochmals durch ein »doch« in V.24 unterteilt ist.

(A) Klage über den Spott der »Untermenschen« (VV.1-8)

Der hellen Seite der Vergangenheit (»in längst vergangenen Monden«) steht nun in scharfem Kontrast (»jetzt aber«) die dunkle Seite der Gegenwart gegenüber. Von der höchsten Höhe (Ijob befand sich ganz oben – über den Vornehmen) fällt er in die tiefste Tiefe (Ijob befindet sich ganz unten – unter den »Untermenschen«). »Sie lachen über mich« (ein ganz anderes Lachen als das in 29,24 genannte) ist pointiert an den Anfang gesetzt. Spott und Hohn einem total hilflosen Menschen gegenüber sind drastische Mittel, um jemanden fertig zu machen. Verschärfend kommt hinzu, dass das Gespött von Leuten kommt, die jünger sind als Ijob und die – sozial gesehen – aus einer Ecke kommen, die anzusprechen bereits Ekel hervorruft.

Dahinter wird sehr deutlich eine Gesellschaft sichtbar, die streng hierarchisch denkt und wertet. Respekt und Ehrfurcht vor »grauem Haar« gebietet die Tora (Lev 19,32), sie gelten als Selbstverständlichkeit. Dem Alter kommt Erfahrung und Weisheit zu (vgl. dagegen Elihu in 32,6.9). Spott von Gleichaltrigen und Gleichwertigen tut weh genug, erst recht einer von dieser Seite. Die Leute sind nicht nur jung, sondern stehen ganz und gar unter seiner Würde, weil ihnen überhaupt keine Würde zukommt. Ijob distanziert sich von ihnen, er würde sie nicht einmal als »Hunde« für seine Herden anstellen. Die Erwähnung der Hunde klingt äußerst depravierend, gilt doch »Hund« als böses Schimpfwort (vgl. 1 Sam 17,43; 2 Sam 3,8; Phil 3,2; Offb 22,15). Mit Ausnahme von Tob 5,17; 11,4 (der Hund als treuer Begleiter) erscheint der Hund in der Bibel wie überhaupt im Alten Orient als verächtliches Tier (Spr 26,11). Der Hund – als Haustier und treuer Begleiter des Menschen war der damaligen Welt (ausgenommen Tob) unbekannt. Nach dieser grundsätzlichen Wertung werden die spottenden Leute – ob die Väter oder die Jungen gemeint sind, spielt im Grunde keine Rolle – näher beschrieben. Sie sind schwach und kraftlos, weil sie kaum etwas zu essen haben und deswegen für niemanden von Nutzen sind. Sie nähren sich von Steppengras und kargen Pflanzen, die gewöhnlich für den Menschen als ungenießbar und als Unkraut gelten. Salzmelde (ein Gänsefußgewächs) – das nur hier vorkommende Wort bezeichnet nach talmudischer Tradition eine Nahrung der Armen – und Ginster fressen höchstens Wildesel und ähnliche Tiere. Diese Assoziation weist sie bewusst als Wesen aus, die im Grunde nicht den Menschen, sondern den Wildeseln zuzurechnen sind. Der betonte Verweis auf die Wüste bringt dämonisch-gefährliche Züge ins Spiel. Im hebräischen Text steht für »der Wüste und der Wüstenei« (V.3 EÜ) das Wort *scho`ah* bzw. *m^e^scho`ah* , das heute für den Holocaust verwendet wird. Die Grundbedeutung meint so etwas wie »ein plötzlich hereinbrechendes Verderben und Unheil«. Was durch die Betonung der Wüste bereits angeklungen ist, wird in den VV.5ff thematisiert. Sie leben außerhalb und fern jeder menschlichen Gemeinschaft. Sollten sie irgendwo auftauchen (V.5), gibt man ihnen sehr deutlich zu verstehen, dass sie unter »normalen« Menschen nichts zu suchen haben. Ihr Platz sind Höhlen und Erdlöcher. Höhlen können als Zufluchtstätte dienen (vgl. 1 Sam 13,6; 14,11) oder sie fungieren bis in die ntl. Zeit hinein als Behausung armer Volksschichten. Wenn Ijob das Wohnen in Höhlen als negatives Kriterium benutzt, so ist dieser Text vom Standpunkt gesellschaftlich gehobener städtischer Schichten aus geschrieben, die ein Wohnen in Höhlen als menschenunwürdig erachten. V.7 kann auf die Lebensweise dieser Leute anspielen: Sie sprechen nicht wie »normale« Menschen, vielmehr stoßen sie Laute wie die Wildesel (vgl. 6,5) aus und kauern sich – wie die Wildesel – unter dem Gebüsch zusammen. Der Vers kann aber auch sexuelle Konnotationen enthalten: Sie geben wie der Wildesel Lustschreie von sich und paaren sich unter den Sträuchern. Drei Bemerkungen fassen diese bösartige Charakterisierung zusammen. Sie sind ein »blödes Gesindel« (EÜ) heißt im hebräischen Text »Sie sind Söhne eines Taugenichts«, allesamt taugen nichts. Das Wort »Taugenichts« (*nabal*) wird in der weisheitlichen Tradition gerne für den »Toren« verwendet, der seinerseits in die Nähe des Gottlosen gerückt wird (vgl. Ps 14,1; 53,2). Sie sind ferner »Söhne ohne Namen«, d.h. sie haben keine wirkliche Existenz. Sie kommen und gehen, aber kein Mensch nimmt Notiz von ihnen. Das ist wohl auch im zweiten Teil von V.8 gemeint, der – gegen EÜ – eher präsentisch zu übersetzen ist. Das ist eine logische Folge: Sie sind Taugenichtse, sie haben keinen Namen – ergo verschwinden sie sang- und klanglos von der Erdoberfläche. Die EÜ denkt an ein »Geschehen«: Das Wesen dieser Leute führte dazu, dass sie aus dem Land – dann wäre das kultivierte Land gemeint – (in die Wüste und die Einsamkeit) verjagt wurden.

Man mag sich fragen, wer denn diese Leute sind, denen eine geradezu menschenverachtende Beschreibung zuteil wird. Die Schilderung selbst gibt zu erkennen, dass hier nicht auf eine Menschengruppe abgezielt wird, die mit Ijob zu tun hatte. Vielmehr resultiert die Schilderung aus einem Klischee, das in bestimmten Kreisen umgeht. Ähnlich unserem immer noch oberflächlichen und von Vorurteilen behafteten Gebrauch des Wortes »Zigeuner« (oder vgl. R. Mays Lied »Die Musikanten sind in der Stadt …«) handelt es sich auch hier um eine Gruppe von Leuten, die in Wirklichkeit niemand kennt, von der man aber vom Hörensagen Schauerliches zu erzählen weiß. Diese in weisheitlichen Kreisen bekannte Charakterisierung wird für den »Fall Ijob« instrumentalisiert, um die gesellschaftliche Ausgrenzung Ijobs in aller nur denkmöglichen Schärfe darzustellen. Selbst solche Leute, die das Prädikat »Mensch« gar nicht verdienen, spotten jetzt ungeniert über einen Menschen, vor dem vormals die »ganze Welt« vor Achtung und Ehrfurcht verstummte.

(B) Klage über den Spott von Seinesgleichen (VV.9-15)

V.9 markiert einen neuen Einsatz durch das »jetzt aber« (vgl. V.1). Wieder ist semantisch von Spott die Rede. Während aber in V.1 ein sehr allgemeines Wort für »spotten« bzw. »lachen über« verwendet wird (vgl. z.B. Jer 20,8), begegnet nunmehr eine Vokabel, die allgemein »Saitenspiel«, dann eben je nach Kontext ein von Saiten begleitetes »Spottlied« meint. Das verweist in ein Milieu, in welchem der Spott nicht nur unbestimmt-dumpf, sondern bewusst, vielleicht sogar rhetorisch formuliert geäußert wird. Diese Beobachtung ist insofern von Bedeutung, als die Akteure des Spottes gesellschaftlich anderswo anzusiedeln sind als die eben Genannten, denen man intellektuelle Äußerungen irgendwelcher Art überhaupt nicht zutraut. Obwohl in den VV.9ff die Akteure nicht ausdrücklich genannt sind, ist damit zu rechnen, dass ab hier die »peers«, Ijobs gleichwertige Partner und Bekannte, von denen in Kap. 29 die Rede war, angesprochen sind. Sie werden im Folgenden als solche vorgestellt, die Ijob nahe sind und mit denen Ijob Umgang hat. Sie sind es also, die Ijob mit Spottversen bedenken und ihn zum Gerede machen. In einer Gesellschaft, in der das Selbstwertgefühl eines Menschen in höchstem Maße von seiner öffentlichen Anerkennung und Ehre abhängt, bewirken Spott und Tratsch Zerstörung und Vernichtung. In einer schnelllebigen Zeit wie der unseren, in der gesellschaftliche Verunglimpfung von in der Öffentlichkeit stehenden Persönlichkeiten an der Tagesordnung ist, mag die tiefgreifende Wirkung solcher Aktionen nicht mehr so nachzuvollziehen sein. Für den antiken Menschen bedeuteten sie die Isolierung und den Ausschluss von der Öffentlichkeit. Das wird noch dadurch verdeutlicht, dass der Betreffende, hier Ijob, zu einer Art Freiwild wird: Sie scheuen nicht einmal davor zurück, vor ihm auszuspucken bzw. ihm ins Gesicht zu spucken (beide Übersetzungen sind möglich, vgl. 17,6; Jes 50,6; Mt 26,67; 27,30), eine Geste höchster Erniedrigung und Verachtung.

Die Begründung dafür, dass man mit Ijob seinen Spott treiben kann, liefert V.11. Die 3. Person Sing., die ausdrücklich nicht genannt ist, kann nur Gott sein. Er hat Ijobs Leiden verursacht. Denn Er hat – so das Bild, das an 29,20 anknüpft – Ijobs Bogensehne (EÜ »sein Seil«) aufgelöst (vgl. dagegen Ps 18,35), d.h. er hat ihm seine Vitalität und Lebenskraft genommen. Es könnte auch an das Zeltseil gedacht sein, das Gott losgelöst hat, so dass das Zelt zusammenfällt. Die Intention des Bildes ist dieselbe: Ijobs Leben ist zerstört. Weil Ijob wehrlos geworden ist, ist es den anderen möglich, die Zügel schießen, d.i. ihrer Zügellosigkeit freien Lauf zu lassen. Mit solchen Bemerkungen wird das Problem immer wieder artikuliert. Nicht bei Ijob liegt – infolge einer Verfehlung etwa – die Ursache seiner leidvollen Lage, sondern bei Gott. Wie in 19,12 und 16,14 schildert Ijob seine Situation mit Bildern aus dem Krieg bzw. der Belagerung einer Stadt. Die »rechte Seite« ist für gewöhnliche die glückbringende, sie ist auch die Seite des Kampfes, auf der Gott mit seinem Getreuen mitkämpft (Ps 16,8). Für Ijob wird sie zum Unglück: Er selber ist kampfunfähig gemacht und Gott steht ihm nicht zur Seite. Vielmehr überlässt er ihn dem Treiben seiner Feinde. Da das hebräische Vokabular vielfach mehrdeutig ist, gehen die Übersetzungen auseinander. Nach der einen Variante (so z.B. NIV) schütten sie Dämme des Unheils auf, nach der anderen (so z.B. NRSV) bauen sie Wege zu seinem Verderben (V.12); nach der einen gelingt es ihnen, Ijob zu zerstören; nach der anderen fördern sie sein Verderben; nach der einen ist keiner da, der ihnen zur Seite steht (weil ein Helfer gegen den ohnehin wehrlosen Ijob überflüssig wäre?); nach der anderen ist keiner da, der sie zurückhält (V.13). Wie ein Kampfestrupp durch eine Bresche und durch Trümmerhaufen in die Stadt eindringt, um sie zu erobern, so dringen sie auf Ijob ein. Worauf diese Bilder letztlich hinaus wollen, klärt V.15. Das, worauf sein Leben gebaut war, nämlich sein Ansehen (wörtlich: sein »Adel«) und damit sein Heil (Glück), sind verschwunden wie der Wind und die Wolke. Was ihm geblieben ist (aufgrund eines schrecklichen Umsturzes, vgl. unten V.21), sind »jähe Schrecken«, ein Begriff, der anderswo das Los der Frevler zu charakterisieren pflegt (18,11.14; 27,20).

(C) Klage über Gott und sein eigenes Leiden (VV.16-22.23-31)

Von der sozialen Seite kommt Ijob im Folgenden (eingeleitet durch »jetzt aber« wie V.9 und V.1) auf seine psychischen und physischen Leiden, gleichsam »auf die Innenseite des gegenwärtigen Elends« (Strauß 204) zu sprechen, wobei das eine sich nie vom anderen trennen lässt. In üblichen Wendungen schildert er sein Leid. Die Seele, sein Leben (*nefesch*) löst sich auf. Im Gegensatz zu den Tagen, »da Gott mich beschirmte« (29,2), ereilen ihn jetzt die Tage des Elends. Physischer Schmerz quält ihn (vgl. 7,4f), ganz besonders des Nachts. Im hebräischen Text ist die Nacht personifiziert, sie durchbohrt seine Knochen. Diese Ausdrucksweise verschärft den undurchschaubaren, geradezu unheimlichen Charakter der Leiden Ijobs. Trotzdem sind sie nicht anonymer Herkunft: Wieder verweist Ijob darauf, dass Er, wenn auch nicht ausdrücklich genannt, das Leid verursacht. Das gebrauchte Bild in V.18 kann aufgrund des schwierigen hebräischen Textbestandes nur erraten werden. Am ehesten bietet sich das Bild eines Zweikampfes an: Gott packt (nach der griechischen Übersetzung) ihn am Kleid, er fasst ihn – im Würgegriff – am Kragen (wörtlich »am Mund des Leibrockes«). Dass der Kampf unfair ist, ergibt sich aus der überlegenen Stärke des Gegners. Mit Leichtigkeit hebt er ihn auf, um ihn dann auf den Boden (in den Lehm) zu schleudern. »Staub und Asche« (vgl.42,6) sind Symbol für Hinfälligkeit und Vergänglichkeit. Das allein aber kann im Kontext nicht gemeint sein. Eher ist auf den Zustand Ijobs angespielt, den Gott (durch seinen Kampf) ausgelöst hat. In Anspielung auf das Diktum, dass der Mensch durch seinen Tod zum Staub zurückkehrt, würde hier gesagt: Ijobs Leben ist so dezimiert, dass er eher einem Toten als einem Lebenden gleicht.

In den VV.20-23 wendet sich Ijob in seiner Klage direkt an Gott. Gott schweigt, wenn er in seiner Not schreit (vgl.19,7), eine besondere Herausforderung für den frommen Beter (vgl. Ps 22,3). Dass Gott ihn ignoriert, wird hier im Gegensatz zu 7,17ff als Klage erhoben. Ijob empfindet Gott als seinen Feind, der ihm mit seiner ganzen Macht nachstellt (vgl. 16,9). Im Bild wird Gottes gewalttätiges Tun exemplifiziert: Er hebt ihn in den Sturm und lässt ihn – wie ein Blatt – irgendwohin verwehen, wo er sang- und klanglos endet (?). So sieht es die EÜ. Man könnte auch (nach NRSV) übersetzen: »Du hebst mich auf in den Wind und lässt auf ihm mich einherfahren, dann ...« Nach diesem Bild würde Gott, der auf den »Flügeln des Sturmes« einherfährt (Ps 18,11; 104,3), Ijob in seinem »Theomobil« mitnehmen – ein Zeichen für Ijobs Ansehen und seine Nähe zu Gott -, dann aber lässt er ihn in der chaotischen Gewalt des Sturmes zugrunde gehen. Dieses Bild entspräche dem Kontrastdenken von Kap. 29 und Kap. 30. V.23 spricht direkt aus, worauf die Bilder vorher abzielten: Gott beabsichtigt seinen Tod (vgl. 10,9f), er will Ijob in die Scheol bringen. Die Unterwelt wird hier als »Haus der Begegnung für alles Lebendige« beschrieben, sie ist der Ort, an dem sich zuletzt alles Lebende versammelt. Unwillkürlich denkt man als Gegensatz an das »Zelt der Begegnung«, das in priesterlichen Texten als Ort des Segens und der Sühne, d.i. neuen Lebens, gesehen wird (vgl. Ex 29,42-45). Natürlich weiß man aus dem Glauben heraus, dass Jhwh ins Totenreich hinabführt und auch heraufführt (1 Sam 2,6), dass nichts seinem Wirkungsbereich entgeht, aber dass er einen Frommen in den Tod bringt, ist eine ungewöhnliche Aussage. Ist Gott doch der Herr des Lebens, der aus dem Tod (Krankheit, Not) rettet und der nicht einmal den Tod des Sünders will.

Nochmals setzt eine Klage ein (VV.24-31). Wenngleich V.24 »extremely obscure« (NIB) erscheint, dürfte er wohl aus dem Kontext an das gewalttätige Tun Gottes anspielen, der an Ijob so ganz anders handelt als man es erwartet. Wahrscheinlich handelt es sich um einen allgemeinen Satz der überlieferten Weisheit im Sinne: Aber so ist es uns gelehrt worden: »An Trümmer, d.i. an ohnedies schon Schwache und Getroffene, legt er nicht Hand an (wörtlich »streckt die Hand aus«, dieselbe Wendung vgl. 1,11; 2,5), wenn einer schon im Unglück ist und daher um Hilfe schreit«. Da kein ausdrückliches Subjekt genannt ist, könnte der Satz auch als eine Art allgemein »moralisches Prinzip« (vgl. NIB 547) gelten: An einem Wehrlosen verübt man nicht noch zusätzlich Gewalt. Ijob jedenfalls hat sich daran gehalten. Er trauerte mit den Trauernden und weinte mit den Weinenden (4,3f; vgl. Röm 12,15). Damit wird aufs Neue seine Unschuld betont. Gerade deswegen konnte er auch für sich mit positiven Lebenserwartungen »rechnen«. Es lehren doch die Weisen allerorts, dass Gutes Gutes bringt und Böses Böses. Aber – das ist das Unfassbare – genau das Gegenteil war der Fall. Dieser Kontrast kommt durch die Oppositionsbegriffe sehr deutlich zum Ausdruck: Gutes – Böses; Licht – Finsternis. Ob die physisch beschriebenen Schmerzen als solche oder eher als Bilder zu verstehen sind, kann nicht entschieden werden. Eine gewisse Unschärfe kann durchaus beabsichtigt sein. Statt der souveränen Überlegenheit von einst verfolgt Ijob jetzt Unruhe und Zerrissenheit. Es sind (wie schon in V.16) die »Tage des Elends« hereingebrochen. War sein »früherer« Zustand von Licht erfüllt, dem das Dunkel nichts anhaben konnte, so nehmen »jetzt« Dunkelheit und Schwärze überhand. Ob dabei an Trauerriten gedacht ist (Strauß 211), bleibt eher fraglich. Dazu kommt das Motiv der glühenden Hitze, das sprachlich an die von Dämonen behauste Steppe assoziiert (»Fieberglut« in V.30 meint eigentlich »Trockenheit«, »Dürre«) und das durch die Wiederholung in V.30 noch drastisch verschärft wird. Dass die Sonne die Haut eines Menschen »schwärzt«, was in bestimmten Kreisen als derb und »bäuerlich« gegolten haben mag (vgl. Hld 2,6), wäre nicht so schlimm. Schlimm ist, dass es – verursacht durch Leid – in Ijob »schwarz« geworden ist. Hoffnungslos dem Elend ausgeliefert, steht er nun inmitten der Gemeinde. So hat sich das Blatt gewendet. Jetzt gehört er zu den Armen, die schreien. In guten Tagen aber hat er genau diesen geholfen (vgl. 29,12), während er jetzt der totalen Isolierung ausgeliefert ist. Berührend bringt dies V.29 zum Ausdruck: den Schakalen ein Bruder, der Straußenhenne (vgl. dazu 40,13-18) ein Freund. Beide Tiere symbolisieren Abgelegenheit, Einsamkeit und Wüste – »Orte«, die kein Mensch betritt. Mit noch einem Gegensatzpaar wird sein »erlebter« Umsturz (vgl.VV.15.21) beschrieben: Trauer und Weinen treten an die Stelle aufmunternden und fröhlichen Spiels. Motivmäßig kehrt der Vers zum letzten Vers des Kap. 29 zurück: Aus dem Trost Spendenden wurde ein Trost Suchender – aber einer, der keinen Trost findet.

Resümee

Ausführlich und breit schildert Ijob seinen derzeitigen Zustand. Das Vokabular hiefür ist der Klage eines Beters entnommen, der auf allen Ebenen verfolgt wird. Tiefste Entfremdung, Erniedrigung und Isolation gehen mit persönlichen Ängsten und Schmerzen einher. Nicht umsonst stehen die Anklagen gegen Gott im Zentrum des Textes (VV.18-23). Auch diese Anklage und Klage richtet sich allein auf Gott. Die Freunde sind als Zuhörer nur noch theoretisch vorhanden, Ijob hat niemanden mehr – außer seinen Gott, der ihm grundlos als sein Feind gegenüberzutreten scheint.

Ijob 31: Ijobs Unschuldsbeteuerungen bzw. der große »Reinigungseid«

Bevor sich Ijob endgültig an Gott wendet, beteuert er noch einmal seine Unschuld. Er legt Gott seine Taten zur Prüfung vor in der Überzeugung, dass Gott ihm Recht geben muss. Diese Unschuldsbeteuerungen erfolgen in Form eines sogenannten »Reinigungseides«. Der Begriff stammt aus dem Gerichtswesen. Dem Angeklagten, der seine Unschuld nicht durch Zeugen oder andere überprüfbare Argumente beweisen kann, bleibt nur noch die Möglichkeit, in Form bedingter Selbstverfluchungen seine Unschuld zu »beweisen«. Ex 22,10 ist ein solcher Eid vorgeschrieben, um bei Unüberprüfbarkeit der Sachlage doch zu einem gerechten Urteil zu kommen. Die Selbstverfluchung erfolgt in Form eines meist (inhaltlich oder formal) negativen Bedingungssatzes, dem als Folge eine Selbstverwünschung angefügt wird. Z.B.: »Wenn mein Schritt vom Wege abwich ..., dann esse ein anderer, was ich säe« (VV.7f). Dieses Schema bildet zwar für Ijob 31 einen Raster, wird aber bei weitem nicht durchgehalten.

Da eine solche Verfluchung ihre Wirkung nicht verfehlt, kann sie als legales Mittel zur Rechtsfindung verwendet werden. Der sog. »Reinigungseid« ist bereits im Codex Hammurabi belegt. Zu Recht hat man oft darauf hingewiesen, dass der streng juridische Charakter für Ijob 31 nicht zutrifft. Zum einen ist Ijob nicht formal angeklagt, zum anderen erfüllen die einzelnen Formulierungen nicht die formalen Bedingungen eines eigentlichen »Reinigungseides«. Gewiss haben aber formale Anspielungen Pate gestanden, um dieses umfassende Unschuldsbekenntnis eines Gerechten zu formulieren. Des Öfteren glaubte man in der Auslegung, in diesem langen Bekenntnis einen Niederschlag der sogenannten »negativen Bekenntnisse« wiederzufinden, die im ägyptischen Totengericht eine große Rolle spielen. In zahllosen (vorgegebenen) Sätzen bekennt der Verstorbene, was an Negativem er nicht getan hat. Die Sätze sind meist sehr kurz und prägnant gestaltet. Es dürfte kaum ein traditionsgeschichtlicher Zusammenhang zwischen diesen Texten und Ijob 31 bestehen. Auf der ideellen Basis gibt es natürlich Verbindungen.

Übersicht und Struktur:

(A)	***Soll Gott doch meine Wege prüfen –*** Exposition (VV.1-4)
(B)	***Wenn ich das und das nicht getan habe, dann … –*** Unschuldsbekenntnis (VV.5-34)
(C)	***Gäbe es doch einen, der mich hört –*** Herausforderung (VV.35-40)

(A) Exposition (VV.1-4)
Soll Gott doch meine Wege prüfen!

Die ersten vier Verse liefern die Ausgangsposition für das Folgende. V.1 bietet gewisse Schwierigkeiten, da er in Diktion und Inhalt ungewöhnlich ist. »Einen Bund schließen« ist eine theologisch bedeutsame Formulierung, die mit Jhwh als Subjekt an die 80-mal vorkommt. Die Verwendung dieser Formel hier ist singulär. Sie kann nur meinen, dass ein Höherer mit einem Niedrigeren eine Vereinbarung trifft. Die Augen – pars pro toto – sind als Vertragspartner deswegen genannt, weil sie traditioneller Weise als mögliche Auslöser und Vermittler von Verfehlungen gelten (Sir 9,5.8). Der Inhalt dieser Vereinbarung (Ijob als »master of his passions« – NIB 552) ist im hebräischen Text als Fragesatz formuliert, der als Antwort ein »Nein« erfordert. »Lüstern ansehen« (EÜ) ist zwar nicht gegen den Sinn interpretiert, aber verlagert die Aussagerichtung auf die rein sexuelle Ebene. Im hebräischen Text kommt das Wort »lüstern« überhaupt nicht vor und »ansehen« meint »jemandem seine Aufmerksamkeit zuwenden«. Desgleichen ist bei »Jungfrau« verallgemeinernd an ein Mädchen im heiratsfähigen Alter zu denken. Vom Kontext her wäre es sehr merkwürdig, dass ein Satz, der auf ein sexuelles Verhalten abzielt, das nach dem damaligen Verständnis kein Vergehen darstellt – die Vielehe ist nirgendwo ausdrücklich verboten – und das sonst im Buch Ijob überhaupt keine Rolle spielt, so pointiert an den Anfang gesetzt wäre. Man tut gut daran, diesen Satz aus der Sachebene in die Bildebene zu transferieren. Die Darstellung der Beziehung Jhwhs zu Israel unter dem Bild von Bräutigam und Braut ist durchaus (Hosea, Jeremia) geläufig. Konkret realisiert sich die Treue Israels zu seinem Gott – speziell in der jüngeren Zeit – in der Treue zur Tora.

V.1 kann m.E. nur auf dem Hintergrund dieser Tora-Treue, ja sogar einer gewissen Tora-Verschärfung verstanden werden. Während Dtn 24,1f die Möglichkeit eines Scheidebriefes als juridisch legitim erachtet, setzt sich in der nachexilischen Zeit de facto (nicht de iure!) die Einehe mehr und mehr durch. Mal 2,14ff wird die Treue zur »Frau deiner Jugend« (d.i. die erste Frau) als Ideal vorgestellt. In dieser Relation spiegelt sich nun das Verhältnis Jhwhs zu Israel wider (im Bild der Ehe). So wird die Treue zur einen Frau zum sichtbaren Ausdruck der Treue Israels (und des Einzelnen) zu dem einen Gott Jhwh (vgl. ntl. das Verhältnis Christus – Kirche als Bild für das Verhältnis von Mann und Frau, Eph 5,21-33). Dieses Interpretationsmuster erklärt denn auch die Stellung des Verses am Beginn dieses langen Reinigungseides. Er steht als Metapher der unbedingten Tora-Treue Ijobs, die im Folgenden im Einzelnen entfaltet wird.

Nach dieser positiven Feststellung, deren Konsequenz für die Praxis erst gar nicht hinterfragt zu werden brauchte, stellt Ijob dennoch diese Frage, um sie noch einmal bewusst zu machen. Was ist »Anteil und Erbe«, das Gott dem Menschen für sein Verhalten zuteil werden lässt? Man wird sich hüten müssen, in solchen Formulierungen ein »Lohn-Denken« zu sehen. Die hier verwendeten Begriffe sind immer als Gaben vonseiten Gottes gedacht, die Gott dem Menschen aus freien Stücken als Geschenk zuteilt. Vielmehr ist die Frage von der Praxis her, d.i. vom Turn-Ergehen-Zusammenhang her gestellt. Danach ergeben sich logischer Weise zwei Möglichkeiten: Der Frevler erntet als »Erbe« Verderben und der Redliche Segen und Heil. Wenn also Gott Ijobs Wege sieht, dann kann er ihm – so die Frage in V.4 – nur Heil und Segen zuwenden. Andernfalls – was hier nicht gesagt wird – ist Gott Ijobs Verhalten gegenüber blind.

Der ganze folgende Passus hat nunmehr die Absicht, diese Schritte und Wege Ijobs im Detail zu beleuchten. Innertextlich soll er Ijob den Freunden gegenüber rechtfertigen, dasselbe gilt der Leserin und dem Leser gegenüber und schließlich sollen der Leser und die Leserin sich an ihm ein Beispiel nehmen und es ihm in seiner und ihrer Lebenspraxis gleichtun.

(B) Unschuldsbekenntnis (VV.5-34)
Wenn ich das und das nicht getan habe, dann …!

Die einzelnen Bereiche, die Ijob aufzählt, haben ihre Traditionsgeschichte in ethischen Gebotsreihen der Tora (z.B. Dekalog), in den sogenannten »Beichtspiegeln« (Ps 15; 24,3-6; 34,13-15) oder in den ethischen Forderungen der prophetischen Verkündigung.

Die Beurteilung der Reihung bzw. die Gliederung der einzelnen Bereiche liegt zu einem gewissen Grad im Ermessen der Leserin und des Lesers.

Formal werden vierzehn Fälle aufgezählt, d.h. vierzehnmal wird ein Satz mit »wenn« eingeleitet. Thematisch lassen sich bei einigem guten Willen zehn Bereiche ermitteln, die infolge der Zehnzahl an die »Zehn Worte« (Dekalog) denken lassen und somit eine gewisse Vollständigkeit repräsentieren.

Der erste Bereich bezieht sich auf die **Falschheit** als negativer Gegenbegriff zur Redlichkeit. Lebensführung in der Metapher des »Gehens« (*halák)* ist eine gängige Ausdrucksweise (vgl. Ps 1,1; Spr 2,13; später im Judentum die »Halachá«). Das Bild vom Abwägen ist ebenfalls konventionell. Bei Tauschgeschäften eine »gerechte Waage« zu verwenden, eine, die nicht falsch misst, ist eine moralische Forderung Jhwhs (Spr 20,10.23; Dtn 25,13-16; Am 8,5). Dass Ijob eine »gerechte Waage« von Gott einfordert, entbehrt nicht einer gewissen Ironie. Unter regulären Bedingungen kann das Ergebnis nur positiv sein: Seine Integrität würde sichtbar bewiesen. Bekannt sind Szenen aus dem ägyptischen Totenbuch, wonach nach dem Ablegen eines »negativen Bekenntnisses« das Herz des Toten auf der einen und das Symbol der Maʿat auf der anderen Waagschale abgewogen wird. Ein zahlreiches Richterkollegium wacht über der Szene. Die Waage selber wird von Anubis und Horus bedient. Schließlich hält der Gott Thot, der Schreiber in der Unterwelt, das Ergebnis schriftlich fest.

Thematisch in dieselbe Richtung wie V.5 gehen die VV.7f in Form einer Selbstverwünschung. Das Aufzählen verschiedener Körperteile, die in Summe den ganzen Menschen ausmachen bzw. als partes pro toto stehen, gehört zur gängigen Redeweise in der Weisheit (vgl. Spr 4,25f; »Hand, Fuß, Auge« vgl. Mt 18,8f). Die ausgesprochene Selbstverwünschung weist eine inhaltliche Ähnlichkeit mit

Fluchformeln des Dtn auf (Dtn 28,30-33) und gilt als Drohwort in der prophetischen Literatur (Am 5,11; Mi 6,15; vgl. seine Umkehrung in Jes 62,8f).

Der zweite Bereich bezieht sich auf **Ehebruch**. Von der lüsternen Frau und ihren Verführungskünsten weiß Spr 7,4-23 ausführlich zu reden. Hier ist interessant zu beobachten, dass auf der einen Seite – dem traditionellen Rollenschema entsprechend – der Mann von der Frau betört wird, dass aber auf der anderen Seite die aktive negative Rolle des Mannes mitgenannt wird. Denn wie das deutsche »Lauern« verbindet sich auch das entsprechende hebräische Wort mit dem Moment der »List« und der »Täuschung«. Ehebruch gilt (im ganzen Orient) als schweres Delikt gegen die Gemeinschaft und gegen Gott (vgl. Ex 20,17; Dtn 5,21; Spr 6,24-35), wobei im Gegensatz zu heute nicht das sexuelle Moment und der damit verbundene Treuebruch die große Sünde darstellen, sondern die Verletzung des Besitzrechtes und des Gefüges der Gemeinschaft. Das »an der Tür Lauern« kann wörtlich, metaphorisch allgemein oder metaphorisch sexuell (»Tür ihres Körpers«) gemeint sein. Die Selbstverwünschung tendiert auf die Zerstörung der eigenen Ehe. Das Übel, das Ijob seinem Nachbarn antut, sollte in derselben Weise ihm widerfahren: Ein anderer soll in seine Ehe eindringen. Während der Wunsch, dass sich ein anderer über seine Frau beuge, eindeutig sexuell gemeint ist, könnte der erste Teil des Verses neben einer rein sexuellen Metapher, wie sie u.a. die traditionelle jüdische Interpretation belegt, auch als Demütigung und Erniedrigung verstanden werden: Sie, bislang eine angesehene Frau, solle wie eine Magd in des anderen Dienste treten (vgl. die Demütigung der »Tochter Babel« in Jes 47,2f). Der Text formuliert hier freilich ausschließlich männlich, da er ausschließlich den männlichen Aspekt zum Ausdruck bringt. Er kennt kein Interesse und keine Sensibilität für erlittenes Unrecht der Frau. Dies liegt außerhalb seines Denkhorizontes.

Die Schwere des Ehebruchs wird durch zwei begründende, allgemeine Sentenzen unterstrichen. Ehebruch ist eine Schandtat, die die Gemeinschaft etwas angeht und somit vor den Richter gehört. Sie kann nicht als Privatsache abgetan werden. Deswegen geht es in diesen Versen nicht nur um die Begehrlichkeit, sondern um einen infolge der Begehrlichkeit vollzogenen Ehebruch. Seine zerstörende Wirkung macht das Bild vom Feuer deutlich, das in der Spruchweisheit auch sonst Verwendung findet (Spr 6,27ff; Sir 9,8). Schließlich endet alles im Abgrund und im Tod (vgl. Spr 5,5; 7,27). Das Feuer »entwurzelt« (der Frevler hat eben keine Wurzeln, vgl. 18,16) alles ihm »Zugekommene«, was die materiellen Güter (so EÜ) weit übersteigt. Seine positive Existenz ist dahin.

Ein dritter Bereich betrifft die **Missachtung des Sklavenrechts.** Verschiedene Aspekte des Sklavenrechtes sind in den großen Gesetzeskorpora (vgl. Ex 21,1-11; Lev 25,39-55; Dtn 15,12-18; 23,16f) geregelt. Obwohl es gewiss eine soziale Gruppe von »Sklaven« gab, ist die Ortung dieser Gruppe sehr schwierig, da das biblische Hebräisch keinen eigenen Terminus für »Sklave« / »Sklavin« kennt. Bei aller zeitlich-gesellschaftlichen Eingebundenheit der Texte kann generell gesagt werden, dass das Sklavenrecht des Ersten Testamentes im Vergleich zu den altorientalischen, die auch je verschieden sind, sich durch Milde und einen stark religiös motivierten Zug zur Humanität auszeichnet. Speziell deuteronomische Texte werden nicht müde zu betonen, die Sklaven menschlich zu behandeln: Dass die Sklavin und der Sklave ein von Gott verbrämtes Recht auf Arbeitsruhe haben (vgl. bes. Dtn 5,14f), wäre im römischen Westen ein halbes Jahrtausend später undenkbar gewesen. In Ijob wird deutlich, dass die Sklavin und der Sklave ein Recht hatten. Der Herr darf dieses Recht nicht beugen. Der Jhwh-Gott, der auf der Seite der Ausgebeuteten und der Sklaven steht, würde eine Rechtsbeugung – gerade Sklaven gegenüber – nicht dulden. Es entspricht dem Denken der Weisheitsliteratur, dass dieses Verhalten nicht mit dem Hinweis auf die Befreiung im Exodus argumentiert wird, sondern mit der Schöpfung. Obwohl die Begründung allgemein gilt, gewinnt sie durch die Beziehung auf die 1. Person zugleich eine persönliche und intime Note. »Der mich geschaffen«, ist derselbe, der den Sklaven schuf. Diese Demokratisierung der Schöpfung, die keine gesellschaftlichen Unterschiede mehr kennt, hat ihren bleibend gültigen Ausdruck in der priesterschriftlichen Schöpfungstheologie gefunden, wonach jeder Mensch unterschiedslos, Mann und Frau, als »Bild Gottes« gedacht ist (Gen 1,27!).

Innertextlich mag zutreffen, dass Ijob zugleich für seine eigene Sache wirbt, etwa nach dem Muster: Wenn er seinerseits im Rechtsstreit das Recht seines Sklaven (Knechtes) geachtet hat, dann wäre zu erwarten, dass Gott mit seinem Sklaven (Knecht) Ijob in derselben fairen Weise verfährt (vgl. V.6).

Ein vierter Bereich betrifft die **Hartherzigkeit** den Armen gegenüber. Zentrale und immer wieder ins Spiel gebrachte Anliegen werden genannt: das rechte Verhalten den sozial Schwachen, der Witwe und der Waise gegenüber. Es ist bemerkenswert zu sehen, dass das soziale Engagement ganz und gar von Ijob ausgeht. Nicht der Arme muss erst zu ihm kommen, vielmehr sieht Ijob von sich aus die Not des Armen, schreitet ein und gibt. Er wird damit als einer gezeichnet, der sensibel für die Not der anderen ist. Hätte der Arme neben ihm nichts zu essen, würde ihm der Bissen im Hals stecken bleiben. V.18 kann als Bekräftigung seines Einsatzes für den Armen oder als Begründung und Motivation gelesen werden. Die eine Variante würde dann lauten: »Denn von meiner Jugend an habe ich die Waise großgezogen wie ein Vater, schon vom Mutterschoß an sie geleitet« (vgl. NRSV). Damit würde Ijob in hyperbolischer Weise (vgl. die Wendung »so lange ich denken kann«) seine Obsorge um die Witwen und Waisen formulieren. NIB (553) zitiert dazu den Ausspruch des alten syrischen Königs Kilamuwa, der zeigt, wie weit verbreitet solche Ideen im Alten Orient waren, mit den Worten: »Einigen war ich ein Vater, einigen eine Mutter, einigen ein Bruder.« Die andere Variante lautete: »Denn von meiner Jugend an hat er, d.i. Gott, mich aufgezogen wie ein Vater, vom Mutterschoß an mich geleitet« (EÜ). Damit sähe Ijob im fürsorglichen Handeln Gottes an ihm selbst Grund und Motiv, auch an anderen ebenso zu handeln.

Wie das Speisen der Hungernden gehört das Bekleiden der Bedürftigen zu den sozialen und religiösen Pflichten (vgl. Jes 58,7; allg. Tob 4,7-11). Beim »Verlorenen« (V.19 EÜ) ist wohl an einen »Umherirrenden«, in gewissem Sinn »Obdachlosen« gedacht, der irgendwo die Nacht verbringen muss und infolgedessen besonders der Unbill der Natur ausgesetzt ist (vgl. 24,7). Ijob kleidet ihn mit dem Produkt seiner Schafe, was ihm seinerseits wieder zum Segen (in EÜ »Dank«) wird (vgl. 29,13).

Mit der grundsätzlichen Bemerkung, sich nie an einem Schwachen (mögliche Lesung »an einem Rechtschaffenen«) vergangen zu haben, schließt diese Textpassage. »Die Hand ausstrecken« ist ein Symbol für »Macht haben«. Im Kontext heißt das: Ijob hat nie sein Ansehen oder seine Macht missbraucht. Es wäre ihm ein Leichtes gewesen, da er doch bei einem evtl. Gerichtsverfahren (»im Tor«) genug Freunde hätte (vgl. Spr 14,20), die auf seiner Seite stünden, um ihn zu »decken«.

Das Bild, in dem die Selbstverwünschung dargestellt wird, wirkt sehr drastisch. Die Assoziation an die »Hand« als Körperteil sowie die im Hebräischen gegebene Assonanz zwischen »Helfer für mich« und »mein Arm« mag für dieses Bild Ausschlag gebend gewesen sein. Man sieht auch hier wieder eine gewisse Vorliebe der Sprache für grelle und schreiende Bilder. Dasselbe kann dadurch ausgedrückt werden, dass der Gottesschrecken (vgl. 15,21; 18,11 als Schicksal des Frevlers) über Ijob kommen soll. Wer sich vor Gott ins Unrecht setzt, vermag einer Begegnung mit ihm nicht standzuhalten. Die Hoheit Gottes würde ihn erdrücken. Dasselbe Vokabular wird in 13,11 als Warnung Ijobs an die Adresse der Freunde verwendet.

Ein fünfter Bereich bezieht sich auf die **Vergottung des Reichtums.** Die Wendung »Hoffnung setzen auf« und die Anrede »Du meine Zuversicht« können für den glaubenden Menschen nur auf Jhwh hin gesprochen sein (vgl. Ps 40,5; 71,5). Vor dem trügerischen Vertrauen auf Reichtum wird immer schon gewarnt (Ps 49,7; 62,11; Spr 11,28; Sir 5,1). Nicht dass der Mensch seinen Reichtum nicht genießen dürfte – dies spielt gerade in Ijob eine große Rolle, vgl. 42,10! –, sondern dass der Mensch sein »Glück« ausschließlich sich selbst und seinem Können zuschreibt, darin sehen die Schreiber eine Form des Abfalls von Gott. Damit verliert der Mensch die Wahrnehmung für die Realität, dass er ein geschaffenes Wesen ist und dass trotz eigener »Leistung« sein Glück letztlich ein verdanktes ist. Geradezu unnachahmlich erfassen die Theologen des Dtn dieses Problem: » ...und wenn du prächtige Häuser gebaut hast und sie bewohnst, wenn deine Rinder, Schafe und Ziegen sich vermehren und Silber und Gold sich bei dir häuft und dein gesamter Besitz sich vermehrt, dann nimm dich in Acht, dass dein Herz nicht hochmütig wird und du den Herrn, deinen Gott, nicht vergisst« (Dtn 8,12ff).

Ein sechster Bereich spricht die **Vergottung von Sonne und Mond** als eine andere Variante des Abfalls von Gott an. Eine ähnliche Diktion findet sich in Dtn 4,19 (17,5 u.ö.). Gerade das Dtn warnt eindringlich vor der Versuchung, der Faszination der Gestirne zu erliegen. Das bedeutete für Israel eine ständige Herausforderung in einem Ambiente, in dem der Astralkult eine so bedeutende Rolle spielte. Dabei geht es nicht um irgendeine öffentliche Kulthandlung, sondern Ijob würde sich schon schuldig fühlen, hätte er auch nur geheim der »aufgehenden Sonne« und dem leuchtenden Mond »göttliche« Verehrung gezollt, um in abergläubischer Weise ihren Beistand zu erflehen. Das »Küssen« eines Kultgegenstandes ist ein allgemeiner Gestus der Verehrung (vgl. auch 1 Kön 19,18; Hos 13,2). Infolge der Entfernung des zu Verehrenden dürfte hier wohl an eine Art »Küsse schicken« gedacht sein.

V.28 bezieht sich wohl auf alle ab V.24 voraufgehenden Bedingungssätze. Sowohl die Vergottung des Reichtums, wie die maßlose Übersteigerung des eigenen Ichs wie jede Art von Aberglaube sind verschiedene Facetten der »Verleugnung« Gottes. Alle die Formen schieben Gott aus dem Blickfeld und bedeuten somit Abfall. Die Bemerkung, dass solches Tun »vom Richter zu strafen ist« (vgl. V.11), ist entweder formelhaft oder sie soll den schwerwiegenden Charakter hervorheben. Genau genommen sind alle genannten Vergehen keine Angelegenheit der Judikatur, da innere Haltung und Gesinnung keine Sache des Gerichtes sein können (vgl. dasselbe Phänomen Mt 5,22a: »zürnen« – »dem Gericht verfallen sein«).

Ein siebter Bereich trifft das **Verhalten dem Feind** (= »der mich hasst«) gegenüber. Von »Feinden« des Beters ist speziell in den Klagen der Psalmen häufig die Rede. Ebenso häufig äußert der Beter den Wunsch, Gott möge ihm zu Hilfe kommen, indem er seine Feinde nicht triumphieren lasse über ihn, indem er sie zuschanden mache und / oder sie vernichte. Dort handelt es sich um die vom Beter her gesehen einzige Möglichkeit, dass ihm – auch in und vor der Gemeinschaft – Recht zuteil wird; er sieht in einem solchen Eingreifen Gottes (nie greift der Beter selber ein!) die einzige Möglichkeit überleben zu können. Daraus ein allgemeines Klischee ableiten zu wollen, nach welchem der Gedanke der Vergeltung und Rache am Feind eine typisch atl.-jüdische Denkweise sei, ist gänzlich unsinnig. Denn neben diesen, aus der konkreten Not herausgeschrienen Formulierungen stehen Anweisungen, auch den Feind gütlich zu behandeln. »Hat dein Feind Hunger, gib ihm zu essen, hat er Durst, gib ihm zu trinken« (Spr 25,21). Im Gesetz findet sich die Forderung, dem Feind beizustehen, wenn z.B. sein Esel unter der Last zusammengebrochen ist (vgl. Ex 23,4f). Schließlich impliziert der Nächste auch den Feind (vgl. Lev 19,18!). Auch außerbiblisch ist das Motiv, dem Feind in der Not beizustehen, nicht unbekannt. In einem ägyptischen Text aus der Zeit des 15./14. Jh. v.Chr. heißt es: »Man gibt auch Brot dem, den man nicht mag, und Speise dem, der ungerufen kommt. Beeile dich nicht, den anzugreifen, der dich angegriffen hat. Überlasse ihn der Gottheit« (zitiert nach: B. Lang, Feindesliebe, in: NBL, 1990, 664). Die Weisheitslehrer raten, sich nicht am Sturz des Feindes zu freuen und nicht zu jubeln, wenn dieser strauchelt (Spr 24,17). Einzig und allein Gott steht es zu, Verdrehtes und Verkehrtes ins rechte Lot zu bringen, Recht zu schaffen oder, wie es zuweilen in der biblischen Diktion heißt, »Rache zu nehmen« (vgl. Röm 12,19ff!). Zum Ganzen vgl. Ebach II 87ff.

Statt der zu erwartenden Selbstverwünschung (»dann ...«) folgt ein Behauptungssatz, mit dem Ijob sein Verhalten positiv dokumentiert: Er selber hat ursächlich nie zum Unglück eines Feindes beigetragen, auch nicht – die einfachste Möglichkeit – durch eine böses Wort, d.i. durch einen Fluch.

Ein achter Bereich betrifft die das **Verhalten dem Gast und Fremden** gegenüber. V.31 bezieht sich mit dem Nennen der »Zeltgenossen« auf Ijobs vertraute, häusliche Umgebung. Es sind die Leute, die mit ihm »unter einem Dach« wohnen, wobei der Begriff sehr weit zu fassen ist. Ihnen hat er in vollem Maß Gastlichkeit erwiesen. Dass sie sich »von seinem Fleisch sättigen«, bezieht sich nicht nur auf Mahlzeiten und »Essensausgabe«, sondern diese sprichwörtliche Rede schließt Bedürfnisse aller Art mit ein. In V.12 weitet sich der Blick auf die »Fremden« und »Wanderer« aus. Angesprochen dürften in erster Linie »unbekannte und obdachlose Fremdlinge« sein (Strauß 232). Mag sein, dass das Beherbergen von Fremdlingen mit Gefahren verbunden ist, wie man dies aus verschiedenen Geschichten kennt (Gen 19,2ff Lot und seine Töchter in Sodom; Ri 19,7 die Einwohner von Gibea). In Ri 19,15 lässt die Bemerkung, dass die Einwohner von Gibea den Fremden nicht zum Übernachten aufnehmen, die Bosheit dieser Leute erahnen. Demgegenüber erweist sich Ijob als fromm, da er keinem je die Tür gewiesen hat.

Ein neunter Bereich (VV.33f) betrifft die **Heuchelei.** »Frevel« und »Schuld« hat Ijob nicht verheimlicht. Wem gegenüber, ist nicht gesagt. Wenngleich das Verheimlichen von Schuld und Fehlern zur Gattung »Mensch« in ihrer Sündhaftigkeit dazu gehört, so ist es gerade die Sache des Frommen, seine Sünden vor Gott auszubreiten und auf diese Weise Vergebung zu erlangen (vgl. Ps 32,5).

Die Reihe wird plötzlich durch einen Wunsch unterbrochen (VV.35-37). Er entspricht wiederholten Äußerungen in den Ijobreden und ganz konkret Hoffnungsäußerungen in 16,19 bzw. 19,25ff. Das ist sein Wunsch: Der Allmächtige möge ihn anhören und dann antworten. Das hebräische Wort für »Begehr« (V.35) »*taw*« (Tau) ist zugleich der letzte Buchstabe des hebräischen Alphabetes. Es wurde in der älteren Schrift in Form eines »x« geschrieben. In Ez 9,4.6 bezeichnet es als Kennzeichen auf der Stirn geschrieben diejenigen, die im Schutz Gottes seinem hereinbrechenden Gericht entkommen. In unserem Kontext mag die Assoziation mitschwingen, dass auch Ijob sich im Schutze Gottes fühlt und sich vor einem Gericht nicht zu fürchten braucht. Der folgende Halbvers ist ganz der Gerichtssprache entnommen: Ijob hat (gleichsam) seine Anklageschrift bei sich. Der erwähnte »Gegner« ist zweifellos der Gegner im Prozess, mit dem nur Gott gemeint sein kann. Da die Anklageschrift seine Fehler auflistet, aber es nach Ijobs fester Überzeugung keine aufzulistenden Fehler gibt, kann sie für ihn nur Freispruch bedeuten. Das Bild von V.36 ist zwar nirgendwo belegt (vgl. evtl. Jes 22,22), aber es kann sich nur um eine Art Demonstration handeln. Die ganze Welt sollte diese Anklageschrift zu sehen bekommen. Einem königlichen Diadem gleich kündet sie von Ijobs Ehre und Würde. Er brauchte sich vor einer Rechenschaft über seine Lebensführung nicht zu scheuen. Wie ein Fürst könnte er ihm begegnen.

Nach diesem Zwischenstück findet der »Reinigungseid« seinen Abschluss mit einem zehnten Bereich, der den **Umgang mit dem Ackerboden** betrifft. Durch die formale Auslagerung gewinnt dieser Bereich an Gewicht und Bedeutung. Der Ackerboden (*àdamá*) wird personifiziert. Sein »Schreien« und »Weinen« verrät, dass ihm schweres Unrecht (Unterdrückung) widerfahren ist. Das Erste Testament kennt eine Reihe von Gesetzen, um das Land vor Ausbeutung zu schützen. Es sei nur auf die Vorschrift der Brache (Ex 23,10f; Lev 25,1-22), auf das Verbot, zweierlei Arten zu säen (Lev 19,19; Dtn 22,9), oder auf das Verbot, einen jungen Fruchtbaum drei Jahre lang zu schonen (Lev 19,23ff), verwiesen. Die Autoren von 2 Chr 36,21 interpretieren u.a. die Zeit des Exils als eine solche, in der das Land seine Sabbate zurückbekam, die ihm in der Zeit zuvor vorenthalten worden waren. An solche Gebotsübertretungen oder an das Nichteinhalten verschiedener Abgabepflichten (vgl.

Lev 27,16-25) kann in V.39 gedacht sein. Vielleicht ist noch grundsätzlicher zu interpretieren. Der »Ertrag« (EÜ) des Ackers kann auch seine »Kraft« meinen. Das würde bedeuten, das Vergehen bestünde darin, dass der Ackerboden heillos ausgenützt worden ist, so dass er seine »Kraft« verloren hat und nichts mehr taugt.

V.39 ist schwer zu deuten. Es könnte an die Bearbeiter (EÜ »Herr«) des Ackerbodens gedacht sein, die Ijob brutal ausnützt. Demnach wäre der Vers in etwa wiederzugeben: »wenn ich das Leben (*nefesch*) seiner Bearbeiter zum Keuchen brachte.« Ein solches Verhalten wird im Gesetz wiederholt schwer verurteilt (vgl. Lev 19,13; Dtn 24,14f). Nach der EÜ könnte bei der Erwähnung des »Herrn« auch an Jhwh gedacht sein, der allemal der Herr des Landes ist. Es bleibt nicht ausgeschlossen, dass die Formulierungen einen konkreten Tatbestand vor Augen haben. Es könnte aber auch an einen unrechtmäßigen, gewalttätigen Erwerb eines Grundstückes gedacht sein, wie es aus der tragischen Geschichte des Nabot und seines Weinberges bekannt ist (1 Kön 21). Danach würde Ijob als Feudalherr gedacht, der sich »ohne zu bezahlen« ein Grundstück angeeignet und dessen eigentlichen Besitzer ums Leben gebracht hätte. Grund genug, dass der betroffene Ackerboden dieser Schuld wegen zum Himmel schreit.

Da der Text so pointiert am Ende der Reihe steht, wird einer grundsätzlichen Deutung der Vorzug zu geben sein. Es kommt sehr deutlich zum Ausdruck, dass der Mensch nicht absoluter Herr über den Ackerboden ist. Die Formulierung, dass der Ackerboden infolge brutaler Behandlung »schreit« und »weint«, sollte angesichts der heutigen ökologischen Probleme nicht als ein archaisch überholtes Bild abgetan werden. Die Ahnung, dass der Mensch (*ʿadam*) auf Wohl und Wehe mit seinem Ackerboden (*ʿadamá*) verbunden ist, hat die Alte Welt noch gespürt. Der Verlust dieses »Gespürs« fällt uns Heutigen in erschreckender Weise auf den Kopf.

So wie in Gen 3,17 infolge der Sünde des Menschen der Ackerboden Disteln und Dornen hervorbringt, so sollte er im Fall der Versündigung Ijobs Unkraut und Dornen hervorbringen.

Mit diesen Ausführungen wird in V.40 auch formal das Ende der Reden Ijobs markiert. Das ist insofern bedeutsam, als bei keinem der Freunde, auch nicht bei dem nun folgenden Elihu, ein Redeschluss formal gekennzeichnet ist. Ist damit das Argumentieren der Freunde als lautloses und unbemerktes Versanden ihrer Worte gekennzeichnet?

Resümee

Man hat in der Auslegung diesem Text von jeher besondere Bewunderung zukommen lassen. Hier (nicht nur hier!) wird in der Tat sehr deutlich, dass es in der Ethik des Ersten Testamentes nicht nur um das Beachten ausformulierter und juridisch nachvollziehbarer Gebote geht, wie das oft oberflächlich mit dem Begriff »Torafrömmigkeit« verbunden wird. Trotz aller Zeitbedingtheit (vgl. VV.9f) findet hier eine Haltung ihren Niederschlag, die den ganzen Menschen erfasst und die wesentlich von Innen heraus getragen ist. Der Dichter hat ein feines Gespür dafür, dass nicht nur überprüfbare »Fakten« gemeinschaftsstörend sind, sondern dass das Böse im Herzen seinen Ausgang nimmt. Es ist faszinierend zu lesen – um nur ein Beispiel herauszugreifen –, dass die Beachtung des Sklavenrechtes z.B. mit dem Hinweis auf den gemeinsamen Schöpfergott begründet wird. Damit sind von der Einstellung her (nicht juridisch) die Unterschiede aufgehoben. Man denkt unwillkürlich an Paulus, der den Sklaven Onesimus zu Philemon, seinem Herrn, zurückschickt mit der Bitte, er möge ihn »als geliebten Bruder in Christus« wieder aufnehmen (Phil 16).

Ähnlich wie schon in Kap. 29 geht es hier nicht um Selbstgerechtigkeit. Der Dichter hat nie und nimmer die Absicht, Ijob auch nur annähernd in die Nähe von Heuchelei zu bringen. Bei aller Fragilität unseres Tuns tut eine unverkrampfte Sicht auch der positiven Seiten nur gut, worauf die Psychologen ja nicht müde werden hinzuweisen. Auch der Christ ist nicht ausschließlich nur Sünder, er darf sich seiner »guten Werke« freuen, ohne ein schlechtes Gewissen zu haben (vgl. Mt 5,16).

Ijobs Bekenntnis ist ehrlich gemeint. Es spitzt den »Fall Ijob« wie das »Problem Ijob« noch einmal zu. Die Fronten sind deutlich formuliert. Ijob ist mit seinen Worten zu Ende und am Ende. Die Erwartung richtet sich von vorne. »In die Mulde meiner Stummheit leg ein Wort …!« Darf Ijob sich diesen Satz von I. Bachmann zu eigen nehmen?

Ijob 32 – 37: Die Reden des Elihu

Ijob 32

Übersicht und Struktur:

(A) *Da entbrannte der Zorn Elihus –*
Einführung und Vorstellung (VV.1-5)
(B) *Mich drängt es, euch mein Wissen darzulegen –*
Elihus Rechtfertigung (VV.6-22)

Ein neuer Gesprächspartner mit Namen Elihu meldet sich zu Wort (A). Er ist jung und fühlt sich gedrängt, seinen Standpunkt darzulegen (B).

(A) Einführung und Vorstellung (VV.1-5)
Da entbrannte der Zorn Elihus.

Was de facto für den Leser und die Leserin schon lange – seit 27,1 – klar ist, dass nämlich die Freunde nichts mehr zu erwidern haben, wird jetzt nach dem langen Monolog Ijobs deutlich vermerkt. Die Schlussbemerkung von 31,40 markiert zusammen mit 32,1 ein vorschnelles, fiktives Ende. Man hat auf allen Linien »ausgeredet«. Ijob hat vorgebracht, was es vorzubringen galt, die Freunde haben dem nichts hinzuzufügen. Die Begründung in V.1 ist nicht eindeutig. Dem hebräischen Text zufolge (auch die EÜ) heißt es: »weil er gerecht war in seinen Augen«. Das könnte bedeuten, die Freunde geben auf, da sie einsehen müssen, gegen Ijobs eigene Überzeugung etwas einzuwenden, ist aussichtslos. Oder ist er gar in »seinen«, nämlich Gottes Augen gerecht? Anderseits haben alte Übersetzungen statt »in seinen Augen« »in ihren Augen« gelesen. Das wiederum bedeutete, die Freunde hätten sich von Ijobs Gerechtigkeit (durch den »Reinigungseid«?) überzeugen lassen, was im Gesamtkontext freilich nicht ohne Schwierigkeiten bleibt.

Nach diesem »Patt« wendet sich mit einem Mal das Blatt. Ein vierter Sprecher tritt auf, der in den VV.2-5 eingeführt wird. Sein Name ist »Eli-hu«, d.i. »Gott (mein Gott) ist Er«. Mag sein, dass dieser Name einmal ein Bekenntnis zu »El« ausdrückte, für die Verfasser des Ijob kann mit »Er« nur Jhwh gemeint sein. Wenngleich dieser Name auch andernorts im Ersten Testament begegnet (1 Sam

1,1; 1 Chr 12,21; 26,7; 27,18), mag er hier ob seiner symbolischen Aussagekraft Verwendung finden – als ein vorweg genommenes Programm. »Barachel« (»Gott segnet – möge segnen«) kommt im AT nicht vor. Die Herkunftsbezeichnung »Busiter« ist schwach belegt (Gen 22,21). Ein Geschlecht namens »Ram« (»Gott ist erhaben«?, vgl. Abram) kennt das AT nicht. Die vier-teilige namentliche Vorstellung soll den Gemeinten gewiss als einen Mann von Rang und Namen qualifizieren. Es fällt auf, dass Elihus Auftreten mit einem viermaligen »es entbrannte sein Zorn« geschildert wird. Zorn und Emotionen sind üblicherweise Kennzeichen für einen Toren (vgl. 5,2), einen Weisen hingegen ziert Gelassenheit (Koh 10,4). Gemeint ist wohl das von Innen kommende »Muss« des Redens. In dieser Situation kann es keine Zurückhaltung mehr geben (vgl. die VV.18ff). Ursache des zunächst allgemein formulierten Zornes ist zunächst Ijob, weil er sich selbst vor Gott als gerecht erachtet, des Weiteren aber die Freunde. Denn sie haben auf Ijobs Reden keine schlagenden Argumente gefunden, mit denen sie Ijob ins Unrecht hätten setzen können bzw. mit denen sie darlegen konnten, dass sich Ijob im Unrecht befindet. Eine jüdische Tradition nimmt an dieser Stelle eine Textkorrektur durch die alten Schriftgelehrten (2./3. Jh.) an. Danach hätte der Text (V.3) ursprünglich gelautet: »Es entbrannte der Zorn des Elihu gegen die drei Freunde, weil sie keine Antwort fanden und somit Gott ins Unrecht setzten«. Da die Formulierung »Gott ins Unrecht setzen« allein schon anstößig wirkt (vgl. »Gott ins Angesicht fluchen« 1,11; 2,5), hätten die Gelehrten »Gott« durch »Ijob« ersetzt und die syntaktische Verbindung (im hebräischen Text einfach »und«) final bzw. konsekutiv gedeutet. Durch das nochmalige »es entbrannte sein Zorn« wird geradezu penetrant auf das Unvermögen der Freunde, auf Ijob zu antworten, verwiesen. Dass Elihu sich erst jetzt zu Wort meldet, begründet der Schreiber mit seinem den Freunden gegenüber jugendlichen Alter, ein Motiv, das in der Rede des Elihu noch ausführlich zur Sprache kommt. Da die Vierzahl als stilistisches Element (der Ganzheit) im Ijob so oft eine Rolle spielt, ist daran zu denken, ob die Vierzahl der Freunde nicht auch in diese Kerbe schlägt. Zumindest von der Endfassung des Buches her mag die Staffelung »drei + eins« bewusst gewählt sein. Damit fände die Argumentation der Freunde einen endgültigen Abschluss und zugleich einen Höhepunkt.

(B) Elihus eigene Rechtfertigung (VV.6-22)
Mich drängt es, euch mein Wissen darzulegen!

In den VV.6f rechtfertigt Elihu sein Zögern, aber auch sein Auftreten. Dass in der patriarchalen Gesellschaft von damals (nicht nur von damals) Jugendlichkeit in Ansehen und Würde hinter dem Alter weit zurückstand, ist eine selbstverständliche Gegebenheit (vgl. Ri 6,15; 1 Sam 9,21; Jer 1,6). Das gilt insbesondere im Rahmen der Weisheit. Weisheit hat mit Erfahrung zu tun und Erfahrung kommt naturgemäß dem Alter zu. Weisheit, Wissen, Einsicht und rechte Worte prägen leitmotivisch diesen Textabschnitt. Bis V.17 begegnet in jedem Vers ein Begriff dieses semantischen Feldes. Das ist insofern von Bedeutung, als diese einleitenden Verse eine Art Ouvertüre zu den Reden des Elihu insgesamt darstellen.

Mit Rücksicht auf das hohe Alter der drei Freunde hat Elihu sich zurückgehalten, sein Wissen darzulegen. Die Formulierung »zu beweisen« in der EÜ hat einen prätentiösen Klang, der völlig unangebracht ist. V.8 stellt freilich diese selbstverständliche Gleichung »hohes Alter bedeutet tiefe Einsicht« (vgl. Sir 24,4ff) auf eine andere Ebene. Nicht, dass der weisheitliche Vorsprung des Alters negiert wird, ist das Thema, sondern die grundlegende Überzeugung, dass Weisheit und Einsicht im »Geist« Gottes ihren Ursprung haben. Darauf haben auch die Weisheitslehrer bereits hingewiesen: »Denn der Herr gibt Weisheit, aus seinem Mund kommen Erkenntnis und Einsicht« (Spr 2,6; Sir 1,1; Weish 9,10). An eine besondere Geistmitteilung im Sinne einer speziellen Offenbarung (vgl. 4,12-16) zu denken, ist wohl sekundär. Vielmehr geht es um den Geschenkcharakter der Einsicht, die dem Menschen unabhängig von seinem Alter gegeben ist. Der »Geist« (die *ru^{a}ch*) und der »Atem« sind Grundgegebenheiten des Menschen, seines Lebens und seiner Vitalität (vgl. Gen 2,7; Ps 104,29), worauf in 33,4 Elihu selber hinweist. Damit wird Einsicht als Vorrecht der Alten relativiert. Es muss nicht sein, dass nur die Alten Einsicht haben und rechte Entscheidungen treffen. Das Erste Testament kennt durchaus Beispiele, die zeigen, dass junge Menschen sehr wohl im Stande sind, einsichtig zu überlegen und zu handeln bzw. das Rechte zu tun (vgl. Josefsgeschichte; Daniel und die drei jungen Männer Dan 1,17.19f; Ps 119,99f; ein Nachsatz zur Geschichte der Susanna in Dan 13 resümiert: »Die Jungen sind die Lieblinge Jakobs wegen ihrer Integrität; denn, wenn die Jungen ehrfürchtig leben, wohnt in ihnen ein Geist des Verstehens und der Einsicht für immer«).

Daraus ergibt sich folgerichtig die Aufforderung zum Hören in V.10 mit der Begründung: »Denn auch ich will mein Wissen darlegen!«, ein Satz, den Elihu in V.17 noch einmal wiederholt.

Betrafen die ersten Worte des Elihu die grundlegende Rechtfertigung, als Junger vor den Alten seine Weisheit darlegen zu dürfen, so beziehen sich die folgenden Verse (11-17) auf seinen Beitrag zum Dialog. Er bezeichnet sich als aufmerksamen Zuhörer, der von Anfang an mit Respekt den Argumenten des Dialogs gefolgt ist. Die »klugen Sprüche« der Freunde (V.11 EÜ) bewirken despektierliche Konnotationen, weswegen eine neutral wirkende Übersetzung wie etwa »einsichtige Reden« (Fohrer 448) vorzuziehen ist. Was er allerdings ganz wesentlich auszusetzen hat, ist die Tatsache, dass keiner Ijob ins rechte Lot zu bringen vermochte bzw. ihm keiner entsprechend zu entgegnen wusste. Damit wird das Thema von V.3 wieder aufgenommen und die Position des Elihu nochmals verdeutlicht: Er sieht Ijob im Unrecht. Und genau dies klarzulegen, waren die Freunde seiner Auffassung nach nicht in der Lage. Deswegen dürfen sie nicht den Anspruch erheben, der Weisheit letzten Schluss gefunden zu haben, indem sie zum Ergebnis gekommen sind: Mit Ijob kann nur Gott, nicht aber ein Mensch zurecht kommen. Für Gott ist es ein Leichtes, er kann Ijob gleichsam wie Spreu im Wind »wegwehen«, »wegfegen«. Wenngleich eine pejorative Konnotation nicht zu leugnen ist, trifft die EÜ mit »verstoßen« nicht den Sinn. Für Gott erscheint Ijob ein Leichtgewicht.

Ijobs Argumente treffen die des Elihu nicht, denn er hat andere als seine Freunde. Damit rechtfertigt er inhaltlich seinen Auftritt: Was er zu sagen hat, ist bisher nicht gesagt worden. Nochmals verweist Elihu auf die Sprachlosigkeit der Freunde, die ihn gleichsam nötigt, das Wort zu ergreifen. Zweimal begegnet in V.17 »auch ich« (vorher schon in V.10), eine kunstvolle sprachliche Assonanz an das Motiv vom entbrannten »Zorn« (beide Vokabel lauten im Hebräischen gleich).

Die VV.18-22 entsprechen im Munde Elihus inhaltlich dem, was der Verfasser einführend über Elihu geschrieben hat (»Der Zorn entbrannte ...«). Elihu kann nicht an sich halten. Es drängt ihn zu reden. Auch solche Formulierungen gehören zum üblichen Redestil (vgl. Elifas 4,2; Ijob 6,2f; Zofar 20,2), wenngleich sie hier sehr pointiert gebraucht werden. Dass im Vergleich mit dem gärenden Wein gerade neue Schläuche und nicht – wie zu erwarten – alte (vgl. Mt 9,17) genannt werden, soll die Dringlichkeit seines Redens noch unterstreichen. Seine Worte werden »objektiv« sein, er ergreift weder für Ijob noch für die Freunde Partei (wörtlich »das Angesicht jemandes erheben«) und enthält sich jeder Form von Schmeichelei (wörtlich »jemandem Kosenamen geben«). Als Geschöpf Gottes weiß er sich diesem gegenüber verantwortlich. Hier klingt bereits ein Motiv an, das später noch eine bedeutende Rolle spielen wird – nämlich die absolute Gerechtigkeit Gottes, die keinerlei Parteilichkeit duldet.

Resümee

Mit dem Auftreten Elihus wird Ijobs sehnlichster Wunsch, unmittelbar von Gott eine Antwort zu erhalten, wiederum hinausgeschoben. Er geht sowohl mit Ijob als auch den drei Freunden auf Distanz, d.h. sein Beitrag soll in die Debatte einen neuen Akzent einbringen. Äußerlich signalisiert dies der Dichter durch das jugendliche Alter seines Protagonisten. Die Ausführlichkeit und Penetranz seiner Selbstvorstellung mag dem ganzen Auftreten einen ironischen und relativierenden Beigeschmack verleihen, doch wird man sich von voreiligen Etikettierungen Elihus wie »arrogant und überheblich«, »schwülstig und anmaßend« hüten müssen. Ihm gebührt zunächst der Bonus der Redlichkeit. Er begründet seine Weisheit vom Geist Gottes her. Darin unterscheidet er sich von den Freunden wie auch von Ijob, die sich zumeist auf die Tradition der Väter und ihre eigene Erfahrung berufen. Damit verbindet Elihu geradezu ein Sendungsbewusstsein. So wie ein von Gott gerufener Prophet nicht an sich halten kann, sondern verkünden »muss« (vgl. Am 3,8), so auch Elihu.

Ijob 33: Die erste Rede des Elihu

Übersicht und Struktur:

(A)	***Ijob, hör auf meine Rede, auch ich bin eine Geschöpf wie du –*** Aufforderung zum Disput, die Argumente Ijobs (VV.1-7.8-13)
(B)	***Gott warnt in Traum- und Nachtgesichten –*** Belehrung (VV.14-18)
(C)	***Gott warnt durch Not und Schmerzen zum Wohl des Menschen –*** Belehrung (VV.19-30)
(D)	***Kannst du, Ijob, darauf etwas entgegnen –*** Herausforderung und Ende des Disputes (VV.31ff)

Elihu wendet sich direkt an Ijob (A), um auf dessen Argumente einzugehen und sie durch seine Sicht zu widerlegen (B.C). Ijob kann dem nichts entgegensetzen (D).

(A) Aufforderung zum Disput, die Argumente Ijobs (VV.1-7.8-13)
Ijob, hör auf meine Rede, auch ich bin eine Geschöpf wie du!

Der erste Abschnitt umfasst die VV.1-7. Elihu beginnt mit einer übliche Aufforderung zum Hören (vgl. Spr 1,8), die durch das Nennen des Namens als besonders vertraulich gekennzeichnet wird. Damit verbunden ist eine Empfehlung und zugleich auch der Anspruch seiner Worte, die eine große Ähnlichkeit mit den Worten haben, die die Weisheit über sich äußert (vgl. Spr 8,6ff). Der Hinweis auf sein Geschaffensein durch Gottes Geist nimmt Bezug auf die Äußerung in 32,8 und meint damit zugleich oder sogar in erster Linie, dass er auch jene Verständigkeit und Weisheit hat, die der Geist Gottes verleiht. Seine Worte, so wird damit indirekt gesagt, sind von Gott her inspiriert.

Der Aufforderung zum Hören schließt sich die zum Antworten an: Im Gegensatz zu Gott, den Ijob seinerseits zur Antwort herausgefordert hat (13,18.22) – ein Unterfangen, das in dieser Form infolge der Ungleichheit der Partner nicht gelingen kann –, sollte er in Elihu einen echten Dialogpartner finden. Denn beide verbindet die fundamentale Gleichheit der Geschöpflichkeit. Der Hinweis auf die Herkunft aus »Lehm«, eine allgemein im Alten Orient belegte Vorstellung (vgl. auch Gen 2,7; Ijob 4,19 »Lehmhausbewohner«), soll diese Gleichheit besonders hervorheben. Vor Gott hat Elihu dem Ijob nichts voraus. Von daher ergibt es sich wie selbstverständlich, dass Furcht und Angst keinen Platz haben – ein Moment, das Gott gegenüber eine große Rolle spielte (vgl. 9,34f). Trotz dieses Gleichgewichtes zwischen beiden stellt Elihu ein »wenn du kannst« voran. Das kann sich jetzt nicht mehr, wie einst bei Gott, auf die Ungleichheit der Partner beziehen, sondern lediglich auf die Stringenz der Argumente. Mit dieser getroffenen Einschränkung nimmt Elihu im Grunde vorweg, dass seine Argumente unwiderlegbar sind.

Nach dieser Einleitung geht Elihu konkret auf Fragestellungen Ijobs ein, indem er sie zitiert oder sinngemäß zusammenfasst (VV.8.9ff): Zunächst greift er, nicht wörtlich, Ijobs Unschuldsbeteuerungen auf, die er in vier Ausdrücken wiedergibt (dazu vgl. 9,20f; 27,4ff; 31). Dann zitiert er vier Einwände, die Ijob gegen Gott geltend macht, die fast wörtlich aus 13,24.27 entnommen sind. Diesen Argumenten Ijobs stellt Elihu ein apodiktisches »Darin hast du nicht Recht« entgegen. Als Begründung für diese Antwort liefert er das weiter nicht mehr hinterfragbare Prinzip: »Gott ist größer als der Mensch«.

Nach dieser Grundsatzerklärung geht Elihu auf einen anderen Vorwurf Ijobs gegen Gott ein:

Die Ausgangsposition bildet V.13: Das Verb (EÜ »hadern«) kann forensisch ausgelegt werden oder allgemein. Im ersten Fall wäre Elihus Anfrage zu interpretieren: Warum zitierst du Gott vor Gericht, weil er auf des Menschen (so der hebräische Text) bzw. auf deine Worte nichts erwidert? Im anderen Fall wäre allgemeiner zu formulieren (wie etwa EÜ): Warum haderst du mit Gott, dass (weil) er des Menschen bzw. deine Worte nicht erwidert? Da juridische Kategorien im Folgenden keine Rolle spielen, ist die allgemeinere Formulierung vorzuziehen. In der Tat hat sich Ijob immer wieder beklagt, dass Gott ihm eine Antwort schuldig bleibt (vgl. 9,16; 19,7; 30,20). Es ist zwar richtig, dass sich das Antworten vonseiten Gottes zunächst auf die Worte des Menschen bzw. Ijobs bezieht, zugleich aber dürfte die Grundbedeutung von *»dabár«* mitgemeint sein und nicht nur »Wort«, sondern allgemein »Angelegenheit«, »Sache« meinen. Den Einwand Ijobs, Gott »antworte« nicht, er kümmere sich nicht um die Angelegenheiten des Menschen, kann Elihu nicht gelten lassen.

(B) Belehrung (VV.14-19)
Gott warnt in Traum- und Nachtgesichten.

Gerade das Gegenteil ist der Fall: Wiederholt (»einmal«, »zweimal« vgl. V.29; 2 Kön 6,10) spricht Gott den Menschen an, nur achtet dieser nicht darauf. Elihu nennt zwei Bereiche, in denen Gott zum Menschen spricht: im Traum (15-18) und in der Krankheit (19-22). V.18 bzw. V.22 gebraucht dasselbe Vokabular.

Träume und Nachtgesichte können in bestimmten biblischen Traditionen als Mittel von göttlichen Mitteilungen angesehen werden (vgl. Gen 15,1; 28,10-17; 40,8-18 u.a.; Mt 1,20f; 2,13.19).

Nebenbei sei auf die kunstvolle literarische Struktur der Verse hingewiesen: V.15 ist viergliedrig, V.16 zweigliedrig und V.17f wiederum viergliedrig. Gott gibt sich im Raum der Nacht kund, was dem Ganzen eine unheimliche Färbung gibt. Es handelt sich schließlich um einen Bereich, der außerhalb der menschlichen Beeinflussbarkeit liegt. Während Elifas in solchen Traumgesichten ein weisheitliches Wort erhielt (4,12-16), während Ijob solche Traumgesichte als Tortur empfand (7,13f), sieht Elihu in ihnen ein positives Eingreifen Gottes zu Gunsten des Menschen. Es ist interessant, dass der griechische Text in VV.15f geradezu übertrieben das Motiv der Angst betont, indem er dreimal die Vokabel »Furcht« (*phóbos*) einfügt, das im hebräischen Text (MT) nicht vorkommt. Selbst »er schreckt (die Menschen) auf« (EÜ) ist zwar wahrscheinlich, aber nicht zwingend. MT liest wörtlich »mit Züchtigung (Warnungen) besiegelt er sie« und die lateinische Fassung gibt den Vers wieder: »erudiens eos instruit disciplinam« (»erziehend lehrt er sie Zucht«).

Dieses Eingreifen Gottes dient einem doppelten Zweck: Es soll den Menschen von seinem (verkehrten) Tun abbringen und seinen Hochmut vertreiben. Dass Hochmut vor dem Fall kommt, gilt als allgemeiner Erfahrungssatz (Spr 16,18). Textpragmatisch sind solche Sätze gegen Ijob gerichtet, der in des Elihu Meinung auf Grund seiner Behauptung der Schuldlosigkeit (33,9) zweifellos zur Kategorie der »Hochmütigen« gehört. Diese negative Seite des Eingreifens Gottes dient einem positiven Zweck: Es soll den Menschen vor dem Tod (der »Grube«) bewahren und sein Leben retten. Der Gedankengang, der dahinter steht, ist folgender: Der Hochmut (Hybris) verführt den Menschen zum bösen Tun. Das böse Tun wiederum zieht böse Folgen (Unheil, Tod) nach sich. Davor wollen Gottes Warnungen den Menschen bewahren.

(C) Belehrung (VV.19-30)
Gott warnt durch Not und Schmerzen zum Wohl des Menschen!

Der zweite Bereich, in dem Gott sich an den Menschen wendet, ist die Krankheit und das Leid (VV.19-22). Die Schmerzen, die einen Menschen quälen und die ihm jegliche Lebensfreude nehmen, so dass ihm die Speise zum Ekel wird und er bis zum Skelett abmagert und schon mehr tot ist als lebendig, sind nicht in erster Linie als Folge seines üblen Lebenswandels anzusehen, was allerdings von der ganzen Denkstruktur her nicht ganz ausgeschlossen werden kann, sondern als Anstoß und Fingerzeig Gottes, umzukehren, sich Gott zuzuwenden und damit sein Leben zu retten.

Gegenüber dem ersten Bereich fällt die Schilderung des zweiten wesentlich drastischer aus. Die quälenden Schmerzen lassen nicht nur die Todesnähe erspüren, sie führen fast in den Bereich des Todes selber. Von »Todesboten« (wörtlich »die den Tod bringen«) ist die Rede.

Aber Gott überlässt an dieser gefährlichen Grenze den Menschen nicht den Wesen, die ihn endgültig dem Tod übergeben, sondern er hält für ihn einen seiner Engel bereit.

Er ist einer von den vielen (Tausenden), die im Dienste Gottes stehen (vgl. Vorstellung vom himmlischen Hofstaat) und seine Funktion ist die eines Mittlers: Ihm kommt es zu zu verkünden, was »rechtens« ist. Das bezieht sich zum einen darauf, dem Betroffenen den Sinn seines Leidens klar zu machen, ferner ihm anzuzeigen, wie denn der rechte Weg zu gehen ist, den Gott vom Menschen will; zum anderen ist des Boten Funktion, den Menschen als »rechtschaffen« darzustellen, zumindest mitgedacht.

Syntaktisch gibt der Text einige Rätsel auf, die nicht eindeutig zu lösen sind. Vorliegende Deutung richtet sich nach der NRSV: Das Gefüge beginnt in V.23 mit einem faktischen Bedingungssatz »Dann, wenn ein Engel … und dieser sich erbarmt und spricht: ‚Bewahre ihn davor, ins Grab zu steigen … lass aufblühen sein Fleisch in Jugendfrische, zu den Tagen seiner Jugend kehre er zurück!‘« und endet mit dem Nachsatz in V.26: »dann betet er zu

Gott und der ist ihm gnädig. Er darf sein Angesicht schauen ...« Der in V.24 auftauchende Begriff »Lösegeld« gehört für gewöhnlich in den Bereich des Rechts oder des Kultes. Hier ist er dichterisch bildhaft verwendet für »Bußgesinnung«, eine Vorwegnahme dessen, was in V.27 dem Menschen in den Mund gelegt wird. In den Worten des Engels wird eine weitere Funktion des Mittlers deutlich: die Fürbitte, sein Eintreten für die Belange des Menschen (vgl. Tob 12,15).

Gott nimmt des Beters Gebet an und wendet sich ihm zu. So wird die Welt für den Menschen wieder heil, wenn er Gottes Angesicht voll Jubel schauen darf (vgl. Num 6,24ff; Ps 4,7; 17,15). Die Bemerkung am Ende von V.26, dass Gott die »Gerechtigkeit« wieder gibt, äußert wohl eine leise Kritik an Ijobs Behauptung seiner Unschuld (33,9). Allerdings ist auch die Übersetzung möglich: »Gott wendet dem Menschen sein Heil wieder zu«.

Die VV.27f beschreiben das Verhalten des Betroffenen: Der Ausdruck »er singt« (Lesart ist unsicher) beinhaltet kultische Konnotationen, wie überhaupt einzelne Elemente semantisch wie formal liturgische Anklänge aufweisen: so etwa das Sündenbekenntnis (vgl. Ps 51,6; 106,6; Neh 9,33), das Lobgelübde im Kreise der Gemeinde (vgl. Ps 22,26f). Aber auch hier handelt es sich um Versatzstücke, die ihren »Sitz im Leben« längst verloren haben. Der Sünde des Menschen steht das barmherzige Verzeihen Gottes gegenüber: » ...er hat mir nicht mit Gleichem vergolten« (nach dem griechischen Text korrigiert). Das gehört auch zu den theologischen Spannungen, die nicht aufgelöst werden dürfen: Auf der einen Seite vergilt Gott (Jer 17,10; 32,19) gemäß dem Tun des Menschen, vor allem damit das Böse auch als Böses entlarvt wird, auf der anderen Seite verzeiht er grenzenlos, nimmt gleichsam dem Menschen die Schuld weg und trägt sie fort, damit sie keinen weiteren Schaden anrichtet (vgl. das klassische Bekenntnis Ex 34,6ff). Diese gnädige Zuwendung ermöglicht dem Menschen Leben und Heil (Licht).

In einer Art Inklusion schließt Elihu diesen Teil ab: So handelt Gott oft und oft (einmal – zweimal in V.14 und zweimal – dreimal in V.29). Dieses Tun Gottes (sowohl die Warnungen in Nachtgesichten wie die durch Leid und Schmerz) hat keinen anderen Zweck als den Menschen vor dem Tod zu bewahren (negativ) und ihm Leben / Licht zu schenken (positiv).

(D) Herausforderung und Ende des Disputes (VV.31ff)
Kannst du, Ijob, darauf etwas entgegnen?

Der Redeeinleitung am Beginn des Kapitels entspricht der Redeschluss an seinem Ende. Die Sinnrichtung der letzten drei Verse bestimmt bereits die Wortwahl: Dreimal erfolgt eine Aufforderung zum Hören plus eine zweimalige zum Schweigen. Einer zweimaligen Aufforderung an Ijob zum Sprechen steht eine zweimalige Selbstaufforderung des Elihu gegenüber. Das ergibt summa summarum ein 5:0 zu Ungunsten Ijobs. Abgesehen davon, dass V.31 beim Wort genommen nicht in den Kontext passt, da Ijob ohnedies keine Anstalten trifft zu antworten, ist die Absicht der Darstellung klar ersichtlich. Die Gegenüberstellung von V.32 und V.33 ist rhetorisch geradezu meisterhaft gemacht: »Wenn es Worte gibt, entgegne mir ...«, »Wenn es keine gibt, dann hör mir zu ...« Für den Verfasser gibt es von vornherein nur eine Variante: Natürlich gibt es keine Worte, die Ijob erwidern könnte. Das gilt für Elihu. Wieder wirft der Verfasser den Ball der Leserin und dem Leser zurück.

Resümee

Elihu wendet sich direkt an Ijob. Er will in einem »angstfreien Gesprächsklima« mit Ijob reden. Konkreter als die Freunde geht er auf Aussagen Ijobs ein, um sie zu widerlegen. Denn Ijob liegt mit seinen Argumenten falsch. Nicht ein willkürlicher oder feindlich gesinnter Gott ist schuld an seinem Leid, sondern genau das Gegenteil ist der Fall: Die Güte und sein verzeihender Wille verursachen Not und Leid des Menschen. Sie sind Mahnungen und Warnungen, Gott ernst zu nehmen und sich ihm zuzuwenden.

»Elihu is a formidable thinker – and a dangerous one« (NIB 571). In der Tat hat Elihus Modell einen faszinierenden Aspekt. Viele Heilige haben in und durch Leiderfahrungen zu ihrer Konversion gefunden. Leid kann andere Dimensionen der Wirklichkeit zum Vorschein bringen, kann das oberflächliche In-den-Tag-Hineinleben als Fassade entlarven und kann manch äußerlich herrlich aufgebautes Kartenhaus zum Einsturz bringen. Aber eben »kann«! Und eine solche Erfahrung im Nachhinein (nur im Nachhinein!) auszusprechen ist ausschließlich dem erlaubt, der sie persönlich gemacht hat. Und genau das ist die zweite Seite von Elihus Modell, die gefährliche. Jeder und jede, die ein solches Modell als Mittel verwenden, einen anderen aufzurichten, zu trösten oder zu motivieren, müssen als Menschenverächter und Zyniker entlarvt werden. Falsch verstandene Leidensmystik ist in der christlichen (wie auch der jüdischen) Geschichte oft genug der Versuchung erlegen, durch solches Argumentieren die angebliche Güte Gottes zu retten.

Ijob 34: Die zweite Rede des Elihu

Übersicht und Struktur:

(A) ***Ihr Weisen, überzeugt euch doch: Ijob ist im Unrecht –***
Aufforderung zum Disput (VV.1-9)
(B) ***Gott vergilt nach dem Tun des Menschen –***
Belehrung (VV.10-24)
(C) ***Gott irrt nicht, er kennt die Menschen –***
Belehrung (VV.25-33)
(D) ***Ihr seht es, Ijob ist im Unrecht –***
Ende des Disputes (VV.34-37)

Elihu fordert seine (fiktiven) Zuhörer auf, sich doch selbst von der Richtigkeit seiner Argumentation zu überzeugen. Ijob setzt seinen Vorwurf, Gott hätte ihm das Recht entzogen, selbst ins Unrecht (A). Ausführlich legt Elihu dar, dass Gott gerecht vergilt und dass ihm kein wie immer gearteter Irrtum anzulasten ist (B.C). Daraus ergibt sich sonnenklar, dass Ijob Unrecht hat und dadurch schuldig geworden ist (D).

(A) Aufforderung zum Disput (VV.1-9)
Ihr Weisen, überzeugt euch doch: Ijob ist im Unrecht!

Der neue Einsatz in 34,1 verstärkt, was vorher inhaltlich schon gesagt wurde: Es wäre eine Antwort zu erwarten gewesen, aber sie erfolgt nicht (vgl. 27,1).

Im Gegensatz zu Kap. 33, das formal ausschließlich an Ijobs Adresse ging, wendet Elihu sich jetzt einem Hörerkreis zu, der streng genommen überhaupt nicht da ist (Ijobs Freunde, wie Ijob selbst gehören in Elihus Augen schwerlich zu den Weisen). Die Leserin / der Leser erkennt wiederum die Fiktion der Darstellung, der es um logische innere Geschlossenheit nicht zu tun ist. Dreimal erfolgt eine Anrede an die fiktiven Zuhörer: »Ihr Weisen«, »ihr

Kundigen« (V.2), »ihr Männer mit Verstand« (V.10) und »verständige Männer« (V.34). Die Formulierungen in V.10 bzw. V.34 lauten im hebräischen Text beide Male »Männer des Herzens«, woraus deutlich wird, dass »Herz« (*leb*) im Hebräischen mehr die Seite des Verstandes und der Einsicht anspricht.

Nach der üblichen Aufforderung zum Hören legt Elihu das eigentliche Thema seiner Rede vor: Es geht um ein Prüfen. Das Bildwort wurde bereits im selben Sinne von Ijob (12,11) verwendet: Mit dem Gaumen – als gedachtem Sitz des Geschmacksinnes – kann der Mensch prüfen, ob eine Speise gut oder schlecht ist. Das Objekt der Prüfung ist das »Recht« (*mischpát*). Der Terminus begegnet in diesem Kapitel sechsmal, wenngleich in unterschiedlichen Bedeutungen. In V.4 erhält er seine Bedeutung von der zweiten Vershälfte: »Wir wollen erkennen ..., was gut ist«. »Erkennen, was gut und was böse ist« ist eine bekannte Formulierung (vgl. Gen 3,5.22). Zumal bittet der Herrscher um die Weisheit, Gutes und Böses unterscheiden zu können, damit sein Regieren gelingt (1 Kön 3,9!). Es geht also um den Anspruch des richtigen Verhaltens. Unter dieses Kriterium stellt Elihu einige Äußerungen Ijobs, die nicht wörtlich, wohl aber sinngemäß zusammenfassend zitiert werden (27,2; 9,15.20; 30,21; 6,4): Er rede die Wahrheit und könne nicht lügen: Gott hat ihm sein Recht, das ihm zusteht, entzogen. Er kann sich nicht verteidigen – Unglück trifft ihn ohne Schuld. Elihus Entgegnung trifft nicht den Inhalt des von Ijob Gesagten, vielmehr bringt er ins Spiel, dass die Äußerungen als solche Ijob bereits disqualifizierten. Elihu bezeichnet sie als »Lästerung«, die so (selbstverständlich) zu Ijob gehören wie das Wasser, das einer trinkt (vgl. 15,16), und damit gehört er in der Kreis der Frevler (vgl. Ps 1,1), denn gleich und gleich gesellt sich gern. Im Grunde, so unterstellt jetzt Elihu, spiele das für Ijob keine besondere Rolle, da es ohnedies belanglos und nicht von Bedeutung sei, ob jemand das Gefallen Gottes suche oder nicht. Sinngemäß (nicht terminologisch) begegnet das Motiv, die Beziehung zu Gott »bringe« nichts, als Zitat im Mund der Frevler (21,15), von denen Ijob sich distanziert. Allenfalls könnte Elihu sich auf Texte wie 9,22; 21,7-12 stützen, in denen Ijob den Augenschein der Erfahrung anspricht, wonach kein Bonus für den Gerechten sichtbar wird – im Gegenteil: dem Frevler geht es so und so oft besser als dem Gerechten.

(B) Belehrung (VV.10-24)
Gott vergilt nach dem Tun des Menschen.

Nun wendet sich Elihu an sein fiktives Auditorium, um sein Urteil hinsichtlich des vorgebrachten Falles darzulegen. Mit der zitierten »Schwurformel« (»fern sei es«) stellt er indirekt Ijobs Worte als Unrecht und Frevel Gott gegenüber hin, zum anderen nimmt er vorweg, dass seine Worte zu hundert Prozent gottesfürchtig und rechtschaffen sind.

Zunächst erfolgen zwei emphatisch formulierte Behauptungssätze, denen jeder rechtschaffen Denkende im Rahmen des überlieferten Glaubensgutes zustimmen muss. Die Sätze sind theologisch in sich stimmig (vgl. Bildad in 8,3). Allerdings wird hier die Diskrepanz zwischen einem theologisch richtigen Satz – wobei der erste Teil der Behauptung auch innerbiblisch in dieser Absolutheit nicht zutrifft – und der Wahrnehmung der Realität, die gewiss begrenzt, aber für sich ebenso richtig ist, sehr schmerzlich erfahrbar. In den Elihu-Reden fällt dieser wesentliche Aspekt allerdings völlig weg.

Elihu begründet nunmehr seine Behauptung durch einen Verweis auf die Größe Gottes. Er ist im Bereich der Schöpfung absolut souverän, da es niemanden gibt, der über ihm stünde. Alles »Fleisch«, d.i. alle Lebewesen, und der Mensch selbst sind ganz und gar von ihm abhängig. Würde Gott sich von ihnen abwenden oder, wie es hier heißt, »würde Gott auf sich selbst« (das »ihn« in der EÜ ist missverständlich) seinen Sinn nur richten, wäre alles Leben dahin (vgl. Ps 104,29!).

Nach einer abermaligen Aufforderung zum Hören, die als an jeden einzelnen der Zuhörer gerichtet gedacht ist (»du«) und die als literarisches Stilmittel auch in der Leserin, dem Leser die Spannung erhöhen soll, erfolgen die Konsequenzen aus dem unmittelbar vorher Gesagten, die indirekt die anfangs in den V.11f gemachten Behauptungen stützen.

Die in V.17 gestellte rhetorische Frage mag den modernen Leser verwundern (vgl. NIB 576), da er doch zu Recht auf eine Unzahl von Regierenden verweisen kann, von denen mit Fug und Recht zu behaupten ist, dass sie Recht und rechtes Urteil (*mischpát*) hassten. Daran wird hier nicht gedacht. Elihu hat von vornherein nur die Regentschaft Gottes im Blick, die jede Form von Unrecht ausschließt. In der Fortsetzung wird zwar kein Objekt zu »verklagen« (besser »ins Unrecht setzen«) genannt, aber der EÜ ist sicher zuzustimmen, wenn sie die Begriffe absolut setzt (»den Gerechten …«) und damit Gott meint. Sein Eintreten für das Recht wird an Beispielen erläutert: Er scheut sich nicht, mit Königen und Edelmännern, mit Fürsten und Vornehmen (zu beachten die Vierzahl!) ins Gericht zu gehen – ein Thema, das in der prophetischen Kritik eine bedeutende Rolle spielt. Nebenbei: Vom hebräischen Wort »Nichtsnutz« (*b^{e}li-já'al*) leitet sich das erst viel später als eigene Figur auftauchende Belial bzw. Beliar (Teufel?) ab (vgl. 2 Kor 6,15). Dass Gott nicht auf das Ansehen der Person schaut (vor allem sog. »Bessere« bevorzugt), gehört zu den Grundgegebenheiten biblischen Glaubens. Dass dieser Behauptung auch eine Realität entspricht, wird in V.20 exemplifiziert. Über Nacht und ganz plötzlich kann eine herrschende Schicht durch Putsch oder Aufruhr gestürzt werden. Ob konkret an geschichtliche Vorgänge gedacht ist oder ob hier Erfahrungen aus der Geschichte allgemein aufgegriffen werden, ist nicht auszumachen. Jedenfalls sieht der Verfasser in solchen Vorgängen die Un- und Überparteilichkeit Gottes veranschaulicht.

Von Gottes unparteilichem Umgang mit den Mächtigen geht Elihu über in Gottes Umgang mit den Menschen überhaupt. Es werden zwar keine Aussagen Ijobs direkt zitiert, doch stehen sie im Hintergrund der Argumente des Elihu.

V.21f: Gott sieht alles und jedes. Es gibt keine Art von Finsternis, die vor ihm etwas verbergen könnte. Das richtet sich gegen Ijobs Äußerungen, dass lichtscheues Gesindel tun und treiben könne, was es wolle (24,13-17).

V.23 bezieht sich wohl auf Ijobs Vorwurf, der Allmächtige setze den Frevlern keine Fristen, an denen ihr übles Treiben geahndet wird, damit die Gerechten (die Betroffenen) es sehen, dass Gott die Übeltäter richtet und somit auf ihrer Seite steht. Elihu antwortet dem gegenüber: Dem Menschen ist und wird kein »Noch« gegeben, das ihm ermöglichte, die Zeit bis zum Gerichtstag hin einzukalkulieren. Gottes Gericht erfolgt plötzlich (vgl. Dan 2,21).

(C) Belehrung (VV.25-33)

Gott irrt nicht, er kennt die Menschen.

Es bedarf nicht langer Untersuchungen, da Gott ohnehin jeden Schritt des Menschen genau kennt (vgl. 22,13). Die »Nacht« lässt an das Unheimliche und die Schrecken denken, mit denen üblicherweise das Gericht über die Frevler verbunden ist (vgl. 18,11.14.18). Dieses Gericht Gottes vollzieht sich in der Öffentlichkeit – entgegen der Klage des Ijob, dass davon nichts zu merken ist (24,2). Es gibt Zeugen, wenn er die Gewaltigen (V.24) »wegen ihrer Frevel« (V.26), weil sie nämlich nicht achten auf seine Wege (V.27), schlägt. Ist an einen bestimmten »Ort« gedacht? Jedenfalls kommt ein Grundzug biblischen Glaubens zur Sprache: Der »Hilfeschrei« des Armen, der »Hilfeschrei« des Gebeugten (Verdoppelung!) wird laut (vgl. Gen 18,20) und Gott hört ihn. Durch das Gericht soll dies für alle einsichtig und deutlich werden. Gott ist der Einzige, der auf der Seite der Gebeugten und somit auf der des Rechtes steht. V.29 ist nicht eindeutig. Der Form nach handelt es sich um einen streng aufgebauten synonymen Parallelismus, der die Behauptung des letzten Verses im Sinne einer grundsätzlichen Feststellung nochmals unterstreicht: »Wenn er sich in Schweigen hüllt (d.i. nicht reagiert auf den »Hilfeschrei«), wer überhaupt spricht (den Frevler) schuldig? Wenn er sein Gesicht verbirgt (d.i. nicht reagiert auf den »Hilfeschrei«), wer überhaupt schaut auf (d.i. kümmert sich um) den Armen?« Eine angefügte Glosse zementiert die Gültigkeit dieses Diktums: Es gilt für ein Volk genauso wie für einen einzelnen Menschen. In umgekehrter Reihenfolge (chiastisch) wird nochmals auf die Bedeutung von Gottes Eingreifen hingewiesen: damit nicht ein ruchloser Mensch herrsche (König sei), damit es nicht solche gäbe, die ein ganzes Volk zu Fall brächten. Es ist interessant, dass die angesprochenen Protagonisten dem Bereich der Mächtigen angehören (vgl. schon VV.18f.). Es ist auffällig, dass sich dieselben Motive gehäuft im Buch Daniel finden (2,44; 7,15-27; 8,25). Welche Vorstellungen – Anspielungen an konkrete oder in der Überlieferung bekannte Gegebenheiten – dahinter stehen, lässt sich nicht ausmachen.

In der bisherigen Argumentation hat Elihu gegen Einwände Ijobs dargelegt: Gott ist absolut gerecht. Das zeigt sich darin, dass er

Gewalttätige (ungerechte Herrscher) plötzlich stürzt, was er sich leisten kann, da er die Schritte der Sterblichen (d.i. hier das frevelnde Tun) kennt. Damit ist aber nur die eine Seite der Anfragen Ijobs »beantwortet« – die nach dem sichtbaren Einschreiten Gottes gegen die Frevler und damit zu Gunsten der Gebeugten. Die andere Seite der Frage, warum aber solche, die als Frevler wahrgenommen werden, de facto am Leben bleiben und es ihnen gut geht (21,7-21), ist noch unbeantwortet.

Und genau diese Frage sucht Elihu im Folgenden (VV.31ff) zu beantworten. Die textlichen Schwierigkeiten (semantischer und syntaktischer Art) sind nicht zu lösen, so dass sich folgende Interpretation (z.T. NIV folgend) ihres hypothetischen Charakters wohl bewusst ist.

Elihu konstruiert einen Fall, der sich von den vorher genannten Beispielen abhebt:

»Nun ja: Da ist einer, der zu Gott sagt: ‚Ich habe gesündigt, ich will nicht mehr böse handeln. Was ich nicht wahrnehme, lehre du mich. Habe ich auch Unrecht getan, ich werde es nicht mehr tun.‘ Soll er etwa nach deinem Sinn vergelten, d.i. strafend eingreifen, weil du (eine Vergebung) ablehnst?« Elihu brächte damit das Moment ins Gespräch, dass einer, der in der Tat Frevel übte, umkehrt, dass er ablässt von seinem verkehrten Weg und nach Gottes Weisung zu leben versucht. Ein solches Geschehen muss nicht nach außen dringen, sondern kann als innerer Vorgang in einem Menschen stattfinden. Das pointiert vorangestellte »zu Gott« und das »sprach«, das eine übliche Ausdrucksweise für »bei sich denken« ist, sprechen für diese Deutung. Diese Individualisierung, in dieser Form hier erstmalig im Kontext des Ersten Testamentes, bietet für Elihu die Erklärung, dass es auch sog. Frevlern gut gehen könne, ohne dass Gott ungerecht zu sein braucht: Sie sind innerlich auf dem Weg zur Umkehr. Und wie Gott das böse Treiben der Frevler kennt, so kennt er auch deren positiven Gesinnungswandel zur Umkehr.

Die EÜ interpretiert mit Hilfe leichter Textkorrekturen die VV.31f im Sinne einer ironischen Selbstverteidigung Gottes Ijob gegenüber, die sich von selbst ad absurdum führt. Zwar kein treffsicheres, doch ein zu überlegendes Argument ist der Satz (NIB 581): »But Elihu is not much given to irony when talking about God.« Doch gibt sich Elihu eher sachlich deduktiv: Ob er mit diesem Argument Recht hat, kann Ijob selbst entscheiden. Wenn er einsichtig ist, bleibt ihm nur die »Wahl« der Zustimmung.

(D) Ende des Disputes (VV.34-37)
Ihr seht es, Ijob ist im Unrecht.

Mit der Sachlichkeit ist es bald vorbei, insofern Ijob a priori in die Kategorie derer gereiht wird, die zu den Toren und den Frevlern gehören, weil er in den Augen des Elihu in seinem bisherigen Reden den zuletzt vorgebrachten Aspekt des Elifas nicht einbezogen hat.

»Verständige Männer« kennen diese Zusammenhänge und müssen Ijob bescheinigen, dass ihm Wissen und Einsicht fehlen.

Damit kehrt die Rede an ihren Anfang zurück: Wieder wird das Motiv des Prüfens (V.3f) aufgenommen. Mit dem bereits Gesagten sind nur einige wenige Aspekte von Ijobs lästerlichem Reden zur Sprache gekommen. Es gilt nunmehr an anderen Beispielen die Prüfung fortzusetzen. V.36 »weiter« meint wörtlich »für immer«, »auf Dauer« und unterstreicht damit die Notwendigkeit einer »umfassenden« Prüfung. Mit den letzten Worten dieser Rede stellt Elihu Ijobs Äußerungen nochmals betont unter das Verdikt von »Sünde« und »Rebellion«.

Ijob 35: Die dritte Rede des Elihu

Übersicht und Struktur:

(A)	*»Was nützt es, nicht zu sündigen« –* Aufforderung zum Disput, Argumente Ijobs (VV.2f)
(B)	*Gott ist groß und voller Nachsicht –* Belehrung und Urteil (VV.4-16)

(A) Aufforderung zum Disput, Argumente Ijobs (VV.2f)
»Was nützt es, nicht zu sündigen«?

Wieder bleibt Ijobs Antwort aus. Mit einem neuen Einsatz beginnt Elihus dritte Rede. Sie wendet sich direkt an Ijob und greift noch einmal Vorwürfe gegen ihn auf, die bereits in 34,5.9 genannt wurden. Der eine bezieht sich auf Ijobs Behauptung, er sei im Recht, den anderen formuliert Elihu in der Frage: »Das hältst du für recht (für ein richtiges Urteil), das nennst du deine Gerechtigkeit (im Recht sein) Gott gegenüber, nämlich dass du behauptest: Was kann dir (d.i. Gott) nützen, was bringt es mir, nicht zu sündigen?« Ähnlich hat Elihu es bereits 34,9 formuliert. Er trifft allerdings, wie bereits oben bemerkt, nicht ein Argument Ijobs, sondern eines, das Ijob den Frevlern in den Mund legt (21,15).

(B) Belehrung und Urteil (VV.4-16)
Gott ist groß und voller Nachsicht.

Die Widerlegung dieses Argumentes (VV.5-8) geht interessanterweise auch an die Adresse der Freunde – wiederum ein Hinweis, dass die textimmanente Stringenz nicht von besonderer Bedeutung ist. Mit der Erweiterung des Adressatenkreises erhöht sich das Gewicht des Gesagten. Himmel und Wolken sind vom Menschen weit weg und vor allem: sie sind seinem Einfluss gänzlich entzogen. Damit ist der verkürzte Vergleich bereits angesprochen: So unbeeinflussbar wie Himmel und Wolken, so unbeeinflussbar ist der, der als nicht Sichtbarer hinter und über ihnen thront. Das geht in beide Richtungen: Die Sünden und Frevel erreichen ihn genauso wenig wie Recht-Tun und Gut-Sein. Was immer der Mensch tut, wirkt sich immer auf den Menschen aus, im Bösen wie im Guten. Elihu verfehlt allerdings die Ijob in den Mund gelegte Frage (V.3). Denn dort ging es um die Frage, was das Nicht-Sündigen dem Menschen (bzw. Ijob) bringt. Elihu hingegen bezieht den Aspekt des Nutzens auf Gott, d.i. auf die Frage, »was es Gott bringt«.

Im zweiten Abschnitt folgt (in umgekehrter Reihenfolge) zuerst die Argumentationskette des Elihu und dann als Abschluss die Anrede bzw. der Vorwurf an Ijob.

Den Ausgangspunkt bildet die Gegebenheit: Sie (die Armen) schreien angesichts der Unterdrückung durch die Gewalttäter (»Arm« steht metaphorisch für Macht, Gewalt), aber – so ist zu ergänzen – Gott hört sie nicht. Elihu nimmt zwar das Faktum durchaus zur Kenntnis, nicht aber die dahinter ausgesprochene oder unausgesprochene Anklage gegen Gott, dass er nicht auf der Seite der Armen stünde. Der Schrei dringt Elihus Ansicht nach deswegen nicht zu Gott, weil er gar nicht an Gott gerichtet ist. Ob Elihu den Armen in diesem Fall unterstellt, dass sie nach anderen Möglichkeiten der Hilfe (nach anderen »Göttern«) schielen, ist ausdrücklich nicht gesagt. Auch das abtrünnige Volk zu Jeremias' Zeiten hat nicht mehr gefragt: »Wo ist der Herr, der uns aus Ägypten herausgeführt ...« (Jer 2,6.8), weil sie sich Götter fanden, von denen sie sich mehr versprachen. Der Gott aber, an den sie sich Elihus Meinung nach nicht wenden, wird hymnisch beschrieben, als »mein Schöpfer« und als der, der »Loblieder schenkt in der Nacht«. Damit impliziert Elihu die Glaubensüberzeugung, dass Gott die Seinen nicht im Stich lässt. Er kümmert sich um »seine« Geschöpfe. Das Motiv, dass Gott Rettung schenkt in der Nacht, weswegen der Mensch Loblieder singen kann, ist entweder ein traditioneller Topos (Ex 11,4; Weish 18,6.14ff) oder / und meint symbolisch die »Nacht« als »Zeitpunkt« höchster Not, in der Gott eingreift. Im Gegensatz zu den Tieren, die auch »schreien«, wenn sie etwas brauchen (vgl. Ps 104,21; 147,9; Ijob 38,41), müsste der Mensch um diese Zusammenhänge wissen, da ihm Gott Einsicht und Weisheit verliehen hat (vgl. Ps 119,98). Die VV.12f führen den Gedanken fort, warum die Schreienden nicht gehört werden. V.12 ist die Formulierung »wegen des Übermuts der Bösen« (EU) unverständlich. Der Ausdruck kann auch »im Angesicht des Übermuts der Frevler« übersetzt werden. Damit gewinnt die Aussage zusätzlich an Schärfe: Gott antwortet dem Schreien des Armen nicht – das ist Wasser auf die Mühle der Frevler, das steigert noch ihren Hochmut. Elihus Begründung für ein derartiges Verhalten Gottes: Ein solches Schreien (V.10) ist trügerisch und nichtig (EÜ »umsonst«). Das entsprechende hebräische Wort beinhaltet möglicherweise eine magische Konnotation, wobei magisch sich sowohl auf Gott als auch auf irgendeine andere religiöse Vorstellung beziehen kann. Jedenfalls auf solches Schreien reagiert Gott nicht.

Das gilt nun auch in etwa für Ijob. Auch wenn Ijob Gott nicht wahrnimmt, so steht fest: Der Gerichtsfall ist bei ihm. Der Mensch kann nur warten und hoffen, dass Gott sich des »Falles« annimmt.

Den Abschluss dieses Abschnittes bildet ein negatives Urteil über Ijobs Verhalten. Nach Elihus Auffassung ist die Zurückhaltung Gottes allein auf dessen Langmut und Nachsicht zurückzuführen. Ijob freilich interpretiert sie, so Elifas, dahin gehend, dass Gott sich ohnehin nicht um das kümmert, was den Menschen angeht. Deswegen wagt er es, »seinen Mund groß aufzureißen«. Seine Worte werden als »Windhauch« (EÜ »sinnlos«) und als solche »ohne Einsicht« qualifiziert. Ijob kann nur so reden, weil sich Gott in seiner Großzügigkeit zurückhält.

Ijob 36 und 37: Die vierte Rede des Elihu

Ijob 36

Übersicht und Struktur:

(A) *Gott ist gerecht und bereit zu warnen* – Belehrung (VV.2-15)
(B) **Auch dich, Ijob, entreißt er dem Rachen der Bedrängnis, wenn du ...** – Belehrung (VV.16-21)
(C) *Gott ist groß in seiner Macht (Schöpfung)* – Belehrung und Lobpreis (VV.22-33)

Im Gegensatz zu den vorigen Reden zitiert Elihu in dieser großen Schlusspartie keine Argumente Ijobs, sondern wendet sich den eigenen Themen zu. Gott ist an Weisheit und Macht erhaben. Wenn sich der Mensch ihm zuwendet, kann er Glück erleben (A). Dieser Überzeugung sollte auch Ijob für seine Situation in Anspruch nehmen (B). Denn Gott ist groß, was sich in den Naturphänomenen (Regen, Wolken, Blitz) so augenscheinlich kundtut (C).

(A) Belehrung (VV.2-15)
Gott ist gerecht und bereit zu warnen .

In den VV.2ff wendet er sich in Form einer Aufforderung zur Aufmerksamkeit formal an Ijob. Er erklärt, worum es ihm im Folgenden geht: Es sind Worte (Lehren), die im Zusammenhang mit Gott stehen (»von Gott«, »für Gott«). Es handelt sich um Wissen und Einsicht. Er will über seinen Schöpfer und ihm gegenüber »Rechtes« sagen. »Recht verschaffen« (EÜ) ist hier kaum so gemeint, dass für Elihu forensische Kategorien eine Rolle spielen. Das negative Pendant dazu stellt das Wort »Trug« (»Lüge«) in V.4 dar. Es geht ihm also um theologische Wahrheit. Ein »Mann vollkommenen Wissens« (EÜ) klingt ausgesprochen überheblich und ist irreführend. Der hebräische Ausdruck meint ein »umfassendes«, »ganzheitliches« Wissen (vgl. 32,6.10.17).

VV.5-15: Elihu präsentiert seine erste These: Gott ist groß (zweimal!) (*kabbír;* vgl. den Ruf der Muslims »*Allahu akbar*«). »Er verwirft nicht« ist hier absolut gebraucht im Sinne einer Verallgemeinerung, wenngleich das »verwerfen« (»ablehnen«, »verabscheuen«) nicht exakt beschreibbar ist. Diese positive Seite der schöpferischen Macht Gottes fasst Weish 11,24ff in unübertrefflicher Form zusammen: »Herr, du liebst alles, was ist, und verabscheust nichts von allem, was du gemacht hast ... Herr, du Freund des Lebens!« »Kraft und Weisheit« sind bei ihm – deswegen ist er in der Lage, Recht zu schaffen (vgl. dagegen Ijob 9,4.19). Die »Gebeugten«, dem Frevler mit Haut und Haar ausgeliefert, sind oft Subjekt der Klage in den Psalmen. Ihre einzige Rettung ist Jhwh. Er schaut unablässig auf die Gerechten (dagegen 7,19), um ihnen zur Seite zu sein. V.7 denkt an die Erhöhung der Gerechten für immer. Und im Bild wird formuliert: Zusammen mit Königen werden sie inthronisiert. Die Erhöhung der Niedrigen ist ein vertrautes biblisches Motiv (vgl. 1 Sam 2,7f; Lk 1,52).

V.8 blendet zurück auf die Situation der Not. In der Tat erleiden die Gerechten oft Elend und Not (metaphorisch als Gefangenschaft ausgedrückt). Jetzt kommt Elihus Interpretation. Denn die Tatsache, dass sie in Not geraten, muss ihren Grund haben. Gott selber ist es, der sie aufklärt und sie darauf hinweist, dass sie »Vergehen« auf sich geladen haben. Und diese bestehen darin, dass sie überheblich geworden sind. Gott lässt sie das wissen, damit sie die Möglichkeit haben, sich von ihren Vergehen abzuwenden Die Not des Gerechten ist also ein Mittel der Warnung Gottes, den Menschen auf den rechten Weg zurückzuführen (vgl. bereits 34,15ff!). Der Mensch hat nun die Möglichkeit, sich zu entscheiden, zu hören oder nicht zu hören. Es gibt nur zwei Möglichkeiten (VV.11f): »Hören – dienen – Glück (lange Zeit)« oder »Nicht hören – zugrunde gehen – Tod«. Diese Entscheidungsmöglichkeit spielt im Motiv der Zwei-Wege- Lehre eine große Rolle (vgl. Dtn 28,1f.15; Mt 7,12ff; in der frühchristlichen Kirche).

Die folgenden drei Verse (13f.15) schließen an das Gesagte unmittelbar, aber in umgekehrter Reihenfolge (der Frevler / der Gebeugte) an. Solche, die nicht hören, das sind die Frevler (Ruchlosen; wörtlich »die Gottlosen in ihrem Herzen«). »Sie hegen Zorn« (»sie bewirken seinen – Gottes – Zorn«). Sie schreien nicht um Hilfe –

aus Überheblichkeit? Die Folge, dass sie Gottes Maßnahme und Warnung (»sein Fesseln«) nicht annehmen, ist der frühe Tod (*néfesch* = »Leben«; EÜ »Seele«). »Lustknaben« könnte junge Männer bezeichnen, die in der sakralen Prostitution tätig waren (vgl. Dtn 23,18f). Worin oder ob diese Institution bestanden hat, ist im Detail sehr umstritten. Der Begriff ist hier entweder als Schimpfwort verwendet oder meint – in der Bedeutung völlig verblasst – einen Parallelausdruck zum voraufgehenden »jung«.

V.15 schließt nun mit dem positiven Beispiel ab: Der Gebeugte (vgl. V.6) wird durch seine Not gerettet. Denn dieser nimmt sie als Mahnung und Warnung wahr, so wie es von Gott intendiert ist. Er hört und kehrt um.

(B) Belehrung (VV.16-21)

Auch dich, Ijob, entreißt er dem Rachen der Bedrängnis, wenn du ...

Die vorgebrachten Sätze versucht Elihu nun, wie nicht anders zu erwarten, auf den »Fall Ijob« anzuwenden. Folglich wendet er sich an ihn: Der Text der folgenden Verse ist ausgesprochen schwierig und mehrdeutig, so dass auch die Interpretation weitgehend hypothetisch bleiben muss.

In Anschluss an V.15 wird V.16 am Ehesten als Behauptungssatz zu lesen sein, der Ijob eine positive Wende in Aussicht stellt: »Auch dich führt er aus dem Rachen er Bedrängnis«. Weite (Ps 18,20) und ein reich gedeckter Tisch (Ps 23,5) sind gebräuchliche Symbole für Wohlergehen und Glück. Vom Tisch ist die Rede, der »voll« ist von fetten Speisen. Aber auch Ijob ist »voll« (V.17), so der hebräische Text. »Aber vom Rechtsstreit / Gerichtsdenken eines Frevlers bist du voll« (so der Text wörtlich), und weiter »(Solches) Gerichtsdenken und (solches) Urteil haben (dich) erfasst«. Es ist nicht eindeutig, worin exakt Elihus Vorwurf besteht. Er könnte sich darauf beziehen, dass Ijob sein Recht einfordert, dass er Gott zum Rechtsstreit herausfordert. So ein Unterfangen muss in den Augen des Elihu eine Provokation und damit einen Fall von Hochmut darstellen, wie es nur einem Frevler in den Sinn kommen kann. Hat er nicht vorhin genau diesen Hochmut (V.9) verurteilt?

»Ja, dein Unmut (Zorn)« (V.18), dass er dich nicht zum Spott verführe« (wörtlich Anspielung auf 34,37)! Bei aller textlichen Unsicherheit trifft NIB (586f) das Richtige, wenn sie »das reiche Lösegeld« mit

33,24ff in Verbindung bringt. Der Mittlerengel bringt dort »Lösegeld«, d.i. das Eingeständnis der Sünden und die Demut des Getroffenen. Das »Lösegeld« wäre hier demnach das Bild für die »demütige Haltung« Ijobs. Diese Demut solle Ijob nicht verwirren (ablenken, abschrecken), genau diesen Weg einzuschlagen. Ijobs Hilfeschreie und seine ganzen Bemühungen (so wahrscheinlich V.19) werden ihm keine Rettung bringen. »Lechze nicht nach der Nacht« könnte eine Anspielung auf 3,4ff oder 34,25 sein. Allein das Ansprechen der »Nacht«, die etwas Unheimliches birgt (»Völker werden von ihrer Stätte abgeschnitten« – Gericht? Vernichtung?), ist schon Provokation und Hybris.

Elihu schließt die Passage mit der eindringlichen Mahnung, Ijob möge sich ja nicht dem Bösen zuwenden. Für V.20b trifft die EÜ zweifellos den Sinn: Elihu sieht in der Not und im Leid des Menschen eine Prüfung, die Möglichkeit, sich von einem falschen Weg auf den richtigen zu begeben.

(C) Belehrung und Lobpreis (VV.22-33)
Gott ist groß in seiner Macht (Schöpfung).

Es folgt ein hymnischer Lobpreis Gottes in drei Abschnitten, die jeweils mit einem feierlich hinweisenden »Siehe, Gott ...« eingeleitet sind:

VV.22-25: Hymnisch preist Elihu Gott als groß an Macht und als unvergleichlichen Lehrer (34,32). Jhwh als Lehrer ist ein durchweg traditionelles Thema (vgl. Ps 27,11; 119,33; Jes 40,14). Er ist es, der den rechten Weg kennt, was sich sowohl auf die Schöpfung wie auch auf rechtes Tun (Moral) bezieht. Er ist es, der den Irrenden den rechten Pfad zeigt (vgl. Ps 25,8-14). Die Frage, ob Gott Unrecht tue, kann nach Elihu nur und ohne Einschränkung mit »nein« beantwortet. werden. Hat nicht Ijob anders gesprochen (19,7; 24,12; 27,2)? Also stünde es auch Ijob gut an, in das allgemeine Loben der Werke Gottes einzustimmen. Die ganze Welt (jeder Mensch) kann Gottes Werke bestaunen. Freilich sind sie ihm nicht völlig zugänglich. Es bleibt die Distanz – nur »von Ferne«.

VV.26-29: Größe Gottes zeigt sich in der Unbegrenztheit der Zahl seiner Jahre. Das ist einer der markanten Unterschiede zum menschlichen Leben (vgl. 16,22; 12,21), das kurz, flüchtig und vergänglich ist. Die »Unsterblichkeit« unterscheidet die Götter von den Menschen in der gesamten Alten Welt. Das Staunen wendet sich dem Regen, den Wolken und dem Donner zu. Aus der »Flut« (V.27) ist dasselbe Wort, das in Gen 2,6 für die »Feuchtigkeit«, die aus der Erde aufstieg, verwendet wird. Die genaue Bedeutung ist unbekannt. Jedenfalls ist auch dies ein Anlass zum Staunen: Aus der unvorstellbaren Menge Wasser (Flut) wird fruchtbringender und lebenspendender Regen.

VV.30-33: Die Erwähnung des Donners führt weiter zum Thema »Licht« und »Blitz«. »Er breitet das Licht aus« könnte eine Anspielung auf die Schöpfung sein. Wenn das Licht »die Wurzeln des Meeres« zudeckt, ist wohl gemeint, dass das Licht die Herrschaft ergriffen hat über das Meer, dass also der Kosmos über das Chaos (vgl. Gen 1) herrscht. V.31 mag zunächst überraschen. Der Gedanke des »Gerichtes« hängt zusammen mit der Vorstellung von Gott als dem göttlichen Krieger (vgl. Ps 18,14ff; 97,1-9), hier V.32. Das Bild von einer Blitze schleudernden Gottheit gehört zu den üblichen Götterdarstellungen und begegnet sehr häufig. Der dem Blitz voraus gehende Donner wird (nach EÜ) als Ankündigung von Gottes Eingreifen gegen die Frevler interpretiert.

Ijob 37

Übersicht und Struktur:

(A) *Gott lenkt die Kräfte der Natur zu des Menschen Wohl und Wehe –*
Belehrung und Lobpreis (VV.1-13)

(B) *Gott ist groß – der Mensch kann nur in Staunen und Ehrfurcht ihm entgegentreten –*
Belehrung und Lobpreis (VV.14-24)

Thematisch setzt Elihu die Gedanken von Kap. 36 fort. Es geht um die Bewunderung der Größe Gottes in den Phänomenen der Natur, die Gott für den Menschen positiv oder negativ lenkt (A). Im letzten Teil wendet sich Elihu nochmals an Ijob, um ihm klar zu machen, dass Gott unerreichbar und undurchschaubar ist. Damit ist Ijob indirekt aufgefordert, von seinem Ansinnen, »mit Gott zu rechten«, abzugehen. Das wäre in Elihus Augen Hochmut. Dem Menschen, vorab dem Weisen, ziemt es, die Größe Gottes in Ehrfurcht anzuerkennen (B).

(A) Belehrung und Lobpreis (VV.1-13)

Gott lenkt die Kräfte der Natur zu des Menschen Wohl und Wehe.

Das Thema von Donner und Blitz löst in Elihu geradezu physische Betroffenheit aus. Der Donner wird mit der »Stimme« (*qol*) Gottes identifiziert. Die ganze Szene zeichnet sich durch »semantische Lautstärke« aus, was der eindringlichen Aufforderung zum Hören durchaus entspricht: 5-mal begegnet das Wort *»qol«*, zweimal »lärmen«, ferner »toben«, »grollen«(?) und »brüllen«. Der Donner hat immer schon fasziniert und wurde immer schon als machtvolle Äußerung der Gottheit gewertet (vgl. bes. Ps 29,5-9; Ps 104,7; Am 1,2). Die Passage endet mit dem Staunen: Wunderdinge sind es, wir verstehen sie nicht.

Da ist zum Beispiel: Schnee und Regen. V.7b ist wahrscheinlich zu übersetzen: » ...und Strömen von Regen befiehlt er: Zeigt eure Macht!« Aus dem Kontext, es handelt sich offensichtlich um den Winter, die klassische Zeit des Regens (Hld 2,11), wird auch der schwer übersetzbare V.7 verständlich. »In seiner Macht (= Hand) schließt er die Menschen (in den Häusern) ein, so dass alle Welt sein Tun erkennt«. Genauso verkriechen sich die Tiere in ihre Höhlen. Denn jetzt kommen eisige Zeiten. Von den Kammern des Sturms bzw. des Schnees ist des Öfteren die Rede (38,22ff; Ps 135,7; Sir 43,17ff). In V.10 begegnet der »kalte Wind« im Bild vom »Hauch Gottes«. Die vereiste Wasserfläche heißt im Text wörtlich »Die Weite des Wassers ist in Enge« oder »Die Weite des Wassers ist gegossen« (wie ein Metall). Die Wolken erhalten ihr Nass, weil Gott sie »auflädt«. Er »zerstreut das Gewölk – sein Licht«, d.i. er lässt die Blitze zucken (vgl. V.3) (?). Und diese, so sinngemäß V.12, «zucken hin und her und auf und nieder, so wie er sie lenkt«. Und weiter: »Ja, sie (d.i. zusammenfassend alle genannten Elemente) tun alles, was er ihnen gebietet auf der weiten Erdenwelt.« V.13: »Er bewirkt, dass sie sich einfinden als Zuchtrute, als Erweis seines Wohlgefallens oder als Erweis seiner Liebe.« Um das Wort »Erde« (EÜ nach dem hebräischen Text) als »Wohlgefallen« wiedergeben zu können, bedarf es allerdings einer kleinen Textkorrektur. Eine außerbiblische Schrift um die Zeitenwende (sog. »Äthiopischer Henoch« 59,1) spricht in einer

Bildrede von den Blitzen und dem Geräusch des Donners, die »zum Frieden und Segen, aber auch zum Fluch« geschehen (vgl. NIB 591). Dem syntaktischen Gefälle zufolge, nach welchem das Gewicht auf dem Ende der Phrase liegt, wäre auch folgende Interpretation denkbar: »Als Zuchtrute oder als Erweis des Wohlgefallens: (in jedem Fall) als Erweis seiner Solidarität bewirkt er, dass sie eintreffen.« Das Interessante in diesem Text ist, dass die Elemente ausschließlich von Gott abhängen und vor allem dass sie zu Beziehungsträgern Gottes werden. Durch sie spricht die Beziehung Gottes zu den Menschen: Das eine Mal warnt er sie, das andere Mal zeigt er seine Zuneigung. Wie immer: negativ oder positiv sind die Elemente ein Zeichen seiner Solidarität (Liebe, Huld).

So faszinierend Elihus Interpretation der Naturelemente ist, genauso problematisch und fragwürdig ist sie. Elihu bezieht einen idealen Standpunkt. Wo aber lassen sich die Erdbeben, Dürrekatastrophen und Überschwemmungen riesigen Ausmaßes unterbringen, die oft genug in Gegenden passieren, in denen die Menschen ohnedies kaum das Notwendigste zum Leben haben? Mögen solche Naturkatastrophen im besten Fall noch als Appell zu Hilfsbereitschaft und Nächstenliebe an die, denen es gut geht, interpretiert werden, so bleibt das unsägliche Leid und das Ausmaß des Elendes der Betroffenen dennoch unbeantwortet. Gewiss hat auch Franz von Assisi die Elemente der Natur als zuwendende Zeichen seines Schöpfers gepriesen, ohne ihren ambivalenten Charakter in Frage zu stellen.

(B) Belehrung und Lobpreis (VV.14-24)

Gott ist groß – der Mensch kann nur in Staunen und Ehrfurcht ihm entgegentreten.

Ein letztes Mal fordert Elihu Ijob zum Hören auf. Er solle die »Wundertaten« Gottes wahrnehmen und verstehen. Der Terminus wird häufig für Gottes Wirken in der Schöpfung und der Natur gebraucht, aber auch für seine Taten in der Geschichte (Auszug aus Ägypten!) verwendet (vgl. Ps 136). Elihu stellt diese Wunder Gottes Ijob in Form von rhetorischen Fragen vor Augen. Natürlich sind sie alle mit »nein« zu beantworten. Der Zweck dieser literarischen Form ist hier gewiss nicht der, Ijob (den Menschen) in einer hochmütigen Art, so von oben herab, klein zu machen, sondern sie sollen nach der Intention Elihus in der Tat die Einsicht Ijobs fördern. Wenn er über Gottes Wunder nachsinnt und meditiert, wird / muss er inne werden, dass Gott für den Menschen nicht durchschaubar und kalkulierbar ist. Damit wird zumindest eine Intention der späteren Gottesreden bereits vorweggenommen.

VV.15f nehmen noch einmal das Motiv der »Wolken« auf (bereits VV.11f). Wie und zu welchem Zweck Gott sie lenkt, das Phänomen der Blitze, das Schweben der Wolken, die doch Unmengen an Wasser enthalten: das alles sind Wunder. Die kann niemand durchschauen und »wissen«. Es sind Wunderwerke »vollkommenen Wissens« (so der hebräische Text gegen die EÜ »des Allwissenden«), sie sind durchgeplant und durchgestaltet.

V.17 stellt entweder eine Redewendung dar, die auf die oft unerträgliche Hitze anspielt und auf den Kontrast abzielt: Wie will der Mensch die Unergründlichkeit der Natur durchschauen, wenn er schon unter der Hitze des Südwindes stöhnt. Oder V.17 bringt die Paradoxie der Doppelfrage »weißt du« in einem konkreten Anwendungsfall zum Ausdruck: Du leidest unter der Hitze, aber es gelingt dir nicht (du »weißt nicht«), die Wolken zu beeinflussen, um durch ihr Nass der Hitze (und Dürre) ein Ende zu setzen (Gott hingegen kann es VV.11f).

Die dritte Frage lenkt den Blick auf das Firmament insgesamt: Natürlich ist die »Himmelsfeste« (Gen 1,7f) eine der großen Schöpfungstaten Gottes. Sie hält die Wasser des Himmelsozeans zurück und schafft so den Lebensraum für Mensch und Tier. Der Glanz des Himmels und seine Festigkeit werden mit einem »gegossenen Spiegel« verglichen. Dabei ist an (runde oder ovale) Spiegel zu denken, die aus Metall gegossen und dann geschliffen wurden (vgl. Ex 38,8).

Nochmals ergeht in V.19 an Ijob eine Aufforderung rhetorischer Art (zusammen mit den Fragen wiederum die Vierzahl!). Er soll kundtun, »was wir sagen sollen«. Die Formulierung ist in dieser Kürze nicht eindeutig interpretierbar. Worauf bezieht sich das »wir« – auf die Freunde, auf (bestimmte) Weisheitslehrer? Wird Ijob die Anmaßung unterschoben, sich einzubilden zu wissen, was an der Schöpfung korrekturbedürftig sei, was Gott in seiner Weltenlenkung verbessern sollte. Sollten gewisse weisheitliche Kreise apostrophiert werden, die vorgeben, über die großen Geheimnisse der Schöpfung und der Welt Bescheid zu wissen und Einsicht zu haben?

Ein solches Ansinnen kann nur negativ beantwortet werden. »Angesichts der Finsternis« besagt hier das Gegenteil zu »strahlender Weisheit« (vgl. 12,24f; 38,2). Das kann vonseiten des Elihu einen Gestus der Bescheidenheit meinen: Was die Wunderdinge Gottes angeht, muss der Mensch in Unkenntnis (Finsternis) leben. Oder es meint gegen Ijob gerichtet: Ijob lebt in derartiger Unwissenheit und Verwirrung (Finsternis), dass er nichts Gutes ausrichten kann.

V.20 meint sinngemäß: Man braucht Gott nicht erst aufzufordern, dass man reden darf. Keiner braucht sich hinzustellen und zu sagen: »Ich will mit dir reden«. Er braucht nicht darauf aufmerksam gemacht zu werden, wenn ihm jemand etwas mitzuteilen hat. Denn Gott weiß es doch von vornherein. Damit apostrophiert Elihu das wiederholte Ansinnen Ijobs, mit Gott sprechen zu wollen (9,35; 13,22; 23,4f; 31,35ff).

Die folgenden zwei Verse (21f) baden geradezu in der Semantik von »Glanz« und »Licht« (vgl. ähnlich Sir 43,1-5) und heben in eine andere Sphäre ab, die der Erfahrung der Menschen entzogen ist. V.21 dürfte als ein abgekürzter Vergleich gedacht sein, den man paraphrasierend so wiedergeben könnte: »Nun aber – wie die Menschen nicht in die Sonne schauen können, die gleißend am Himmel leuchtet, nachdem der Wind vorüberzog und ihn rein gefegt hat, so können sie Gott nicht schauen, wenn sein Lichtglanz vom Norden her kommt – die Aura Gottes ist schreckliche Herrlichkeit.«

Die Motive von Glanz und Licht stammen weitgehend aus dem Vorstellungsbereich der Theophanie (vgl. Ez 1,4; Hab 3,4; Ps 104,1). Die Vorstellung vom »Götterberg im Norden« als Sitz der Götter hat das Erste Testament aus der Umwelt übernommen (vgl. Ps 48,8). Die Vokabel »schrecklich« oder »furchtbar« ist fester Bestandteil in den Beschreibungen der Göttlichkeit Gottes (vgl. Ez 1,22; Ex 15,11; Ps 76,5.8). Gen 28,17 (Jakobs Traum in Bet-El) übersetzt die EÜ dieselbe Vokabel zutreffender mit »ehrfurchtgebietend«. Mit solchen Formulierungen versuchen die biblische Verfasser die »Heiligkeit« Gottes oder Gott als den »ganz Anderen« zu beschreiben. Es geht in die Richtung dessen, was R. Otto als »tremendum und fascinosum« bezeichnet hat.

Mit dieser Bemerkung Elihus ist zum einen grundsätzlich die Unnahbarkeit Gottes signalisiert, zum anderen richten sich diese Sätze gegen Ijob und dessen wiederholt geäußerten Wunsch, mit Gott in Verbindung treten zu können.

Die VV.23f schließen Elihus Ausführung in einer Art Zusammenfassung ab. Er nennt drei Aspekte: Gott ist für den Menschen unergründbar, Gott kommt alle Macht zu und bei Gott ist Recht und Gerechtigkeit. Vor allem den letzten Punkt gegen Ijob klar zu machen, war ein wesentliches Anliegen Elihus. Jedweden zweifelnden Äußerungen oder Anfragen Ijobs in dieser Hinsicht (bereits 8,3 Bildad) ist ein für allemal der Boden entzogen. Der Schlussvers zieht die sich für den Menschen daraus ergebende praktische Konsequenz. Die einzig angemessene Haltung des Menschen Gott gegenüber kann nur die Ehrfurcht sein. Der zweite Halbvers bietet Verstehensschwierigkeiten. Die Wiedergabe der EÜ macht insofern Schwierigkeiten als »die Weisen des Herzens« (EÜ »wie weise sie auch sind«) einen ausgesprochen positiven Sinn hat (vgl. 34,10). Mit einer geringen Textkorrektur hingegen kann man lesen. »Auf ihn schauen die Weisen« oder »Ihn fürchten die Weisen« (vgl. NIB 592). Was die tun, die wirklich weise sind, ist ein Maßstab für alle. Zudem ergäbe sich eine schöne Beziehung dieses Verses zum Schlussvers des Kap. 28, wo betont wird: Für den Menschen besteht die Weisheit in der Gottesfurcht.

Resümee

Elihu, der sich als mit dem Geist Gottes ausgestattet weiß, geht auf die Argumente Ijobs zunächst konkreter ein als seine Freunde. Damit erscheint seine Rede zum Teil sachlicher und dem weisheitlichen Disput näher zu sein als die der Freunde. Sein großes Anliegen ist die Gerechtigkeit Gottes. Er setzt seine Fertigkeiten ein, um zu beweisen, dass Gott das Recht nicht beugt.

Um diesen Beweis zu führen, baut er drei Argumentationsreihen auf:

(1) Leiden ist eine Form göttlicher Pädagogik: Ijob liegt mit seinen Argumenten, etwa »er sieht mich an als seinen Feind« (33,10), falsch. Nicht ein willkürlicher oder feindlich gesinnter Gott ist schuld an seinem Leid, sondern genau das Gegenteil ist der Fall: Die Güte und sein verzeihender Wille verursachen Not und Leid des Menschen. Sie sind als Mahnungen und Warnungen Gottes ernst zu nehmen und verfolgen nur den einen Zweck, dass der Mensch sich (wieder) Gott zuwendet.

Der große griechische Tragiker Aischylos hat das Wort geprägt »Durch Leiden lernen«. Durch die Schule des Leidens könnte der Mensch menschlicher und edler werden. Und vom mittelalterlichen Mystiker Meister Eckhart stammt der Satz: »Das schnellste Tier, das euch zur Vollkommenheit trägt, ist das Leiden.« Der große Meister kannte zwar das Leid anderer Menschen, hat aber selber, soweit uns seine Biographie bekannt ist, nie Leiden zu ertragen gehabt. Damit ist seine Aussage nicht wertlos geworden, aber sie relativiert sich. Gewiss, die Erfahrung zeigt, dass Leid »Gutes« bewirken kann (vgl. S. 288f).

(2) Gott kennt kein Ansehen der Person: Groß und Klein, Könige und Bettler sind vor Gott gleich. Gott vergilt jedem, wie er es verdient. Jeder Mensch hat dieselben Chancen. Wer sich Gott und seinen Weisungen fügt, darf ein glückliches Leben erwarten, wer nicht, holt sich den Tod.

(3) Gott ist groß: Gott ist groß an Weisheit und Macht, was die Phänomene der Natur so sichtbar vor Augen führen. Nur »mit Herzklopfen« kann der Mensch die Wunder der Schöpfung bestaunen. So unverfügbar und unbegreiflich wie sie ist ihr Schöpfer und Herr. Als Zeichen der Warnung und der Zuwendung für den Menschen hat er sie geschaffen und als solche stehen sie in seinen Diensten. Es ist interessant, dass der urzeitliche Aspekt der Schöpfung, die Anspielung auf den Chaoskampf und der Sieg über den Meeresdrachen etwa, bei Elihu keine direkte Rolle spielt. Die sichtbaren Schöpfungswerke stellen die Verbindung mit ihrem Schöpfer her. Es wird in der Tat Gottes Walten in den (meteorologischen) Abläufen der Natur vernehmbar.

Allen berechtigten Einwänden der Leserin und des Lesers den Elihu-Reden gegenüber zum Trotz wäre es ungerechtfertigt, diese Passagen rein als »theologische Besserwisserei« oder als »arrogantes Theologengeschwätz« abzutun. Zweifellos belegt es bereits der Dichter mit einem ironischen Hauch, der wahrscheinlich jenen gilt, die sich durch Elihu vertreten fühlen sollten. Es sind wohl jüngere theologische Kreise angesprochen, die ihrerseits mit Nachdruck versuchen, mit den Problemen der »Gerechtigkeit« Gottes, des Umgangs mit Leiderfahrungen, der Interpretation von Naturphänomenen (gegen »aufklärerische« Tendenzen) fertig zu werden. Der Verfasser des Ijob will ihrem Anliegen Sprache leihen und zugleich deutlich machen, dass auch sie (an Ijob, an Betroffenen) in dem Maße Unrecht tun, in dem Maße sie Recht haben. Sie gehen am »Fall Ijob« völlig vorbei und können das »Problem Ijob« nicht lösen.

Ijob 38 – 42: Dialog: Die Gottesreden und die Antworten Ijobs

Die vorliegende Textfassung bietet zwei Gottesreden und zwei Antworten Ijobs. Die Interpretation nimmt diese Textgegebenheit als Ausgangspunkt. Zur Problematik der Gottesreden vgl. die Einleitung!

Übersicht und Struktur:

Die folgende Gegenüberstellung der wesentlichen Strukturelemente soll den parallelen Aufbau der beiden Gottesreden und der Antworten Ijobs und zugleich den überbietenden Charakter der zweiten gegenüber der ersten deutlich werden lassen.

A. Erste Gottesrede und Antwort Ijobs

38,1 *Da antwortete der Herr dem Ijob aus dem Wettersturm und sprach:*
2 **Wer ist es, der den Ratschluss verdunkelt mit Gerede ohne Einsicht?**
3 **Auf, gürte deine Lenden wie ein Mann: Ich will dich fragen, du belehre mich!**

4 Wo warst du, als ich die Erde gegründet? Sag es denn, wenn du Bescheid weißt. (38,4 – 39,30 – **68** Verse: 10 Elemente des Kosmos + 5 Paare »wilder« Tiere)

40,1 *Da antwortete der Herr dem Ijob und sprach:*
2 **Mit dem Allmächtigen will der Tadler rechten? Der Gott anklagt, antworte drauf!**

3 *Da antwortete Ijob dem Herrn und sprach:*
4 Siehe, ich bin zu gering. Was kann ich dir erwidern? Ich lege meine Hand auf meinen Mund.
5 Einmal habe ich geredet, ich tu es nicht wieder; ein zweites Mal, doch nun nicht mehr!

B. ZWEITE GOTTESREDE UND ANTWORT IJOBS

40,6 *Da antwortete der Herr dem Ijob aus dem Wettersturm und sprach:*
7 **Auf, gürte deine Lenden wie ein Mann! Ich will dich fragen, du belehre mich!**
8 **Willst du wirklich mein Recht zerbrechen, mich schuldig sprechen, damit du Recht behältst?**

9 Hast du denn einen Arm wie Gott, dröhnst du wie er mit Donnerstimme? (40,9 – 41,26 – **50** Verse: Nilpferd + Krokodil)

1 *Da antwortete Ijob dem Herrn und sprach:*
2 Ich hab' erkannt, dass du alles vermagst; kein Vorhaben ist dir verwehrt.
3 Wer ist es, der ohne Einsicht den Rat verdunkelt? So habe ich denn im Unverstand geredet über Dinge, die zu wunderbar für mich und unbegreiflich sind.
4 Hör doch, ich will nun reden, ich will dich fragen, du belehre mich!
5 Vom Hörensagen nur hatte ich von dir vernommen; jetzt aber hat mein Auge dich geschaut.
6 Darum widerrufe ich und atme auf, in Staub und Asche.

Ijob 38 – 39: Die erste Gottesrede

Frage und Herausforderung Ijobs (VV.2f)

38,1 beginnt mit der Antwort Jhwhs. Der »Wettersturm« ist ein häufiges Begleitmotiv, um eine Gotteserscheinung zur Sprache zu bringen (Ps 50,3; Ez 1,4; Nah 1,3 u.ö.). Wenngleich der Motivkreis im Allgemeinen sehr wuchtige und geradezu furchterregende Bilder bringt (vgl. Ps 18,8-16; dagegen 1 Kön 19,12: Jhwh erscheint »in der Stimme verschwebenden Schweigens«, so M. Buber), so signalisieren solche Bilder zwar die Unnahbarkeit und Größe, letztlich die Unbeschreibbarkeit der Gegenwart Gottes, beinhalten aber nicht automatisch ein »Kommen Gottes zum Gericht«. Die zur Topik der Theophanieschilderung gehörenden Elemente kosmischer Erschütterungen und menschlichen Erschreckens sind literarisch verblasst in der Wendung »im Wettersturm« insofern vorhanden, als Gottes Erscheinen allemal Betroffenheit auslöst. Seine Gegenwart, so oder so »beschrieben«, bedeutet vielfach für den Menschen die Wende zum Heil und die Rettung aus der Not (sehr deutlich am Beispiel von Ps 18). Von diesem Befund her wird man sich hüten, den »Wettersturm« emotional zu belegen, wie das in landläufigen Auslegungen vielfach geschieht. Es ist unsinnig, einem auf dem Misthaufen in Asche sitzenden Ijob, der vor lauter Schwäche mehr tot als lebendig ist, einen im Sturm daherpolternden »mega-mächtigen« Gott gegenüberzustellen.

Die erste Anrede beginnt mit einem Fragesatz: »Wer ist es ...«? Die Frage richtet sich direkt an Ijob, schafft aber zugleich eine gewisse Distanz und Verallgemeinerung. Jede und jeder ist angesprochen, der sich mit Ijob eines Sinnes weiß, der gleich ihm »den Ratschluss verdunkelt«. »Ratschluss«, hier absolut ohne Artikel gebraucht, ist etwas nichtssagend übersetzt. Der hebräische Terminus gehört in den Bereich der Weisheitsliteratur und kann den »Rat«, die »Entscheidung« eines Weisen bedeuten, meint aber – von Gott ausgesagt – seinen sorgsam ausgedachten Plan und dessen Verwirklichung. In 12,13.16 hat Ijob genau davon gesprochen: Nur Gott kommt Macht über seinen »Bauplan« der Welt zu. Dem Menschen bleibt dies verborgen. Er lebt in einer Welt, in der Willkür regiert. Gott selber erscheint als einer, der willkürlich handelt, indem er die so genannte »Weltordnung« (in der Gesellschaft) auf den Kopf stellt (vgl. 12,17-25). Ijob (und allen Parteigängern) wird der Vorwurf gemacht, dass er diesen »Bauplan« der Welt verdunkle, weil er »ohne Einsicht«, »ohne Wissen« rede. Dieser Begriff ist ein Leitwort in der ganzen ersten Gottesrede: Elihu, der von sich behauptet, dass seine Lippen Wissen reden (33,3), wirft Ijob zweimal vor, »ohne Wissen« Worte zu machen (34,35; 35,16). »Wissen« meint »Einsicht« in die Tiefenschichten des Lebens, in die Bereiche, die der oberflächlichen Beobachtung entzogen sind, die hinter den Phänomenen liegen. Unter diesem Aspekt sind Ijobs Worte gefährlich. »Verdunkeln« hat mit »Finsternis« zu tun und bezieht sich gerade in Ijob immer wieder auf das zerstörend Chaotische. Ijob untergräbt mit seinen Äußerungen den Bauplan der Welt.

An diesen Vorwurf schließt sich die Aufforderung an Ijob an, »seine Lenden zu gürten wie ein Mann«. Diese Redeweise hat ihren Ursprung zweifellos in der Situation des Kampfes, wird aber ebenso im übertragenen Sinn als Bild gebraucht. Als bestes Beispiel bietet sich Jer 1,17 an: »Du aber gürte dich, tritt vor sie hin und verkünde ihnen alles, was ich dir auftrage. Erschrick nicht vor ihnen, sonst setze ich dich vor ihren Augen in Schrecken«. Das »gürte dich« begegnet hier im Zusammenhang des Botenauftrages und soll Jeremia zur Furchtlosigkeit ermutigen. Dieses Moment mag auch hier mitgedacht sein. Der Vergleich »wie ein Mann« mag dieses Moment noch unterstreichen, soll aber nicht überbewertet werden, da dieses Wort in Ijob häufig einfach für »Mensch« gebraucht wird. Jhwh fordert Ijob zum Disput auf, wie Ijob es des Öfteren gewünscht hat (9,34f; 13,3.18ff.22; 23,3ff; 31,35ff). Die Formulierung ist insofern ironisch, als er bei der Ungleichheit der »Partner« nie realistisch geführt werden kann. So wird aus dem Disput zwangsläufig ein Lehrgespräch oder besser eine Belehrung.

Belehrung Jhwhs: erster Teil – der Kosmos (38,4-38)

Die folgende Belehrung Ijobs erfolgt in Form rhetorischer Fragen: vierzig Fragen über zehn kosmische Themen. Dass die Zahlensymbolik in der Gestaltung dieser Texte eine Rolle spielte, liegt auf der

Hand. »Vierzig« kann ein besonderes Ausgesetzt-Sein und zugleich eine besondere Nähe Gottes signalisieren (Mose ist vierzig Tage auf dem Berg, Jesus vierzig Tage in der Wüste). »Zehn« zielt auf Vollendung, d.i. die ganze Schöpfung.

Selbstverständlich steht von vornherein fest, dass diese Fragen nicht beantwortet werden können. Sie sind von Haus aus nicht als reale Fragen gedacht. Die Ironie, die hier bewusst als literarische Form eingesetzt ist, darf aber – gegen ein weit verbreitetes Missverständnis – nicht als Sarkasmus oder Zynismus ausgelegt werden. Wiederum darf man nicht einen zu Tode getroffenen Ijob konstruieren, der einem überdimensionalen, präpotent sich gebärdenden Gott Rede und Antwort stehen soll. In diesen Fragen spielen ferner hymnische Elemente eine Rolle, mit denen man in der Tradition üblicherweise Gottes Größe zu beschreiben versucht.

(1) Schöpfung und Erde (38,4-7)
Dass Gott die Erde und den Erdkreis gegründet hat, ist ein traditionelles Diktum (vgl. Ps 24,2; 89,12; 104,5; Spr 3,19), das anhand von drei Bildern dargelegt wird: Maße und Messschnur, wie sie ein Baumeister zu benutzen pflegt, verweisen auf einen abgezirkelten und fixen Bereich, der wohl überlegt und geplant ist (horizontal); Pfeiler und Eckstein markieren die feste Verankerung in den Tiefen der Chaoswasser (vertikal), zu denen kein Sterblicher Zugang hat. Die Überzeugung, dass der Erdkreis nicht wankt, weil Jhwh ihn fest auf Pfeilern gebaut hat, ermöglicht dem Menschen ein, wenn auch nicht sorgenfreies, doch im Grunde sicheres Leben (vgl. Ps 93!). Der Akt der Erschaffung der Erde ist mit Jubel und Freude verbunden. Die gesamte geschaffene (obere) Welt jauchzt dem gelungenen Werk Jhwhs zu (vgl. Spr 8,30f). Das erinnert an den Freudenjubel, der ausbrach, als man nach der Rückkehr aus dem Exil das Fundament für den (zweiten) Tempel legte (Esra 3,10f). Hinter diesem Text steht eine sehr positive Sicht der Schöpfung. Der Jubel der »Zuschauer« bestätigt die Qualität des Geschaffenen.

Die erste Frage kann Ijob nicht beantworten, selbst dann nicht, wenn er echte und tiefe Einsicht besäße. Die EÜ bewirkt mit der saloppen Formulierung »wenn du Bescheid weißt« einen Zug ins Zynische, der dem Textbestand nicht gerecht wird. Die »Wer«-Fragen haben suggestive Natur und beantworten sich selbst. Das soll bewusst werden und zu Herzen dringen. Es kann nur eine Antwort auf das »Wer« geben, nämlich: Gott. Die Textpragmatik dieser Fragen liegt gerade darin, dass ihre (selbstverständliche) Antwort und die daraus folgenden Konsequenzen bedacht und erwogen werden. Das gilt für sämtliche in dieser Rede begegnenden Fragen dieser Art. Dem entsprechend ist in V.5 nicht ein spöttisch gemeintes »Du weißt es ja« zu lesen, sondern ein affirmativ positives: »Ja, das weißt du!«

(2) Grenzen des Meeres (38,8-11)
Das Meer stellt im gesamten mesopotamischen Raum einen traditionellen Topos im Zusammenhang mit der Schöpfung dar. Es symbolisiert die Chaoswasser des Anfangs, die zerstörerisch hervorbrechen, deren vernichtende Gewalt erst von Gott in Schranken gehalten werden muss. Deswegen begegnet immer wieder das Motiv: Gott setzt dem Meer und den großen Wassern feste Grenzen, die sie nicht überschreiten dürfen. Dann erst wird Schöpfung und Ordnung möglich (vgl. Ps 104,6-9; Spr 8,29). Hinzu kommt hier das Motiv, dass Jhwh gleichsam als Geburtshelfer bei der Geburt des Meeres mitwirkte. Wie einem Säugling legte er ihm die Windeln an (Luft und Wolken). Hierin zeigt sich ein einschränkendes und ein sorgendes Element: Zum einen behindern die Windeln das Baby in seiner Bewegungsfreiheit, da ja das Kind mit den Windeln rundum bandagiert wird, zum anderen ist das Wickeln-in-Windeln Ausdruck der mütterlichen Fürsorge Gottes. Wie immer: Das »hierher und nicht weiter« ermöglicht dem Menschen (der Natur insgesamt) das Leben.

(3) Morgenrot und Tagesanbruch (38,12-15)
Ijob verwünschte in 3,9 die »Wimpern der Morgenröte« – ein Ansinnen allerdings, das seinem Einflussbereich entzogen ist. Die Morgenröte signalisiert nicht nur optisch das Ende der Nacht (Assoziation mit Schrecken und Unheil), sie packt die Säume (die »Gewandzipfel«) der Erde und schüttelt sie aus. Und wie eine Hausfrau des Morgens die Decke ausschüttelt, so schüttelt die Morgenröte die »Decke« der Erde aus und schüttelt dabei die Frevler ab wie das Ungeziefer. Dann kann die Erde wieder in ihrer eigentlichen Form in Erscheinung treten. Konturen werden sicht-

bar, so wie das Siegel sie im Ton bewirkt – die Ordnung ist zurückgekehrt. Alle Störenfriede (die Frevler) haben zu verschwinden. Ihre Arbeitszeit (ihr »Licht« ist paradoxerweise die Finsternis, vgl. 24,13f) ist vorbei, ihr Treiben hat ein Ende gefunden. In jedem neuen Tag vollzieht sich für den Menschen des Alten Orient, besonders in Ägypten, die Schöpfung aufs Neue. Wie der Einbruch der Nacht Gefahr und Bedrohung mit sich bringt, so schafft das erste Licht des Morgens Aufatmen und neues Leben. Ijob hätte mit seinem Wunsch, so partiell er auch gemeint war, in der letzten Konsequenz die Schöpfung ins Chaos zurückfallen lassen. Jhwh hingegen bewahrt den Menschen zwar nicht vor dem Drohen des Chaos (Nacht), aber er steht dafür ein, dass nach jeder Nacht ein neuer Morgen erstrahlt.

(4) Unterwelt und Meerestiefen (38,16-18)
Die virtuelle kosmische Reise führt in die Bereiche, die dem Menschen schlechterdings unzugänglich sind. Es geht zu den Ursprüngen und Tiefen des Chaosmeeres (*jam / tehôm;* vgl. Gen 1,2). Der Gedanke, an die Tore des Todes auch nur zu rühren, erfüllt einen normal Sterblichen mit Grauen. Denn dort verläuft die absolute Grenze zum Leben, und würden die Tore des Todes geöffnet, hätte dieser ungehinderte Freiheit. Wieder mag der Mensch seinem Gott dankbar sein, dass er solche Barrieren gesetzt hat. Für den Menschen sind ja nicht einmal die »Breiten« der Erde überschaubar, die geradezu einen »Klacks« darstellen im Vergleich zu dem, was außerhalb und unter ihr sich abspielt.

(5) Wohnung des Lichtes und der Finsternis (38,19-21)
Niemand hat Zugang zu den »Wohnungen« des Lichtes und der Finsternis, die Gott am Anfang noch vor jedes Menschen Dasein geschaffen hat. Auch diesen Elementen hat Gott ihren Platz zugewiesen, schön säuberlich hat er sie getrennt (Gen 1,3) und er sorgt dafür, dass sie ihren richtigen Weg nach Hause auch immer finden. Das kann nur Gott.

(6) Wohnung von Schnee, Hagel, Blitz und Wind (38,22-24)
Die Vorstellung von Kammern für Hagel, Schnee, Regen und Wind ist in der alten Welt allgemein verbreitet. In der späteren Literatur

werden sie zu Objekten von Spekulation. So kann der apokalyptische »Henoch« (2./1. Jh. v.Chr.) auf seiner Wanderung durch die oberen Sphären diese Kammern auch höchstpersönlich besichtigen.

Wiederholt dient der Hagel als göttliche Waffe (vgl. Ex 9,22-26; Jos 10,11; Jes 28,17). Das in V.24 genannte »Licht« kann aus dem Zusammenhang wohl zu Recht als »Blitze« gedeutet werden. Der Ostwind wird meist negativ gebraucht: er bringt Verwüstung und Zerstörung mit sich (Gen 41,6; Ex 10,13; Jer 18,17). Von den vier aufgezählten Elementen haben außer dem Schnee alle drei zerstörende Funktionen. Aber sie verfügen über keine Eigenmacht, Mensch und Natur zu schädigen. Auch sie sind dem Wink und Willen Jhwhs unterstellt.

(7) Weg des Regens in die Wüste (38,25-27)

Während der Ostwind ans Austrocknen denken lässt, schlägt der Gedanke jetzt um: Es gibt Regen für die Wüste. Dabei greift der Dichter das Bild von Kanälen auf, in denen das Wasser dorthin abfließen kann. Dass an die Wasserkanäle Mesopotamiens oder Ägyptens gedacht ist, die einen so wesentlichen Aspekt der Kultivierung des Landes ausmachten, ist nicht von der Hand zu weisen. Analog hätte Jhwh derartige Kanäle in der Wüste gebaut. Zweimal wird betont, dass sie unbewohnt und menschenleer ist. Die Erwähnung der »Wildnis und Öde« (*scho`á umscho`á*, vgl. 30,3) verleiht dem Ganzen den Charakter des Unheimlichen und Chaotischen. Darin liegt wohl auch die Spitze der Aussage: Auch dort, wo es dem Menschen graut, lässt Gott sein schöpferisches Tun sichtbar werden. Er schafft Grünland. Indirekt kann auch die Sorge Gottes um die wilden Tiere, die traditionsgemäß solche Bereiche bewohnen, mitgemeint sein.

(8) Ursprung von Regen, Tau, Eis und Frost (38,28-30)

Regen und Tau sind Elemente, die für den Menschen nicht nur lebensnotwendig sind, sondern die ihm auch immer wieder Bewunderung abverlangen. Desgleichen das Phänomen, dass das flüssige Wasser zu Eis (entspricht dem Regen) und Reif (entspricht dem Tau) erstarrt. Mag sein, dass hinter dem gebrauchten Bild von Zeugung und Geburt ein Mythologem über Baal und Astarte/Anat steht. Für den gläubigen Israeliten kann es freilich nur Jhwh sein, der auch für die Natur und ihre Erscheinungsformen zuständig ist. Die Vorstellung, dass sogar die Chaoswasser und die Urflut (*tehóm*, vgl. Gen 1,2) zu Eis erstarren, ist zwar etwas skurril, aber sie dient dem Dichter als Möglichkeit, Jhwhs Macht über die Urmächte eine neue Nuance zu verleihen. Ähnlich dem in Windeln bandagierten Meer (V.9) kann sich gegebenenfalls auch die Flut nicht mehr bewegen und ist somit machtlos.

(9) Bewegung der Gestirne (38,31-33)
Gestirne und Sternkonstellationen haben Menschen zu allen Zeiten fasziniert (vgl. »Brüder, überm Sternenzelt muss ein lieber Vater wohnen ...«). Auch sie haben aus sich keine Wirkmächtigkeit (contra Astrologie), vielmehr hat Gott Lauf und Gesetzmäßigkeit bestimmt, er, der sie wie Lampions am Himmelsgewölbe aufgehängt hat (Gen 1,14-18). Die »Bande« und »Fesseln« lassen ihre »Freiheit« als eine von Gott abhängige erscheinen. Der Mensch kann ihre Konstellationen nur bewundern, nicht beherrschen. Sie haben ihren Platz am Himmel oben – für den Erdenbewohner sind sie nicht zugänglich. Die Bezeichnung der Gestirne ist unsicher. Häufig wird »Löwin samt ihren Jungen« (V.32) mit dem Großen Bären und den Hyaden in Verbindung gebracht.

(10) Zeit von Regen und Blitz (38,34-38)
Die Macht über das Einsetzen des Regens und das Zucken der Blitze steht allein Gott zu. 1 Kön 17,1 – 18,41.45 legt diese Gegebenheit in aller Deutlichkeit auseinander. Gerade in Gegenden, in denen es über lange Perioden hinweg überhaupt nicht regnet oder in denen Dürrekatastrophen häufig vorkommen, ist dieses Thema von lebenswichtiger Bedeutung. Die »Wettervorhersage« beinhaltet geheimes Wissen und das schreibt man in diesen Kreisen bestimmten Tieren zu. So weiß der Ibis das Ansteigen des Niles anzukündigen, während der Hahn den kommenden Regen anmeldet. Zugleich bestaunt oder befürchtet man die ungeheuren Mengen von Wasser, die vom Himmel kommen können. Aber auch hier braucht der Mensch keine Angst zu haben: Gott hat sie ihm Griff (gezählt) und er teilt sie aus, so dass sie zum Wohl des dürren und harten Bodens (des Menschen) dienen.

Belehrung Jhws: zweiter Teil – die Tiere (38,39 – 39,30)

Der zweite Teil der Jhwh-Rede wendet sich den Tieren zu. Dass wiederum zehn, d.i. zweimal fünf Paare, genannt werden, spricht erneut für die poetisch-künstlerische Absicht des Textes, die damit eine gewisse Ganzheit erfassen will. Dem modernen Leser mag diese Aufzählung zunächst befremdlich erscheinen, doch gilt es zu bedenken, dass im Gesamt des altorientalischen Kontexts Tiere eine spezifische Rolle spielen. Es handelt sich um solche, deren Wohnraum fernab des Menschen liegt und die damit als wild lebende qualifiziert werden. In poetischen mythischen Texten wie hier gewinnen auch die Tiere eine gewisse mythische Färbung. Sie vertreten den Bereich des Menschen-Feindlichen, des Bedrohlichen und des Zerstörerischen. Wenn in der altorientalischen Ikonographie göttliche oder königliche Jagdszenen aufscheinen, dann signalisieren solche nicht primär – wie später in der abendländischen Adelsgesellschaft – ein Vergnügen für Gott und König, sondern eine Art Neu-Sicherung der Schöpfung und der Schöpfungsordnung. Sooft die Gottheit bzw. der König sich als »Herr / Herrin der Tiere« erweist, stellt er / sie neu unter Beweis, die Ordnung der Welt im Griff zu haben. Von daher leitet sich auch die – uns als »messianisch« bekannte – Idee ab, dass das gerechte Regieren (Herrsein) des Königs den Schalom der Natur (des Tierreiches) zur Folge hat (vgl. Jes 11,1-9). In dieselbe Kerbe schlägt die Vorstellung vom »Herrschen« und »Unterwerfen« als Aufgabe des Menschen (jedes Menschen) in Gen 1,28. Der Mensch (Mann und Frau), im Idealkonzept von Welt als König (d.i. »Bild«) konzipiert, erhält die gute Welt als gut, wenn er königlich waltet, d.i. in der Sprache des Alten Orient, wenn er »herrscht«, damit die von Gott gegebene Ordnung aufrecht erhalten bleibt. In der (dritten) Anrede Jhwhs an Ijob in 40,7-14 wird davon nochmals die Rede sein.

Wieder sind die einzelnen Elemente in Form von Fragen gekleidet, von deren Funktion oben schon die Rede war.

(1) Löwe und Rabe (38,39-41)

Der Löwe gilt allgemein als gefährliches Tier und als großer Räuber, dem der Mensch am Besten nicht zu nahe kommt. Aber Gott sorgt auch für ihn (vgl. Ps 104,21). Wenn Gott nun für des Löwen Beute sorgt, ist ihm auch etwas von seiner Gefährlichkeit genommen. Denn ein satter Löwe richtet keinen Schaden an. Woher die Kombination mit den Raben stammt, ist ungewiss. Der Rabe, ein unreines Tier (Lev 11,15), lässt an öde und wüste Gegend denken (Jes 34,11), wird aber auch von Gott versorgt (Ps 147,9). Besondere Beachtung verdient das Hervorheben der jungen Tiere. Vor allem um sie kümmert sich Gott, da vor allem sie gefährdet und hilflos sind.

(2) Steinbock und Hirsch (39,1-4)
Steinböcke und Hirsche leben zwar auch fernab vom Menschen, gelten aber nicht als gefährlich. Vielmehr wird ihre Behendigkeit und ihre Schönheit bewundert (vgl. 2 Sam 22,34; Spr 5,19; Hld 2,7.9.17). Wieder geht es um die jungen Tiere, wie sie auf die Welt kommen und überleben. Der Mensch im bäuerlichen Ambiente weiß um die Sorgen, die er mit seinen Schafen und Ziegen hat. Damit der Nachwuchs gesichert ist, bedarf es der Obsorge des Menschen. Er muss darauf achten, wann die Tiere werfen, damit er ihnen beistehen kann. Würden die (Haus-)Tiere sich selber überlassen sein, könnte das große Einbußen bedeuten, viele Tiere würden nicht überleben. Dagegen steht nun das Beispiel der Steinböcke und Hirsche (bzw. Steingeißen und Hirschkühe). Um sie kümmert sich doch kein Mensch. Wer weiß denn schon von ihrer Wurfzeit. Kein Mensch ist dabei. Und doch werfen sie und – eh man sich‘s versieht – laufen die Jungen selbstständig davon und »gehen ihre eigenen Wege«. Indirekt freilich soll Ijob (der Leser und die Leserin) hinter diesem wunderbaren Funktionieren das (sorgende) Walten Gottes erkennen.

(3) Wildesel und Wildstier (39,4-12)
Der Wildesel steht als Symbol für Ungebärdigkeit, Freiheit und Eigenwilligkeit. In Gen 16,12 wird Ismael (die Ismaeliter) mit einem Wildesel verglichen: »Seine Hand gegen alle, die Hände aller gegen ihn! Allen seinen Brüdern setzt er sich vors Gesicht«. Sein Aufenthaltsort ist die unwirtliche und unzugängliche Steppe (vgl. 24,5; 30,7), eine menschenfeindliche Gegend, die an Gottes strafendes Eingreifen denken lässt (Ps 107,34). Aber der Wildesel fühlt sich dort wohl. Für das städtische Treiben hat er nichts übrig. Stadt als

Ausdruck für Zivilisation steht hier bewusst im Gegensatz zum Land (zur Steppe). Die Verbindung von Stadt und »Treiber« (Sklavenhalter) ist nicht uninteressant. Eine indirekte Kritik an der »Stadt« ist nicht zu überhören. Gilt sie als der Ort, an dem Unrecht und Unterdrückung sich besonders entfalten können, weil die Schere von arm und reich besonders weit auseinandergeht? Im Übrigen – was dem Menschen (Ijob) oft nicht bewusst wird – sorgt Gott für ihn. Selbst in diesen unwirtlichen Gegenden lässt Gott Grünes wachsen, so dass der Wildesel leben kann.

Der Wildstier, vielleicht ist an einen Auerochsen gedacht – die Identifikation der Vokabel ist nicht eindeutig -, wird an anderen Texten wegen seiner Stärke und Kraft genannt (Num 23,22; Ps 22,22; 92,11). Der Mensch ist erst recht nicht in der Lage, ihn zu zähmen oder gar ihn als Haustier für seine Dienste einzusetzen.

Die zweite Frage bringt einen anderen Akzent: Es geht darum, ob Kraft und Vertrauen zu dem, der Kraft besitzt, in einer Relation stehen. Könnte der Mensch dem Wildstier trauen nur deswegen, weil dieser stark ist? Die Antwort kann nur verneinend ausfallen. Die große Kraft des Wildstieres, die so nützlich und hilfreich sein könnte, bringt dem Menschen überhaupt nichts, ist im Grunde völlig überflüssig. Aber auch diese – so wohl der Kontext – ist eine Idee Gottes, hinter der er voll und ganz steht.

(4) Die Straußenhenne und das Ross (39,13-18.19-25)

Die beiden Gedichte über den Strauß und das Pferd fallen wegen ihrer Ausführlichkeit ein wenig aus der Reihe. Ob sie selbstständig existiert haben oder ob sie ad hoc in die Reihe hereinkomponiert wurden, lässt sich nicht entscheiden. Jedenfalls passen sie gut in das Orchester ihrer Umgebung und sind durch das Stichwort »Ross« in V.18 und V.19. eng miteinander verbunden.

Der Strauß, der in biblischen Zeiten in den Steppen des Alten Orient anzutreffen war, gilt als unrein (Lev 11,16; Dtn14,15) und Bewohner von menschenleeren und unbewohnten Gegenden (Jes 43,20). Mit seinem Geschrei verbindet man etwas Unheimliches und Bedrohliches (vgl. Mi 1,8).

Was aus der Reihe fällt, hat immer schon Neugier und Interesse geweckt. Dass dieser Vogel, den der Dichter möglicherweise nur vom Hörensagen her kennt, trotz seiner beachtlichen Flügel nicht fliegen kann wie etwa der Storch oder der Falke (?), empfindet man als »komisch«. Die Flügel haben keinen Nutzen für ihn. Das Straußenweibchen fällt auch aus der Reihe, weil es die Eier nicht wie die übrigen Vögel ausbrütet, sondern sie durch den warmen Sand ausbrüten lässt. Dieses Verhalten wird als arge Nachlässigkeit der elterlichen Pflichten, ja als grausamer Verstoß gegen die junge Brut interpretiert (vgl. Klgl 4,3). Der Hinweis, die Straußenhenne behandle ihre Jungen »hart wie Fremde« (V.16 EÜ), beinhaltet keine Anspielung auf »Fremde« im Sinne von Ausländern o.ä. Im hebräischen Text heißt es »als ob sie nicht die Ihrigen« wären. Auf einer anderen Sprachebene ausgedrückt, heißt dies, dass die Straußenhenne jeder »Weisheit« und »Einsicht« entbehrt. Denn Einsicht und Weisheit würden befähigen, die »normale« Schöpfungsordnung wahrzunehmen. Allerdings ist dafür Gott selber verantwortlich. Wenn er Einsicht und Weisheit vorenthält, kann sie nicht gewonnen werden. Trotzdem kann auch die Straußenhenne leben und überleben. Die Sorge für die Jungen – so indirekt – muss in diesem Fall wohl Gott selber übernehmen. Zum anderen aber hat sie eine Fähigkeit, in der sie kaum zu übertreffen ist: die Schnelligkeit. In der Tat kann der Strauß eine Geschwindigkeit bis zu 70 km/h erreichen, was beim Menschen naturgemäß eine besondere Verblüffung auslöst. So schaut Gott mit Möglichkeiten, die des Menschen »vernünftiges« Denken übersteigen, auf seine Geschöpfe.

Mit »Ross und Reiter« wendet sich das Bild. Diese Wendung ist dem biblischen Menschen höchst vertraut, erinnert sie ihn doch an Rettung und Überwindung tödlicher Gefahren: »Jhwh ist hoch und erhaben, Rosse und Wagen warf er ins Meer« (Ex 15,2). Das Pferd erscheint im Ersten Testament fast überall als Kriegstier (vergleichbar den Panzern in den Weltkriegen) und symbolisiert Macht und Hybris (vgl. Jes 30,15f; 31,1; Hos 1,7) – ganz im Gegensatz zu heute, wo das Pferd eine geradezu »kommunikative« Rolle spielt. Kinder berührt erfahrungsgemäß der Untergang der Pferde im Schilfmeer wesentlich tiefer als der der Menschen. Es hat auch an unserer Stelle von seiner geradezu numinosen Schrecklichkeit nichts verloren. Zu Recht wurde darauf verwiesen, dass die »Mähne« in V.19 (EÜ) eher als »Donner« zu deuten ist (NIB 611) und dass die »Heuschrecken« in V.20 an Joel 2,4-9 denken lassen, wo die Armee der hereinbrechenden Rosse und Wagen am Gerichtstag Jhwhs mit Heuschrecken verglichen werden. Donner, Hörnerschall, Lärm, Schlachtgetümmel ist ein Vokabular militant apokalyptischer Sprache. Der Kampfesmut des Kriegsrosses ist nicht zu bremsen. Es scheut keine Gefahren, Kampf und Schlacht sind seine Lebenswelt. Woher hat es dieses Naturell? Wieder kann die Antwort nur lauten: Gott selber hat es so geschaffen und er ist der Einzige, der es auch zu zähmen weiß.

(5) Falke und Adler (39,26-30)
Der Vogelflug hat dem Menschen zu allen Zeiten Bewunderung und Staunen entlockt. Der Falke ist zwar ein unreines Tier (Lev 11,16), aber er ist mit »Einsicht« ausgestattet. Wie könnte er sonst den Weg in den Süden finden und von dort zur entsprechenden Zeit wieder zurückkehren?

Mit dem Adler wendet sich der Blick von der Horizontalen in die Vertikale. Der Adler, wohl besser der »Geier« als aasfressendes Tier (V.30), zählt zu den unreinen Vögeln (Lev 11,13), beeindruckt aber durch seine Größe und Mächtigkeit als Beherrscher der Lüfte (Spr 23,5; 30,19). Die Sorge um seine Jungen kann als Bild der sorgenden und schützenden Liebe Jhwhs verwendet werden (vgl. Ex 19,4; Dtn 32,11). Wieder gilt die besondere Aufmerksamkeit den jungen Tieren (vgl. 38,39.41 u.ö.). Die »Erschlagenen« lassen düstere Assoziationen wach werden, denkt man doch an die »vom Schwert Durchbohrten« des Krieges, die den Vögeln des Himmels zum Fraße dienen (vgl. Ps 79,2; Jer 7,33; 16,4).

Resümee

Der *erste Teil* dieser Gottesrede, die zehn Abschnitte über den Kosmos, haben folgende gemeinsame Aspekte:
- Alle genannten Phänomene gehören einem Bereich an, der dem Menschen gänzlich entzogen ist: der Mensch hat keine Macht über sie.
- Sie haben Macht über den Menschen. Von ihrem Einfluss hängt Wohl und Wehe des Menschen ab.
- Jhwh allein aber hat die Macht über sie.
- Er hält die zerstörend-schädliche Wirkung dieser Elemente in Schranken, so dass der Mensch nicht in grundsätzlicher Angst zu leben braucht.
- Jhwh geht auch mit ihnen sorgend um und lenkt sie so, dass ihre

positive Auswirkung für das Leben der Menschen und der Tiere zum Tragen kommt.

Der *zweite Teil* dieser Gottesrede geht in eine ähnliche Richtung. Hier gilt:

- Die genannten Tiere stehen außerhalb des Bezugsfeldes zum Menschen. Eine gewisse Ausnahme bildet das Kriegsross. Aber auch dieses ist, was seine »Natur« betrifft, vom Menschen unbeeinflussbar.
- Jhwh ist der »Herr der Tiere«. Nicht nur ihre Existenz, auch ihre Lebensweise – mag sie auf den Menschen furchterregend, eigenartig oder komisch wirken – verdanken sie ausschließlich ihm. Er ist allemal in der Lage, auch ihrem gefährlichen Verhalten eine Grenze zu setzen.
- Sie alle sind seine Geschöpfe. Deswegen kümmert er sich auch um sie, wobei seine besondere Sorge den jungen, d.i. den schwachen Tieren gilt.

Dass das Motiv der Souveränität Jhwhs über die Welt in dieser Rede eine besondere Rolle spielt, kann nicht bezweifelt werden. Dennoch verliert dieser Anspruch Jhwhs unter den gemachten Beobachtungen seinen beim ersten oder oberflächlichen Lesen dieses Textes oft empfundenen despotisch-herrschaftlichen Charakter. Ijob und der Leser / die Leserin sollen auf das Wunderwerk der Schöpfung erst einmal aufmerksam gemacht werden. Da ist nichts, was Jhwh entglitten wäre. Alles hat von ihm her seinen Stellenwert und seinen Platz. Im Grunde wird hier mit den Mitteln weisheitlicher Dichtung und Gelehrsamkeit darauf abgezielt, was Jesus im Zusammenhang der Bergpredigt in einer kurzen weisheitlichen Sentenz zum Ausdruck gebracht hat: Ängstliche Sorge ist nicht angebracht, da sich der Vater doch auch um die Vögel des Himmels und die Lilien des Feldes sorgt (vgl. Mt 6,25-34). Der (allerdings nur gedachte) Schluss vom »Leichten zum Schweren« (oder umgekehrt) mag auch hier gelten: Wenn der Mensch wahrnehmen kann und Einsicht gewinnt, wie sehr Gott sich um die Natur (Welt / Tiere) kümmert, dann wird in ihm der Funke überspringen: um wie viel mehr muss Gott sich um den Menschen kümmern.

Trotzdem – bei aller Sympathie für solche Gedankengänge bleibt der ungute Geschmack des billigen Trostes zurück. Eine solche Rede mag eine wohltuende Wirkung auf Menschen ausüben, denen es im Wesentlichen gut geht, sie mag vorhandenes Vertrauen stärken und festigen. Aber genügt sie für den Fall Ijob? Genügt sie für jemanden, der zeitweise ganz und gar aus dem Nest gefallen ist? Für jemanden, der die vorgelegte gute »Ordnung« nicht wahrnehmen kann, weil in seiner eigenen Existenz nichts, aber schon gar nichts mehr stimmig ist?

Ijob 40,1-5: Jhwhs Herausforderung und Ijobs erste Antwort

Genau in dieser Aporie findet sich die Leserin / der Leser am Ende der ersten Gottesrede (39,30). Die Gelehrten haben ihre Argumente vorgebracht. Mehr gilt es fürs Erste nicht zu sagen. Der ganze Kreis der Schöpfung ist ausgelotet, was durch die doppelte Zehn (kosmische Phänomene / Tiere) hinlänglich signalisiert ist. Also wäre Ijob am Zug. Der Dichter aber lässt Ijob nicht reagieren, weil dieser nicht reagieren kann.

Mit 40,1 setzt Jhwh mit einer eigenen Redeeinleitung seine Rede fort. Im Gegensatz zu 38,1 und 40,6 fehlt hier das »aus dem Wettersturm« (bei Beibehaltung des hebräischen Textes). Das kann als Verweis darauf gewertet werden, dass der folgende Dialog (40,2-5) bewusst der ersten Gottesrede unter- und zugeordnet ist, während mit 40,6 bewusst eine zweite Rede mit neuer Akzentsetzung intendiert ist. Dieser Neueinsatz überwindet die Sprachlosigkeit des Gesprächspartners (Ijobs), indem sie ihn erneut zu einer Antwort drängt. Diese Beobachtung ist insofern bedeutsam, als dadurch Ijob als Mensch betont ernst genommen wird. Eine despotisch intendierte Rede hätte keiner erneuten Aufforderung zu einer Antwort bedurft. Und um eine solche handelt es sich. Im Vergleich zu der in 38,2 formulierten kommt diese dem »Fall Ijob« wesentlich näher – ein Gefälle, das in der dritten Aufforderung (40,7) erst recht deutlich wird.

Leider ist V.2 nicht eindeutig lesbar. Vor allem das Wort »Tadler« (EÜ), das in dieser Form in der ganzen Bibel nur hier vorkommt, kann mit einer geringfügigen Änderung des hebräischen Textes auch anders gelesen werden, was dem Parallelismus der beiden Vershälften besser entspricht. V.2 kann demnach übersetzt werden: »Er, der mit dem Allmächtigen rechtet, wird er passen? Der Gott zurechtweist, er soll doch Rede stehen!« Damit wird zurückverwiesen auf 10,2; 13,15.22; 31,35.

Ijobs Antwort bringt Respekt und Ergebenheit zum Ausdruck. Im Rechtsstreit, in forensischen Kategorien, wie sie V.2 nahe legt, kann Ijob nicht bestehen. Zudem hat ihn Jhwh mit einem Bereich von Fragen konfrontiert, denen gegenüber er sich als Mensch so oder so »leicht«, »gering« fühlt und weiß. Dieses Wort (*»leicht«*) kann abwertend gemeint sein, kann aber auch eine geringe Stellung in einer hierarchischen Ordnung ohne despektierliche Nuance meinen. Auch das »Hand auf den Mund legen« ist Zeichen der Ehrerbietung und Zurückhaltung. Genauso sind Ijob in seinen »guten Tagen« Fürsten und Adelige begegnet (29,9f). Gerade diese Assoziation lässt die Antwort Ijobs als einseitige Demutsgeste im Sinne einer Erniedrigung einem überdimensionalen Gott gegenüber sehr fraglich erscheinen (vgl. auch 31,37). Rein innertextlich könnte es mit dieser Antwort sein Bewenden haben (Ob die Leserin / der Leser damit zufrieden sind oder nicht, steht auf einem anderen Blatt). Das bekräftigt der abschließende Zahlenspruch, eine typische Form weisheitlicher Rede.

Ijob 40,6 – 41,26: Die zweite Gottesrede

Herausforderung Ijobs (40,6ff)

Die Antwort Jhwhs setzt mit den gleichen Worten von 38,3 ein. In Anschluss an die Antwort Ijobs, die damit endet, dass er ob seiner (logischen) Inkompetenz nichts zu erwidern weiß, stellt diese Aufforderung eine gewollte Fortsetzung des Gespräches dar. Jhwh ermuntert Ijob, nicht im Schweigen zu verharren. Er greift auch sogleich ein Kernanliegen Ijobs auf. »Willst du wirklich mein Recht zerbrechen, mich schuldig sprechen …?« Der Begriff »Recht« kann sich im weiten Sinn auf die Ordnung des Kosmos und der Welt beziehen, im engen Sinn auf Ijob, der sich von seiner Situation her ins Unrecht gesetzt fühlt. Er macht Jhwh verantwortlich, dass ihm Unrecht geschieht, welches sich in seinem Leiden kundtut. Beide Aspekte (Kosmos und die Situation Ijobs) gehören zusammen. Die Frage kann sich inhaltlich auf Äußerungen Ijobs beziehen, dass Gott Schuldig und Unschuldig gleichermaßen umbringt, dass die Erde in Frevlerhand gegeben ist (vgl. 9,21-24). Damit ist die Ausgangssituation für die VV.9-14 geschaffen.

Belehrende Ermutigung (VV.9-14)

Die Erwähnung des »Arms« und der »Donnerstimme« in V.9 verweisen eindeutig in den Bereich Jhwhs. Der »Arm Jhwhs« ist ein gängiger Topos für das Handeln Jhwhs beim Auszug aus Ägypten (Ex 15,16) sowie allgemein für sein Eingreifen in Gegenwart und Zukunft. Die Antwort Ijobs auf diese Frage fällt eindeutig mit »nein« aus.

Nun aber wandelt sich plötzlich der Ton der Rede. Es folgen keine Fragen mehr, sondern zehn (!) direkt an Ijob gerichtete Imperative. »Hoheit« und »Majestät«, »Prunk« und »Pracht« gehören zur Ausstattung des göttlichen und des irdischen Königs. Nun ist aber auch der Mensch von maßgeblichen theologischen Kreisen als »König« konzipiert (Gen 1,26ff). Eine besonders schöne Parallele bietet Ps 8,6: »Mit Herrlichkeit und Ehre hast du ihn gekrönt«. Der Mensch (Mann und Frau!) hat also Anteil an der Herrlichkeit wie am Herr-Sein Gottes. Er hat zu Recht in seinem Bereich, das ist der Bereich der sichtbaren Welt, die Funktion des »Chaosbändigers« (M. Görg). Und genau dieser Aspekt kommt auch in den Imperativen Jhwhs an Ijob zur Sprache. Eines der großen Probleme nicht nur des Buches Ijob ist und bleibt das »Böse« und »Zerstörerische« in der Welt, das etwas unscharf häufig im Begriff der »Frevler« zu Tage tritt. Je mehr sie in Schranken gehalten und ihre Betätigungsmöglichkeit eingegrenzt wird, desto besser kann (nach einem bestimmten Vorstellungsmodell) das Leben gelingen. Ein einprägsames Beispiel bietet der Dichter des Ps 104. Wie schön könnte die Welt sein, Gott hat sie fest gegründet, allem und jedem hat er seinen Platz angewiesen, allem und jedem gilt seine Sorge! So könnte es sein – wenn nur die Frevler aus dem Lande verschwänden (V.35). Soweit es dem Menschen zusteht, ist es also seine Aufgabe, zugunsten einer lebbaren Welt dem Bösen, d.i. hier »den Frevlern« entgegenzutreten. Geradezu hyperbolisch wird diese Aufgabe in den VV.11ff in durchaus üblichen Wendungen formuliert. Nur wenn die Frevler verschwinden, kommt es zum »Heil« (Schalom) auf der Welt. Diese Erwartung deckt sich zum Großteil mit dem Eingreifen des idealen Königs (des königlichen »Messias«), der »gerecht« regiert und so den Schalom herbeiführt.

Den positiven Aspekt dieser zweipoligen Vorstellung spricht der V.14 an. Hinter dem Wort »Sieg« (EÜ) steckt das hebräische

Wort für »Rettung«, »Heil«, von dem sich auch der Name »Jesus« herleitet. »Deine Rechte« mag ursprünglich an den Kampf erinnern, steht aber ganz allgemein für »erfolgreiches Handeln«, wie viele dieser ursprünglich militanten Formulierungen im Laufe der Zeit diesen ihren »Sitz im Leben« längst verloren haben.

Überraschend klingt die Wendung »ich will dich preisen« im Munde Jhwhs. Das im üblichen Sprachgebrauch häufig verwendete Wort für »danken« und »preisen« bei den verschiedensten Gelegenheiten wird sonst nur von Menschen als Subjekt gebraucht. Dennoch ist eine analoge Redeweise im Munde Jhwhs nicht auszuschließen. Jhwh ist daran interessiert, dass die Welt »als das Haus des Lebens« gut funktioniert. Er ist ebenso an allem interessiert und bedenkt es mit »Anerkennung«, was der Mensch als sein Mandatar in der sichtbaren Welt positiv beiträgt.

Resümee

Es besteht kein triftiger Grund, diese Verse (VV.6-14) mit dem Etikett »ironisch« zu versehen, wie das in der Auslegung fast immer geschieht. Im Gegenteil: Sie sind ernst gemeint und stellen ein gutes Stück ersttestamentlicher Anthropologie oder »biblischen Humanismus« dar, den M. Buber einmal folgendermaßen umschrieben hat: »Der biblische Humanismus kann nicht ... über die Problematik des Augenblicks erheben; er will zum Standhalten in ihr, zur Bewährung in ihr erziehen. Diese Wetternacht hier, diese niederzuckenden Blitze, die Androhung des Verderbens: entflieh dem in keine Welt des Logos, in keine der vollkommenen Gestalt, halte stand, höre im Donner das Wort, gehorche, erwidre! Diese furchtbare Welt ist die Welt Gottes. Sie fordert dich an. Bewähre dich als Gottes Mensch in ihr!«

Das literarische Stilmittel der Verdoppelung (zwei Reden Jhwhs; zwei Antworten Ijobs) dient zwar häufig der Verstärkung, aber auch der Fortführung und Überbietung. Der Text vermittelt, dass Ijob ernst genommen wird und dass seine Anliegen nicht gelöst, aber doch zu einem gewissen Teil wahrgenommen werden. Von dieser Warte her erhält die gedankliche Linie von 16,19ff über 19,25ff und 31,35ff zu 42,2-6 erst ihren vollen Sinn.

Belehrung (40,15 – 41,26) – Nilpferd und Krokodil

Nun wird der Blick auf zwei Wesen gerichtet, die in jedem Fall auffallen. Was soll am Ende der Gottesreden die eigenartige Beschreibung von »Nilpferd« und »Krokodil« (im hebräischen Text »Behemót« und »Leviátan«)? Einerseits ist es richtig, dass einige der geschilderten Züge zu diesen genannten Tieren passen, andererseits nehmen sie groteske und überspitzte Formen an. Also kann man sich fragen: Handelt es sich überhaupt um »normale« Tiere oder nicht vielmehr um Fabelwesen und mythische Figurationen? An dieser Entscheidung scheiden sich die Geister. Für beide Seiten lassen sich entsprechende Argumente ins Treffen führen. Nun hat man neuerdings darauf aufmerksam gemacht, dass ein Entweder-Oder in der Frage keinesfalls angemessen sei. Die Alte Welt hätte kein Problem damit, das eine Mal in einem Tier ein rein zoologisches Wesen, das andere Mal eine mythische Figuration zu sehen, wie am Beispiel des Löwen klar ersichtlich ist. Den »Löwen« in einer gotischen Kirche unterscheidet sogar der moderne Mensch selbstverständlich vom Löwen im Zirkuszelt. Das bedeutet für unseren Fall: »Behemot-Leviatan können sowohl Nilpferd-Krokodil als auch Chaoswesen sein. Beide Bedeutungen schließen sich also nicht aus, sondern gehören zusammen, wobei dem Mythos das größere Gewicht zukommt« (Fuchs, Mythos 229).

Nilpferd – Behemot (40,15-23)

Die neue Thematik wird durch »Siehe doch das Nilpferd« deutlich markiert. Für »Nilpferd« steht, wie schon gesagt, das Wort »*behemót*«. Dieses ist der Form nach nichts anderes als der Plural von dem geläufigen Wort für »Tier«, »Getier«. Behemot dürfte eine Wortschöpfung ad hoc darstellen und als Intensivplural zu verstehen sein. Es handelt sich um »das Tier«, um ein Wesen also, in welchem bewusst verschiedenste Assoziationen und Anspielungen mythischer Art zusammenfließen. Man kann an den (bösen) ägyptischen Gott Seth denken, der auf Darstellungen im Tempel von Edfu in Form eines Nilpferdes von seinem Bruder und Gegenspieler Horus gejagt wird. Desgleichen können Züge des »Himmelsstieres« der Ischtar mitgemeint sein, den Gilgamesch zusammen mit seinem Freund Enkidu erlegt hat. Es liegt in der Freiheit der Dichtung, solche Unschärfen bewusst einzubauen. Es genügt die Phantasie der Leserin und des Lesers in Richtung des Gemeinten anzuregen. Alle Abgrenzung und Definition würde der Sache nicht gerecht. Gerade darin liegt der Clou der Aussage: Für Gott ist dieses »Ur-Vieh« natürlich fassbar, aber nicht für den Menschen. Als »Nilpferd« mag es Staunen erregen und Furcht einflößen, aber es gehörte immerhin in den Lebensbereich des Menschen und könnte von ihm getötet werden. Als Behemot hingegen gehört es in die »andere« Welt, in die nämlich, vor der der Mensch nur mit Grauen zurückweichen kann, vor der ihn nur eine noch mächtigere Gottheit zu schützen vermag.

Die *VV.15-18* handeln von der Erschaffung und der Eigenart des Behemot (es wird hier bewusst der neutrale Artikel verwendet, um das Unfassbare und Un-personale anzudeuten).

Vorab gilt: Das Behemot ist eine Schöpfung Jhwhs (nochmals am Beginn des zweiten Teiles des Gedichtes in V.19). Damit ist die grundlegende Frage, wer letztlich das Sagen hat, von vornherein ad acta gelegt. Das mag der Hinweis, dass es Gras frisst bzw. das Futter von den Bergen nimmt, noch bestätigen. Gott sorgt für seinen Lebensunterhalt. Aber sein Markenzeichen und Spezifikum ist die Kraft: Die Ausdrücke wie »Kraft«, »Stärke«, »Erz und Eisen« machen das allemal deutlich. Zum anderen lassen die Vokabeln »Lenden«, »(Unter-)leib«, »Schwanz« und »Schenkel« sexuelle Anspielungen vermuten. Die meisten Übersetzungen interpretieren speziell V.17 in dieser Richtung: »Es richtet seinen Schwanz auf wie…«, zumal die Zeder immer als Bild für Stärke, Aufragendes und Vitales verwendet wird. Die Stärke dieses Ur-Viehs liegt ganz wesentlich in seiner sexuellen Potenz.

Nach der Beschreibung seiner Wesensmerkmale erfolgt eine Beschreibung seiner Funktion bzw. seines Verhaltens (VV.19-24). Wieder wird zurückgewiesen auf seine Erschaffung, mit der es auch seine Aufgabe erhalten hat. Die eigenartige Charakterisierung als »Anfang der Wege Gottes« erinnert zunächst an die Weisheit, die »am Anfang seiner Wege« geschaffen wurde (Spr 8,22f). Das kann heißen, das Behemot sei ein ur-anfängliches Schöpfungswesen oder / und es sei ein besonderes, den anderen überlegenes Schöpfungswesen. Diesen Aspekt unterstreicht der zweite Halbvers, den bereits alte Übersetzungen interpretiert haben als »es (Behemot) wurde geschaffen, um Seinesgleichen (seine Gefährten) zu beherrschen« (vgl. NIB 619). Aber auch die EÜ kann in dieser Richtung verstanden werden, insofern »Schwert« metonym für »Macht« steht. Diese Vorstellung fügt sich gut zum Folgenden. In Parallele zu V.15 wird nochmals die Obsorge Gottes angesprochen: Er stellt die grünen Berge zur Verfügung, die das Behemot mit Nahrung versehen (vgl. ähnlich die Sorge für Israel Ez 36,8). Wenn andere Übersetzungen statt »Futter« (EÜ) »Holz« oder »Tribut« lesen, so liegt dies an der Mehrdeutigkeit des nur hier vorkommenden hebräischen Wortes. Alle Lebewesen können vor ihm spielen. Sein Aufenthaltsort ist das Fluss- und Sumpfgebiet. Dort kann es im Schatten von Pappeln und Lotusbüschen (statt »Kreuzdornbüsche«) ein behagliches Dasein führen. Bedrohliche und gefährliche Kräfte, wie sie der »Fluss« und »die Flut« darstellen – das Wort »schwillt« (V.23) bedeutet eigentlich »gewalttätig sein« – , können ihm nichts anhaben. Für »Flut« steht im hebräischen Text »Jordan«, der hier keine geographische Orientierung bietet, sondern einen reißenden Strom meint. Genauso lässt der »Fluss« an Tigris, Eufrat oder Nil denken, ohne sie geographisch im Auge zu haben.

Krokodil – Leviatan (40,25 – 41,26)

Dieses lange Gedicht zerfällt in drei Abschnitte:
(1) Jagd auf den Leviatan (40,25 – 41,4)
(2) Physische Beschreibung (41,5-16)
(3) Leviatans Widerstandsfähigkeit und Behausung (41,17-24)
Schlussbemerkung: König aller stolzen Tiere (41,24ff)

(1) Jagd auf den Leviatan (40,25 – 41,4)

Dem »Krokodil« der EÜ entspricht im hebräischen Text das Wort »Leviatan« (*liwjátan*), das ein mythisches Wesen meint und im ugaritischen Bereich als »geringelte Schlange« dargestellt wird (vgl. Exkurs: »Vom Chaos zum Kosmos«). Die Übersetzung mit Krokodil lässt die mythische Komponente ganz außer Acht (vgl. oben). Das folgende ausführliche Gedicht über den Leviatan ist zweifellos als verstärkender und überbietender Parallelismus zum Gedicht über das Behemot gedacht. Es soll wiederum den Blick zu jener Sphäre öffnen, die für den Menschen eine grundsätzliche Bedrohung darstellt, welche umso gefährlicher ist, als der Mensch auf sie keinen Einfluss nehmen kann. Das vermag allein Gott. Gott allein hält dieses »Ungeheuer« in Schranken und dies wiederum ermöglicht dem Menschen leben zu können.

Der gedankliche Anschluss an das Gedicht über das Behemot wird durch das Motiv der Zähmung bzw. der Jagd geschaffen: »Nase« und »durchbohren« schließen wörtlich an den vorausgehenden Text an.

Die hier im Einzelnen genannten Aktionen im Zusammenhang mit der Jagd wilder Tiere lassen sich schwer konkret beschreiben, weil darüber einfach zu wenig bekannt ist. Es ist aber damit zu rechnen, dass die einzelnen Tätigkeiten von Haus aus nicht zu konkret gemeint sind, sondern dass allgemeine bekannte Formulierungen verwendet werden. Die Pointe besteht jedenfalls darin: Die gestellten Fragen sind rein rhetorischer Natur, es kann nur ein »Nein« herauskommen. Am Leviatan prallt alles, was der Mensch unternimmt, ab. Es rührt ihn nichts: weder gütliche Versuche noch brutale Waffen. Ihm fehlen menschliche Züge. Er kennt keine Angst, die ihn bewegte, um Erbarmen zu bitten. Der Mensch kann mit ihm kein Abkommen (V.28 *berít* = Bund) treffen. Erst recht lässt er sich nicht als »Knecht« (vgl. 39,9-12 Aussagen über den Wildstier) und schon gar nicht als Spielzeug in Dienst nehmen. Die Sinnspitze liegt in der Anspielung an Ps 104,26: Nicht der Mensch, aber Jhwh kann ihn an die Leine nehmen und mit ihm spielen. Er hat ihn – so dieser Kontext – als Spielzeug erschaffen.

Als Jagdbeute kommt er nicht in Frage, um sein Fleisch wird nicht gehandelt. Im hebräischen Text steht kein Begriff für »Händler«, sondern »Kanaanäer« – ein Beispiel, wie ein ethnischer Begriff zu einem Funktionsbegriff wird. Denn gälte er als Jagdtrophäe, müsste er zuerst erlegt werden. Und eben dies ist ein Ding der Unmöglichkeit (V.31). Ein solches Unterfangen – so wohl V.32 – unternimmt der Mensch nur einmal. Ein zweites Mal geht es nicht mehr, da er das erste Mal nicht überlebt. Das wird im folgenden Vers (41,1) bekräftigt. Sein Anblick allein schon genügt, um jemanden zu Fall zu bringen. Die griechischen Übersetzer verschärfen diesen Aspekt, indem sie sogar die Götter miteinbeziehen: » … werden nicht sogar die Götter durch seinen Anblick überwältigt?« (so auch NRSV). Das Motiv der Götterangst ist sowohl aus ugaritischen wie auch aus mesopotamischen Texten bestens bekannt.

Die VV.2f bringen nochmals die Überlegenheit des Leviatan zur Sprache und indirekt die Unsinnigkeit, sich als Mensch anzumaßen gegen ihn aufzutreten. Diese Interpretation folgt der EÜ. Allerdings gibt es andere hebräische Versionen, die V.2b und in V.3 nicht auf den Leviatan abzielen, sondern auf Jhwh: » ...wer könnte mir wohl trotzen? Wer begegnete mir und ...?« Damit könnte ein Schluss vom »Leichten aufs Schwere« intendiert sein: Wenn du schon dem Leviatan gegenüber keine Chance hast, ihn in den Griff zu bekommen, dann mir gegenüber erst recht nicht. Da allerdings die Aussagetendenz des ganzen Kapitels nicht in die Richtung geht, Jhwhs Macht unter Beweis zu stellen, scheint diese Leseweise doch sekundär zu sein.

(2) Physische Beschreibung (41,5-16)

Nach der EÜ erfolgt nunmehr eine Beschreibung des Leviatan, die eine gute Phantasie des Dichters oder/und Anleihen aus (kultischen) Darstellungen von Krokodilen nimmt. Die Mächtigkeit und Wucht seiner Erscheinungsform hat aber nicht nur gewalttätige, gar hässliche Züge. Es verrät sich darin auch die Macht und die Kunst dessen, der sie geschaffen hat. Dieser Aspekt könnte durch das »wohlgeschaffen« (41,4) unterstrichen werden.

Nicht uninteressant sind zwei andere Interpretationsmöglichkeiten von V.4:

»Habe ich nicht seine (d.i. des Leviatan) Überheblichkeit, sein machtvolles Wort und sein ... Auftreten zum Schweigen gebracht?« Damit könnte auf 40,12 angespielt sein, wo Ijob aufgefordert wird, den Stolz der Frevler niederzuzwingen. Dass bedeutete: Was Jhwh am Leviatan tut, dasselbe soll Ijob an der Frevlern üben. Und indirekt: Wie Jhwh durch das Niederbeugen des Leviatan grundsätzliches Existieren ermöglicht, so soll auch Ijob durch sein Einschreiten den Frevlern gegenüber positiv ein Plus an Leben und Lebensqualität ermöglichen.

Die weitere Interpretationsmöglichkeit lautet: »Ich will seine (d.i. des Leviatan) Überheblichkeit, sein machtvolles Wort und sein ... Auftreten nicht zum Schweigen bringen.« Das bedeutete für Ijob eine Provokation. Denn damit lässt Jhwh mit voller Absicht dem Levitan Raum »unter dem Himmel« (V.3). Damit gehört die Erfahrung der chaotischen Mächte in dieser Welt zum Gesamt der Ordnung der Weltschöpfung (vgl. NIB 623).

Das Motiv der Unüberwindlichkeit und die äußere Beschreibung des Leviatan gehen ineinander über. V.5 sieht im Schuppenpanzer eine Art doppelte Gewandung. Vermag man schon die äußere Hülle nicht zu durchdringen, so erst recht nicht die innere. In V.6 hat die EÜ Metapher und Sache vermischt: »Die Tore seines Gesichtes« (so der hebräische Text) meint sein (riesiges) Maul. Dieses lässt nunmehr die Zähne, das ungeheuerliche Gebiss des Leviatan zum Vorschein kommen, dessen Anblick bereits Schrecken auslöst. Die Leseart »Rücken« (EÜ) in V.7 stört das Bild und ist überdies nicht nötig, da der hebräische Text »Stolz« liest. Da dieses Motiv im Zusammenhang eine so bedeutende Rolle spielt, ist es umso nahe liegender, es auch aufzunehmen: »Sein Stolz ist diese Reihe von Schilden (d.i. seine Zähne), geschlossen – ein Siegel – so eng« (vgl. NIB 624). Damit ist assoziativ bereits vorweggenommen, was die folgenden Verse noch betonen: Die Geschlossenheit und Festigkeit der Zähne (als Zeichen der Schönheit vgl. Hld 4,2; 5,12).

Die Beschreibung bleibt beim Gesicht und schildert, was Maul, Nase und Augen ausströmen. Hervortretende Feuerflammen und Ähnliches sind ein üblicher Topos, der in den Bereich von Göttern und Monstern als Fixum hineingehört. Im Zusammenhang einer Theophanie heißt es von Jhwh: »Rauch stieg aus seiner Nase auf, aus seinem Mund kam verzehrendes Feuer ...« (Ps 18,9). Damit wird der Leviatan ganz deutlich als monströses und mythisches Wesen charakterisiert.

Die Beschreibung wendet sich nun dem übrigen Körper zu: Er ist charakterisiert durch die Stichworte Härte und Festigkeit. Das trifft auf den Hals (Nacken) ebenso zu wie auf die Weichteile (»seines Wanstes Fleisch«) und die Brust (das Herz). An »Hartherzigkeit« ist hier nicht zu denken. Fürs Erste bleibt die Beschreibung an der sichtbaren Oberfläche und zum Zweiten kennt die Bibel diesen Begriff in unserem Sinn (Mitleid- und Gefühllosigkeit) nicht. Der »untere Mühlstein« gilt als der unbewegliche Teil der Mühle und repräsentiert dadurch besondere Stabilität.

(3) Leviatans Widerstandsfähigkeit und Behausung (41,17-24)

Das Monstrum an sich ist schon schaurig genug. Panik aber bricht aus, wenn es sich rührt. Sogar die Mächtigen (es könnte auch »Götter« gelesen werden, vgl. dazu 40,1) und Starken erzittern. Kein

Wunder, da es völlig unangreifbar ist. Das gesamte dem Menschen zugängliche Waffenarsenal (Schwert, Speer, Lanze, Pfeilspitze, Bogenpfeil, Steine, Schleuder, Keule …) kann nichts ausrichten. Ein schöner Hebraismus liegt in V.20 vor: »Bogenpfeil« (EÜ) heißt wörtlich »Sohn des Bogens«. Selbst Waffen aus Erz und Eisen prallen von ihm ab. In der Wirkung dieser schweren Geschütze scheint das Wort »Stroh« bzw. »Strohstoppeln« gleich dreimal auf (VV.19.20.21), um die Lächerlichkeit eines solchen Unterfangens vollends deutlich zu machen. »Lachen« schließt diese Passage auch ab (V.21). Der Wildesel lacht über das Lärmen der Stadt (39,7), die Straußenhenne verlacht Ross und Reiter (39,18), das Ross lacht über die Angst (39,22) und die Tiere des Feldes »lachen« (spielen) neben dem Behemot. So oder so haben sie alle leicht »lachen«, sie sind jenseits der Menschenwelt und folglich menschlichem Einfluss (Willkür?) entzogen.

Die VV.22ff kommen schließlich auf die Behausung des Leviatan zu sprechen. »Schlamm«, »Tiefe« und »Meer« (vgl. »Urflut« in Gen 1,2), also das Ambiente des Chaos ist sein Revier. Die Unterseite des über bzw. in den Chaoswassern liegenden Leviatan ist ein Dreschschlitten, ein auf der Unterseite mit scharfen Messern oder Steinen versehenes Brett (2 Sam 24,22; vgl. Am 3,1), der ihn als den Beherrscher alles dessen, was unter ihm ist, ausweist. Seine Bewegung wühlt die Chaos-Wasser auf, dass sie brodeln wie Wasser, das im Kessel, oder wie Salbengemisch, das im Topf kocht – so der verkürzte Vergleich. Das Aufschäumen des Wassers bewirkt einen silbergrauen Streifen. Von den »Greisenhaar grauen« Gewässern redet auch Homer. Ähnlich wie beim Behemot die Bildwelt seiner Behausung den Beobachtungen der Flusspferde entnommen ist (40,21ff), so könnte für die Beschreibung hier das ins Wasser gleitende Krokodil Pate gestanden haben.

Schlussbemerkung: König aller stolzen Tiere (41,24ff)

Die Schlussverse dieses langen Gedichtes bringen eine Zusammenfassung über das Wesen dieses Monsters: Es gehört in den Bereich der Erde, wörtlich in den Bereich des »Staubes«. Damit berührt es die Lebenswelt des Menschen. Es ist keinem gleich und es gibt keinen (Menschen), der es beherrschen könnte. Das hebräische Wort, das »gleich sein« und »herrschen« heißt, spricht beide Aspekte an. Es bleibt aber ganz wesentlich ein Geschöpf Gottes, eines freilich, das – auch einzigartig – ganz und gar ohne Furcht geschaffen ist (»dazu geschaffen, um sich nie zu fürchten« EÜ ist nicht sehr sinnvoll). Als solches ist der Leviatan der König der stolzen Tierwelt (wörtlich »Söhne des Stolzes«, vgl. 28,8), der »alles Hohe anblickt«. Dieser letzte Vers verweist zurück auf 40,11f, wo Ijob aufgefordert wird, »jeden Stolzen anzublicken«. »Anblicken« meint hier wohl, jemandem Aug in Aug gegenübertreten. Das Gemeinsame der Aussagen besteht demnach in der Furchtlosigkeit, die beim Leviatan (für seinen Bereich) konstatiert wird, die bei Ijob jedoch eingefordert wird.

Resümee

Diese zwei Gedichte über das »Nilpferd« und das »Krokodil« sind in sich interessant und amüsant zugleich. Aber, so wird sich die Leserin und der Leser fragen, was sollen sie in diesem Zusammenhang?

Es gilt zu beachten, dass sie unmittelbar an das Thema der Beseitigung der Frevler (40,11ff.14) anschließen. Nilpferd und Krokodil gelten, wie oben ausgeführt, als Repräsentanten der chaotischen Welt im kosmischen Bereich, wie der Frevler der konkrete Repräsentant der chaotischen Welt im Erfahrungshorizont des Menschen ist. Für den kosmischen Bereich ist Gott zuständig. Er hat beide »Untiere« geschaffen, somit stellen sie einen Teil seiner Schöpfung dar. Jhwh hat sie fest im Griff. Sollte per analogiam nicht Ijob (der Mensch) seinerseits versuchen, die »Untiere« seiner Welt, die in ihm und die um ihn herum, in den Griff zu bekommen?

Ijob 42,1-6: Ijobs zweite Antwort

Es ist nicht uninteressant zu sehen, welche Worte von den Gottesreden in die Antwort Ijobs eingeflossen sind:

GOTT	IJOB
	42,2 Ich hab' erkannt, dass du alles vermagst; kein Vorhaben ist dir verwehrt
38,2 **Wer ist es, der den Ratschluss verdunkelt mit Gerede ohne Einsicht?**	42,3 **Wer ist es, der ohne Einsicht den Rat verdunkelt?** So habe ich denn im Unverstand geredet über Dinge, die zu wunderbar für mich und unbegreiflich sind.
38,3 Auf, gürte deine Lenden wie ein Mann: **Ich will dich fragen, du belehre mich!** 40,7 Auf, gürte deine Lenden wie ein Mann! **Ich will dich fragen, du belehre mich!**	42,4 Hör doch, ich will nun reden, **ich will dich fragen, du belehre mich!**
	42,5 Vom Hörensagen nur hatte ich von dir vernommen; jetzt aber hat mein Auge dich geschaut.

Die Antwort Ijobs geht in zwei Richtungen (VV.2f; VV.4f), die in V.6 einen gemeinsamen Abschluss finden.

(1) Die erste Richtung betrifft (figuriert an der Person Ijobs) allgemein den Bereich menschlicher Erkenntnis- und Wahrnehmungsfähigkeit oder überhaupt den menschlicher Machbarkeit. Was diese Ebene anlangt, formuliert Ijob, das Eingeständnis begriffen zu haben, dass Gott alles vermag (positiv), dass ihm die Realisierung keines Vorhabens unmöglich ist (negativ). Das in Frage zu stellen, war allerdings auch nie Gegenstand seines Redens und Rechtens. Wenn nun »Ich habe erkannt« (*jad'ati*) so markant an den Anfang gestellt wird, muss es ein Mehr an Bedeutung aufweisen, als dies ohnehin klar ist.

Zum leichteren Verständnis soll der Text etwas paraphrasiert wiedergegeben werden:

V.3 Ijob: *Du hast mich gefragt: »Wer ist es, der ohne Einsicht meinen Weltenplan zu verdunkeln sucht?« (= 38,2). Nach allem, was ich gehört habe, muss ich zugeben: Ohne Einsicht habe ich geredet über Dinge, die mir zu wunderbar sind, und über solche, die ich nicht erkennen kann.*

Damit ist ein Bedeutungszuwachs ausgesprochen: Ijob anerkennt, dass es »*nifla`ot*« gibt, das sind wunderbare, wundersame, erstaunliche, ungeheuerliche, unberechenbare, abstruse ... Phänomene. Damit wird für den Menschen die Berechenbarkeit der Welt (auch die des menschlichen Schicksals?) aufgehoben. Die steht allein Gott zu, der alles vermag.

Zugleich kommt das erste »ich habe erkannt« (Beginn von V.2) durch das abschließende » ...nicht erkennen kann« (Ende von V.3) an sein Ende. »Erkennen« und »Nicht-Erkennen« bilden inhaltlich wie formal die literarische Klammer (Inklusion) der beiden Verse, die durch die Wiedergabe des hebräischen »ich nicht erkennen kann« mit »unbegreiflich« der EÜ allerdings nicht hörbar wird. Damit ist eine Grenze markiert, wie sie wohl auf grundsätzlicher Ebene bereits in Gen 3 (»Erkennen von Gut und Böse ...«) thematisiert ist. Wenn die Gefahr einer kognitiven Verengung ausbleibt, kann man getrost an das sokratische »Ich weiß, dass ich nichts weiß« denken. Durchaus biblisch entspricht dies der condition humaine, wie dies abschließend in V.6 expressis verbis angesprochen ist.

(2) Die zweite Richtung betrifft den »Fall Ijob«, den Menschen, der in der glaubenden Beziehung zu Gott steht. Wiederum etwas frei formuliert:

V.4 Ijob: *Du fordertest mich auf zu hören: »Höre doch, ich will mit dir reden. Ich will dich fragen, du belehre mich!« (= 38,3; 40,7). So kann ich dir darauf nur sagen: »In der Tat, mit meinen Ohren habe ich dich gehört, aber jetzt hat auch mein Auge dich geschaut«.*

Demnach hat sich Ijob auf Gottes Aufforderung eingelassen. Weil er sich eingelassen hat, darf er / kann er Gott jetzt auch sehen. »Gott sehen« als eine, wenn auch begrenzte Möglichkeit der Formulierung einer Gotteserfahrung bzw. -begegnung ist in der biblischen Tradition geläufig. Solche Gottesbegegnungen signalisieren eine Wende aus der Not (Ps 40,3; Jes 38,11; ganz allg. Elihu in Ijob 33,26).

In weiterem Kontext kann das »Hörensagen« sich auf alles beziehen, was Ijob »gehört« hat, nämlich die Argumente seiner Freunde, die Tradition des überlieferten Glaubens, überhaupt alles, was »man« von und über Gott spricht. Diesem äußeren Bereich steht der des »Sehens« als innerer gegenüber. Er betrifft die Existenz

Ijobs (eines Menschen). Er hat Gott in seiner personalen Beziehung auf existentieller Ebene erfahren. Diese innere Erfahrung ist in jedem Falle evident und (für Ijob) gültig.

Es kann kein Zweifel bestehen, dass V.5 Bezug auf 19,25 nimmt. Dort hatte Ijob die Hoffnung geäußert, den »Löser« mit eigenen Augen zu sehen, in einer persönlichen Erfahrung ihm zu begegnen. Mit 42,5 hat sich der Kreis geschlossen.

Den Abschluss der Antwort bildet V.6. Der Antwort Jhwhs und der damit gemachten (persönlichen) Erfahrung hat Ijob nichts mehr entgegenzusetzen. Die geläufige Formulierung der EÜ trifft wohl nicht zu, sie lässt sich auch nicht stringent begründen. Hier ist der Text der ZÜ eindeutig vorzuziehen: »Darum gebe ich auf und tröste mich im Staub und in der Asche«.

Ijob lässt von seinem Ansinnen und Vorhaben, das in aller Dringlichkeit zuletzt in 31,35ff gleichsam als sein Schlusswort formuliert wurde, ab. Er bedarf der Rechtfertigung vonseiten Gottes nicht mehr, zumindest nicht mehr in der Form, wie er es sich erwartet hatte. Er ist inzwischen ein anderer geworden. Jetzt ist ihm Trost zuteil geworden. Er hat »begriffen«, dass er Mensch ist und als Mensch ein in jeder Hinsicht begrenztes Wesen. »In Staub und Asche« unterstreicht diesen Zug (vgl. Gen 18,27 Abraham). Statt »in« Staub und Asche kann bei einer kleinen Vokaländerung des hebräischen Textes auch »ein Kind von Staub ...« gelesen werden, was noch deutlicher den Menschen als grundlegend »zum Staub gehörend« charakterisiert.

Die Übersetzung »ich widerrufe«, manchmal noch in Verbindung mit »ich bereue«, läuft dem Duktus der Ijobdichtung vollends zuwider. Um es etwas provokant zu formulieren: Der Dichter hätte sich die Mühe des ganzen Dialoges sparen können, wenn er ihn zuletzt im Munde Ijobs derart desavouiert.

Resümee

Der Dialog Jhwh – Ijob, der den Ijobs mit seinen Freunden ablöst, in diesem Fall ablösen musste, bringt trotz seines zwiespältigen Eindrucks folgende Komponenten zum Tragen:

– Jahwe erweist sich als antwortender Gott

  Der Mensch, der so lange zweifelnd und rebellierend gerungen hat und der letztlich in seiner Qual verstummt, erhält eine Antwort.

Der Gott Israels legt »in die Mulde seiner Stummheit« ein Wort (I. Bachmann). In ähnlichen Texten der Umwelt Israels meldet sich keine Gottheit zu Wort. Der Gott Israels erweist sich als JHWH, als der, der für den da ist, der zu ihm schreit. Es mag bedacht werden, dass erst jetzt (ausgenommen die Rahmenerzählung) der Gottesname Jhwh auftaucht, während im übrigen Redeteil Gott unter den Bezeichnungen »El«, »Elohim« (»Gott«) und »Schaddaj« (»der Allmächtige« EÜ) genannt wird. Sie kulminieren am Ende in Jhwh. »Nicht JHWH ist Gott, sondern Gott ist JHWH« (M. Köhlmoos). Jhwh antwortet aber nicht nur durch seine Erscheinung, sondern er nimmt die Herausforderung Ijobs an, indem er seine Probleme ernst nimmt. Die Frage Jhwhs, »ob Ijob wirklich das Recht breche und ihn schuldig spreche« in 40,8, darf nicht einfach als vernichtendes Urteil über Ijobs angeblich blasphemische Äußerung verstanden werden. Es ist eine radikale Anfrage Ijobs, die ihm seine Erfahrung diktiert. Sie kann Jhwh nicht kalt lassen. Hat nicht seinerzeit Abraham genau so drängend auf Jhwh eingeredet (Gen 18,25!)? Es geht schließlich um viel.

– Jhwh nimmt den Menschen ernst
Wenngleich Ijob als Geschöpf keinen Einblick in die Ab- und Hintergründe der Schöpfung hat, so hat er als »Kompagnon« Gottes innerhalb der Schöpfung einen festen Auftrag, was die Bewahrung dieser Schöpfung als Lebenswelt- und Lebensraum anlangt. Gerade in einer nicht durchsichtigen Welt hat der verantwortungsbewusste Mensch umso größere Sorge walten zu lassen, sie für Mensch und Tier (!) lebbar zu erhalten.

– Der Mensch nimmt Jhwh ernst
Es besteht kein Zweifel, dass die Gottesreden u.a. dem Menschen seinen ihm gebührenden Platz zuweisen. Er muss sich seine Grenzen der Nichtmachbarkeit und der Undurchschaubarkeit eingestehen. Diese anthropologische Sicht gehört ganz wesentlich zur Bibel insgesamt. Dennoch gleicht der Mensch nicht dem »Wurme ..., der den Staub durchwühlt, den, wie er sich im Staube nährend lebt, des Wandrers Tritt vernichtet und begräbt.« (gegen Bildad 25,6) Durch die Rede Jhwhs findet Ijob als ein anderer wieder in die Realität seiner Geschöpflichkeit zurück. Als »Wanderer zwischen zwei Welten« ist er Gott zugeteilt und zugleich der Erde verhaftet. Dieses Spannungsfeld bestimmt seine Existenz.

Die Rahmenerzählung (Rahmen II – Epilog)

Ijob 42,7-17

Mit 42,7 klinkt sich wieder die Rahmenerzählung ein. Dass zwischen den Textabschnitten VV.7ff.10.11.12-17 inhaltliche Spannungen festzustellen sind, geht wohl auf das Konto der allmählich gewachsenen Komposition (oder Redaktion?).

Rahmen II (Epilog)		
Szene F	42,7-10	Jhwh – die drei Freunde (Ijob)
Szene G	42,11.12-17	Ijobs neues Glück – Ende

V.7 hat allgemein die Jhwh-Reden vor Augen, genau genommen war Ijob der letzte Sprecher. Auffallend ist, dass die drei Freunde noch einmal ins Spiel gebracht werden, wogegen Elihu fehlt. Elifas tritt immer an erster Stelle auf. Das ist wohl der Grund, warum er auch hier angesprochen wird. Die Formulierung »mein Zorn ist entbrannt« im Munde Jhwhs erinnert an die »Zorn«-Formulierungen beim Auftritt des Elihu (32,1-5). Dabei ist wohl weniger an eine inhaltliche Annäherung, gar Identifizierung gedacht, als vielmehr an eine formale. Hatten die »Zorn«-Formulierungen dort die Funktion, eine emotionale Dringlichkeit zum Ausdruck zu bringen, so dürfte dasselbe auch hier zutreffen. Das Verhältnis Jhwh – Freunde – Ijob bedarf noch einer notwendigen Klärung. Die Leserin und der Leser haben noch in Erinnerung, dass die Freunde sich an Ijob schuldig gemacht haben: Elifas hat ihn zuletzt schwerer Vergehen beschuldigt (22,3-11), Bildad hat ihn indirekt des Hochmuts geziehen (25,4ff) und Zofar hat ihn mehr oder weniger mit dem Frevler identifiziert (vgl. V.18). Alle drei haben Gott Unrecht getan, insofern sie in seinem Namen gegen Ijob argumentierten. Im Grunde haben sie – zwar gut meinend – die Autorität Gottes instrumentalisiert, um ihre Überzeugung durchzusetzen. Von daher wirkt die Rüge vonseiten Jhwhs gar nicht so überraschend. Sie muss aber formuliert, die falschen Mechanismen, die im Namen Gottes und der Religion ablaufen, aufgedeckt und zur Sprache gebracht werden. »Ihr habt nicht recht von mir (zu mir) geredet«. Der singulär gebrauchte Begriff »recht« bezieht sich auf etwas, was »echt« ist, was der Wirklichkeit entspricht. »Gründiges« hat F. Stier übersetzt und trifft von der deutschen Semantik her die Aussagerichtung dieses Begriffes: nicht »Oberflächliches«, »Zufälliges« oder »Scheinbares« ist gemeint, sondern das, was Grund hat und Grund ist, eben Wesentliches. Die Zurechtweisung der Freunde bedingt keine moralische Wertung ihres Charakters. Denn das Problem liegt gerade darin, dass sie ehrlich und objektiv argumentieren wollen und dass ihre Schlüsse einer bestimmten Logik durchaus entsprechen. Sie wollen Ijob in der Tat trösten und ihm durch ihr Raten zu einer wieder besseren Lebensmöglichkeit verhelfen. Nur leben sie an der Tiefe des Humanum und des Divinum vorbei. Diese Ent-Täuschung der Freunde zu artikulieren, ist ausschließlich Gott als der über allen stehenden Instanz möglich. Diese »Weisheit« Gott in den Mund zu legen, beweist nicht nur einen gegenüber der Tradition geschärften Blick für die Wirklichkeit, sondern eine gekonnte, um nicht zu sagen clevere Form der Argumentation. Sobald das Wort von Gott kommt, sind Inhalt und Anspruch gerettet.

Wenn nun die drei Freunde Ijob gegenübergestellt werden, stellt sich die Frage: Hat also Ijob in allen Punkten Recht? Der Dichter würde wohl einwenden, dass dies nicht Gegenstand des Themas sei, vielmehr sei nur gesagt: Im Gegensatz zu den Freunden hat Ijob »Gründiges« geredet. Er hat Wesentliches, nämliche seine ureigene Erfahrung zur Sprache gebracht – unbeschadet dessen, ob es einer theologischen Prüfung standhielte oder nicht. Und vor allem kommt hinzu: Sein Reden war eines aus der Beziehung heraus. Kein einziges Mal haben die Freunde Gott mit »du« angeredet, Ijob sehr wohl! Die Beziehung wird vonseiten Jhwhs jetzt durch die viermalige Wiederholung der Wendung »mein Knecht Ijob« hergestellt. Kann wahrhaft »Gründiges« nur in der Beziehung geschehen?

Mit dieser Richtigstellung des Sachverhaltes könnte es sein Bewenden haben. Doch sollten die Freunde von ihrer »Schuld« entlastet werden. Um das zu erreichen, bietet sich die Möglichkeit an, ein Opfer darzubringen. Dass das Opfer ein gigantisches Ausmaß hat, entspricht dem reichen Ambiente, in dem es stattfindet. Wieder spielen die Zahlen eine Rolle: zehn Opfertiere komplettieren die Möglichkeit der »Sühne« (vgl. Num 23,1). Dass die Freunde zu Ijob gehen müssen, lässt diesen als Vermittler erscheinen, was in seiner »Fürbitte« ganz besonders deutlich zum Ausdruck kommt. Dem unverständlichen Text der EÜ in V.8 ist etwa folgende Übersetzung vorzuziehen: »Mein Knecht Ijob wird Fürbitte für euch einlegen. Ich werde sein Gebet annehmen und an euch nicht gemäß eurer Torheit handeln« (vgl. NIV; NRSV). Ijob tritt für seine Freunde, die ihm durch ihre Argumentation als Feinde erscheinen mussten, ein. Er kümmert sich also nicht nur um seine Familie (vgl. 1,5), sondern auch um seine »Feinde«. Damit zeichnet ihn der Verfasser neuerdings als leuchtendes Vorbild und reiht ihn in die Linie der großen Fürsprecher (vgl. Ez 14,14.20) wie Abraham (Gen 20,7), Mose (Ex 32,11), Jeremia (Jer 11,14; 37,3).

V.10 schließt zum einen das Thema »Freunde« ab. Es ist interessant, dass die griechische Übersetzung eigens hervorhebt, auf Grund von Ijobs Gebet hätte Jhwh den Freunden ihre Sünden vergeben. In Jak 5,16 heißt es dann später: »Viel vermag das Gebet des Gerechten«.

Zum anderen bildet V.10 zugleich die Überschrift für den nächsten Abschnitt, der die Wende von Ijobs Schicksal zum Inhalt hat. Das Motiv des »doppelten Besitzes« kann formalrechtliche Bezüge zum Hintergrund haben. Bei angerichtetem Schaden ist doppelter Ersatz zu leisten (vgl. Ex 22,3.6.8). Oder das Motiv gehört zu dieser Art von Erzählungen: Bewährung und Durchhalten wird »reichlich« belohnt (vgl. das Ende der Tobit-Geschichte).

V.11 holt eigentlich thematisch nach, was viel früher hätte passieren sollen. Zwar war von seinen Söhnen und Töchtern und von seiner Frau die Rede, nicht aber von seinen Brüdern und Schwestern. Wahrscheinlich handelt es sich um das Versatzstück einer Geschichte, die von der Solidarität der unmittelbaren Verwandten Ijobs erzählte und davon, dass sie auf die Nachricht über sein Unglück hin alle kamen, um mit ihm ein Trauermahl einzunehmen. Dieses gemeinsame Mahl ist Ausdruck ihrer Anteilnahme und zugleich lindert (wenigstens vorübergehend) bis zum heutigen Tag gemeinsames Essen und Trinken allzu großen Schmerz. Als Zeichen der Anteilnahme bringt man auch etwas mit. Eine Kesita ist ein altes Zahlungsmittel (vgl. Gen 33,19, wo Jakob ein Grundstück um hundert Kesitas kauft), wahrscheinlich ein bestimmtes Gewicht Silber, dessen Wert wir nicht kennen. Alte Übersetzungen haben dieses Wort als »Lamm« interpretiert.

Die kleine Szene hat durch den vorliegenden Kontext eine Sinnverschiebung erfahren, die möglicherweise als indirekte Kritik an Verwandte und Bekannte gedacht ist. Sie kommen erst wieder, nachdem sie von der Wende zum Besseren erfahren hatten. Sie bezeugen ihre Zusammengehörigkeit und bringen Ijob Unterstützungsgeschenke. Eine eindeutige Interpretation ist nicht möglich. Jedoch scheint ein leiser Appell an die Leserin und den Leser unüberhörbar zu sein: Der und die Leidende bedürfen des Trostes und der Anteilnahme im Leid, nicht dann, wenn alles vorüber ist.

Die *Verse 12-17* beschreiben die Wende und den neuerlichen Segen, der Ijob zuteil wurde. Er erhält den doppelten Besitz, was den Viehbestand betrifft. Er erhält seine Kinder wieder – oder andere? Die im Hebräischen hier ungewöhnliche Form der Zahl »sieben« hat schon alte Ausleger auf die Idee gebracht, hier zweimal »sieben« zu lesen (vgl. 1 Chr 25,5). Das »Plus« bei den Töchtern würde dann durch ihre außergewöhnliche Schönheit abgedeckt.

Die Hervorhebung der drei Töchter ist jedenfalls auffallend. Sie geschieht auf dreifache Weise:

– Sie erhalten einen Namen. Für das biblische Verständnis bedeutet der Name Person und Identität, zumal in einem bewusst archaisierenden Text wie diesem. Wer keinen Namen hat, existiert nicht. Alle drei Namen haben eine Bedeutung, die in den Bereich der Natur bzw. der Kosmetik gehört. »Jemima« bedeutet »Turteltaube«, »Kezía« bedeutet »Zimtblüte« (Cinnamon, vgl. Ps 45,9) und »Kéren-Happuch« etwa »Schminkhörnchen«.
– Sie sind die schönsten Frauen des Landes. Sie erhalten durch diese Auszeichnung einen gewissen königlichen Nimbus. Schließlich ist der Begriff »Schönheitskönigin« bis zum heutigen Tag geläufig.
– Sie erhalten einen »Erbbesitz« unter ihren Brüdern. Dieser Zug der Erzählung ist besonders auffällig. Im gesamten Alten Orient ist es mit wenigen Ausnahmen, die die Regel bestätigen, üblich, dass Töchter nur erben können, wenn keine männlichen Erben vorhanden sind. Im Ersten Testament wird dieser Fall in Num

27,1-8 in diesem Sinn geregelt. Wird damit ein sozialgeschichtlicher Sachverhalt angesprochen? Oder wird Ijob als Modell eines wünschenswerten Sachverhalts gezeichnet?

Über die Töchter Ijobs und die Aussageabsicht dieser Textpassage ist viel spekuliert worden. Werden sie durch ihre Schönheit nicht von vornherein (indirekt) zu männlichen Lustobjekten degradiert? Werden sie nicht durch ihre Namen von vornherein männlich instrumentalisiert? Steht ihnen deswegen nicht von vornherein eine gute »Partie« ins Haus, die Ijob von der Sorge entlastet, sie entsprechend »an den Mann« zu bringen?

Solche Fragen sind nicht unberechtigt. Dennoch ist zu bedenken, dass die Gabe der Töchter (wie auch der Söhne ...) ganz bewusst unter dem Thema »Segen« steht. Semantisch kommen ihre Prädikationen der Geliebten des Hohenliedes nahe. Und die Erwähnung des Erbrechtes macht sie doch vollends zu selbstständigen und freien Personen, die nicht auf den Besitz anderer (der Männer) angewiesen sind. Vielleicht sind sie für den Dichter Personen einer besseren Zukunft, weil die derzeitigen Verhältnisse noch nicht so sind?

Für die / den moderne/n LeserIn mag das neue Auftauchen von Söhnen und Töchtern als Ersatz für die toten befremdlich wirken. Sie mögen sich zu Recht fragen: Ist es nicht eine Ungeheuerlichkeit, den schrecklichen Verlust von Kindern einfach durch andere wettmachen zu wollen? Der Nachgeschmack wird bleiben, selbst wenn man die literarische Gattung der Geschichte in Erwägung zieht. Die Geschichte ist nicht auf Realität bedacht. Es ist ihr völlig egal, wo oder wie die Kinder plötzlich herkommen. Es geht ihr nur darum zu zeigen, dass Gott an seinem Knecht ungemein großzügig handelt.

Schwieriger ist die Frage zu beantworten, warum die Frau Ijobs nicht mehr erwähnt wird. Die Deutung, Ijobs Frau sei eine »Xanthippe« (erstes Vorurteil!) gewesen, die Ijob das Leben nur schwer gemacht und folglich sein Glück nur beeinträchtigt hätte, kann als böses Kuriosum männlichen Vorurteils vergessen werden. In 2,10 wird sie mit einer von den »Törinnen« verglichen, in 42,8 begegnet derselbe Wortstamm, um zusammenfassend das Reden (und Verhalten) der Freunde zu qualifizieren (s. oben!). Vielleicht ist diese indirekte Identifikation mit den Freunden der Grund, sie nicht mehr auftreten zu lassen? Dadurch hätte sie der Dichter im Zusammenhang mit der Rüge der Freunde geschont, zum anderen aber hätte er deutlich werden lassen: Es wäre nie zu diesem Ende Ijobs gekommen, hätte er ihren Rat befolgt. Somit hätte sie ihren Anteil (im Glück Ijobs) verspielt (s. Exkurs: »Ijobs Frau«).

Das Buch endet mit dem Hinweis auf Ijobs lange Lebenszeit und seinen Tod (VV.16f). »140« Jahre bedeutet ein Doppeltes der durchschnittlichen Lebenserwartung (Ps 90,10), wobei die Lebenserwartung in verschiedenen Zeiten je verschieden ausfällt. Das Glück, »die Kinder seiner Kinder« zu sehen (Ps 128,5f), ist ein Zeichen besonderen Segens Gottes. Ijob darf nicht nur zwei, sondern vier Generationen erleben. Ein letztes Mal in Ijob, wo die »vier« eine Rolle spielt. In Anlehnung an Formulierungen, die an Israels Patriarchen erinnern, stirbt Ijob »alt und satt an Tagen« (Gen 25,8 Abraham; 35,29 Isaak; 1 Chr 29,28 David).

»Ich seh es wohl: Das ist kein rechter Schluss ...« (?)

Der Schluss des Buches wirkt für viele Menschen eher als Provokation denn als Versöhnung. Oft genug wurde er mit Prädikaten wie »kitschig« oder »happy end Hollywood like« bedacht. In der Tat löst er in der Leserin und dem Leser von heute gemischte Gefühle aus. Wir hätten lieber bei 42,6 den Schlusspunkt gesetzt. Wo die Welt zu schön wird, liegt Ideologieverdacht nahe und Gefahr ist im Verzug, über den Tisch gezogen zu werden.

Dennoch: Der (kollektive und individuelle) Dichter schreibt sich Probleme vom Leibe, lässt seinen Hauptakteur als scheinbare Marionette eines willkürlichen Gottes auftreten, der aber lässt sich nicht beirren, bleibt trotz alledem bei seinem Gott! Und weiter? Vielleicht mag es den modernen Menschen genügen? Vielleicht muss es dem Menschen genügen?

Biblischer Glaube lebt von der Überzeugung (nicht vom Kalkül!), dass Gott sich dem Menschen zuwendet. Das formuliert er aus in Bildern der Hoffnung. Die Apokalyptiker ermuntern zum Durchhalten in schweren Zeiten und verweisen auf ein gutes Ende, reden gar von »einem neuen Himmel und einer neuen Erde«. Und was tut Paulus anderes, wenn er schreibt, er sei überzeugt, dass »die Leiden der gegenwärtigen Zeit« nichts bedeuteten im Vergleich zu der »Herrlichkeit, die an uns offenbar werden soll« (Röm 8,18f)? So verstehe ich auch den Ijob-Schluss. Die sprachliche Gestaltung ist sekundär. Aber er ist Ausdruck der Hoffnung, dass Gott zu den Seinen hält – für Ijob noch einmal prekärer als für uns, weil ihm einen Gedanken an ein Jenseits zu verschwenden noch nicht gegönnt war.

DRITTER TEIL

Zur Wirkungsgeschichte des Buches Ijob

1. Die griechische Übersetzung

Ein bedeutendes Zeugnis für die frühjüdische Ijob-Rezeption stellt die griechische Übersetzung der hebräischen Bibel, die sog. Septuaginta (LXX), dar. Der griechische Text des Ijobbuches dürfte um 100 v. Chr. entstanden sein. Die älteste Fassung dieser Übersetzung war etwa um ein Sechstel kürzer als der hebräische Text. Erst später (2./3. Jh. n.Chr.) ist der griechische Text wieder dem hebräischen angepasst worden (Theodotion, Origenes). Für die kurze Fassung des griechischen Textes dürften mehrere Gründe maßgeblich gewesen sein. Einige Stellen dürften die (der) Übersetzer wegen Unverständlichkeit ausgelassen haben. Schwierigkeiten bietet das Problem der Übertragung hebräischen Gedankengutes in die hellenistische Welt. Da manche Passagen eher eine Umschreibung (Paraphrase) als eine Übersetzung darstellen, legt sich der Verdacht nahe, dass auch religiöse Rücksichtnahmen eine Rolle gespielt haben.

Theologisch anstößige Stellen werden abgeschwächt (Ijob 1,5; 5,8; 22,17; 40,8). Gottes Vollkommenheit wird betont (7,20; 12,6; 21,9; 32,2; 33,23f.26). Anthropomorphismen (allzu menschliche Redeweisen) werden gemildert, die Transzendenz Gottes dagegen wird herausgestellt (4,9; 9,14f; 10,4; 13,3.9.22; 14,3).

Einige Beispiele:

In 22,17 heißt es z.B. im hebräischen Text (auch EÜ): »Die sagen zu Gott: Weiche von uns …« Der griechische Übersetzer hat vermutlich die Formulierung: »Weiche von uns« oder »Geh weg von uns« als an Gott (!) gerichtet zu krass empfunden. Er hat den Text ersetzt durch die Formulierung: »Die sagen: Was macht uns schon Gott …?«

In 21,9 ist spricht der hebräische Text (auch EÜ) von »der Rute Gottes« oder auch »Stock Gottes«. Um diese Direktheit zu umgehen, übersetzt die griechische Bibel: »die Rute vonseiten Gottes«, d.i. die Strafe (vgl. zu 9,22ff!).

In 10,4 richtet Ijob wörtlich an Gott die Frage: »Hast du Fleischesaugen«, d.i. Augen eines Sterblichen? Der Ausdruck war dem griechischen Übersetzer zu »menschlich«, also ersetzt er die Frage »Hast du Fleischesaugen?« durch »Siehst du wie ein Sterblicher?«.

Einerseits hat der griechische Übersetzer manche Textstellen »rationalisiert«, auf der anderen Seite hat er den mythischen Charakter in manchen Texten verstärkt: Aus dem »Jauchzen der Morgensterne« (38,7) z.B. wurde ein »Entstehen der Sterne«. Im Zusammenhang der Schilderung des Krokodils (40,25 – 41,26) wurde aus dem Vergleich seines Bauches mit einem »Dreschbrett« (41,22) im hebräischen Text der Drache, unter dem »alles Gold des Meeres« sich ausbreitet im griechischen Text.

Besondere Bedeutung hat die Aktualisierung der Auferstehungshoffnung (14,14; 3,21; 4,20; 5,11; 6,10, 7,9; 14,22; 40,1), die in einem Zusatz zu 42,17a, der nicht in der hebräischen Bibel steht, noch einmal klar formuliert ist: »Es steht geschrieben, dass er von neuem auferstehen wird mit jenen, die der Herr auferwecken wird«. Damit wird auch die Möglichkeit eröffnet, aus Ijob den ergebenen Dulder zu machen, der alles hinnimmt, da er doch auf den Ausgleich im Jenseits hoffen kann.

Der Abstammung nach wird Ijob von Esau hergeleitet und mit Jobab, einem edomitischen König (Gen 36,33), identifiziert. Damit wird er zu einem gottesfürchtigen Heiden, der längst vor dem mosaischen Gesetz gelebt hat. Darauf weisen dann gerne neben einigen rabbinischen die frühchristlichen Ausleger hin, die zumeist auf den griechischen Ijob zurückgreifen.

2. »Das Testament Hiobs«

Es handelt sich um eine etwa im 1./2. Jh. n. Chr. in griechischer Sprache verfasste jüdische Schrift, die in der Tradition einer Reihe von anderen religiösen Texten außerhalb der Bibel steht. Der Form nach ist sie als Abschiedsrede gestaltet, in der ein Vater sich an seine Kinder wendet und Rückschau auf sein Leben hält. Sie lehnt sich inhaltlich an die Rahmenerzählung des biblischen Buches Ijob an, führt aber eine Reihe von Personen und neuen Szenen ein. Ijob tritt als heidnischer König auf, der – von einem Engel inspiriert – die Götzentempel seines Reiches zerstören lässt und so den Zorn des Satans herausfordert. Die dadurch auf ihn gekommenen Leiden erträgt er standhaft und erliegt keiner der vielen Versuchungen, denen er ausgesetzt wird (vgl. unten »Ijobs Frau«). Probleme, wie sie der hebräische Ijob zur Sprache bringt, kennt diese Dichtung nicht. Ijob erscheint auch nicht so sehr als der fromme Dulder, sondern als souveräner Märtyrer. Vor allem ist er ein Vorbild an Großzügigkeit und Gastlichkeit, der seinen Reichtum nur dazu verwendet, um den Armen zu geben. Sein nach allen vier Windrichtungen offenes Haus gewährt allen Menschen Zutritt. Am Ende holt Gott auf einem Thronwagen die Seele Ijobs zu sich, während sein Leib nach drei Tagen feierlich bestattet wird.

Die Gedankenwelt des »Testamentes« hat sich im Verhältnis zu der des biblischen Ijob schwer verändert. Die Erwartung eines endzeitlichen Gerichtes und die Vorstellung einer himmlischen Welt als Ort des Heiles bilden den theologischen Rahmen. Innerhalb dessen geziemt es dem Frommen, das Leid in Geduld zu ertragen und sich in Wohltätigkeit zu üben.

Der Einfluss des »Testamentes« ist vor allem in verschiedenen Ostkirchen spürbar, im Westen ist er schwer nachzuweisen. Dass es bekannt war, bezeugt seine namentliche Erwähnung in einem Verzeichnis häretischer Schriften aus dem 6. Jh.

3. Qumran

In Qumran wurden in Höhle 11 und in Höhle 4 aramäische Ijobtexte gefunden, die z.T. einzelne Textpassagen des hebräischen Textes wiedergeben, aber auch recht freie Interpretationen enthalten. Für die Leute in Qumran war der unschuldig und demütig leidende und fromme Ijob von Bedeutung. Darüber hinaus wird seine Weisheit gerühmt und seine Vollmacht hervorgehoben, die ihn befähigte, gegen die Gottlosen vorzugehen. Damit wird Ijob zu einer Identifikationsfigur für die Gruppe selbst, die ihrerseits Strapazen und Entbehrungen auf sich zu nehmen bereit ist, um gegen die Gottlosen (»Söhne der Finsternis«) gerüstet zu sein.

4. Im frühen Judentum und bei den Rabbinen

Wahrscheinlich war das Buch Ijob wie auch andere Schriften zunächst zum privaten Studium gedacht. Um den Hohenpriester in der Nacht zum Versöhnungstag wachzuhalten, wurde ihm aus Ijob vorgelesen. Diese kuriose Bemerkung lässt vielleicht darauf schließen, dass das Buch nicht mehr so bekannt war und deswegen Aufmerksamkeit erregte oder dass man den Text so »aggressiv« fand, dass bei seiner Lektüre an ein Einschlafen nicht zu denken war.

Ijob gilt den Rabbinen selbstverständlich als eine historische Person. Ein ungenannter Rabbi, der einmal die Behauptung aufgestellt hatte, Ijob sei nur eine erdachte Figur so wie beispielsweise der reiche Mann in der Parabel des Natan (1 Sam 12), wurde sofort durch eine Menge von Argumenten zurechtgewiesen.

Interessant sind die Ansichten über Zeit- und Lebensumstände Ijobs: Da gilt er als ein Zeitgenosse Abrahams, weil der Name von Ijobs Heimatort »Uz« auch in Gen 22,21 genannt wird, wo er allerdings einen Neffen Abrahams bezeichnet. Da gilt er als ein Berater oder Diener des Pharao (vgl. Ex 9,20). Andere lassen ihn (wegen Ijob 1,15) zur Zeit der Königin von Saba (1 Kön 10) leben. Amüsant ist die Ansicht, Ijob hätte zur Zeit des Perserkönigs Artaxerxes gelebt, da Ijobs Töchter, die als die schönsten des Landes gelten (Ijob 42,15), diejenigen seien, nach denen der König, nachdem er seine Frau verstoßen hatte, suchen ließ (Est 2,2). Später versetzen ihn manche Gelehrte in die Zeit der Jakobssöhne und machten Dina, die einzige – fast immer vergessene – Tochter Jakobs, zu seiner Frau. Andere behaupten, dass er in der Zeit nach dem Exil (ab dem 5. Jh.) in Tiberias eine Gelehrtenschule unterhalten habe.

Viele Ausleger halten Ijob ganz selbstverständlich für einen Israeliten. Das kann freilich auch einen polemischen Zug beinhalten: Man wehrt sich damit gegen die Vereinnahmung durch christliche Interpreten, die gerade den heidnischen Ijob als Vorbild (für Christus) proklamieren.

Das Ijobbild wird in der rabbinischen Literatur durchaus ambivalent gemalt.

Aufgrund von 9,24 (»Das Gesicht der Richter deckt er zu ...«) meinte ein Gelehrter, mit diesem Ausspruch hätte Ijob gesündigt, denn »er wollte die Schüssel auf ihre ganze Mündung umstülpen«, d.h. er habe Gottes gerechtes Walten geleugnet. Um Ijob aus dieser Anschuldigung herauszuhalten, erklärten dagegen andere: Das habe Ijob nicht von Gott, sondern vom Satan gesagt.

Einmal wird im Bild beschrieben, Ijob sei wie einer, der mit einer Gesellschaft in einem Boot sitzt und an seinem Platz den Boden des Bootes anbohrt. Seinen Begleitern, die ihn zur Rede stellen, kontert er mit dem Hinweis, dass es nur sein Platz sei, den er anbohre. Dass er damit alle anderen ebenso gefährdet, lässt ihn kalt. Dieses Bild beinhaltet den Vorwurf, Ijobs Reden gegen Gott und die Freunde bringe nicht nur ihn, sondern alle in Gefahr.

Also kommen über ihn »fünfzig Plagen«. Warum gerade fünfzig? In 19,21 steht der Satz »Gottes Hand hat mich getroffen«. Wenn der »Finger« Gottes (Ex 8,15) die »zehn Plagen« in Ägypten meint, dann kann die Hand mit fünf Fingern nur fünfzig Plagen für Ijob meinen.

An anderer Stelle wird gesagt, Ijob hätte als Ratgeber bzw. Diener des Pharao von dessen Plan der Ausrottung der Israeliten gewusst, aber er hätte dennoch geschwiegen. Deshalb habe Gott ihn bestraft. Er lieferte ihn als Opfer dem Satan aus, der die Israeliten beim Auszug aus Ägypten auf ihrem Weg behindert hatte.

An anderer Stelle wird Ijobs Ton gerügt, in dem er Gott gegenübertritt. Hätte er nicht so aufbegehrt, würde auch sein Name im Gebet genannt wie der von Abraham, Isaak und Jakob.

Neben diesen negativen Anmerkungen überwiegt die positive Charakterisierung Ijobs. Wenngleich der Dialogteil nicht ausgeklammert wird, so stehen doch die Motive der Rahmenerzählung im Vordergrund. Seine Frömmigkeit, sein rechtes Verhalten und seine unangefochtene Gottesfurcht werden als Ijobs große Tugenden gepriesen.

Die Rabbinen gehen auf Ijobs Aufbegehren kaum direkt ein. Sie versuchen eher Ijob zu rechtfertigen oder zu entschuldigen: Ein Mensch, der aus einem solchen Schmerz heraus spreche, könne für seine Worte nicht verantwortlich gemacht werden. Bestimmte Ijobworte werden anderen Personen in den Mund gelegt. Bestimmte Texte werden nur akzeptiert, weil sie in der Schrift stehen (vgl. zu 2,3), andere werden abgeschwächt oder uminterpretiert.

Auch das »Leiden des Gerechten« als Thema wird bei den Rabbinen nicht wirklich angesprochen. Wenn davon die Rede ist, wird

Leiden im herkömmlichen Sinn als Strafe bzw. als Läuterung angesehen.

Großer Wertschätzung bei den Rabbinen (mit Ausnahme des berühmten Rabbi Aqiba) erfreut sich Elihu als Repräsentant der Orthodoxie. Elihus Wort in 36,3 »meinem Schöpfer verschaffe ich Recht« z.B. verdiene allerhöchstes Lob und höchste Anerkennung.

So bedeutende Bibelinterpreten des Mittelalters wie Abraham Ibn Esra (gest. 1167) und Moses Ben Nachman (gest. 1270) sehen in Ijob einen Rebellen, der sich infolge seines begrenzten Erkenntnisvermögens gegen Gottes vermeintliche Ungerechtigkeit auflehnt. Schließlich offenbart ihm Gott selber die wahre Erkenntnis, so dass er zur Einsicht kommt. Auf der religionsphilosophischen Seite tritt Ijob nunmehr ins Zentrum des Theodizeeproblems. Für Maimonides (gest. 1204) stellt Ijob jenen Typ von Menschen dar, dem die wahre Erkenntnis fehlt, zu der er allein durch die Offenbarung gelangen kann.

Im Großen und Ganzen hat die jüdische Tradition bis in die Neuzeit Ijob als Beispiel für Frömmigkeit und Geduld beschrieben oder sie hat ihn als Menschen gezeichnet, der die Offenbarung Gottes braucht, um die Begrenztheit der menschlichen Erkenntnis zu überwinden. Ijobs Leid und vor allem die daraus resultierende Auseinandersetzung mit der Theologie wird nirgendwo thematisiert.

5. Im Neuen Testament

Das Buch Ijob spielt im NT so gut wie keine Rolle. Es können zwar einige Anklänge (z.B. Phil 1,19 und Ijob 13,16) oder sich berührende Aussagen weisheitlicher Natur (z.B. Eph 3,18 und Ijob 11,7ff; 1 Kor 3,19 und Ijob 5,13) festgemacht werden, eine ausdrückliche Erwähnung findet sich lediglich in Jak 5,11, wo Ijob als Beispiel für geduldiges Ausharren, das zu einem guten Ende führt, genannt wird. Diese kommentarlose Erwähnung setzt voraus, dass die Ijobgestalt als Vorbild für Geduld und Ausdauer der christlichen Gemeinde vertraut war. Ob mit dem »Ende« auf Ijobs glückliches Ende oder auf Jesu Tod und Auferstehung angespielt wird, ist umstritten. Jedenfalls findet sich keine Spur vom rebellierenden und gegen Gott sich auflehnenden Ijob.

6. Bei den Kirchenvätern bis ins Mittelalter

Die frühen Kirchenschriftsteller rühmen in erster Linie Ijobs Geduld. Er widersteht jeder Versuchung, in seiner Standhaftigkeit kann er den Satan bezwingen. Sein Umgang mit dem Leid und sein unerschütterliches Gottvertrauen machen ihn zum Vorbild für jeden Christen. Sehr häufig werden 14,4 und 15,14f als Beleg für die allgemeine Sündhaftigkeit des Menschen zitiert. Wenn Ijob, der Gerechte, seine Sündhaftigkeit eingesteht, ist das Ausdruck großer Demut und wahrer Frömmigkeit und ein brillantes Zeugnis für das Axiom »Niemand ist ohne Sünde«. Ijobworte und Zitate fließen sehr häufig in die Texte als Argumentationshilfen ein, ohne eigens als solche gekennzeichnet zu sein. Das ist ein Indiz dafür, dass Ijobtexte durchaus bekannt und geläufig waren, dass aber nur ganz bestimmte Motive thematisiert wurden.

Der christologische Bezug, in welchem Ijob als Vor-Bild für Christus dargestellt wird, begegnet zum ersten Mal bei Origenes (gest. um 250). Der dem Teufel übergebene Ijob gilt als »Paradigma« Christi, der vom Vater für die Menschen dahingegeben wurde. Und wie Christus vom Teufel versucht wurde, so ist auch Ijob vom Teufel versucht worden.

Die Tendenzen der Auslegung bleiben auch bei den großen Kirchenvätern in etwa dieselben.

Wieder geht es, bei Ambrosius etwa, um die Sündhaftigkeit und die Hinfälligkeit des Menschen im Allgemeinen (»quam misera hominis conditio«). Ijobs Klagen sind theologisch anstößig, sie drücken auch nicht die Meinung Ijobs aus, sondern er schlüpft vielmehr in das Gewand eines »advocatus diaboli«. Seine Schicksalsschläge rühren nicht an der Gerechtigkeit Gottes, vielmehr sind sie notwendig für seine Bewährung und sein Heil. Ijob bleibt ein Vorbild für die Menschen. Einen christologischen Bezug kennt Ambrosius nicht.

Eine Auswahl von bestimmten Ijobtexten spielt bei Augustinus eine Rolle. Über das übliche Verständnis hinaus bekommen Ijobtexte eine Bedeutung in der Begründung der Erbsündenlehre. In Ijob zeige sich deutlich die Unmöglichkeit – selbst für den Frommen –, auf eigene Werke zu bauen.

Eine nicht unbedeutende Rolle in der Ijobinterpretation spielt Hieronymus. Zwar hat er keinen Kommentar geschrieben, doch kommt er im Rahmen seiner Übersetzertätigkeit, aber auch in persönlichen Angelegenheiten (z.B. in den Briefen) sehr häufig auf Ijob zu sprechen. Zu dogmengeschichtlicher Nachhaltigkeit gelangte seine Übersetzung von Ijob 19,25 (s. Text) im Sinne der Hoffnung auf die Auferstehung. Seinen eigenen Worten zufolge hat niemand nach Christus so deutlich von der (leiblichen) Auferstehung gesprochen wie dieser Ijob vor Christus.

Die frühkirchliche und antike Rezeption des Ijob beschränkte sich auf den Ijob der Rahmenerzählung und legte Texte des Dialoges im Wesentlichen allegorisch (bildhaft) aus.

Als Ausnahme sei allerdings Theodor von Mopsuestia (gest. 428), ein Gelehrter der antiochenischen Schule, genannt. Er vermutet hinter dem Verfasser des Ijob einen heidnisch gebildeten Juden nach der Rückkehr aus dem Exil, der die wahre Geschichte des Ijob verfälscht hat. Die Verfluchung der Geburt allerdings, der Name der dritten Tochter des Ijob, der aus heidnischen Fabeln hergeleitet ist, und die Streitreden hält er nicht vereinbar mit dem frommen Diener Gottes, wie ihn die Rahmenerzählung und die Tradition beschreiben. Auch das Auftreten Satans sowie die Gottesrede über das Krokodil (40,25 – 41,26) entsprechen nicht der Würde der Schrift. Die Auffassungen Theodors wurden allerdings vom 5. Konzil von Konstantinopel (553) verurteilt.

Dass die allegorische Auslegung auch seltsame Blüten treiben konnte, sei nebenbei an zwei Beispielen erwähnt. Petrus Chrysologus bezieht 10,10 (»Hast du mich nicht ausgegossen wie Milch …«) auf die jungfräuliche Empfängnis Marias, und ein gewisser Salvian v. Marseille sieht in 2,4 (»Haut um Haut! Alles, was der Mensch besitzt, gibt er hin für sein Leben«) einen Hinweis auf die Notwendigkeit, dass Eltern auch Kindern geistlichen Standes ein Erbteil hinterlassen sollen.

Wegen der großen Bedeutung für Frömmigkeit und Theologie des ganzen Mittelalters sei noch besonders auf die Ijobauslegung des Papstes Gregor d. Gr. (gest. 604) hingewiesen. Er verfasste 35 Bücher »Moralia in Job« (um 595 in Rom vollendet). Es handelt sich nicht um einen Kommentar zu Ijob in unserem Sinn. Vielmehr setzt Gregor seine ganze Gelehrsamkeit ein, um am Text des Buches Ijob den gesamten Bereich der Theologie nach der Lehre der Väter abzuhandeln. Gemäß des dreifachen Schriftsinnes betrachtet Gregor vom Literalsinn der Schrift her Ijob als biblische Gestalt, im moralischen Sinn repräsentiert er den Menschen in seinem Elend, in der theologischen Deutung ist er Christus selbst.

Die christliche Rezeption des biblischen Ijob hielt auch im Mittelalter im Wesentlichen an den vorgegebenen traditionellen Zügen fest. Interessant ist der Hinweis, dass Thomas v. Aquin das Buch Ijob als Beispiel gegenseitiger Achtung und Toleranz zitiert.

7. In der Neuzeit bis in die Gegenwart

Neue Züge der Ijob-Rezeption beginnen mit J. G. Herder, der mit dem Aufspüren und Wiederentdecken der sogenannten »einfachen Volkspoesie« auch Texte des Ersten Testamentes einbezieht, u.a. das Hohelied und Ijob. Unbeschadet der Einschätzung und Wertung des Ijobbuches durch Herder ist es damit aus dem Binnenland der rein religiösen Betrachtungsweise herausgenommen und in das Licht der Weltliteratur gestellt worden.

Was die Anfänge dieser Rezeptionsgeschichte und die Rezeption in der Literatur des 20. Jh. mit der besonderen Berücksichtigung der jüdischen nach der Schoah angeht, sei nur auf die ausgezeichnete Monographie von G. Langenhorst verwiesen.

Literatur: *G. Langenhorst*, Hiob unser Zeitgenosse. Die literarische Hiob-Rezeption im 20. Jahrhundert als theologische Herausforderung (Theologie und Literatur. Religion und Ästhetik), Mainz 1994; *Ders. (Hg.)*, Hiobs Schrei in der Gegenwart. Ein litararisches Lesebuch zur Frage nach Gott im Leid (Religion und Ästhetik), Mainz 1995; *B. Steinwendtner*, Hiobs Klage heute. Die biblische Gestalt in der Literatur des 20. Jahrhunderts, Innsbruck-Wien 1990; *M. Krieg*, Das wandernde Hiobmotiv. Ein Kapitel Literaturgeschichte, in: Hiob (Bibelarbeit in der Gemeinde 7), Basel-Zürich 1989, 63-86.

8. In der Ikonographie

In der frühchristlichen Malerei tauchen Ijobbilder zuerst in den römischen Katakomben an der Wende zum 4. Jh. auf. Welche Bedeutung ihnen in der Katakombenmalerei zukommt, lässt sich schwer feststellen. In Darstellungen auf Sarkophagen aus dem 4. Jh. dient Ijob als Vorbild des leidenden Christus.

Im Mittelalter wird er gerne als großer Gerechter und Dulder dargestellt, meist als bärtiger Mann, der mit einem Lendentuch bekleidet ist. In typologischem Kontext gilt Ijob als Gegenbild für »Christus im Elend« und in den »Biblia pauperum« des 13./14. Jh. als Präfiguration (Vor-Bild) für die Passion und den Triumph Christi.

Eine breite Rezeption begegnet auch wieder in der Moderne bis in die Gegenwart, in der Ijob vor allem als Typus des leidenden und geschundenen Menschen in kollektiver oder individueller Hinsicht dient. Auch hier sei wieder auf entsprechende Literatur verwiesen:

Literatur: *S. Terrien*, The Iconography of Job through the Centuries. Artists as Biblical Interpreters, Pennsylvania 1996; *P. Huber*, Hiob. Dulder oder Rebell? Byzantinische Miniaturen zum Buch Hiob in Patmos, Rom, Venedig, Sinai, Jerusalem und Athos, München 1986; *U. von Kritter – K. Arndt (Hg.)*, Das Buch Hiob in der Kunst des 20. Jahrhunderts, Göttingen 1987 (Ausstellungskatalog).

9. In Wallfahrt und Volksfrömmigkeit

Der Pilger von Bordeaux besuchte im Jahre 333 in der Nähe der Basilika in Betlehem unter anderem das Grabmal des Ijob.

Die Pilgerin Egeria (4. Jh.) beschreibt die »Stadt Ijobs«, in der er gelebt hat (Karnion auf halbem Weg zwischen Damaskus und Amman), und die Stelle, wo Ijob im Elend saß. Sie berichtet auch über die Auffindung des Ijobgrabes aufgrund einer Offenbarung, die einem Mönch zuteil wurde. Sie selber hat den Schlussstein des Grabes gesehen, auf dem der Name »Iob« eingemeißelt war. Über dem Grab war eine unvollendete Kirche zu sehen. Es gibt weitere Überlieferungen, dass das Grab Ijobs sich als Wallfahrtsstätte großer Beliebtheit erfreute.

In der Nähe des Wallfahrtsortes gibt es ein Kloster »Der Eyub« aus dem 6.Jh.

Schon früh wird Ijob zum Patron von Leprosenheimen.

10. Ijob als Patron der Musiker

Dass Ijob zum Patron der Musiker avancierte, wird zunächst etwas verwundern, da das Buch selber nur wenige Stellen enthält, die mit

Musik in Verbindung gebracht werden können. Es wäre eventuell auf 38,7 hinzuweisen, wo vom »Jauchzen der Morgensterne« die Rede ist, oder auf 21,12, wo es von den Frevlern heißt, dass sie »singen zu Pauken und Harfe« und dass sie sich »am Klang der Flöte« erfreuen (vgl. auch 30,31). Mehr von Musik weiß das »Testament des Hiob« (s.o.) zu erzählen. Dort spielte Ijob täglich nach den Mahlzeiten den Witwen und den Armen auf der Zither vor, um sie von ihrem traurigen Los abzulenken. Die Freunde singen und spielen vor Ijob. Schließlich erhalten die wunderschönen Töchter Ijobs kraft eines Gürtels die Fähigkeit, wunderbare Lieder zur Verherrlichung Gottes zu singen.

Während in der Väterzeit und im Mittelalter die Musik in der Auslegung des Ijob keine Rolle spielt, gewinnt das Motiv im ausgehenden Mittelalter mehr und mehr an Bedeutung. Es entstand in verschiedenen Gegenden ein regelrechter Ijob-Kult. Hauptgebiete der Verehrung waren das Herzogtum Brabant und die Grafschaft Flandern, aber auch zahreiche Orte in Frankreich und Deutschland. Allerdings war der Ijobkult nur von geringer Dauer. Nach dem 16. Jh. spielt er keine Rolle mehr. Von der Mitte des 15. bis Ende des 16. Jh. gibt es eine Reihe ikonographischer Zeugnisse, die Ijob auf dem Düngerhaufen sitzend zeigen, und vor ihm postieren sich männliche Gestalten (die Freunde? Spielleute?), die auf Instrumenten Musik machen.

Literatur: *R. Hammerstein*, Hiob, in: Musik in Geschichte und Gegenwart. Sachteil Bd. 4, 1996, 297-301; *H. Seidel*, Hiob, der Patron der Musiker, in: Alttestamentlicher Glaube und Biblische Theologie. FS für H.D. Preuß, Stuttgart-Berlin-Köln 1992, 225- 232.

11. In der Liturgie

In der christlichen Spätantike wurde Ijob durch katechetische und liturgische Schriftlesung bekannt. Bevorzugte Zeit war die Karwoche oder überhaupt die Passionszeit. Ijob gilt als Vorbild des leidenden Christus.

Ausgewählte Texte wurden dann aber bei bestimmten Anlässen verwendet, vor allem bei Begräbnissen. Besonders die Gesänge der römischen Begräbnisliturgie sind stark von Ijobtexten geprägt.

In vielen Ostkirchen wird das Jahresgedächtnis des »hl. Ijob« am 6. Mai gefeiert, im Römischen Matyrologium (Ausgabe 1953) steht am 10. Mai: »In terra Hus sancti Job Prophetae, admirandae patientiae viri« (»Im Lande Hus das Gedächtnis des hl. Job, eines Propheten und Mannes von bewundernswerter Geduld«). Die Gründe für die Wahl des Datums sind unbekannt.

Literatur: *E. Dassmann*, Hiob, in: Reallexikon für Antike und Christentum (RAC) XV, 1991, 366-442.

12. »Ijob« in den aktuellen liturgischen Texten

A) An Sonn- und Feiertagen

In der Relation zu seinem Umfang führt das Buch Ijob im liturgischen Gebrauch ein kümmerliches Dasein. Das zeigt ganz besonders die Verwendung von Ijob-Texten an den Sonn- und Feiertagen des Kirchenjahres.

Im Zyklus der drei Lesejahre kommt Ijob insgesamt zweimal zu Wort:

(1) Die Erste Lesung des 5. Sonntags / B bietet den Text Ijob 7,1-4.6-7 aus der zweiten Rede des Ijob im ersten Redegang. Ijob klagt über das mühsame Los des Menschen im Allgemeinen und über seines im Besonderen. V.5, der auf den körperlichen Zustand Ijobs rekurriert (»Mein Leib ist gekleidet in Maden und Schorf ...«), ist in der Auswahl weggelassen. Aber ist es nicht das konkret erfahrene Leid, die konkrete Krankheit, die für den Menschen sein »Sein zum Tod« spürbar machen? Die Gesunden können zwar über Vergänglichkeit und Not diskutieren, die Wenigsten von ihnen aber nehmen ernsthaft wahr, dass der Tod früher als ihnen lieb ist auch ihre Wege kreuzen könnte. Die Auswahl ist durch das Evangelium bestimmt: die Heilung der Schwiegermutter des Petrus und der anschließende Sammelbericht über Krankenheilungen und Dämonenaustreibungen (Mk 1,29-39). Jesus eröffnet durch sein Wort und sein heilendes Tun die Möglichkeit zu überleben. Durch und in seiner Person geht »der Faden«, im Hebräischen gleichbedeutend mit »Hoffnung«,

nicht aus (V.6), wie er auch für Ijob nicht »ausging«, nachdem Gott zu ihm gesprochen hatte. Aber auch Ijobs andere Seite ist ntl. nicht aufgehoben, denn die Spannung ist unübersehbar und hält an: Man brachte »alle« Kranken und »alle« Besessenen zu Jesus und er heilte – »viele« (Mk 1,23.34).

(2) Die Erste Lesung des 12. Sonntags / B bringt den Text Ijob 38,1.8-11 in Blick auf die »Stillung des Seesturms« (Mk 4,35-41) als Evangelium.

Der Text steht am Beginn der ersten Gottesrede, also am Beginn der Antwort Jhwhs. Thema ist der sich im Sturm offenbarende Jhwh, der einerseits dem endlosen Meer (Chaos) seine Grenzen zuweist und der es andererseits wie ein Baby in Windeln wickelt. Somit erweist sich Jhwh als souveräner Herr der Schöpfung.

Damit soll der »Raster« für den Evangelientext grundgelegt werden. Ebenso erweist sich auch Jesus als der Herr über das Chaos und die dieses symbolisierenden Mächte.

(3) Der Text Ijob 19,1.23-27a dient als Erste Lesung in der zweiten Messe am Tag von Allerseelen. Die Sinnrichtung des Textes gilt in diesem Zusammenhang der Hoffnung auf die Auferstehung.

Es ist schade, dass durch diese getroffene Auswahl die spezifischen Probleme des Ijobbuches überhaupt nicht angesprochen werden.

B) Im Jahreskreis

Das Lesejahr II (gerade Jahreszahlen) bietet in der 26. Woche im Jahreskreis Texte aus Ijob als fortlaufende Lesung:

1,6-22 (Montag)
3,1-3.11-17.20-23 (Dienstag)
9,1-12.14-16 (Mittwoch)
19,21-27 (Donnerstag)
38,1.12-21; 40,3-5 (Freitag)
42,1-3.5-6.12-17 (Samstag)

Auch hier kommen spezifische Ijobpassagen nur marginal zu Wort. Die Sympathie derer, die die Texte ausgewählt haben, gehört einem

Ijob, der ganz kurz einmal aufschreit – und dies nur mäßig, um sich bald wieder in das Bild einzufügen, das »man« von ihm erwartet. Am Montag erfährt die Hörerin und der Hörer vom geprüften Ijob, der sein Leiden gottergeben annimmt. Am Dienstag darf er seinen Schmerz äußern, indem er den Tag seiner Geburt verflucht und verzweifelt die Frage stellt, ob nicht der Tod dem Leben vorzuziehen sei. Am Mittwoch wird deutlich, dass er, Ijob, dem großen und mächtigen Gott gegenüber keine Chance hat, wenn er mit ihm rechten wollte. Die Einführung zu dieser Lesung im offiziellen Schott-Messbuch fühlt sich auch gleich bemüßigt zu erklären, dass hier ein »grausames Gottesbild« gezeichnet werde, »das durch die Offenbarung des Neuen Bundes eine notwendige Korrektur erhalten hat«. Spätestens hier wird der Leserin und dem Leser klar, dass die »notwendige Korrektur« die Klage überflüssig gemacht hat. Seither dürfte es doch keine Menschen mehr geben, die an Gott leiden. Genug geklagt und gewettert, der Donnerstag lässt Morgenluft wittern. Ijob weiß, dass sein Erlöser lebt. Der Freitag und Samstag dienen der Ergebung Ijobs und dem wiedergewonnenen Glück.

C) Verschiedene Anlässe

(1) 3,1-3.11-17.20-23;
7,13-21
14,1-3.7-15

Die Stellen werden als Auswahltext im Messformular im Zusammenhang der Spendung der Krankensalbung außerhalb der Osterzeit angeboten.

(2) 19,1.23-27 kann als Auswahltext bei Gottesdiensten im Zusammenhang mit Krankensalbung, bei der Wegzehrung oder beim Begräbnis Erwachsener verwendet werden.

(3) 31,16-20.24-25.28 wird als Auswahltext für einen Gottesdienst bei Hungersnot vorgeschlagen.

Auch in diesem Bereich ist die Auswahl karg. Die Texte werden entweder unter dem Aspekt der allgemeinen An- und Hinfälligkeit des Menschen (1) gelesen, als Zeugnis der Hoffnung auf Auferstehung (2) oder als Appell, mit den Bedürftigen zu teilen und sich auf Gott hin auszurichten (3). Wieder bleiben spezifische Probleme des Ijobbuches auf der Strecke.

D) Im Stundengebet

Das Buch Ijob wird als fortlaufender Text in der Lesehore der 15., 16. und 17. Woche des Lesejahres II (Heft II 6) gelesen, wobei auch wesentliche Texte (etwa Kap. 8 -10; 15 – 17; 25 – 27) fehlen. Von den Elihureden kommt nur die Vorstellung Elihus und ein Teil seiner ersten Rede vor. Die Gottesreden werden um etwa um 3/4 gekürzt.

Als Kurzlesungen im Offizium beim Gedächtnis der Verstorbenen zur Terz wird Ijob 19,25-26 in folgender Textgestalt verwendet: »Ich weiß: Mein Erlöser lebt. Am Letzten Tag werde ich auferstehen und in meinem Leib werde ich meinen Gott schauen.«

13. Im Koran

Der Koran nennt Ijob an vier Stellen.

(1)(2) In Sure 4,163 wird Ijob unter denen genannt, denen eine Offenbarung zuteil wurde.

Sure 6,85f zählt ihn zusammen mit einer Reihe biblischer Gestalten (David, Salomo, Mose ...) zu den »recht geleiteten« Männern, die fromm sind und »Gutes tun«.

(3) Etwas ausführlicher äußert sich Sure 21,84f:

Erinnere dich auch des Hiob, wie er zu seinem Herrn flehte: »Ach, Unglück hat mich heimgesucht, du aber bist der Allbarmherzige«. Und wir erhörten ihn und retteten ihn aus seinem Elend und gaben ihm seine Familie wieder und noch so viel dazu. So zeigten wir unsere Barmherzigkeit zur Belehrung derer, welche Allah dienen.

(4) Und noch einmal kommt Sure 38,42-45 auf Ijob zu sprechen:

Erinnere dich auch unseres Dieners Hiob, wie er zu seinem Herrn rief: »O mein Herr, sieh, der Satan hat mir Elend und Pein zugefügt.« Und wir sagten: »Stampf mit deinem Fuß auf die Erde. Eine labende Quelle wird für dich zum Waschen und zum Trinken entstehen.« Und wir gaben ihm in unserer Barmherzigkeit seine Familie zurück und noch ebensoviel dazu; dies möge den Verständigen eine Ermahnung sein. Auch sagten wir zu ihm: »Nimm ein Bündel Ruten und schlage (dein Weib) damit, damit du deinen Eid nicht brichst«. Wir fanden ihn stets geduldig und er war ein herrlicher Diener Allahs; denn er wandte sich oft zu uns.

Alle Aussagen über Ijob beziehen sich auf die Ijobgestalt der Rahmenerzählung. Als solche war sie – durch Juden, Christen vermittelt? – offensichtlich in den arabischen Kreisen Mohammeds bekannt. Die Ijobgestalt gilt als Vorbild für Geduld und Frömmigkeit. Muslimische Ausleger gehen davon aus, Ijob habe sich geschworen, seine Frau wegen der Gotteslästerung (Ijob 2,9) zu züchtigen. Allahs ausdrücklicher Befehl bestärkte nur sein Vorhaben. Allerdings sei ihm auch, so die Auslegung, im Strafvollzug Milde anempfohlen worden. Statt als Züchtigung mit einer Rute hundert Streiche vorzunehmen, sollte er mit hundert Ruten einen Streich vollführen. Auch dieser Zug unterstreicht Ijobs Gottergebenheit. Die Gotteslästerung im Mund der Frau dürfte eher als eine weibliche Schwäche interpretiert worden sein, weswegen ihr entsprechende Nachsicht zuteil wird.

14. Und was bleibt ...

In aller Kürze seien noch einmal wesentliche Punkte angesprochen. Die Leserin und der Leser mögen einzelne Texte des Buches Revue passieren lassen und sie zugleich auf ihr Leben hin lesen.

(1) In Ijob geht es um den Menschen in seiner Beziehung zu Gott in einer Intensität, dass ohne diese Beziehung das Buch nie geschrieben worden wäre. Durch Ijobs Leiden wird diese Beziehung bis ins Mark bloß gelegt, so sehr »prostituiert«, dass es weh tut. Da hat Schönfärberei keinen Platz, hier wird »Tacheles« geredet. Es geht nur am Rande um das Problem der Theodizee, im Zentrum steht die Frage, wie der Mensch in dieser und ähnlichen Situationen diese Beziehung aushalten kann.

(2) Es gibt keine Lösung, zumindest keine rational kalkulierbare. Das ist das immer schon Ent-Täuschende an Ijob gewesen. Es gibt eine Menge von Erklärungsmodellen und Deutungsmöglichkeiten, die ihre ganz partielle Berechtigung haben, aber nicht mehr! Sobald dieses »mehr« überschritten wird, wird es schräg und gefährlich, wie die Freunde Ijobs deutlich demonstrieren. »Mir scheint, dass sie die Art und Weise, wie die biblische Botschaft am häufigsten verstellt wird, perfekt vorführen: durch Ideologie, Orthodoxie, konventionelle Weisheit und heroischen Idealismus. Eine Zeit lang funktionieren diese Methoden einigermaßen, aber nur so lange, bis

man mit dem Absurden, dem Lächerlichen und offensichtlich Ungerechten konfrontiert wird« (R. Rohr). »Lösungen« bietet allein die gelebte Erfahrung, die Beziehung und das Gespräch.

(3) Erfahrungen geschehen im Prozess. Dass in Ijob so lange und so viel und immer wieder ähnlich geredet wird, ist nicht nur das Produkt orientalischer Redseligkeit, sondern signalisiert Prozess. Man hat in Hinblick auf den »Fall Ijob« des Öfteren auf die bekannten Phasen der Trauer und des Sterbens hingewiesen, wie sie E. Kübler-Ross beschrieben hat: Verleugnung, Zorn, Verhandeln, Resignation und Annahme. Darüber hinaus ist prozesshaftes Geschehen und Zulassen des Prozesses von grundlegender menschlicher Bedeutung. Prozess ist nie oder kaum geradlinig, mitunter verschlungen, rückläufig, man tritt auf der Stelle. Auch der Glaubende hat das Recht auf einen Prozess seines Glaubens. Und die »Wissenden« tun Unrecht, wo immer sie das nicht wahrhaben wollen.

(4) Das ist eines der zentralen Probleme des Buches: Die Erfahrung deckt sich nicht mit der Theorie. Das Phänomen ist nicht neu, auch nicht in der Religion. Aber Ijob darf diese Diskrepanz benennen. Ijob formuliert in aller Schärfe, dass trotzdem ist, was nicht sein darf. Diese Reden nehmen, vor allem wenn sie als Anklage gegen Gott formuliert sind, mitunter geradezu blasphemischen Charakter an. Aber Ijob darf! Es ist eine der ganz wichtigen Botschaften des Buches, dass Aussprechen und Hinausschreien dessen, was in der Seele brennt, gelegen oder ungelegen, gestattet ist. Es ist erstaunlich und faszinierend, dass es in dieser Richtung eigentlich keine Grenze gibt. Dass jemand als glaubender Mensch mit seinem Gott so umgehen darf, das ist Zeichen der Freiheit und Weite biblischen Glaubens. Das ist – Gott sei Dank – nicht dem Ersten Testament vorbehalten. Auch der Christ, der an der Not der Welt und Gottes leidet, darf schreien (vgl. Mk 15,34; Hebr 5,7).

(5) Ich kehre zum Beginn zurück, zur Frage, wie der Mensch angesichts einer oft keineswegs guten Welt und eines sich äußerst bedeckt haltenden Gottes, die Beziehung aushalten kann.

HÄNGEND AM STRAUCH der Verzweiflung
und doch auswartend bis die Sage des Blühens
in ihre Wahrsagung tritt –
(N. Sachs)

Literatur

Die im Text bzw. in den Exkursen erwähnte Literatur wird hier nicht mehr angeführt.

1. Im Text in Abkürzung oder mit Kurztitel zitierte Literatur

CoS:

Hallo, W. W. (ed.), The Context of Scripture. Canonical Compositions from the Biblical World (Volume 1), Leiden 1997.

Groß:

Groß, H., Ijob (Neue Echter Bibel 13), 1986.

Ebach I / II

Ebach, J., Streiten mit Gott. Hiob. Teil I/II (Kleine Biblische Bibliothek), Neukirchen-Vluyn, 1995 (I) / 1996 (II).

Fohrer:

Fohrer, G., Das Buch Hiob (Kommentar zum Alten Testament XVI), Gütersloh 1963.

Fuchs, Klage:

Fuchs, G., Die Klage des Propheten. Beobachtungen zu den Konfessionen Jeremias im Vergleich mit den Klagen Hiobs (Erster Teil): BZ NF 41, 1997, 212-228.

Fuchs, Mythos:

Fuchs, G., Mythos und Hiobdichtung. Aufnahme und Umdeutungen altorientalischer Vorstellungen, Stuttgart 1993.

Horst:

Horst, F., Hiob (Biblischer Kommentar Altes Testament XVI/1), Neukirchen-Vluyn ³1974 (= 1968).

Künzli, Gotteskrise:

Künzli, F., Gotteskrise. Fragen zu Hiob. Lob des Agnostizismus (rowohlts enzyklopädie 55596), Hamburg 1998.

NIB:
Newsom, C. A., The Book of Job, in: The New Interpreters Bible IV, Nashville 1996, 317-637.

NIV:
New International Version (1978).

NRSV:
New Revised Standard Version Bible (1989).

Strauß:
Strauß, H., Hiob (Biblischer Kommentar Altes Testament XVI/2), Neukirchen-Vluyn 2000.

ThWAT:
C. J. Botterweck – H. Ringgren u.a. (Hg.), Theologisches Wörterbuch zum Alten Testament. 10 Bde., Stuttgart-Berlin-Köln-Mainz 1973-2000.

ZÜ:
Zürcher Bibel. Das Buch Hiob. Das Buch Kohelet. Das Hohelied (Fassung 1998), Zürich 1998.

2. Ausgewählte Literatur ab 1990

Beuken, W.A.M. (ed.), The Book of Job (Bibliotheca Ephemeridum Theologicarum Lovaniensium 114), Leuven 1994.

Chedid, A., Die Frau des Ijob. Erzählung, Limburg 1995.

Ebach, J., Hiobs Post. Gesammelte Aufsätze zum Hiobbuch, zu Themen biblischer Theologie und zur Methodik der Exegese, Neukirchen 1995.

Egger-Wenzel, R., Von der Freiheit Gottes, anders zu sein. Die zentrale Rolle der Kapitel 9 und 10 für das Ijobbuch (forschung zur bibel 83), Würzburg 1998.

Good, E. M., In Turns of Tempest. A Reading of Job with Translation, Stanford 1990.

Kegler, J., »Gürte wie ein Mann deine Lenden!« Die Gottesreden im Ijob-Buch als Aufforderung zur aktiven Auseinandersetzung im Leid, in: H. Niemann u.a. (Hg.), Nachdenken über Israel. Bibel und Theologie. FS für K.-D. Schunk (Beiträge zur Erforschung des Alten Testaments und des antiken Judentums 37), Frankfurt 1994, 217-234.

Köhlmoos, M., Das Auge Gottes. Textstrategie im Hiobbuch (Forschungen zum Alten Testament 25), Tübingen 1999.

Maier, Ch. – Schroer, S., Das Buch Ijob. Anfragen an das Buch vom leidenden Gerechten, in: L. Schottroff – M.-T. Wacker (Hrsg.), Kompendium. Feministische Bibelauslegung, Gütersloh 1998, 192-207.

Mende, Th., Das Buch Ijob (Geistliche Schriftlesung 14/1.2), Düsseldorf 1993 (1) 1994 (2).

Dies., Durch Leiden zur Vollendung. Die Elihureden im Buch Ijob (Ijob 32-37) (Trierer Theologische Studien 49), Trier 1990.

Müller, H.-P., Das Hiobproblem. Seine Stellung und Entstehung im Alten Orient und im Alten Testament (Erträge der Forschung 84), Darmstadt ^{3}1995.

Ders., Theodizee? Anschlußerörterungen zum Buch Hiob: ZThK 89, 1992, 249-279.

Ritter-Müller, P., Kennst du die Welt? – Gottes Antwort an Ijob. Eine sprachwissenschaftliche und exegetische Studie zur ersten Gottesrede Ijob 38 und 39 (Altes Testament und Moderne 5), Münster-Hamburg-London 2000.

Rohr, R., Hiobs Botschaft. Vom Geheimnis des Leidens, München 2000.

Theobald, G., Hiobs Botschaft. Die Ablösung der metaphysischen durch die poetische Theodizee, München 1993.

Witte, M., Vom Leiden zur Lehre. Der dritte Redegang (Hiob 21-27) und die Redaktionsgeschichte des Hiobbuches (Beiheft zur Zeitschrift für die alttestamentliche Wissenschaft 230), Berlin 1994.

Wahl, H.-M., Der gerechte Schöpfer. Eine redaktions- und theologiegeschichtliche Untersuchung der Elihureden – Hiob 32-37 (Beiheft zur Zeitschrift für die alttestamentliche Wissenschaft 207), Berlin-New York 1993.

Whybray, N., Job (Readings: A New Bible Commentary), Sheffield 1998.

Zuckermann, B., Job the Silent. A Study in Historical Counterpoint, New York – Oxford 1991.